SPSS를 활용한

사회복지자료분석 3판

박용권 지음

신정

3판 머리말

이 책이 2010년도에 처음으로 출간되었으니 벌써 10년이라는 시간이 흘렀습니다. 이번 3판은 2010년 초판 발간된 것을 일부 수정한 두 번째 개정판이라고 할 수 있습니다. 초판 당시에도 SPSS를 활용한 통계분석 서적들이 많았습니다만, 사회복지학 전공 학생들에게 통계분석방법을 쉽게 설명해줄 안내서를 만들고자 하는 소박한 바람으로 시작했었습니다. 사회복지자료분석론이라는 교과목 명칭을 사용하는 것도 실은 통계학적 지식에 비중을 두기보다는 사회복지현장의 데이터를 자신의 분석목적에 맞추어 분석하는 데 초점을 둔 점도 이를 뒷받침해주고 있습니다.

또한 SPSS뿐만 아니라 AMOS나 R과 같이 사회복지학분야의 데이터 분석요구에 맞춘 다양한 통계기법들이 소개되어 왔었고, 이제는 SPSS만큼이나 활용도가 높아지고 있는 것도 사실입니다. 문제는 사회복지학분야의 데이터들을 SPSS로 분석한다고 하더라도 기본적인 통계학적인 지식을 요구하고 있다는 점입니다. 따라서 그동안 수업을 진행해오면서도 좀 더 쉽게 설명하고, 이해할 수 있도록 해줄 마법과도 같은 방법을 항상 생각해 보곤 했습니다. 그러나 저자 역시도 강의현장에서 학습자의 요구에 맞추어 임시방편적으로 쉬운 설명방법을 찾곤 했던 것 같습니다. 그러다 보니 3판이라고 소개할 만큼 변화를 보여주지는 못한 것 같아 부끄럽기 그지없습니다.

이번 3판에서는 사회복지자료분석론이라는 교과목의 목적에 충실하기 위하여 활용도가 낮은 부분은 과감히 제외하기로 하였습니다. 특히 실험설계 부분과 분산분석의 일부 내용들을 삭제하였고, 매개효과와 조절효과 분석을 보완하여 PROCESS macro 분석방법을 추가하여 설명하였습니다. 그리고 SPSS 25.0 버전을 기반으로 기술하였습니다.

그동안 부족한 책을 활용하여 주신 교수님들과 연구자들, 현장의 사회복지사들께 진심으로 감사드립니다. 사회복지자료분석의 안내서로서 역할을 다하겠다는 약속을 지키려 노력하였으나 부족함이 보이는 것 같아 송구합니다. 여전히 앞으로도 지속적으로 해결해야 할 과제로서 염두에 두겠습니다. 끝으로 3판의 출간을 위하여 도움을 주신 도서출판 신정에 감사드립니다. 그리고 무엇보다도 자료수집과 분석, 그리고 세부적인 편집에 도움을 준 큰딸 지현에게도 감사드립니다.

2020년 여름

박 용 권

머리말

수년간 사회복지조사와 사회복지자료분석 교과목을 강의해 오면서 사회복지를 전공하는 학생들이나 사회복지현장의 사회복지사들이 모두 자료분석과 통계에 대하여 힘들어하고 어려움을 겪고 있다는 것을 알게 되었다. 무엇보다도 통계라고 하면 우선 복잡한 수식을 떠올리게 되고, 공식을 외워야 하고 그러다 보니 무조건 싫어하는 것 같았다. 물론 통계는 수학적 지식을 기본 바탕으로 하고 있기 때문에 어려운 건 사실이다. 그러나 저자의 경험에 따르면 통계에 관한 기본 원리를 이해하고 실제 연구나 자료분석의 상황에 어떻게 적용할 것인가를 생각하면서 차근차근 공부하면 그렇게 어려운 분야도 아니라고 생각한다.

그동안 SPSS 프로그램을 활용한 자료분석 방법을 소개하는 상당수의 책들이 출판되었다. 어려운 통계학의 내용을 비교적 쉽게 풀어쓴 교재들도 다수 있지만 통계학에 대한 사전 지식이 부족한 사회복지 전공 학생들에게는 여전히 어려운 책으로 비치고 있다. 통계학 전공 서적들은 지나치게 통계학적 원리를 다루고 있어서 통계학 비전공 학생들에게는 부담스럽게 느껴졌고, 반면에 SPSS 프로그램을 중심으로 통계분석 과정을 설명하고 있는 교재들은 SPSS 활용능력에 치우쳐 있다는 느낌이 들었다. 그래서 통계에 대한 막연한 두려움도 해소하고 실제적으로 SPSS 프로그램을 활용하여 실제 분석과정을 알기 쉽게 다루고 있는 교재를 절실히 필요로 하는 학생들의 욕구는 충족시켜 주지 못한다는 것을 알게 되었다. 이것이 이 책을 준비하게 된 이유이기도 하다.

이 책은 SPSS 14.0 한글 버전을 중심으로 기술되었다. 여전히 12.0 버전이 가장 널리 사용되고 있다는 점은 알지만 굳이 구버전을 중심으로 설명할 필요가 없다고 생각하였기 때문이다. 물론 이를 위하여 14.0 버전을 활용할 수 있는 곳까지 이동하여 정리하는 수고로움도 감수해야 했다.

이 책은 학생들이나 사회복지사들이 필요로 하는 자료분석에 관한 기본 개념과 분석방법, 결과물의 제시와 해석방법 등을 비교적 자세하게 다루려고 노력했다. 복잡한 통계학적 내용은 가능하면 생략하고 각각 분석기법의 기본 원리만을 다루었다. SPSS

를 실행하고 각 분석과정에서 일반적으로 사용하는 옵션들을 쉽게 지정할 수 있도록 표시하였으며, 사회복지현장에서 활용하는 조사나 개입방법의 효과를 검증하는데 주로 사용되는 분석방법들도 포함시켰다. 또한 분석된 결과를 이해하고 그 결과를 보고서 형식으로 제시하여 해석하는 방법도 보충하여 자료분석이나 통계에 관한 활용가능성을 높이려고 시도하였다.

이 책의 구성과 내용에 앞서 출간된 통계학 서적 및 SPSS 활용방법을 서술한 자료분석 교재들을 두루 참고하였다. 그러한 귀중한 자료들이 없었다면 이 책의 출간은 생각하지도 못했을 것이다. 더구나 저자의 일천한 통계학적 지식으로 인하여 사회복지 전공 학생들이나 사회복지사들이 쉽게 접할 수 있는 SPSS 사회복지자료분석 안내서로서의 역할을 하겠다는 애초의 생각은 과욕이었음을 알게 되었다. 이 책에 포함된 내용 중에서 부족한 부분이나 크고 작은 오류들은 앞으로도 계속 보완해 나갈 생각이다.

이 책은 전체 3부로 구성되었다. 1부에서는 자료분석의 기초가 되는 필수 개념을 소개하고 가설검정의 기본 논리를 서술하였다. 2부는 SPSS 프로그램에 관하여 소개하고 데이터의 입력, 변환, 저장방법 등을 설명하였다. 3부에서는 실제 분석방법들을 다루었다. 여기에서는 사회복지사로서 자료분석의 목적에 필요하다고 생각되는 기초적인 통계 부분만을 다루었다. 굳이 고급통계를 사용하는 것보다는 분석 목적에 적합한 분석방법으로 분석하고 적절하게 해석하여 의미를 찾는 것이 더 중요한 일이라고 생각하기 때문이다.

이 책은 사회복지자료분석론을 공부하는 사회복지 전공 학생들과 사회복지현장에서 욕구조사나 프로그램의 효과를 검증하고자 하는 사회복지사들, 그리고 논문을 준비하는 학생들에게 양적 분석을 위한 기본서로서 부족하지만 도움이 되기를 소망한다. 책을 집필하면서 사회복지자료분석 및 통계이론의 기초를 형성하도록 이끌어 주신 서울대학교 최성재 교수님께 머리 숙여 감사를 드린다. 이 책의 출간으로 교수님의 명성에 누가 되지 않기를 바라며, 사회복지현장에서 오랫동안 SPSS 자료분석 워크숍을 진행하면서 그동안 함께했던 사회복지사들께도 진심으로 감사를 드린다. 또한 책의 집필을 위하여 용기와 격려를 아끼지 않으신 우리 학과 도광조 교수님, 공정원 교수님, 서규동 교수님께도 진심으로 감사를 드린다.

끝으로 이 책의 출간을 흔쾌히 허락하여 주신 도서출판 신정의 최용구 사장님과 장만동 전무님, 그리고 복잡한 편집과정의 수고로움을 기꺼이 감수하여 주신 편집부 직원들께도 심심한 감사의 마음을 전한다.

2010년 1월

박용권

차례

PART 01
사회복지자료분석의 기초

PART 02
SPSS의 기초

PART 03
자료분석의 실제

PART 01

사회복지자료분석의 기초

chapter 01

자료분석의 기초개념

chapter 01

자료분석의 기초개념

1. 변 수

1) 변수의 의의

변수(variable)란 의미 그대로 그 값이 변하는 개념이다. 변수는 자료분석의 기본단위이며 연구자가 관심을 갖는 연구대상의 속성을 말한다. 따라서 변수는 두 가지 또는 그 이상의 값(value)이나 정도(degree)를 나타내는 개념이라고 할 수 있다. 말하자면 개념을 측정가능한 형태로 바꾸어 준 것이 변수라고 할 수 있다. 사회조사에서 개념(concept)은 이론을 구성하는 대표적인 단위인데, 이 개념을 관찰하거나 측정하는 의미로 사용하면 변수로 바뀌게 된다. 양적조사에서는 연구 주제에 포함된 개념에 대하여 개념적 정의와 조작적 정의라는 과정을 통해서 개념이 변수의 지위를 갖게 된다.

우리가 흔히 접하는 대표적인 변수로는 성별을 예로 들 수 있는데, 성별은 남자와 여자라는 두 개의 값으로 구성된 변수이다. 그러나 여자나 남자는 그 자체만으로는 변수가 될 수 없다. 또 다른 예로 나무는 변수가 될 수 없지만 나무의 개수나 무게는 변수가 될 수 있다.

2) 변수의 유형

변수는 그 분류기준에 따라서 여러 가지 종류로 나누어진다.

(1) 기능에 따른 분류

① 독립변수(independent variable)

독립변수는 원인변수(causal variable)라고 하듯이 원인이 되고 시간적으로 앞서 있어서 다른 변수의 발생에 대한 원인이 된다고 가정할 때 그 변수를 독립변수라고 할 수 있다.

② 종속변수(dependent variable)

다른 변수의 영향을 받아 일정하게 변화된 결과를 나타내는 변수를 말한다. 예를 들어 학력이 소득수준에 미치는 영향이 어떠한지를 분석하는 경우 학력은 독립변수가 되고 소득수준은 종속변수가 된다.

독립변수와 종속변수는 속성에 따라 구분되어 있는 것이 아니기 때문에 경우에 따라서 서로 뒤바뀌는 경우도 발생할 수 있다. 교육수준과 수입과의 관계에서 교육수준이 높으면 수입이 높을 수 있지만 수입이 높으면 교육수준도 높아질 수 있기 때문에 상호 독립변수와 종속변수가 될 수 있다(최성재, 2005). 이처럼 독립변수와 종속변수 간의 인과관계를 규명하는 일은 매우 어려운 경우도 있다. 따라서 선행연구나 문제 상황에 대한 깊은 통찰을 요구하기도 한다.

③ 매개변수(mediator variable)

중재변수(intervening variable)라고도 하며 독립변수의 영향을 받아 종속변수에 영향을 주는 변수이다. 따라서 매개변수는 독립변수와 종속변수 간의 관계를 연결시켜 주는 변수라고 할 수 있다. '종교를 가진 사람이 강한 공동체 의식을 갖게 됨으로써 자원봉사의 참여도가 높다.'고 할 때 종교는 독립변수, 자원봉사 참여도는 종속변수, 공동체의식은 매개변수에 해당한다. 연구모형에 매개변수를 포함하고 있으면 매개효과를 검증해 주어야 한다.

④ 조절변수와 통제변수

조절변수(moderate variable)는 독립변수와 상호작용 효과를 갖게 하는 독립변수이다(김재철, 2019). 상호작용 효과(interaction effect)는 독립변수가 종속변수에 미치는 영향력이 또 다른 독립변수에 따라서 달라지는 경우를 말한다. 사회복지 개입 프로그램의 유형에 따라서 자아존중감에 미치는 영향을 분석한다고 할 때 성별에 따라서 그 영향력의 정도가 달라진다면 이를 '상호작용 효과'라고 한다. A 프로그램은 남자에게 더 효과적이고 B 프로그램은 여자에게 더 효과적이라면 개입 프로그램과 성별은 상호작용 효과가 있다고 말하며, 이때 성별은 조절변수의 역할을 하는 것이다.

한편 두 변수 간의 관계가 허위 관계인지 실제 관계인지 확인하기 위해서 연관되어 있을 가능성이 있는 변수를 통제할 필요가 있다. 이러한 제3의 변수(third variable)를 통제변수(control variable)라고 한다. 허위효과(spurious effect)는 두 변수 간의 직접적인 관계는 없으나 제3의 변수에 의해서 동시에 영향을 받음으로써 마치 두 변수 간에 관계가 있는 것처럼 보이는 경우를 말한다. 예를 들면 소방관의 수와 피해액 간의 관계는 화재의 크기라는 제3의 변수에 의한 허위효과가 작용한 결과이다. 허위효과를 제거하려면 해당 변수를 통제해야 한다. 외생변수(extraneous variable)도 종속변수에 영향을 미치는 변수이기 때문에 역시 통제되어야 하는 변수이다. 이처럼 실제 연구 상황에서는 다양한 형태의 변수들이 상호 연관되어 있으면서 독립변수 혹은 종속변수에 영향을 주고받는 관계에 있을 수 있기 때문에 변수 간의 관계 설정이나 관계를 분석할 때는 주의를 기울여야 한다.

(2) 측정수준에 따른 분류

변수는 측정수준 및 수학적 속성구조에 따라서 명목변수, 서열변수, 등간변수, 비율변수로 구분된다.

① 명목변수(nominal variable)

어떤 현상이나 개념의 질적인 특성에 의해 상호 배타적인 몇 개의 카테고리로 분류할 수 있을 뿐 그 카테고리를 서열이나 수치로 나타낼 수 없는 변수를 말한다. 성별이나 직업, 종교 등이 명목변수에 속한다. 명목변수에 대해서도 구분을 위해서 수치가 아닌 숫자를 부여할 수는 있지만 그것은 기호로서의 의미만 있을 뿐 수치로서의 의미는 없다.

명목변수에서 구분을 위한 범주를 만들 때는 포괄성(exhaustive)과 상호배타성(mutual exclusive)의 원칙을 따라야 한다. 포괄성이란 모든 사례가 어느 범주에든 속할 수 있도록 범주 수가 충분히 갖추어져 있어야 한다는 것이다. 예를 들어 지역사회문제를 측정하는 데 기타를 두지 않으면 제시된 범주 내에서는 응답할 수 없게 될 수도 있다는 것이다. 상호배타성은 어느 한 범주에 속하면 다른 범주에는 속할 수 없도록 범주의 각 속성들이 분명히 구분되도록 설정되어야 한다는 것이다.

② 서열변수(ordinal variable)

서열변수는 명목변수와 같이 속성별 분류가 가능하면서 동시에 각 범주 간의 순위가 매겨질 수 있는 변수를 말한다. 따라서 각 범주는 포괄성과 상호배타성이 있으면서 서열을 정할 수 있는 특성을 지닌다. 또한 각 카테고리에 부여된 수치는 단순히 서열을 나타내는 것일 뿐이며 카테고리 간의 차이를 나타내지는 않는다. 노인장기요양보험 요양등급을 1등급에서 5등급으로 분류한다면 이 경우 요양등급은 서열변수에 해당한다. 즉, 1등급으로 갈수록 중증의 정도를 의미하는 것이며 등급 간의 간격이 같다는 의미는 아니다. 사회복지분야에서 생활만족도, 자아존중감, 건강 정도 등 많은 변수들은 서열변수에 속하게 된다.

③ 등간변수(interval variable)

등간변수는 명목변수와 서열변수의 속성을 가지는 것에 더하여 변수값 간의 간격을 알 수 있을 뿐만 아니라 동등한 간격을 가지는 변수를 말한다. 온도나 지능지수, 대학 학년과 같은 변수가 등간변수의 대표적인 예이다. 등간변수에서 0의 값은 임의적인 값이기 때문에 절대영점의 의미를 갖지 못한다. 따라서 비율적 비교는 곤란하기 때문에 온도 10도가 온도 5도의 두 배가 되는 것은 아니다.

④ 비율변수(ratio variable)

비율변수는 가장 높은 수준의 변수로 앞의 명목, 서열, 등간변수의 모든 속성을 다 가지면서 절대영점의 의미도 추가적으로 가진다. 따라서 모든 수학적 조작이 가능한 수준의 변수이다. 비율변수인 월평균 소득 200만 원을 받는 사람은 100만 원 받는 사람보다 소득이 두 배 많다고 할 수는 있지만 등간변수인 IQ 120인 사람이 IQ 100인 사람보다 1.2배 머리가 좋다고 할 수는 없다.

이상의 네 가지 변수의 속성을 살펴보면 상위수준의 변수는 하위변수의 모든 속성을 가지고 있을 뿐만 아니라 그 변수 고유의 특성을 좀더 가지고 있다고 할 수 있다. 비율변수는 등간변수의 속성을 가지면서도 절대영점을 더 가지고 있으며, 등간변수는 서열변수의 속성을 그대로 가지면서도 변수값 간의 등간성이라는 특성을 더 가지고 있고, 서열변수는 명목변수의 특성을 가지고 있으면서 범주 간 서열성을 더 가지고 있다.

또한 성별과 같은 변수는 그 속성상 명목변수의 수준 이상으로 측정될 수 없는 반면에 월평균 소득은 측정수준이 다른 변수로 측정이 가능해진다. 예를 들어 월평균 소득에 대하여 만 원 단위로 개방형 질문에 응답하게 되면 비율변수가 되지만 응답범주를 50만 원 미만, 50만 원 이상 100만 원 미만, 100만 원 이상과 같이 측정하게 되면 서열변수가 되는 것이다. 따라서 연구 목적과 응답자의 상황 등을 잘 고려하여 가능하면 높은 수준으로 측정하는 것이 바람직하다.

(3) 연속성에 따른 분류

변수는 그 속성과 측정하는 방법에 따라서 연속변수(continuous variable)와 이산변수(discrete variable)로 나뉜다. 연속변수는 주어진 범위 내에서 어떤 값도 가질 수 있는 변수를 말한다. 예를 들어 자아존중감(서열변수), 온도(등간변수), 키(비율) 등의 변수들은 최소단위를 정할 수 없고 소수점 이하 계속적인 수치를 사용하여 그 값을 나타낼 수 있기 때문에 관찰값을 재어서(measure) 값을 산출할 수 있다. 이산변수는 변수의 값에 최소단위가 있는 변수를 말한다. 화폐단위나 사람 수 등이 대표적인데, 화폐나 사람 수는 원단위 혹은 한 명이 최소단위이기 때문에 소수점 이하로 그 값이 표현되지 않는다. 이산변수는 주로 관찰값을 세어서(count) 값을 산출할 수 있다.

(4) 속성에 따른 분류

변수는 속성에 따라서 양적변수와 질적변수로 구분되기도 한다. 양적변수는 키나 성적과 같이 그 변수의 속성을 수치로 나타낼 수 있는 변수를 말한다. 등간변수와 비율변수가 여기에 해당한다. 반면에 질적변수는 수치로 표현되기보다는 범주로 분류할 수 있는 변수이다. 질적변수의 예로는 성별, 종교, 사회복지시설 유형 등이 있을 수 있다. 명목변수와 서열변수가 질적변수에 해당한다.

2. 모집단과 표본

모집단(population)은 연구에서 연구 대상이 되는 모든 개체의 집합을 의미한다. 대학생, 사회복지사, 65세 이상 노인 등과 같이 적어도 한 가지 특성을 공유하는 사람들로 구성되어 있다. 모집단의 구체적인 범위는 연구 목적에 따라서 결정된다. 기초생활보장 수급자들의 생활에 대하여 연구한다면 수급자가 모두 모집단이 되며, 사회복지학과 학생들의 복지의식에 관한 연구에서는 사회복지학과 학생들이 모두 모집단이 된다.

그러나 모집단의 범위가 불분명할 때가 많다. 특정 지역의 사회복지사를 모집단으로 조사한다고 해도 휴가 중이거나 어떤 시설에 근무하는 사회복지사인지, 1급인지 2급인지 등에 관한 보다 구체적인 모집단에 관한 규정이 필요하다. 이렇게 조사의 목적에 맞게 모집단을 보다 구체적으로 규정하게 될 때 이를 연구 모집단으로 표현하기도 한다.

한편 사회과학 연구의 대부분은 모집단 전체를 조사하는 전수조사보다는 표본조사를 통하여 모집단 중에서 일부를 뽑아서 조사한 후 그 결과를 모집단 특성으로 일반화하는 방법을 취한다. 조사를 좀더 정확하게 하기 위해서는 전수조사가 바람직하겠지만 비용 문제나 현실적인 어려움들로 인하여 표본조사를 선호한다. 모집단의 규모가 작을 때에는 조사 대상 전체를 조사하는 것이 가능할는지 모르지만 모집단의 규모가 큰 경우에는 시간과 노력, 경비가 많이 소요된다. 더구나 모집단 전체를 조사하는 것이 표본조사에 비하여 더 정확한 조사가 될 거라는 보장도 없다. 전수조사를 통해 자료 수집과 분석 등에서 발생할 수 있는 오류들을 감안한다면 체계적인 표본조사의 정확성이 더 높을 수도 있다.

이처럼 모집단의 일부를 추출하여 구성한 조사대상자를 표본(sample)이라고 하며 표본을 추출하는 과정을 샘플링(sampling)이라고 한다. 표본을 추출하는 경우에는 모집단을 가장 잘 대표할 수 있는 표본을 추출해야 보다 정확한 분석과 일반화가 가능해진다.

한편 어느 집단의 특성을 나타내는 여러 가지의 값들이 존재하는데, 모집단의 특성을 나타내는 값을 모수(parameter)라고 하고, 표본의 특성을 나타내는 값을 통계량(statistic)이라고 한다. 연구자는 표본에서 얻은 각종 통계량들을 근거로 모집단의 모수를 추론하게 되는데, 이러한 과정을 가설검정이라고 한다.

모수와 통계량을 나타내는 기호는 구분하여 사용되는데 다음과 같이 모수는 그리스 로마자로 표현되며, 통계량은 영어 알파벳으로 표현된다.

표 1-1 모수와 통계량

모집단			표본		
모수	모평균	μ	통계량	표본평균	$\overline{X}$
	모분산	σ^2		표본분산	s^2
	모표준편차	σ		표본표준편차	s
	모비율	P		표본비율	p

출처: 이종환, 2008 재구성.

3. 통계의 의미와 분류

우리는 학문적 영역뿐만 아니라 일상생활 속에서도 다양한 의미로 통계라는 표현을 사용한다. 어떤 현상이나 개념을 이해할 때 통계는 아주 요긴하게 활용된다. 어떤 작업을 할 때 평균 몇 시간이 소요되는지, 아동학대를 경험한 초등학교 학생들은 몇 명 혹은 몇 퍼센트 정도 되는지, 사회복지 프로그램을 통해서 문제해결의 정도는 어느 정도인지, 국가 예산 중에서 사회복지예산이 몇 퍼센트를 차지하는가에 이르기까지 다양한 분야에서 다양한 목적으로 통계를 활용한다. 또한 통계 데이터는 개인적인 수준에서 또는 국가수준에서 의사소통의 매체로 이용되기도 하고 합리적인 의사결정을 위한 유용한 정보로 사용되기도 한다.

이와 같이 통계는 기본적으로 대상으로부터 자료를 수집하고, 특성을 숫자로 파악 및 요약하여 그로부터 어떤 판단을 내리는 기술을 말한다. 이 경우의 통계란 단순히 수량적 사실의 집합(collection of numerical facts)을 의미하며, 조사된 결과를 수치로 표현한 것이다. 예를 들면 '2020년 말 현재 등록 사회복지사의 숫자는 몇 명이다.'와 같다.

통계는 기능에 따라서 기술통계(descriptive statistics)와 추리통계(inferential statistics), 변수의 수에 따라서 일원적 통계(univariate statistics), 이원적 통계(bivariate statistics), 다원적 통계(multi-variate statistics), 모집단 분포의 가정에 따라서 모수통계(parametric statistics)와 비모수 통계(nonparametric statistics) 등으로 구분된다. 통계의 종류를 표로 나타내면 〈표 1-2〉와 같다.

표 1-2 통계의 종류

<table>
<tr><td rowspan="9">통계</td><td rowspan="3">기술통계</td><td colspan="2">일원적 통계</td></tr>
<tr><td colspan="2">이원적 통계</td></tr>
<tr><td colspan="2">다원적 통계</td></tr>
<tr><td rowspan="6">추리통계</td><td rowspan="2">일원적 통계</td><td>모수적 통계</td></tr>
<tr><td>비모수적 통계</td></tr>
<tr><td rowspan="2">이원적 통계</td><td>모수적 통계</td></tr>
<tr><td>비모수적 통계</td></tr>
<tr><td rowspan="2">다원적 통계</td><td>모수적 통계</td></tr>
<tr><td>비모수적 통계</td></tr>
</table>

출처: 최성재, 2005, p. 76.

여기서는 기술통계와 추리통계에 대하여 간략히 서술하고자 한다. 기술통계는 자료분석의 기초가 되는 통계이며, 수집된 자료를 의미 있는 형태로 정리하여 제시해 주는 통계를 말한다. 예를 들어 설문조사에서 각 변수에 대한 응답자와 퍼센트를 표나 도표로 나타내거나 평균이나 분산을 계산해서 제시해 주는 방법을 말한다. 기술통계에서는 빈도나 백분율, 평균, 표준편차 등을 주로 활용한다.

추리통계는 표본의 자료를 통하여 모집단의 특성, 즉 모수를 추정하거나 가설을 검정하는 데 사용되는 통계를 말한다. 추리통계도 크게 두 가지로 구분되는데, 첫째는 표본에 의해 하나의 변수의 값을 추정하는 통계기법, 즉 표본의 데이터를 가지고 모집단의 모수를 일정한 신뢰수준(예: 95%)을 가지고 추정하는 통계기법을 말한다. 둘째는 두 개 이상의 변수 간의 관계를 검증하는 것으로서 가설을 설정하고 통계분석을 통하여 이 가설의 진위를 판단하는 가설검정 방법을 의미한다. 오늘날의 대부분의 통계는 표본조사 데이터를 활용하게 때문에 추리통계학이 주류를 이루고 있으며, 이 책에서 다루어지는 대부분의 통계기법은 추리통계를 기반으로 하고 있다.

4. 자유도

통계에서 자주 접하게 되는 자유도(degree of freedom)라는 말은 그 의미를 정확히 이해하기란 참으로 쉽지 않다. 우선 자유도란 '주어진 조건하에서 자유롭게 변화할 수 있는 점수나 변수의 수 또는 한 변수의 범주의 수' 또는 '편차의 합이 0이면서 자유롭게 어떤 값도 가질 수 있는 사례의 수'를 말한다. 자유도는 df라는 기호로 표시한다. 어떠한 제한 없이 임의로 세 개의 숫자를 쓴 경우에는 세 개의 숫자를 완전히 마음대로 선택할 수 있으므로 자유도 $df=3$이다. 통계적 분석의 경우 자유도는 사례 수(표본의 수) 및 통계적 제한조건의 수와 관계가 있다.

일반적으로 모집단의 특성을 나타내는 모수를 파악하기 위하여 표본을 추출하게 되는데, 이 경우 통계적 추론에 대한 정확도는 추출한 표본의 수가 어느 정도 되느냐에 의존한다. 예를 들어 크기가 N인 모집단에서 크기가 n인 표본을 추출하여 관측하였다면 통계적 추측의 정확성은 n이 N에 근접할수록 높아질 것이다. 자유도의 개념은 이러한 모집단의 일부분으로부터 얻은 표본의 수인 n과 밀접한 관련이 있는 것으로 통계적 추론의 정확성을 표현하는 것이다.

통계적 추론은 표본에서 산출된 통계량이 모수와 같을 때 그 통계량을 불편추정량(unbiased estimator)이라고 하는데 자유도를 고려한 추정치가 모수를 추정하는 더 좋은 추정치라고 할 수 있다. 따라서 자유도는 $n-$(추정된 모수의 수)로 나타낼 수 있다. 예를 들어 모집단의 분산을 알고자 한다면 분산의 정의로부터 $\sigma^2 = E[(X-\mu)^2]$이므로 반드시 기대값 μ를 알고 난 후에 분산을 추측할 수 있다. 따라서 분산에 관련된 통계적 추론은 기대값 μ를 추측해야 하므로 추정된 모수의 수가 1이 되면 자유도는 $n-1$이 된다. 만일 모집단에 대하여 정확한 기대값 μ가 알려져 있다면 분산의 추측과 관련된 자유도는 n이 되어야 한다.

분산분석과 회귀분석에서의 자유도 개념은 $n-$(모형에서 사용되는 추정된 모수의 수)로 표현할 수 있다. 만일 n개의 관측값 (x_i, y_i)로 구성된 표본으로부터 $\hat{y}=a+bx$와 같은 통계적 모형을 설정하였다면 이에 대한 분산 a와 b를 추측한 후에 계산을 할 수가 있기 때문에 모형에서 사용하는 추정된 모수의 수는 2가 된다. 따라서 오차와 관련된 자유도는 $n-2$가 된다.

이러한 자유도의 개념은 '표본의 자유로움'으로 설명될 수 있다. 만일 표본의 수를 n으로 하는 표본을 추출한다면 n개의 관측값이 자유롭게 움직이게 된다. 하지만 n개의 표본에 어떠한 제약식을 추가한다면 n개의 표본은 더 이상 자유롭지 못하게 되고, 일부분의 표본만이 자유롭게 되며 나머지 표본은 제약식 조건을 맞추기 위하여 특정하게 정해진 값을 가져야만 할 것이다. 모집단의 분산을 추측하는 문제에 있어서도 분산을 추측하기 전에 기대값 μ를 추측해야 하므로 μ를 추측하는 표본평균 $\overline{X}$를 사용하여 μ의 역할을 대치하게 되면 표본의 $n-1$개만 자유로운 값을 가지게 되며, 나머지 한 개의 관측값(n번째 관측값)은 표본평균 $\overline{X}$의 값을 맞추기 위하여 어떤 특정한 값을 가져야만 한다는 것이다. 따라서 분산 추측을 위한 표본의 자유도는 $n-1$이 된다(김재철, 2019; 이군희, 2008).

chapter 02

확률분포와 가설검정

chapter 02

확률분포와 가설검정

1. 표준정규분포와 표집분포

1) 확률변수의 의미

우리의 관심 대상이 되는 주요 사건들은 숫자로 정의될 수 있는 사건들(numerical events)이다. 이때 확률(probability)이란 불확실한 상황에서 어떤 사건 또는 사상이 발생할 가능성을 말한다. 우연성을 수반하는 현상을 관측한다든지, 실험한 결과에 따라서 하나의 실수값 X가 관측될 때 X는 여러 가지 값을 취할 가능성이 있다는 뜻에서는 하나의 변수이지만, 이것이 어떤 값을 어느 정도의 가능성으로 취하는가는 거기에 정해진 확률에 의해 나타내어지게 된다. 이러한 변수를 확률변수(random variable)라 한다. 또한 확률변수가 분포하는 형태를 확률분포라고 한다.

확률변수는 X, Y, Z 등과 같은 대문자로 표현하며, 이 확률변수들이 취하는 값은 x, y, z 등과 같이 소문자로 표시한다. 확률변수는 이산형(discrete type)과 연속형(continuous type)으로 분류되는데, 이산형이란 확률변수가 취할 수 있는 값들이 유한하거나 첫째, 둘째 등의 값으로 셀 수 있는 경우의 확률변수를 의미하며, 연속형이란 확률변수가 취할 수 있는 값들이 적절한 구간 내의 모든 값을 포함할 경우의 확률변수를 의미한다.

2) 정규분포곡선의 이해

정규분포는 통계학의 기본 원리를 설명하는데 가장 많이 이용되고 있는 중요한 분포이며, 표본을 통해 모집단을 추정하거나 가설을 검증하는 이론을 설명하는 기초이다. 어떤 확률변수 X가 평균이 μ이고 분산이 σ^2인 정규분포를 따르는 경우 $X \sim N(\mu, \sigma^2)$라고 표현한다. 정규분포의 특징으로는 다음과 같다.

첫째, 정규분포는 완만하고 평균을 중심으로 좌우대칭 종모양이다.

둘째, X가 평균에서 멀어질수록 정규곡선은 X축에 접근하지만 결코 X축에 닿지는 않는다.

셋째, 정규분포곡선은 평균과 표준편차에 의해서 위치와 종 모양이 결정된다.

넷째, 정규분포곡선과 X축 사이의 면적은 항상 1이다.

정규분포의 확률밀도함수는 다음과 같은 식으로 표현된다.

$$f(X) = \frac{1}{\sqrt{2\pi\sigma^2}} \times e^{-\frac{(x-\mu)^2}{2\sigma^2}}$$

π: 3.1416 (원주율: 상수)

e: 2.7183 (상수)

μ: 분포의 평균

σ: 분포의 표준편차

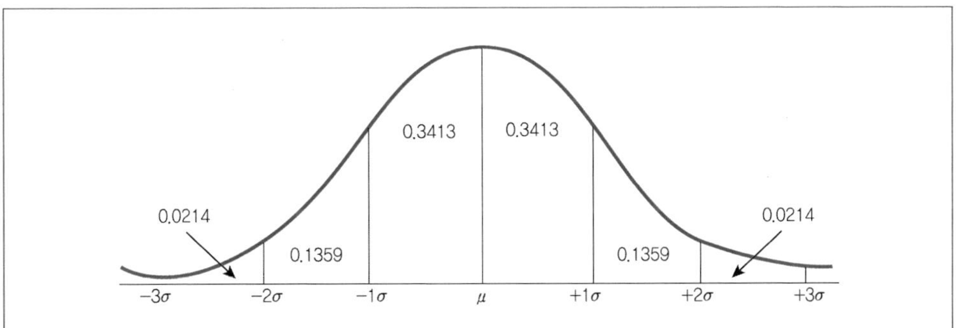

그림 2-1 정규분포곡선의 형태

〈그림 2-1〉에서 보는 바와 같이 관찰값이 평균(μ)을 중심으로 표준편차 $\pm 1\sigma$에 발생할 확률이 68.3%가 됨을 보여준다. $\pm 2\sigma$ 내에는 95.4%, $\pm 3\sigma$ 내에는 99.7% 발생할 확률이 있음을 나타낸다.

정규분포는 많은 사회현상을 설명하는 데 적절한 통계분포로서 사회현상에 대한 통계분석에 널리 활용된다. 물론 모든 변수의 분포가 정규분포의 형태를 취하는 것은 아니지만, 특히 모집단으로부터 30개 이상의 표본을 추출하는 경우 표본평균의 분포는 정규분포를 따르는 것으로 알려져 있다. 정규분포는 연속확률변수의 모수 추정, 확률분포 그리고 가설검정에 많이 활용된다.

3) 정규분포에서의 확률 및 표준정규분포

연속확률분포에서 확률변수 X 자체가 연속적이기 때문에 구간에 관한 확률을 구해야 한다. 예를 들어 한국 20세 이상 성인 중 한 사람을 뽑았을 때 그 사람의 키가 170cm가 될 확률이 몇 %인가? 정확히 170cm인 사람은 거의 없을 것이기 때문에 170cm에서 173cm 사이에 있을 확률을 구하는 것은 가능하다. 연속확률분포의 경우에는 일정 구간에 대하여 확률을 계산해야 한다. 따라서 한국 20세 이상 성인 키의 분포가 평균 170cm이며, 표준편차(σ)가 5cm라고 한다면 키가 170cm에서 175cm 사이일 확률은 〈그림 2-2〉의 빗금 친 부분이다.

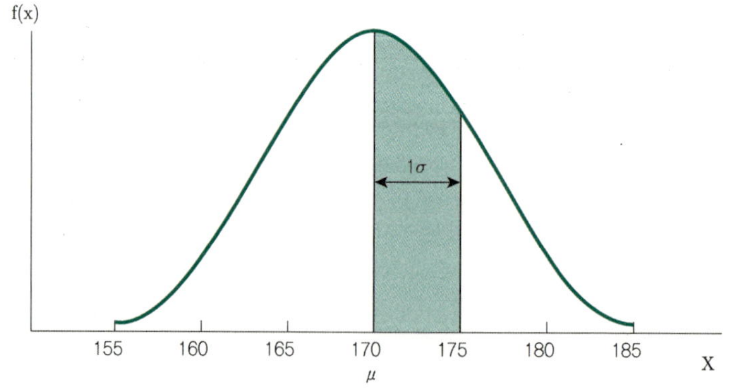

그림 2-2 한국 성인 키의 분포

만일 어떤 분포가 정규분포를 따른다고 가정할 때 각각의 점수에 포함될 가능성을 계산하기란 쉽지 않다. 이에 따라 정규분포의 확률 계산을 편하게 하도록 고안된 것이 표준정규분포(standard normal distribution)이다. 이는 모든 정규분포를 평균 $\mu=0$, 표준편차 $\sigma=1$이 되도록 표준화한 것이다.

각 관찰값 X는 그 분포의 평균으로부터 몇 배의 표준편차나 떨어져 있는가를 다음과 같이 정규분포 확률변수 Z로 나타내기 때문에 표준정규분포를 Z분포라고도 한다.

$$Z=\frac{X-\mu}{\sigma}$$

Z : 표준점수(평균으로부터 몇 표준편차 떨어져 있는가를 나타내는 수)
X : 각 사례의 관찰값
μ : 모집단의 평균
σ : 모집단의 표준편차

평균이 170이고 표준편차가 5인 키의 분포를 가지고 각각의 키에 따른 표준점수로 환산해 보면 다음의 그림과 같다. 170은 평균값이기 때문에 Z값은 0이 되며, 165는 -1, 160은 -2에 해당하며, 175는 $+1$, 180은 $+2$의 값을 갖게 된다. 이와 같이 모든 확률변수의 분포에서 평균과 표준편차를 알게 되면 표준점수로 환산이 가능하고, 이를 활용하여 각각 점수 간의 분포 확률을 구할 수도 있다.

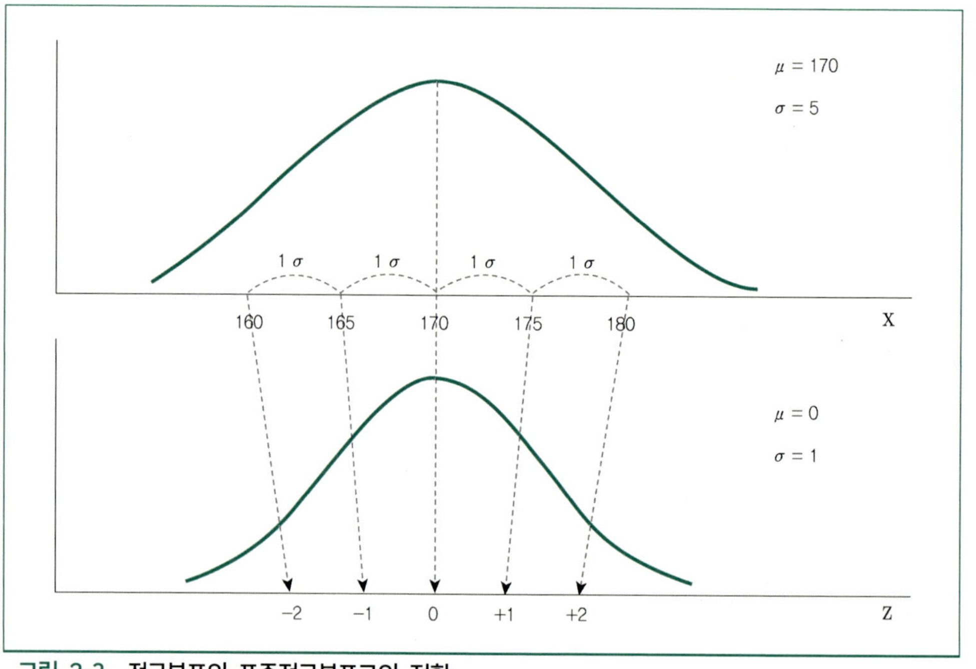

그림 2-3 정규분포의 표준정규분포로의 전환

한편 정규분포가 어떤 모형을 가졌든지 간에 평균으로부터 1 표준편차 사이의 넓이가 전체 넓이에서 차지하는 비율은 항상 같다. 또한 평균으로부터 2, 3 표준편차 사이의 넓이가 전체 넓이에서 차지하는 비율, 즉 확률도 항상 같다.

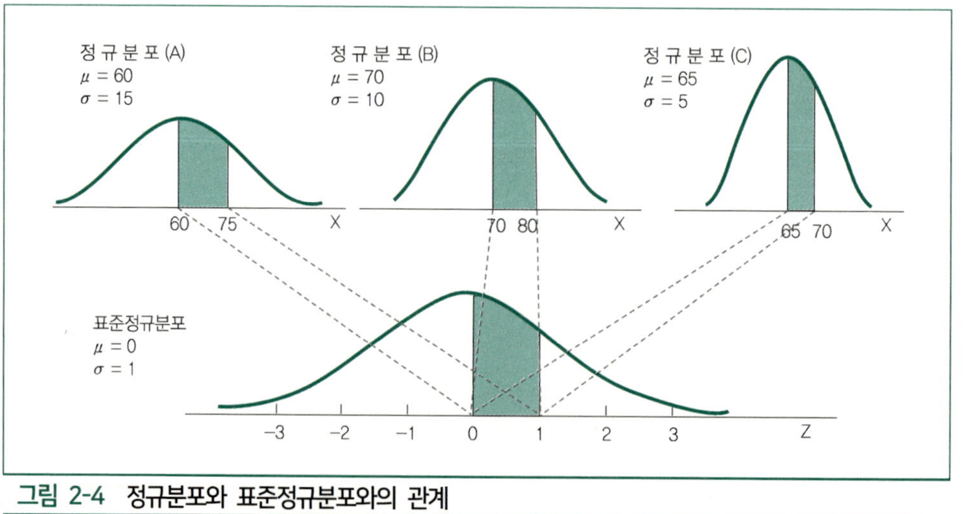

그림 2-4 정규분포와 표준정규분포와의 관계

평균이 60이고 표준편차가 15인 정규분포 A에서 60과 75 사이의 넓이는 평균이 70이고 표준편차가 10인 정규분포 B에서 70과 80 사이의 넓이 그리고 평균이 65이고 표준편차가 5인 정규분포 C에서 65와 70 사이의 넓이는 모두 같다. 세 가지 정규분포를 표준정규분포로 환산하면 모두 0과 1 사이의 넓이에 해당되기 때문이다.

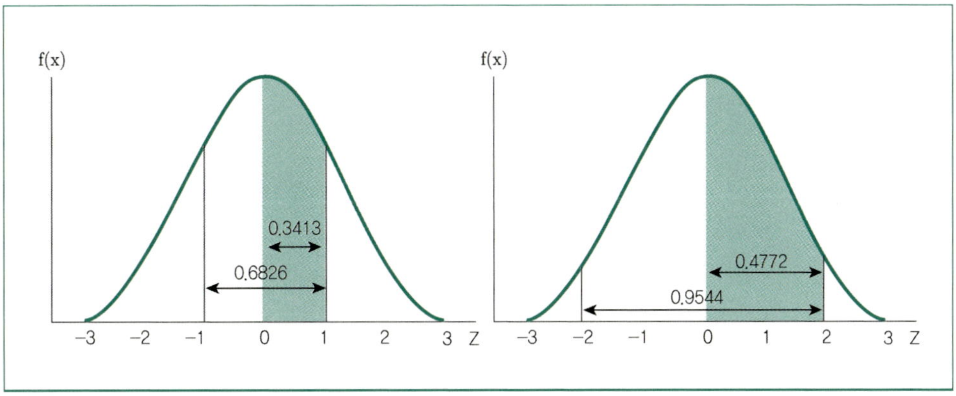

그림 2-5 표준정규분포에서의 확률

다음의 〈표 2−1〉에서 보는 바와 같이 표준정규분포 곡선에서 각각의 확률분포를 보여주고 있다. 예를 들어 Z가 0에서 1 사이의 확률은 앞에서 0.3413이라는 것을 알았지만 0에서 1.25 사이에 있는 확률은 어떻게 구할까요? 이때 사용되는 표가 표준정규분포표이다. 1.2와 .05가 만나는 지점의 값, 0.3944가 Z값 0에서 1.25 사이에 있을 확률이다.

표 2-1 표준정규분포의 z값에 따른 면적

z	z의 소수점 이하 둘째 자리									
	0.00	0.01	0.02	0.03	0.04	0.05	0.06	0.07	0.08	0.09
0.0	.0000	.0040	.0080	.0120	.0160	.0199	.0239	.0279	.0319	.0359
0.1	.0398	.0438	.0478	.0517	.0557	.0596	.0636	.0675	.0714	.0753
0.2	.0793	.0832	.0871	.0910	.0948	.0987	.1026	.1064	.1103	.1141
0.3	.1179	.1217	.1255	.1293	.1331	.1368	.1406	.1443	.1480	.1517
0.4	.1554	.1591	.1628	.1664	.1700	.1736	.1772	.1808	.1844	.1879
0.5	.1915	.1950	.1985	.2019	.2054	.2088	.2123	.2157	.2190	.2224
0.6	.2257	.2291	.2324	.2357	.2389	.2422	.2454	.2486	.2517	.2549
0.7	.2580	.2611	.2642	.2673	.2703	.2734	.2764	.2794	.2823	.2852
0.8	.2881	.2910	.2939	.2967	.2995	.3023	.3051	.3078	.3106	.3133
0.9	.3159	.3186	.3212	.3238	.3264	.3289	.3315	.3340	.3365	.3389
1.0	.3413	.3438	.3461	.3485	.3508	.3531	.3554	.3577	.3599	.3621
1.1	.3643	.3665	.3686	.3708	.3729	.3749	.3770	.3790	.3810	.3830
1.2	.3849	.3869	.3888	.3907	.3925	.3944	.3962	.3980	.3997	.4015
1.3	.4032	.4049	.4066	.4082	.4099	.4115	.4131	.4147	.4162	.4177
1.4	.4192	.4207	.4222	.4236	.4251	.4265	.4279	.4292	.4306	.4319
1.5	.4332	.4345	.4357	.4370	.4382	.4394	.4406	.4418	.4429	.4441
1.6	.4452	.4463	.4474	.4484	.4495	.4505	.4515	.4525	.4535	.4545
1.7	.4554	.4564	.4573	.4582	.4591	.4599	.4608	.4616	.4625	.4633
1.8	.4641	.4649	.4656	.4664	.4671	.4678	.4686	.4693	.4699	.4706
1.9	.4713	.4719	.4726	.4732	.4738	.4744	.4750	.4756	.4761	.4767
2.0	.4772	.4778	.4783	.4788	.4793	.4798	.4803	.4808	.4812	.4817

Z분포표에 의하면 $1Z$는 0.3413이며 $2Z$는 0.4772이다. 정규분포는 좌우대칭이므로 평균으로부터 $\pm 1Z$ 사이의 넓이는 0.6826이며 $\pm 2Z$ 사이의 넓이는 0.9544이다. 이러한 표준정규분포상의 넓이를 활용하면 특정 Z값 사이의 관찰값의 발생확률을 계산할 수 있다. 이를 활용하여 몇 가지 연습을 해보도록 한다.

● $Z > 1.2$ 인 경우의 확률계산법

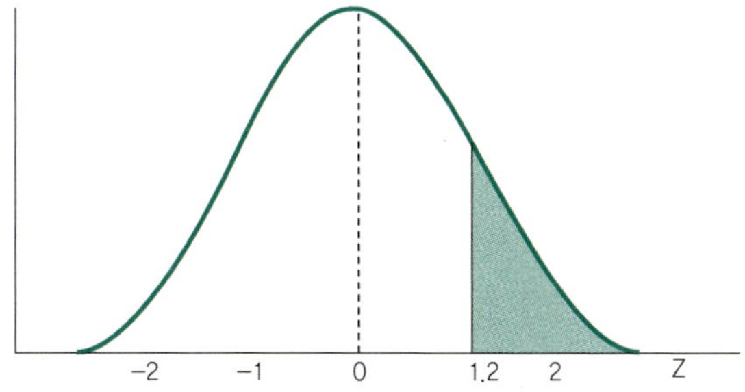

그림 2-6 $Z > 1.2$의 넓이

① Z 분포표를 이용하여 $Z=1.2$일 때의 확률은 0.3849

② $Z>1.2$ 지역의 넓이는 $0.5-0.3849=0.1151$

● 관찰값을 알았을 때 확률 계산방법

예를 들어 어느 해 사회복지사 1급 국가시험의 결과를 보면 응시자의 평균(μ) 점수는 125점(200점 만점)이었고, 표준편차(σ)는 22점이었다. 응시자의 시험 점수가 정규분포를 이룬다고 가정할 때 158점 이상을 받은 응시자는 몇 %나 되겠는가?

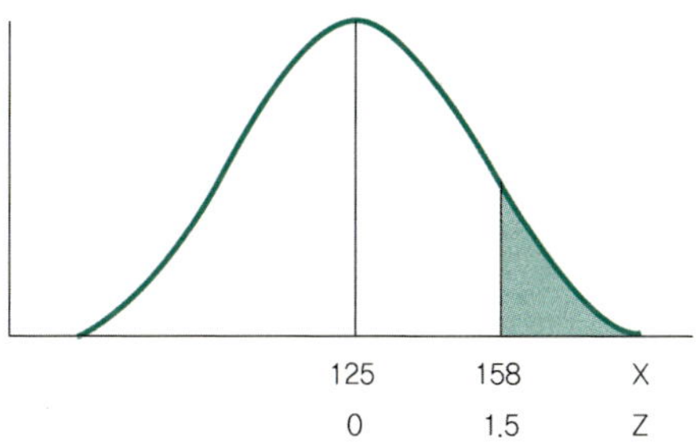

그림 2-7 $X > 158$의 넓이

① 158점이 평균으로부터 몇 Z나 떨어져 있는지 계산한다.

$$Z = \frac{X-\mu}{\sigma} = \frac{158-125}{22} = 1.5$$

② Z 분포표를 이용하여 Z=1.5일 때 확률을 구하면 0.4332이다.

③ Z>1.5인 지역의 넓이를 계산하면 0.5−0.4332=0.0668, 즉 6.68%이다.

또 하나의 예를 들어보자. 사회복지학과 1학년 학생들의 일일 컴퓨터 이용시간이 평균 120분, 표준편차가 25분이었으며, 컴퓨터 이용시간이 정규분포를 이룬다면 이용시간이 상위 10%에 속한 학생의 컴퓨터 이용시간은?

① 상위 10%는 0.1에 해당하는 부분이기 때문에 Z분포표를 이용하여 0.4(0.5−0.1)에 대한 Z값을 구하면 Z=1.28이다.

② Z=1.28일 때 관찰값을 구한다.

$$Z = \frac{X-\mu}{\sigma}, \quad 1.28 = \frac{X-120}{25} = 152$$

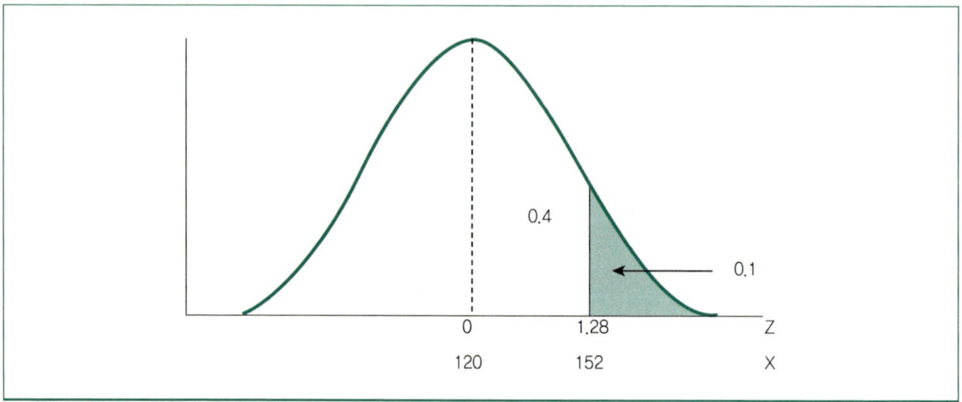

그림 2-8 Z> 1.28의 넓이

4) 표집분포와 중심극한정리

표본을 대상으로 하는 추론과정에는 대표성 있는 표본을 추출하지 못할 수도 있고 자료수집 과정에서의 실수 등이 발생할 수 있기 때문에 표본의 평균에 의해 모집단의 평균을 추론하는 데는 항상 일정한 오차가 발생할 수 있다. 예를 들어 신입 사회복지사의 월평균 급여를 조사하기 위하여 100명을 대상으로 조사한 결과 260만 원이 나왔다고 하자. 또 다른 연구자가 100명을 조사했더니 265만 원으로 5만 원의 차이가 나타날 수도 있다. 실제로 동일한 모집단을 대상으로 동일한 연구자가 다시 조사를 해도 표본의 차이나 기타 상황적 요소들로 인하여 매번 다른 결과가 나올 수도 있다. 이렇게 표본추출을 계속 반복하다 보면 표본통계량도 어떤 분포를 보이게 되는데 이를 표집분포(sampling distribution)라고 한다.

동일한 모집단으로부터 동일한 크기의 표본을 무수히 많이 반복해서 추출한다고 생각해 보자. 각각 표본추출을 할 때마다 그 값의 평균을 계산하여 하나의 사례값으로 인정한다고 할 때 10회 표본추출하면 10개의 평균값, 100회 반복하면 100개의 평균값이 나오게 된다. 이렇게 하여 모아진 표본평균은 그 자체가 하나의 확률변수가 되며, 그것이 평균과 표준편차를 가지게 된다. 이러한 표본평균의 확률분포를 표본평균의 분포 또는 평균의 표집분포(sampling distribution of mean)라고 부른다. 말하자면 표집분포는 샘플링을 통해서 얻은 통계량의 분포라고 할 수 있다. 표집분포의 표준편차($\sigma_{\bar{x}}$)는 표집분포의 표준오차(standard error)라고 할 수 있는데, 표본의 크기가 커질수록 표집분포의 표준오차는 점점 작아지는 특징이 있다. 다음 〈그림 2-9〉와 같이 모집단의 분포와 상관없이 표집분포는 표본의 크기가 커질수록 정규분포의 모양을 갖는 것을 볼 수 있다. 모집단이 정규분포이면 거기서 추출된 표본평균의 표집분포도 정규분포를 따르게 된다.

결국 표집분포는 다음과 같은 특징을 가진다.

첫째, 표집분포의 평균은 모집단의 평균과 같다($\mu_{\overline{X}} = \mu$).

둘째, 표집분포의 표준편차, 즉 표준오차는 모집단의 표준편차를 $\sqrt{n}$으로 나눈 것과 같다($\sigma_{\overline{X}} = \sigma / \sqrt{n}$).

셋째, 모집단의 분포에 상관없이 표본의 크기가 충분히 크다면($n \geq 30$), 평균의 표집분포는 정규분포에 근접한다. 이는 다음의 중심극한정리(Central Limit Theorem) 때문이다.

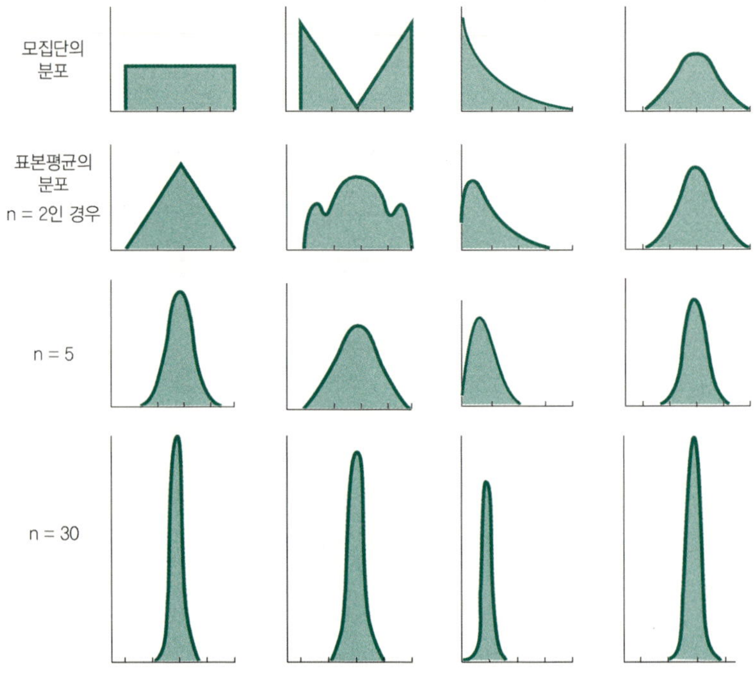

그림 2-9 표본의 크기와 표본평균값의 분포

출처: Kurnow, Glasser and Ottman, 안광호 · 임병훈 2006 재인용.

- 중심극한정리: 크기가 충분히 큰 표본에서 구한 평균($\overline{X}$)의 표집분포는 평균이 $\mu_{\overline{X}} = \mu$이고 표준오차가 $\sigma_{\overline{X}} = \sigma / \sqrt{n}$인 정규분포에 근접하게 된다. 표본크기 n이 커짐에 따라 평균의 표집분포는 더욱 정규분포에 근접하게 된다.

이러한 특징을 기호로 정리하면 다음과 같다.

$$X \sim (\mu, \sigma^2) \underset{n \to \infty}{\Rightarrow} \overline{X} \sim N(\mu, \frac{\sigma^2}{n})$$

이것은 '만일 X가 평균이 μ이고 분산이 σ^2인 분포를 따른다면 표본이 아주 클 때

표본평균 $\overline{X}$는 평균이 μ이고 분산이 $\frac{\sigma^2}{n}$인 정규분포를 따른다.'라고 한다. 이를 표준화하여 나타내면 다음과 같다.

$$Z=\frac{\overline{X}-\mu}{\sigma/\sqrt{n}} \sim N(0,1)$$

따라서 모집단이 어떤 분포모양이든지 상관없이 중심극한정리를 적용하면 표본평균($\bar{x}$)은 정규분포(평균 μ, 표준편차 $\sigma/\sqrt{n}$)에서 추출된 것처럼 생각하고 처리하면 된다. 단, 한 가지 필요한 조건은 표본의 크기가 충분히 크고 σ를 알아야 한다는 것이다(실제로는 모집단의 표준편차 σ를 모르는 경우가 많은데 이때 표본평균의 표집분포는 t분포라고 한다). 실제 적용에서는 $n \geq 30$이면 '충분히 큰 것'(대표본)으로 간주한다. 중심극한정리의 정의에서 보듯이 표본의 크기가 큰 경우에는 정규분포 근사 계산이 더욱 좋아진다. 중심극한정리는 통계적 추리의 기본이 되는 개념이다. 중심극한정리의 개념만 이용하면 우리는 표본의 데이터만 가지고 모집단의 분포에 대한 다른 지식 없이 모집단에 대한 추론적 결론을 도출할 수 있게 된다.

표집분포는 그 모양에 따라서 χ^2 분포, t 분포, F분포 등으로 구분되며 단순한 이론적인 분포로서 일반적인 표본조사에서는 단 한 번의 샘플링에 그치기 때문에 연구자가 직접 만들 수는 없고 단지 시뮬레이션의 의해서만 경험적으로 확인 가능하다(김재철, 2019). 통계분석을 이용한 가설검정에서 연구자는 표본으로부터 검정통계량 값을 계산하고 표본통계량 값이 따르는 특정 표집분포를 이용하여 임계값을 확인한 다음 이를 기준으로 가설 채택 여부를 결정하게 된다. 통계학자들은 각 통계분석에 이용하는 검정통계량의 표집분포가 대표적인 통계분포를 따르도록 검정통계 양식을 구성해 놓았는데, 앞의 χ^2 분포, t 분포, F분포가 바로 그것이다. 예컨대 두 집단 간의 평균의 차이를 검정하는 t 검정에서 이용되는 검정통계량은 t 분포를 따르도록 만들어져 있으며, 두 집단 이상에서 평균의 차이를 검정하는데 사용되는 분산분석의 검정통계량은 F분포를 따르도록 만들어져 있다.

2. 가설검정의 논리

1) 표본조사와 가설검정

조사연구의 가설은 언제나 모집단을 대상으로 한다. 연구문제가 대상으로 삼는 모집단을 염두에 두고 가설이 설정되기 때문이다. 비록 표본을 통해 자료수집을 하지만 자료분석의 지향은 언제나 모집단을 염두에 둔다. 따라서 표본자료를 분석하는 목적은 모집단을 추론하기 위한 것이다. 전수조사의 경우에는 모수가 직접 도출되므로 추론분석은 필요하지 않다.

대부분 조사연구들은 여러 가지 이유로 표본조사를 활용한다. 그러나 표본이 아무리 모집단을 대표한다고 하더라도 표본결과는 모수에 대해 일정한 오차를 가질 수밖에 없다. 표본결과를 사용하여 가설검정을 한다는 것은 가설검정 과정에서 오류가 발생할 가능성을 전제로 하는 것이다.

연구자가 모집단에 대한 가설을 기각하거나 수용하는 결정을 내리는데 필요한 추론의 근거로서 표본결과가 활용된다. 이는 한 특정한 표본결과가 우연이라고 말할 수 있는 범위에 속하는 것인지, 아니면 우연이라고 볼 수 없을 만큼의 결과인지 판단하는 데 도움을 준다.

2) 영가설과 연구가설

가설은 다음과 같이 영가설과 연구가설로 구분된다.

- 영가설(null hypothesis, H_0): 연구가설을 부인하는 가설
  (예: 차이가 없다, 관계가 없다 식으로 표현)
- 연구가설(research hypothesis, H_1): 연구자가 실제로 검정해 보고자 하는 연구명제를 통계적 용어로 나타낸 것

연구가설은 그 자체로서 검정될 수 없다. 연구가설의 타당성은 연구가설을 정면으로 부인하는 영가설의 존재를 부정하는 것을 통해 입증되기 때문이다. 그렇다면 영가설을 설정하는 이유는 무엇일까?

첫째, 가설은 증명되는 것이 아니라 반증(falsification)되는 것이다. 칼포퍼의 유명한 swan의 색깔에 대한 설명에서 유래하며, 제한된 자료를 통한 'swan은 흰색이다.'는 것은 증명이 되었다고 하더라도 흰색이 아닌 swan이 세상 어딘가에 있을 수 있고, 누군가 발견했지만 우리가 모를 수도 있고, 앞으로 흰색 swan이 아닌 것이 발견될 수도 있다. 만약에 흰색이 아닌 swan이 한 마리라도 발견되면 그 증명은 여지없이 허위가 되고 말 것이다. 앞으로 흰색이 아닌 swan이 발견될 가능성이 있기 때문에 증명되었다고 단언하는 것은 타당한 말이 될 수 없다는 것이다. 그래서 swan은 흰색이 아니라(영가설)는 것을 부정하려는 노력을 먼저 해서 이를 부정하면 'swan은 흰색이다.'라는 주장(또는 가설)은 현재까지 수집된 자료로서는 틀리지 않았다고 주장하는 것이 타당한 논리이다. 따라서 영가설의 증거를 찾으려는 반증의 노력을 먼저 해보고 영가설을 지지하는 증거를 찾지 못하면(반증하지 못하면) 조사가설은 현재까지의 수집된 자료로는 반증할 수 없다고 해야 한다는 것이다(최성재, 2005).

통계적 검정을 위하여 영가설을 전제로 한 표집분포를 만들어 표본의 자료가 영가설을 부정하는지 여부를 먼저 확인하여 그것과 대조되는 조사가설의 부정 또는 긍정에 대한 최종적인 판단을 내리게 된다. 영가설을 전제로 한 표집분포에서 표본의 조사결과와 같은 것이 나타날 수 있는 확률이 어떤 정해진 수준의 확률보다 낮으면 영가설은 부정되고, 반대로 표본의 조사결과가 어떤 정해진 수준의 확률보다 높으면 영가설을 부정하지 못하게 된다.

3) 가설검정에서 통계적 결정의 원칙

가설검정에서 영가설을 설정하고 그 영가설이 사실(참)이라는 것을 전제로 하여 그 영가설에서 말하는 변수 간의 차이나 비율에 관한 표집분포를 그려볼 수 있다.

두 모집단 사이에서 평균값들(μ_1, μ_2)이 차이가 없다는 영가설이 있다면 이를 검증하기 위해서 ① 모집단에서 표본을 무작위로 추출하고, ② 표본에서 나타나는 평균값들($\overline{X_1}$, $\overline{X_2}$)을 비교하여, ③ 그러한 표본결과를 두고 모집단에 관한 가설을 기각할 것인지 혹은 수용할 것인지를 결정한다.

모집단을 추론하고 표본에서 추출된 통계량의 정확성을 결정하기 위해서는 그러한 통계량들이 산출될 확률을 제시할 수 있는 근거가 필요한데 앞서 살펴본 대로 이러한 이론적 분포를 표집분포(sampling distribution)라고 한다. 가설검정에서 사용되는 표집분포는 그 특성에 따라서 Z분포, t분포, χ^2분포, F분포 등이 사용된다.

영가설(H_0: $\mu_1 = \mu_2$), 즉 H_0: $\mu_1 - \mu_2 = 0$을 전제로 하여 두 모집단에서 표본을 무수히 선정하여 두 표본 간 평균 점수의 차이를 표집분포로 그려보면 정규분포와 비슷한 그래프가 나타난다. 평균 점수에는 차이가 없다는 전제하에 평균차의 표집분포이기 때문에 차이가 0이 되는 경우가 가장 많고, 0을 중심으로 표준오차 1단위, 2단위, 3단위 내에 표본들의 68%, 95%, 99%가 속하게 된다.

표집분포는 두 평균 차이가 0이라는 가정하의 표집분포이므로 평균(0)을 중심으로 표준오차 2단위(95%)까지는 우연히 표집오차에 의해 나타난 것으로 보고, 표준오차 2단위 밖에 속하는 경우(5% 미만)는 영가설에서 나타나기 어려운 경우로서 우연히 표집오차에 의해 나타난 것으로 보기 어렵다고 할 수 있다. 두 집단 간에 차이가 없다는 영가설을 전제로 평균차의 표집분포를 그렸지만 평균(0)을 중심으로 표준오차 2단위 이상의 차이가 나는 경우는 영가설이 참이라고 믿기 어렵다는 말이다. 경우에 따라 표준오차 3단위까지를 우연히 표집오차에 의해 나타난 것으로 보고, 표준오차 3단위 밖에 해당하는 경우(1% 미만)는 영가설에 나타난 것으로 보기 어렵다고 판단하는 경우도 있다.

4) 유의수준과 기각영역

통계적 유의수준(level of statistical significance)은 영가설이 참이라는 전제하의 표집분포에서 확률적으로 아주 일어나기 어려운 경우의 확률을 말한다. 일어나기 어려운 확률(probability of unlikely event)은 통계학자들이 일반적으로 합의하여 정해 놓은 수준의 확률이다. 영가설하의 표집분포에서 우연히 나타나기 어려운 확률이 5% 이하라는 것은 100번의 표본을 선정하는 경우 5번 이하는 영가설을 받아들이기 어렵다는 것이다. 반대로 조사가설을 받아들이는 경우 그 조사가설이 맞을 수 있는 경우가 100개의 표본 중에 95개 이상의 표본에 해당된다는 의미도 된다.

또한 유의수준을 .05로 둔다는 것은 오류의 가능성이 .05, 즉 100개 중에 5개 이하인 오류의 가능성은 감수한다는 뜻이다. 보다 엄격한 연구에서는 오류의 가능성을 100개 중의 한 개 이하 혹은 1,000개 중 한 개 이하로 떨어뜨린다. 즉, 그만큼 유의수준을 낮춘다는 뜻이고, 영가설의 기각영역을 좁힌다는 뜻이다. 영가설의 기각영역을 좁힌다는 것은 곧 영가설을 쉽사리 기각하지 못하게 함으로써 연구가설이 옳은지에 대한 결정을 그만큼 엄격하게 유보한다는 것이다(김영종, 2007). 유의수준이 5% 또는 1%라는 것은 영가설이 참이라는 전제하에 영가설을 부정하는 것이므로 간접적으로 조사가설을 긍정하는 것으로 볼 수 있다. 영가설을 부정하는 경우는 조사가설을 간접적으로 받아들이는 결과가 되기 때문에 5%의 유의수준은 조사가설을 받아들이는 경우 95% 확률의 신뢰수준이라는 의미도 된다.

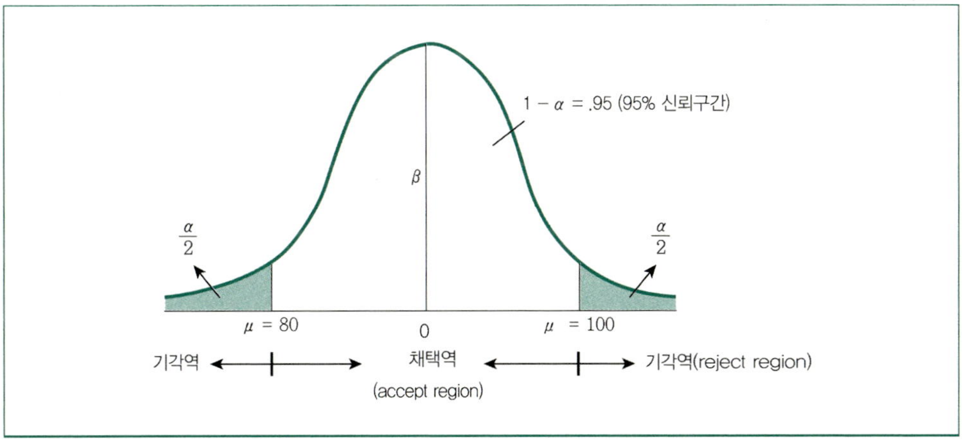

그림 2-10 95% 신뢰수준에서 영가설 기각역과 채택역

요약하면 표본결과가 영가설의 표집분포에서 심하게 벗어난 영역에 속해 있으면 그 영가설은 기각되며, 이러한 영역을 기각영역(region of rejection)이라 하고, 표본결과가 기각영역에 포함될 확률의 합을 유의수준(level of significance)이라 한다.

표 2-2 통계적 유의도와 관련된 표현 용어

통계적 유의수준	영가설 부정확률 (영가설을 전제로 한 표집분포에서 나타나기 어려운 확률)	참인 영가설 부정 시의 오류확률	조사가설 수용 시의 신뢰확률	조사가설 수용 시의 오류확률	모수추정의 신뢰확률
5% 유의수준	$p<.05$	$\alpha=.05$	95% 신뢰수준	오류 5%	95% 신뢰한계
1% 유의수준	$p<.01$	$\alpha=.01$	99% 신뢰수준	오류 1%	99% 신뢰한계

유의수준(α)	기각역($\alpha/2$)	임계값($\pm z_{\alpha/2}$)	$\overline{X}\pm z_{\alpha/2}\cdot\sigma_{\overline{X}}$
.10	.050	±1.645	$\overline{X}\pm 1.645\sigma_{\overline{X}}$
.05	.025	±1.960	$\overline{X}\pm 1.960\sigma_{\overline{X}}$
.01	.005	±2.576	$\overline{X}\pm 2.576\sigma_{\overline{X}}$

한편 통계적으로 유의한 것(statistical significance)은 표본에서 나타난 결과가 우연히 표집과정의 오차로 나타난 것이 아니라 모집단 자체의 변수 간에 본질적으로 차이나 관계가 있다는 것을 의미한다. 따라서 통계적으로 유의하다는 것은 그러한 차이가 반드시 실제적으로 중요하다(significant)는 것을 의미하는 것은 아니다. 즉, 통계적으로 유의한 것은 실제적으로 중요한 경우도 있고 그렇지 않을 수도 있기 때문에 가설검정의 결과를 말할 때에는 반드시 '통계적으로 유의하다.'라고 표현해야 한다.

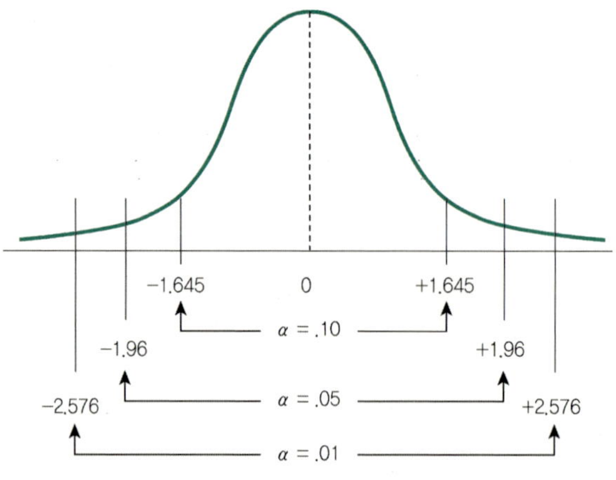

그림 2-11 유의수준에 따른 임계값

5) 일방 검정과 양방 검정

통계적 검정은 조사가설에 따라서 일방(one-tailed, 한쪽 꼬리) 혹은 양방(two-tailed, 양쪽 꼬리) 검정일 수 있다. 양방 검정에서는 기각영역이 오른쪽과 왼쪽 모두에 위치한다. 일방 검정에서는 기각영역이 왼쪽이나 오른쪽 꼬리 어느 한쪽에 위치하게 된다. 즉, 어떤 검정을 할 것인지는 연구가설(H_1)의 성격에 의해 결정된다.

양방적 가설은 이론적 근거에 의해 관계나 차이가 있다는 것만 가정하고 차이나 관계의 방향은 가정할 수 없는 경우나 아니면 현재까지 축적된 지식으로는 차이나 관계가 있는지 확실하지 않는 경우 설정하게 되며, 따라서 단지 차이가 날 것이라는 것만 예측한다.

$$H_0 : \mu_1 = \mu_2$$
$$H_1 : \mu_1 \neq \mu_2$$

양방 검정은 차이나 관계가 어떤 방향으로 나타나는지 불분명하기 때문에 영가설 부정영역이 왼쪽 또는 오른쪽 어느 곳에 나타날지 알 수가 없다. 따라서 영가설 부정영역을 양쪽으로 나누어 설정하게 되며 유의수준은 1/2 로 나누어지기 때문에 5%(.05) 유의수준의 경우는 확률 5%(.05)의 면적을 반씩 나누어 2.5%(.025)를 표집분포의 양쪽 끝에 설정해야 한다. 양방 검정의 영가설 기각영역은 〈그림 2-12〉에서 보는 바와 같으며, 양방 검정의 임계값(critical value)은 일방 검정의 임계값보다 절대값이 더 크다.

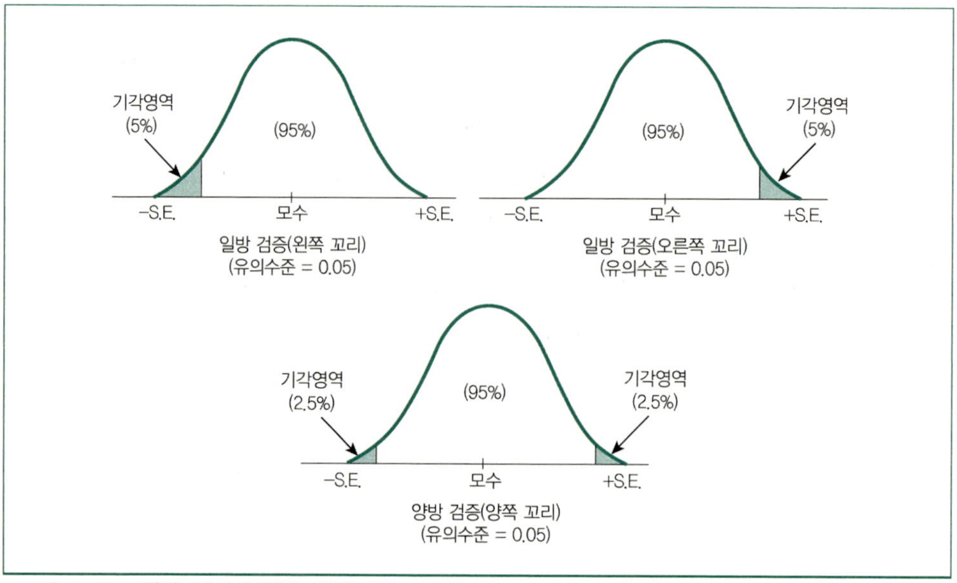

그림 2-12 일방 검정과 양방 검정

한편 일방적 가설은 이론적 또는 경험적 근거에 의해 차이나 관계의 방향을 가정할 수 있는 경우에 설정하는 가설이다.

$$H_0: \mu_1 = \mu_2 \qquad H_0: \mu_1 = \mu_2$$

또는

$$H_1: \mu_1 > \mu_2 \qquad H_1: \mu_1 < \mu_2$$

일방 검정은 영가설 기각영역이 표집분포의 한쪽에 위치하게 된다. 즉, 평균을 중심으로 표준오차의 값이 낮은 쪽(왼쪽) 아니면 높은 쪽(오른쪽)으로 설정해야 한다. 이때 영가설 기각영역의 임계값은 양방 검정 때보다 작은 값이 된다.

6) 제1종 오류와 제2종 오류

연구자는 표본으로부터 얻은 추정치를 가지고 확률적으로 모집단의 특성에 대한 결론을 내리게 되므로 판단의 오류를 갖게 된다. 표본조사를 통하여 영가설을 기각하거나 채택하는 과정에서는 통계검정과는 상관없이 실제로 영가설은 옳을 수도 있고 틀릴 수도 있다. 실제로 영가설은 옳은데도 불구하고 그것을 기각했다면 이러한 결정은 오류이다. 이런 오류를 '옳은 영가설의 기각' 혹은 '제1종 오류(type I error, α오류)'라고 한다. 만약 영가설이 틀린 것인데도 이를 기각하지 않는다면 그것 역시 오류이며 이런 오류를 '거짓 영가설의 수용' 혹은 '제2종 오류(type II error, β오류)'라고 한다.

표 2-3 1종 오류와 2종 오류

		영가설의 상태	
		참	거짓
통계적 결정	수용	정확한 결정 $(1-\alpha)$	제2종 오류 (β)
	기각	제1종 오류 (α)	정확한 결정/검정력 $(1-\beta)$

두 가지의 오류는 상반된 결과를 가져오는데, α오류를 줄이게 되면 β오류가 늘어나고 α를 늘이면 β가 줄어들게 된다.

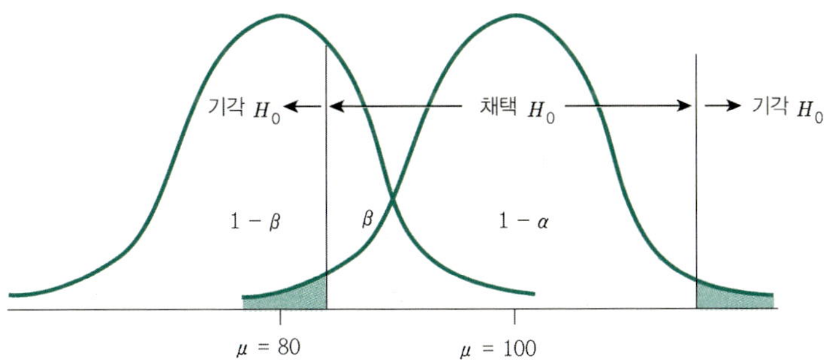

그림 2-13 1종 오류와 2종 오류의 관계

영가설의 상태에 맞는 정확한 결정은 참인 영가설을 수용하는 것$(1-\alpha)$과 거짓인 영가설을 기각하는 것$(1-\beta)$인데, 특히 거짓인 영가설을 기각하는 것은 참인 조사가설을 수용하는 것과 마찬가지 결과이기 때문에 이를 통계적 검정력(statistical power)이라고 한다. 통계적 검정력을 높이는 방법은 표본의 크기를 증가시키는 것이라고 알려져 있다.

제1종 오류를 범할 확률이 '유의수준'이라고 규정되듯이 이를 줄이기 위해서는 가능한 한 유의수준을 낮추면 된다. 예를 들어 어떤 새로운 개입방법의 효과를 검정하고자 할 때 연구자는 기존의 방법과 비교하여 효과성에 차이가 없다(양방 검정)로 규정한다고 하자. 이때 영가설이 참인데도 불구하고 이를 기각하는 오류를 범한다면 심각한 문제를 야기시킬 수 있다. 효과성에 차이가 없음에도 불구하고 새로운 개입방법을 채택하는데 따르는 혼란과 비용 손실을 고려하면 제1종 오류는 심각한 문제가 될 수 있다. 따라서 이러한 경우에는 유의수준(1종 오류의 허용수준)을 최대한 낮추는 것이 바람직하다. 물론 이때 2종 오류의 가능성은 증가한다. 즉, 영가설이 잘못된 것임에도 불구하고 수용되었다면 실제로는 개입방법이 효과적인데도 불구하고 이것이 제대로 받아들여지지 않게 된 것이다.

적절한 유의수준에 대한 판단은 1종 오류와 2종 오류로 인한 해로움(가장 심각한 오판의 가능성)이 각각 어느 정도인가를 파악해 보고 내려진다. 새로운 개입방법의 효과성 검정은 계속적인 검정이 필요로 하는 문제 정도로 간주한다면 이로 인한 해로움은 엄청난 비용을 낭비할 수 있는 1종 오류에 비해서는 크지 않을 수 있다.

7) 가설검정의 일반적 절차(요약)

가설검정의 절차를 요약하면 다음과 같다.

① 통계적 가설 설정: 영가설과 조사가설을 설정한다.

② 통계방법 결정: 가설검정을 위한 적절한 통계방법을 결정한다(χ^2검정, t검정 등)

③ 통계적 유의수준(α), 검정의 종류 및 영가설 기각 임계값 결정: 통계적 유의수준은 .05로 정하는 것이 가장 보편적이며, 가설에 따라서 일방 혹은 양방 검정을 결정하고, 통계표를 통하여 사례수, 자유도(df) 및 유의수준에 따른 영가설 기각을 위한 임계값을 참조한다.

④ 검정통계 방법에 의한 검정통계량 계산: 결정된 통계방법에 따라서 카이제곱값, t값 등 검정통계량을 계산한다. 통상 통계 프로그램을 통하여 얻을 수 있다.

⑤ 계산된 검정통계량과 영가설 기각영역 임계값을 비교하여 영가설의 수용 혹은 기

각 여부를 결정: 계산한 검정통계량이 영가설 기각 임계값보다 작으면 영가설을 수용하고 조사가설을 부정한다. 검정통계량이 영가설 기각임계값보다 크면 영가설을 기각한다. 통계 프로그램을 사용하게 되면 영가설 기각 임계값을 계산해 주기 보다는 검정통계량이 나타날 수 있는 확률을 계산해 준다. 이 유의확률이 .05보다 작으면 통계적 유의도가 있는 것으로 판단한다. 유의수준으로 일반적으로 많이 사용하는 것은 .05(p<.05), .01(p<.01), .001(p<.001) 등이며, 경우에 따라서는 통계량의 정확한 확률을 나타내는 경우도 있다. 예를 들면 p=.023, p=.0023으로 표시하는 것이다. 통계적 유의도는 검정통계량에 별표를 붙여 표시하는 경우가 일반적이다. 즉, 검정통계량 값에 4.56*, 5.67**, 6.78*** 등과 같이 표시한다.

3. 통계분석 방법의 선택

1) 각 변수의 측정수준 파악

수집된 자료를 적합한 분석방법을 통하여 분석하는 작업은 조사연구에서 매우 중요한 과정이라고 할 수 있다. 따라서 조사자는 조사연구의 설계단계에서부터 조사의 목적을 달성하는데 가장 적합한 통계분석 방법을 미리 계획하게 된다. 복잡하고 높은 수준의 통계분석 방법을 사용해야만 우수한 연구는 아니다. 연구 목적에 적합한 분석방법을 선택하여 분석하고 그 결과를 정확하게 해석해 내는 것이 더 중요하다.

통계분석 방법을 선택하기 전에 먼저 살펴봐야 하는 것은 자료 수집 도구의 특성이다. 연구자가 사용한 측정도구에 포함된 각 변수들의 특성을 살펴보고 변수의 측정수준에 맞는 통계기법을 선택해야 한다.

변수(variable)는 설문지의 각 문항에 해당한다. 단일 문항으로 하나의 변수를 측정하는 경우가 많지만 어떤 변수는 매우 복잡한 개념을 측정해야 하기 때문에 여러 개의 문항으로 구성된 척도를 사용하여 변수값을 측정하는 경우도 있다.

예를 들어 성별을 측정하는 문항은 그 자체로 성별을 측정하도록 만들어진 것이기 때문에 성별변수에 포함된 '1=남자', '2=여자' 등과 같은 변수값(value)은 명목척도에 해당한다. 그러나 자아존중감과 같은 변수는 여러 개의 문항으로 구성된 척도이다. 따라서 각 척도별 변수값을 계산하는 방식에 따라서 변수값을 산출하게 되는데, 일반적인 방법은 척도를 구성하는 전체 문항을 하나로 합산하여 그 총점을 척도값으로 산출하거나 평균값(총점을 다시 문항 수로 나눈 값)을 사용하기도 한다.

변수는 연구자가 설문지에 어떠한 방식으로 측정하느냐에 따라서 질적변수(명목, 서열)와 양적변수(등간, 비율)로 구분된다. 동일한 변수이지만 측정 규칙에 따라서 양적변수가 될 수도 있지만 질적변수로 측정될 수도 있다. '당신의 월평균 급여는?'에 만원 단위로 기입하도록 한 설문지에서는 월평균 급여 변수가 양적변수이지만, '50만 원 미만', '50만 원 이상 100만 원 미만', '100만 원 이상'과 같이 측정하게 되면 질적변수로 볼 수 있기 때문이다.

한편 사회과학 연구에서는 구성 개념(construct)을 측정하는 척도들은 리커트 5점 척도형식으로 되어 있는 경우가 많은데 이는 서열척도이지만 이를 합산하거나 평균값으로 척도값을 계산하게 되면 양적변수로 인정하는 경우가 대부분이다.

2) 분석 목적과 통계적 분석방법의 결정

각 변수의 측정수준이 파악되면 이제 연구 목적이나 연구모형에 따라서 분석방법을 결정하게 된다. 연구 목적이 현상을 기술하는 것이라면 빈도분석이나 기술통계 혹은 상관관계를 살펴봐야 하지만 독립변수와 종속변수 간의 차이를 통계적으로 검증하고자 할 때에는 이에 적합한 분석방법을 선택해야 한다.

연구자는 기존의 이론적 연구를 기반으로 본인이 연구를 통해서 밝히고자 하는 현상에 대하여 변수와 변수 간의 관계를 설명하는 가설을 수립하고 관심이 되는 현상을 논리적으로 설명하기 위하여 연구모형을 작성하게 된다. 연구모형은 연구내용을 개념화 또한 형상화해 놓은 것으로 연구의 개념적 틀(conceptual framework)이라고 할 수 있다. 연구모형은 독립변수와 종속변수를 포함한 통계적 검증가능성을 내포하고 있다.

먼저 독립변수와 종속변수의 속성에 따라 대응되는 통계분석 방법들을 정리해 보면 〈표 2-4〉와 같다. 각 통계분석 방법이 활용되는 상황별로 간단하게 정리해 본다.

표 2-4 변수의 속성과 통계분석 방법

독립변수	종속변수	분석방법
	질적변수	빈도분석, 적합도검정
	양적변수	빈도분석 대응표본 t검정
질적변수	질적변수	교차분석(χ^2검정)
	양적변수	독립표본 t검정 분산분석
양적변수	질적변수	로지스틱 회귀분석
	양적변수	상관분석 회귀분석

질적변수의 독립변수와 질적변수의 종속변수의 관련성에 대해서는 교차분석(crosstab analysis)을 통한 χ^2검정을 실시한다. 성별에 따라 선호하는 서비스 종류의 차이를 알고 싶은 경우가 대표적이다. 그러나 성별에 따라서 연령의 차이나 개입방법의 효과를 검정할 때에는 다른 분석방법을 사용해야 한다. 이 경우 연령이나 개입방법의 효과는 양적변수이기 때문이다.

다음은 질적인 독립변수와 양적인 종속변수로 구성된 분석의 경우이다. 차이를 검정하는 사회과학 연구 주제일 경우에 이러한 관계인 경우가 많다. 성별에 따른 생활만족도의 차이나 개입방법에 따른 효과의 차이를 검증하는 연구가 대표적이다.

특히 독립변수의 범주가 두 개인 경우에는 독립표본 t검정(independent samples t test)을 독립변수의 범주가 세 개 이상인 경우에는 일원분산분석(one-way ANOVA)을 실시하게 된다. 독립변수가 두 개인 경우에는 이원분산분석(two-way ANOVA)를 실시하게 되는데, 이 경우에는 독립변수 간의 상호작용 효과에 특히 관심을 갖는 경우가 많다.

분산분석에서 양적인 독립변수를 추가하여 이 변수의 영향을 통제하려는 목적을 가진 분석에서는 공분산분석(ANCOVA: analysis of covariance)을 사용한다. 또한 종속변수가 두 개 이상인 경우 다변량분산분석(MANOVA: multivariate analysis of variance)을 실시하게 되지만 이 책에서는 다루지 않는다. 양적인 독립변수와 질적인 종속변수 간의 관계를 검증할 때에는 로지스틱 회귀분석을 사용하게 된다. 사회복지사의 임파워먼트 정도에 따라서 새로운 프로그램 참여여부가 어떻게 달라지는지를 분석하는 경우가 하나의 예인데, 역시 이 책에서는 다루지 않는다.

양적변수인 독립변수와 종속변수 간의 관련성을 분석하는 것으로는 상관관계분석과 회귀분석이 대표적이다. 연령과 생활만족도 간의 관계를 분석하거나 임파워먼트의 정도와 조직몰입 간의 관련성을 분석하는 경우가 대표적인 예이다.

3) 주요 통계분석 방법 소개

이 책에 소개된 분석방법에 관하여 간략하게 설명하고자 한다.

(1) 빈도분석(제6장)

가장 기초적인 분석방법으로 변수의 분포를 요약할 때 사용하며 모든 측정수준의 변수에서 사용된다. 특히 연속변수일 경우에는 평균과 표준편차 등 기술통계를 사용한다. 논문에서는 주로 응답자의 인구사회학적 특성을 제시할 때 이용한다.

(2) 교차분석을 통한 χ^2 검정(제7장)

- 1개의 질적변수의 척도별 빈도 비율 비교
  - 예 야외 활동의 찬반에 관한 의견이 60 : 40이라고 할 수 있는지 비교
- 2개 이상의 질적변수에서 빈도 또는 비율의 집단 간 비교
  - 예 성별에 따른 생활만족도 비교, 성별에 따른 사회복지사 1급시험 합격·불합격 비교

(3) 다중반응분석(제8장)

- 다중반응의 종류: 범주형(~개를 고르시오.), 이분형(무조건 고르시오.), 순위형(~개

를 순서대로 고르시오.)

- 1개의 질적 변수의 다중반응 빈도분석, 2개의 질적변수의 빈도에 관한 다중반응 교차분석

(4) t검정(제9장)

- 독립변수(질적변수) 1개와 종속변수(양적변수)
- t검정의 종류
  - 독립표본 t검정: 독립적인 두 집단의 평균 비교
    - 예 수급여부에 따른 자아존중감의 차이, 성별에 따른 생활만족도의 차이
  - 대응표본 t검정: 쌍을 이룬 두 집단의 평균 비교
    - 예 실험설계에서 사전검사 점수와 사후검사 점수의 비교

(5) 분산분석(제10장)

- 독립변수는 범주가 3개 이상인 질적변수, 종속변수는 양적변수
- 분산분석의 종류
  - 일원분산분석: 독립적인 세 집단 이상의 평균 비교(독립변수 1개)
    - 예 A, B, C 세 가지 개입방법의 개입효과 분석, 가족유형에 따른 자아존중감 차이 분석
  - 이원분산분석: 독립변수 2개(질적변수)와 종속변수 1개(양적변수)
    - 예 가정의 수급유형(독립변수)과 성별(독립변수)에 따른 아동의 자아존중감의 차이 검정
  - 반복측정 분산분석: 자료가 대응된 세 집단 이상의 평균 비교
    - 예 측정시점(사전사회성검사, 사후사회성검사, follow_up)에 따른 사회성점수의 차이 검증

(6) 상관분석(제11장)

- 2개 이상의 양적변수
- 상관분석의 종류
  - 단순상관분석: 두 변수(양적변수) 간의 관련성 검증

    예 학교생활만족도, 전공만족도와 전문직정체성 관계 분석

  - 편상관분석: 통제를 위한 독립변수(양적변수), 독립변수(양적변수)와 종속변수(양적변수) 간의 관계 검증

    예 자아존중감(양적변수)을 통제한 상태에서 전공만족도와 전문직정체성의 관계

(7) 회귀분석(제12장)

- 독립변수(양적변수) 1개(단순회귀분석), 2개 이상(중다회귀분석), 종속변수(양적변수) 1개
- 회귀분석의 종류
  - 단순회귀분석: 독립변수(양적변수) 1개와 종속변수(양적변수) 1개

    예 전공만족도가 전문직정체성에 미치는 영향 분석

  - 중다회귀분석: 독립변수(양적변수) 2개 이상, 종속변수(양적변수) 1개

    예 전공만족도, 학교생활만족도, 자아존중감이 전문직정체성에 미치는 영향 분석, 연령, 성별(더미변수화), 학력 등이 소득에 미치는 영향 분석

  - 위계적 회귀분석: 연구자가 독립변수의 투입 순서를 결정하고 단계별 독립변수군의 상대적 영향력 차이 검증

    예 학생의 인구사회학적 변수가 먼저 투입되고 전공 관련 변수가 다음 단계로 투입될 경우 전문직정체성에 미치는 영향 분석

(8) 척도화 분석(제13장, 제14장)

예 신뢰도 분석: 척도를 구성하는 문항들 간의 신뢰도 분석(내적일관성법)

예 자아존중감 척도의 10개 문항의 신뢰도 분석

- 요인분석: 상관관계가 높은 문항들끼리 묶어서 변수를 단순화시킴
  - 예 자아존중감 척도의 요인분석(긍정형, 부정형)

(9) 매개효과와 조절효과의 검증(제15장)

- 매개효과 분석: 양적변수의 독립변수와 종속변수의 관계를 매개하는 매개변수의 매개효과 검증
  - 예 수퍼비전(독립변수)과 조직몰입(종속변수) 간의 영향관계에서 직무만족(매개변수)의 매개효과 검증
  - 예 학교생활만족도(독립변수)와 전문직정체성(종속변수) 간의 관계에서 전공만족도(매개변수)의 매개효과 검증
- 조절효과 분석: 독립변수(양적변수)의 종속변수(양적변수)에 대한 효과가 제3의 변수(조절변수)에 따라 달라지는지 여부 검증
  - 예 전공만족도가 전문직정체성에 미치는 영향관계에서 학년이라는 변수가 조절변수의 역할을 하는지 검증
  - 예 스트레스의 정도(독립변수)가 부적응(종속변수)에 미치는 영향관계에서 사회적지지(조절변수)에 따라 달라지는지 효과 검증
- PROCESS macro를 통한 매개효과와 조절효과 분석

PART 02

SPSS의 기초

Chapter 03 SPSS 프로그램의 이해
Chapter 04 데이터 입력
Chapter 05 데이터의 편집 및 변환

chapter 03

SPSS 프로그램의 이해

chapter 03

SPSS 프로그램의 이해

1. 개 요

SPSS는 Statistical Package for the Social Science의 약자로서 SAS 등과 더불어 사회과학분야에서 가장 많이 활용되는 통계분석용 프로그램이다. SPSS의 장점은 다른 분석 패키지에 비해 도구상자를 이용하기 때문에 비교적 초보자들도 쉽게 다룰 수 있다는 것이다. SPSS는 초기 대형 컴퓨터용으로 개발된 이후 지속적으로 발전을 거듭하여 1980년대에 DOS용 SPSS/PC+에 이어 1990년대에는 윈도우용 SPSS 프로그램이 개발되어 폭넓은 사용자층을 확보하고 있다. SPSS 프로그램은 발전을 거듭하여 2009년에는 기존의 SPSS라는 명칭이 PASW(Predictive Analytics Software)로 변경되었다가, 현재는 IBM SPSS Statistics라는 명칭으로 출시되고 있다. 본서는 IBM SPSS Statistics 25 버전을 기준으로 서술하였다.

2. SPSS 주요 창

SPSS는 일곱 개의 창(windows)으로 구성되어 있다. 즉, ① Data Editor, ② 뷰어, ③ 피벗표 편집기, ④ 도표 편집기, ⑤ 텍스트 출력결과 편집기, ⑥ 명령문 편집기, ⑦ 스크립트 편집기 등이 있는데 Data Editor, 명령문 편집기, 뷰어 그리고 도표 편집기 등이 많이 사용된다.

1) 데이터 편집기(Data Editor)

Data Editor는 SPSS 초기 실행 시 나타나는 기본 화면으로 데이터 파일의 내용이 표시되는 창이다. 새로운 데이터 파일을 작성할 수 있을 뿐만 아니라 기존의 데이터 파일을 불러오거나 삭제, 수정 및 추가할 수 있는 기본적이고 중심적인 창이다. SPSS 14.0 버전부터는 동시에 여러 개의 Data Editor를 열 수 있다. Data Editor에 저장된 파일은 '*.sav'의 확장명으로 저장된다.

SPSS를 최초 실행하면 〈그림 3-1〉과 같은 Data Editor 창이 열린다. 제목표시줄을 보면 아직 데이터가 저장되기 전이므로 제목없음1 [데이터세트0] - IBM SPSS Statistics Data Editor 라는 표시가 나타난다. 그러나 사용자가 특정 파일을 데이터 창에서 불러들이거나 작업하고 있는 데이터 파일을 하나의 파일명으로 저장할 경우 사용자의 데이터 파일명으로 바뀌어 표시되며 [데이터집합 일련번호]가 동시에 표시된다.

Data Editor 창의 아래쪽에는 데이터 보기(D)와 변수 보기(V) 탭이 있으며, 데이터 보기(D) 상태가 기본이지만 필요에 따라서 데이터 보기(D)와 변수 보기(V)를 오가면서 사용할 수 있다.

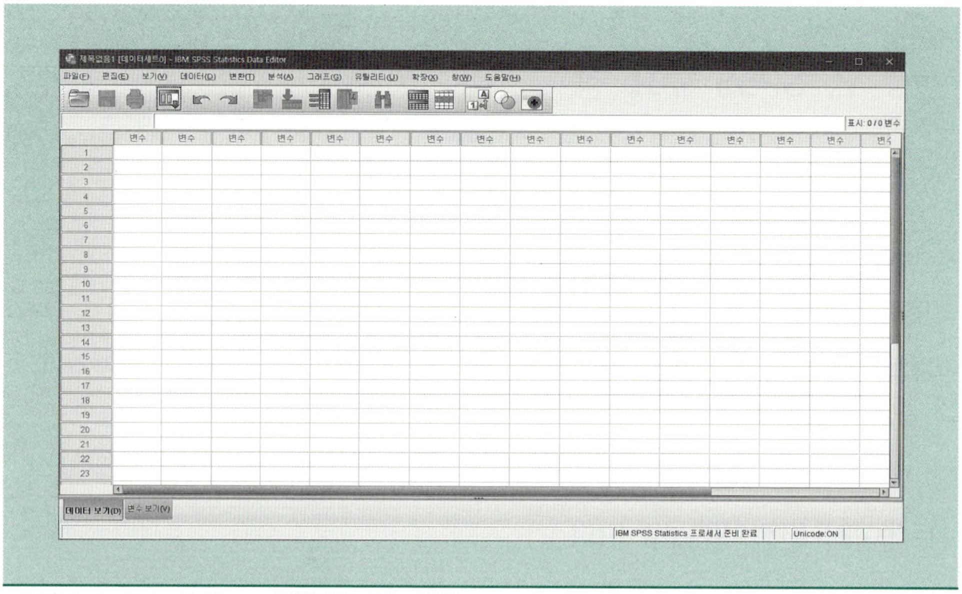

그림 3-1 Data Editor - 데이터가 없는 경우

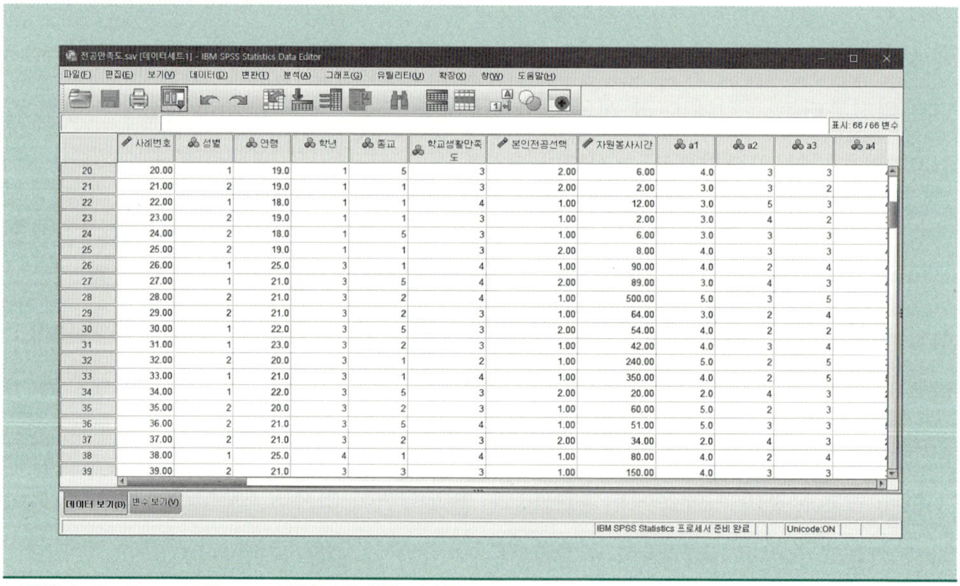

그림 3-2 Data Editor - 데이터가 있는 경우

변수 보기(V)는 데이터 파일에 포함되어 있는 각 변수의 이름, 설명, 값의 설명, 기타 다양한 속성 변경의 기능을 수행하기 위한 창이다. 데이터 보기(D) 상태에서 변수 보기(V) 상태로 전환하는 것은 아래쪽의 해당 탭을 클릭하면 가능하지만 데이터 보기(D) 창에서 변수명을 더블 클릭해도 전환이 가능하다.

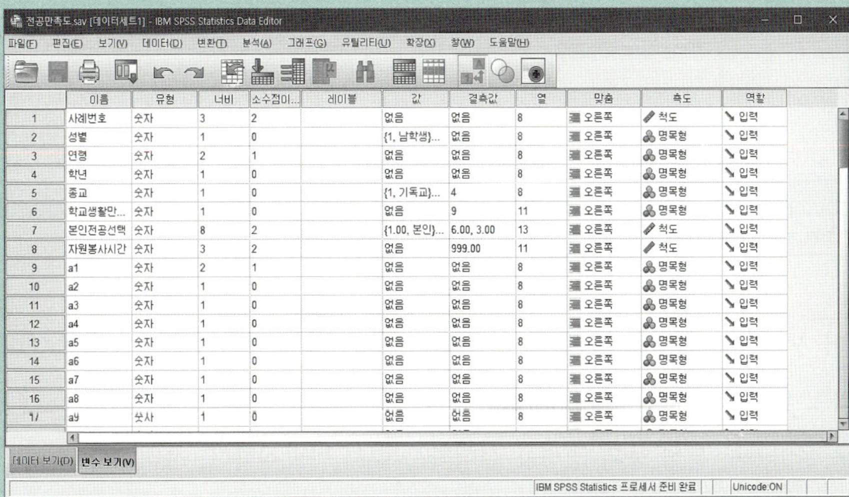

그림 3-3 Data Editor - 변수 보기 창

2) 뷰어(Viewer)

뷰어는 결과를 보여주는 창으로서 앞의 Data Editor에서 실행한 각종 명령의 결과가 표현된다. 뷰어 창은 제목표시줄에 *출력결과1 [문서1] - IBM SPSS Statistics Viewer 라고 나타나며 기본적으로 '출력결과1'이라는 파일명으로 보이게 된다. 이 파일을 저장할 때 사용자가 임의의 파일명으로 저장하면 된다. 뷰어 창에서 나타난 결과는 상단의 메뉴들을 통해 편집, 저장, 인쇄 등이 가능하다. 뷰어 창을 저장하게 되면 '＊.spv'라는 파일로 저장된다.

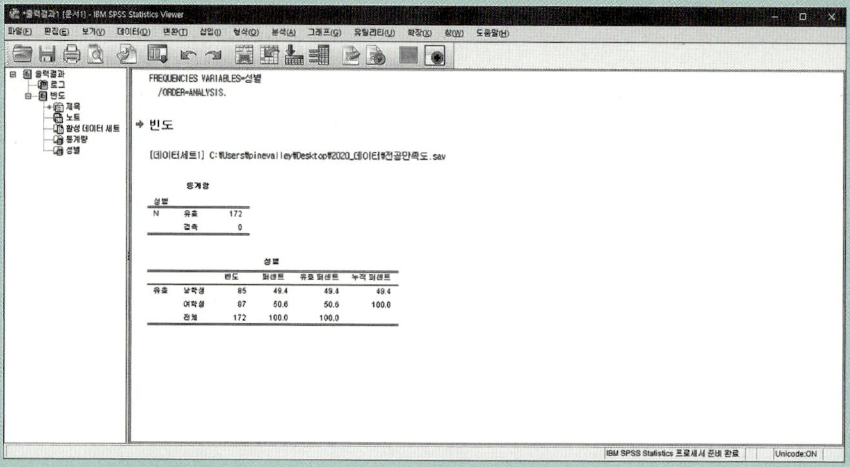

그림 3-4 SPSS 뷰어 창

뷰어 창에서도 분석(A) 등의 메뉴를 통하여 분석이 가능하기 때문에 Data Editor로 돌아가지 않아도 된다. 그러나 데이터를 보여주지 않기 때문에 가능하면 Data Editor 창으로 돌아가서 분석 등의 명령을 실행하는 것이 바람직하다. 특히 데이터(D) - 케이스 선택(S) 절차를 통해 일부 케이스가 선택되어 있을 경우에는 뷰어 창에서는 보이지 않기 때문에 잘못된 분석을 하는 경우가 있어서 주의해야 한다.

분석결과가 있는 상태에서 새로운 분석을 추가하면 새로운 결과는 이전 결과 이후에 계속 축적되며 빨간색 화살표가 방금 분석한 파일임을 알려준다. 잘못 분석한 결과가 있다면 삭제하고 새롭게 분석이 가능하기 때문에 뷰어 창에서 제목이나 특정 피벗표를 더블 클릭하면 그것을 편집, 수정할 수 있는 또 다른 창이 열린다. 여기서 문자열을 편집하거나 행과 열을 바꿀 수도 있고 색상 등을 변경할 수도 있다.

3) 명령문 편집기(Syntax Editor)

통계분석 대화상자에서 붙여넣기(P)를 클릭하면 〈그림 3-5〉와 같이 명령문 편집기 창이 나타나며 명령문(syntax)을 보여준다. 명령문은 '＊.sps'라는 파일로 저장되며 명령문을 저장해 두면 동일한 작업을 반복적으로 수행할 때 편리하게 사용할 수 있다. 명령문이 모두 작성되면 상단의 도구상자에서 ▶를 클릭하면 실행된다.

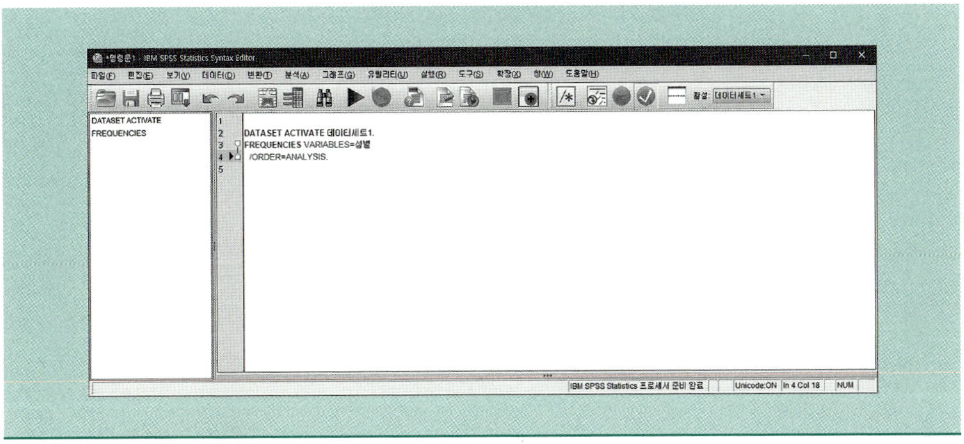

그림 3-5 명령문 편집기

3. SPSS 메뉴의 구성

SPSS는 파일(F), 편집(E), 보기(V), 데이터(D), 변환(T), 분석(A), 그래프(G), 유틸리티(U), 확장(X), 창(W), 도움말(H) 등 총 열한 개의 메뉴로 구성되어 있으며 각각의 메뉴를 클릭하면 다양한 하위 메뉴들이 나타난다.

SPSS에서 사용되는 메뉴들은 매우 다양하지만 실제로 분석에서 사용되는 메뉴들은 한정되어 있다. 또한 각 분석 대화상자에서 도움말을 클릭하면 상황에 맞는 도움말을 찾아볼 수 있다.

1) 파일(F)

파일(F)에서는 열기(O), 데이터 가져오기(D), 다른 이름으로 저장(A) 명령이 주로 사용된다.

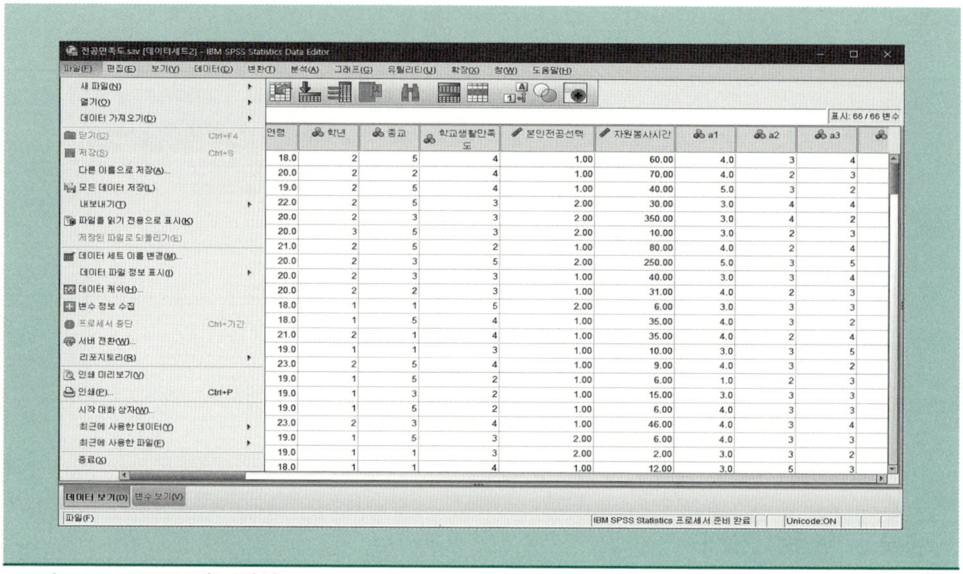

그림 3-6 SPSS 메뉴(파일)

열기(O)는 새로운 SPSS 파일을 불러들이거나 다른 형식의 파일을 불러온다. 열기의 하위명령어로는 데이터(D), 인터넷 데이터, 명령문(S), 출력결과(O), 스크립트(C)가 있으며, 이 중에서 주로 사용되는 것은 데이터(D), 명령문(S), 출력결과(O)이다. 데이터를 클릭하면 〈그림 3-7〉과 같은 창이 열리는데, 기본적으로 파일 유형(T)은 SPSS(*.sav)로 지정되어 있다. 파일 유형(T)의 ▾를 누르면 다양한 형식의 파일을 불러올 수 있다.

다음으로 명령문(Syntax)을 열기 위해서는 열기(O) – 명령문(S)을 선택하면 되는데 기본적으로 파일 유형이 명령문(*.sps)으로 지정되어 있다. 명령문(Syntax)을 저장해 놓으면 매우 유용하게 분석 작업에 활용할 수 있다.

열기(O) – 출력결과(O)는 SPSS의 출력결과 파일을 불러올 수 있으며, 파일 유형은 뷰어 파일(*.spv)로 지정되어 있다. 그림에서 보는 바와 같이 SPSS에서 부여되는 뷰어 파일은 '출력결과숫자.spv' 형식으로 자동으로 부여되지만 사용자가 '빈도분석결과_1.spv'와 같이 파일명을 지정하여 저장할 수도 있다.

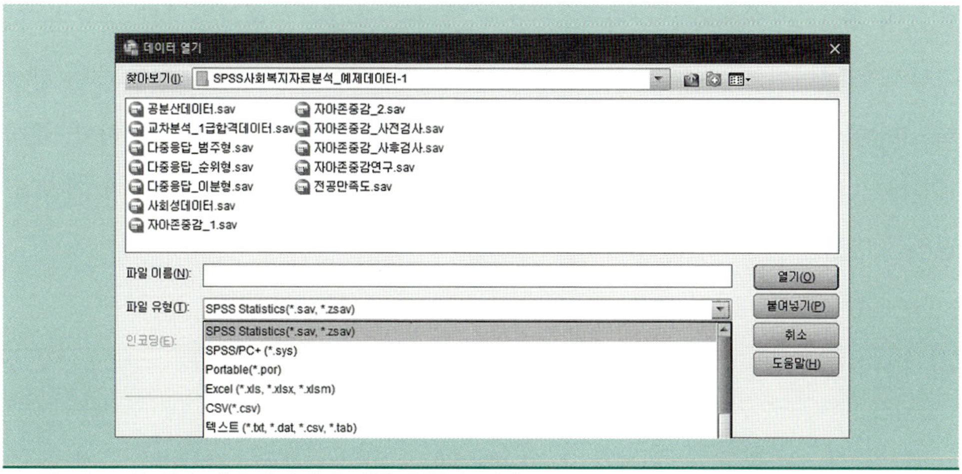

그림 3-7 열기(O)-데이터(D)에서 파일 유형(T) 선택

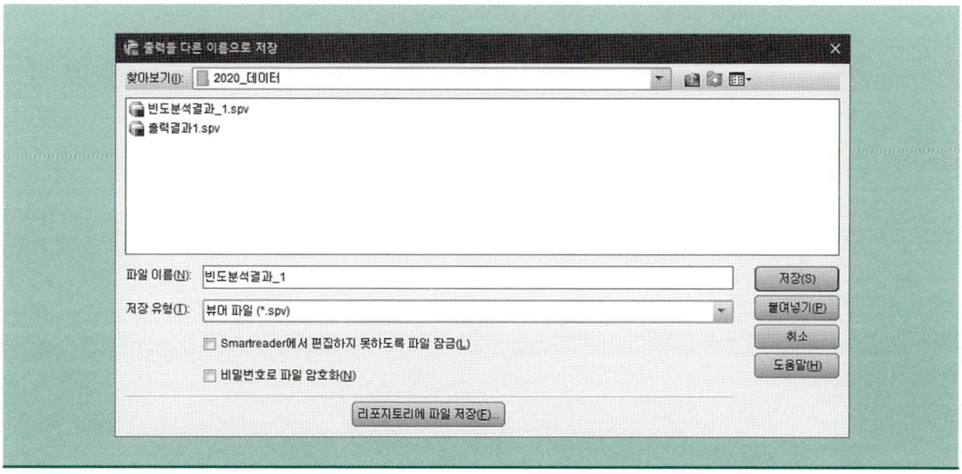

그림 3-8 열기(O)-출력결과(O)

열기 메뉴는 메뉴바의 열기(O) 명령을 클릭해야 하지만 도구상자의 아이콘을 클릭해도 실행할 수 있다. 이때는 파일 유형(T):이 기본적으로 SPSS Statistics(*.sav)로 지정되어 있으므로 를 클릭하여 적절한 파일 명령어를 선택하면 된다.

데이터 가져오기(D)는 외부에서 코딩된 데이터를 SPSS에 입력할 때 사용하는 명령어이다. 실행방법은 자료의 입력 부분에서 구체적으로 다루도록 한다.

저장은 작업 중인 파일을 저장하는데 사용된다. 메뉴의 파일(F) – 저장(S)이나 파일(F) – 다른 이름으로 저장(A)을 클릭하여 저장을 실행할 수도 있지만 일반적인 윈도우용 응용 프로그램에서와 마찬가지로 Ctrl + S 키를 눌러서 실행시킬 수도 있으며, 도구상자의 아이콘을 사용할 수도 있다. 저장(S)은 데이터의 변화가 있을 때만 활성화되며, 데이터의 변화가 없을 경우에는 다른 이름으로 저장(A)만 사용 가능하다. 특히 저장하기나 열기를 할 때에는 찾기 쉬운 폴더에 파일을 지정해 두어야 하는데 가장 일반적인 방법은 바탕화면을 활용하는 것이다.

2) 편집(E)

편집(E)에서는 복구(U), 재실행(Y), 변수 삽입(A), 케이스 삽입(I), 찾기(F), 옵션(N) 등의 명령이 많이 사용된다.

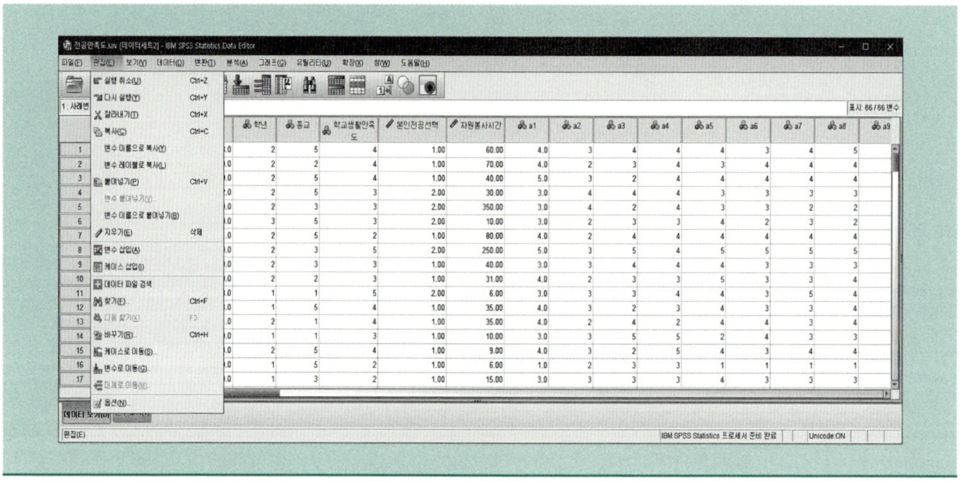

그림 3-9 SPSS 메뉴(편집)

실행 취소(U)는 데이터의 변경이나 실수로 데이터를 삭제한 경우 되돌릴 수 있는 명령이며, 다시 실행(Y)은 복구하여 되돌린 내용을 다시 동일한 작업을 실행해 주는 기능이다. 데이터의 변경이나 삭제가 되면 [실행 취소(U) Ctrl+Z]와 같이 활성화되며, 클릭하여 복구하게 되면 이번에는 [다시 실행(Y) Ctrl+Y]가 활성화되어 재실행이 가능하도록 바뀐다. 도구상자의 와 아이콘을 사용해도 실행 취소(U)와 다시 실행(Y)은 가능하다.

변수 삽입(I)은 선택한 변수 앞에 새로운 변수를 추가적으로 삽입할 때 사용하는 명령이다. 마우스로 케이스의 값을 선택하여 메뉴에서 변수 삽입을 클릭하거나 변수명을 클릭하여 마우스의 오른쪽 클릭으로 변수 삽입이 가능하다.

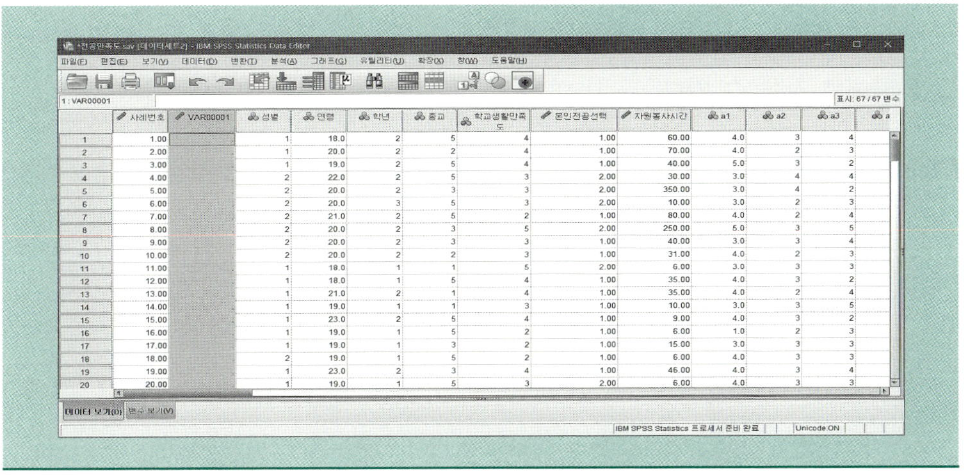

그림 3-10 변수 삽입(I)

케이스 삽입(I)은 선택한 케이스 위로 새로운 케이스를 삽입하고자 할 때 사용된다. 추가하고자 하는 케이스에 마우스를 한 번 클릭하여 선택한 후에 케이스 삽입(I)을 실행한다.

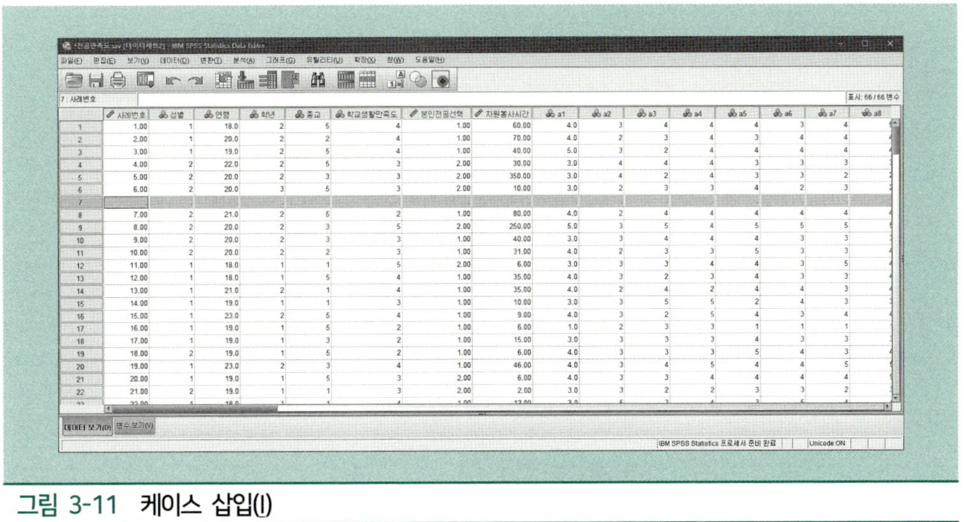

그림 3-11 케이스 삽입(I)

찾기(F)는 Data Editor 창에서 특정한 값을 찾아주는 기능이다. 찾기(F)는 해당 변수나 변수값을 클릭한 후에 메뉴의 찾기를 클릭하면 실행되며, 도구상자의 🔍를 클릭하여 실행할 수도 있다.

성별변수에서 잘못 입력된 3의 값을 찾기 위해서는 성별변수의 아무 케이스나 선택한 다음 찾기(F)를 실행하여 검색하려는 값을 입력한 후 [다음 찾기(F)]를 클릭하면 원하는 값을 차례로 찾을 수 있다.

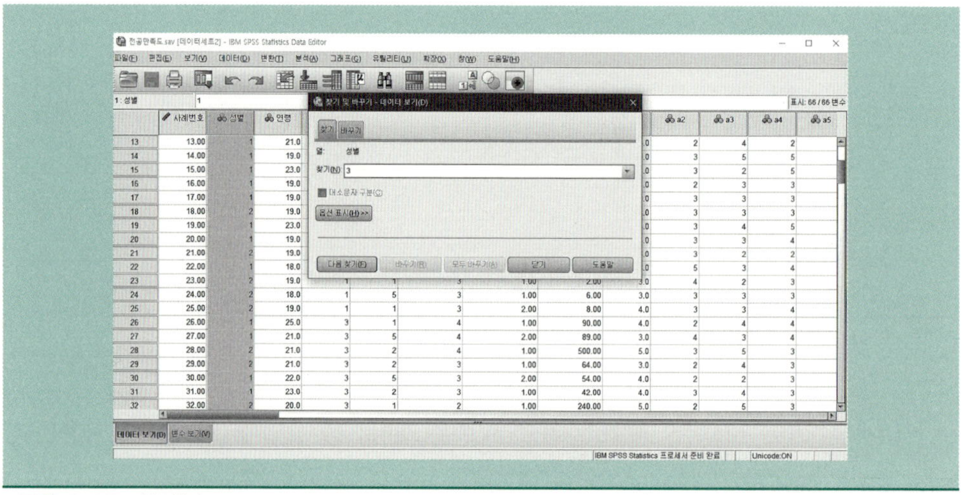

그림 3-12 찾기(F)

옵션(N)은 출력결과를 사용자의 의도에 맞게 지정할 수 있는 명령이다. 옵션(N)에서는 출력결과의 글꼴이나 글꼴 포인트, 피벗표의 형태 등을 바꿀 수 있다.

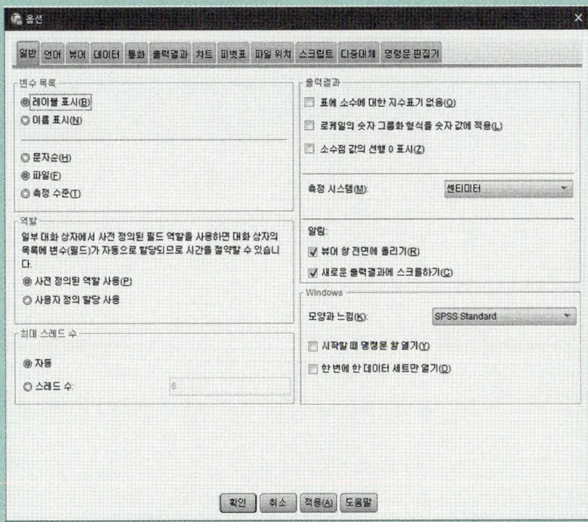

그림 3-13 옵션(N)

피벗표를 클릭하면 자신에게 맞는 다양한 출력결과표를 선택할 수 있으며, 그림은 Academic을 선택하여 일반적으로 보고서에서 사용되는 좌우개방형 표로 지정되어 있다. 옵션(N)－뷰어를 선택하면 초기 출력결과 상태, 제목 글꼴과 텍스트 출력결과 글꼴, 각각의 글자 포인트를 선택할 수 있다. 옵션(N)－출력결과를 클릭하면 개요 레이블 붙이기와 피벗표 레이블 붙이기를 지정할 수 있다. 개요 레이블 붙이기는 분석 대화상자에서 변수 및 변수값을 어떤 방식으로 제시할 것인가를 결정하는 것으로서 변수와 변수값을 이름과 레이블, 값과 레이블으로 각각 선택하게 되면 사용자가 지정한 변수명과 설명, 값과 설명을 모두 나타낼 수 있다. 피벗표 설명 붙이기에서 이름과 레이블, 값과 레이블을 각각 선택하게 되면 출력결과를 나타내는 피벗표에 변수명과 설명, 그리고 변수값과 변수값의 설명이 모두 나타나게 된다. 옵션의 각각 하위 메뉴를 선택한 후에 적용(A)을 클릭하여 해당 선택을 적용시키고 최종적으로 확인을 클릭하면 된다.

3) 보기(V)

보기(V)는 그림과 같이 상태표시줄과 격자선이 기본적으로 선택되어 있으며, 현재의 상태는 데이터 보기 상태로 지정되어 있고, 하단의 변수 보기(V)를 클릭하면 변수 보기로 바뀌게 된다.

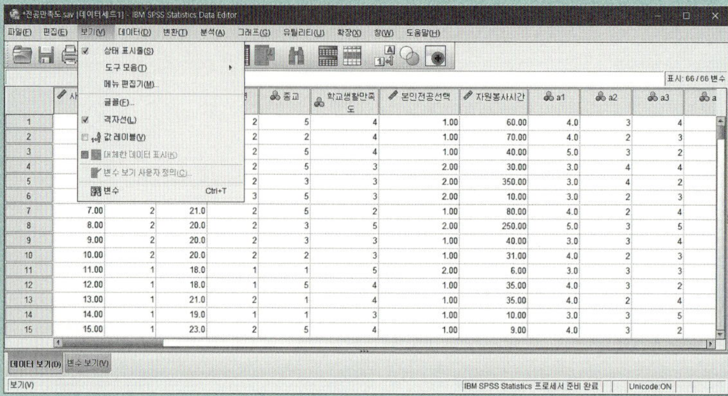

그림 3-14 보기(V)

값 레이블(V)을 클릭하면 각 변수의 변수값에 대한 설명을 Data Editor 창에서 볼 수 있다. 값 레이블(V)은 도구상자의 아이콘을 클릭해도 실행 가능하다. 값 레이블을 보기 위해서는 데이터를 입력한 후에 변수값에 대한 설명(레이블)을 부여해 주어야 한다. 데이터 입력과 변수 정의에 대해서는 4장에서 보다 자세하게 다룰 예정이니 참고하기 바란다.

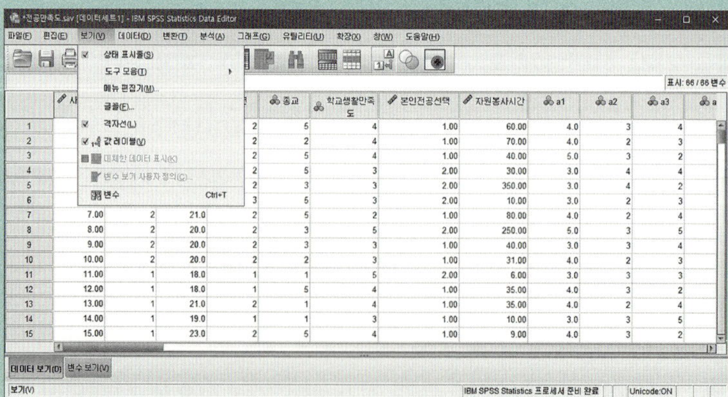

그림 3-15 보기(V)-값 레이블(V) 기능 실행

4) 데이터(D)

데이터(D)에서는 데이터를 관리하거나 케이스 선택, 가중케이스 등 데이터와 관련된 중요한 기능 등이 있다. 데이터(D)에서 주로 사용되는 기능들은 5장에서 보다 자세하게 다루기로 한다.

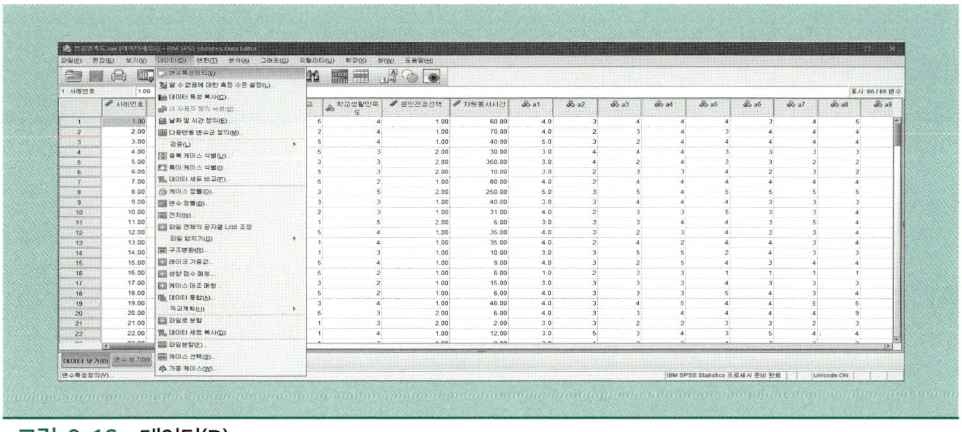

그림 3-16 데이터(D)

5) 변환(T)

변수 계산(C)은 변수 간의 가감승제, 새로운 변수의 생성 등을 가능하게 하며 자주 사용하는 기능이다. 같은 변수로 코딩변경(S)과 다른 변수로 코딩변경(R)은 변수값을 바꾸어 주는 기능을 한다. 변환의 두 가지 기능은 5장에서 보다 구체적으로 다루기로 한다.

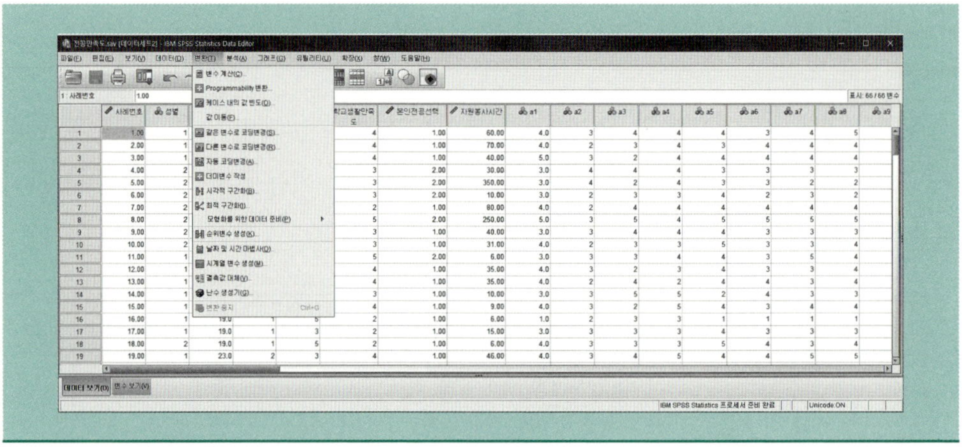

그림 3-17 변환(T)

6) 분석(A)

SPSS에서 모든 통계분석은 이곳에서 실행된다. 구체적인 내용은 각 통계분석 기법에서 보다 구체적으로 다루기로 하고 여기서는 일반적으로 많이 사용하는 기능만을 살펴보기로 한다.

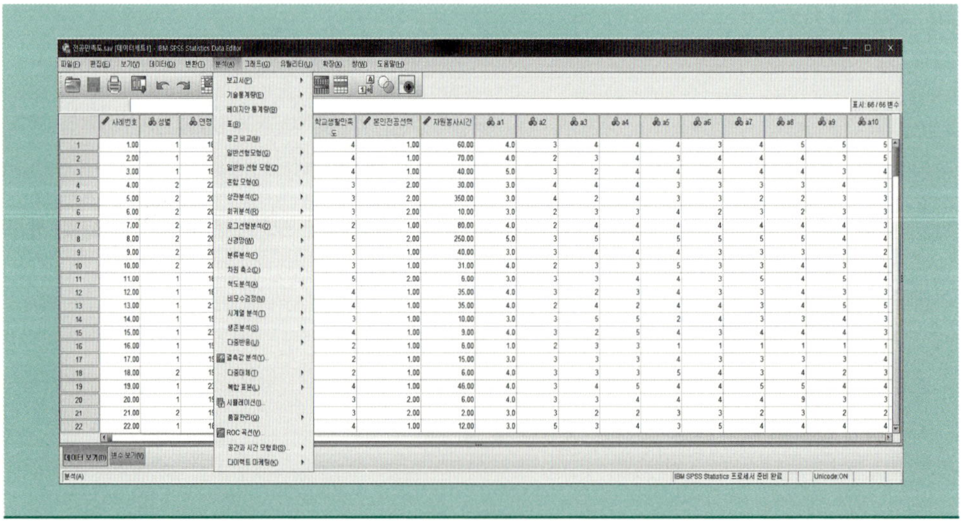

그림 3-18 분석(A)

- 기술통계량(Descriptive Statistics)에서는 빈도분석, 기술통계, 교차분석을 지원하는 곳이다.
- 평균 비교(Compare Means)는 평균의 차이를 검정할 때 이용한다. 여기서는 t검정과 분산분석 등이 지원된다.
- 일반선형모형(General Linear Model)에서는 일변량, 다변량 그리고 반복측정 분산분석을 실시할 때 이용한다.
- 상관분석(Correlate)은 상관관계분석 및 편상관분석을 지원한다.
- 회귀분석(Regression)은 단순회귀분석, 중다회귀분석을 실시할 때 이용한다. 또한 다양한 조건부분석을 위하여 PROCESS macro 프로그램을 추가할 수 있다.
- 차원 축소(Data Reduction)는 요인분석을 실행할 때 이용한다.
- 척도분석(Scale)은 신뢰도 분석을 지원해 준다.
- 다중반응(Multiple Response)은 다중반응 설문 문항에 대하여 빈도분석과 교차분석을 지원한다.
- 다이렉트 마케팅은 고객 및 접촉정보를 산출하여 의사결정에 반영하도록 하는 모듈이다. 여기서는 고객데이터 및 거래(transaction) 데이터를 기반으로 RFM분석, 즉 구매시기(recency), 구매빈도(frequency), 구매금액(monetary)의 세 가지 관점에서 고객의 점수를 바로 산출할 수 있다.

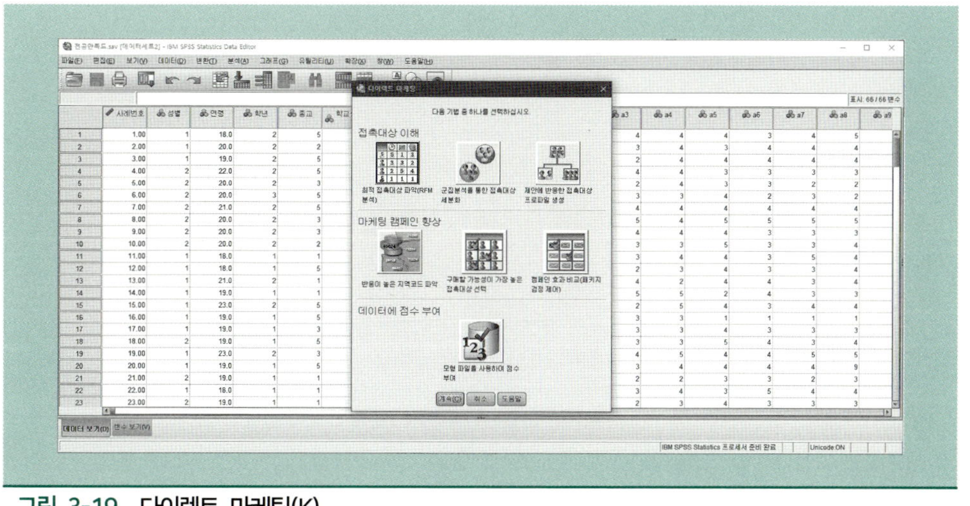

그림 3-19 다이렉트 마케팅(K)

7) 그래프(G)

그래프는 다양한 그래프를 그릴 수 있도록 지원한다. 도표작성기는 도표를 미리 보면서 작업을 할 수 있는 대화형 창을 제공하며, 갤러리에 사전 정의된 도표를 활용해도 깔끔한 도표를 그릴 수 있다. 또한 도표편집기를 활용하면 다양한 형태로 편집이 가능하다. 실제로 SPSS에서는 레거시 대화상자 내에 포함된 막대형 차트, 상자도표, 산점도, 히스토그램 등이 주로 사용된다.

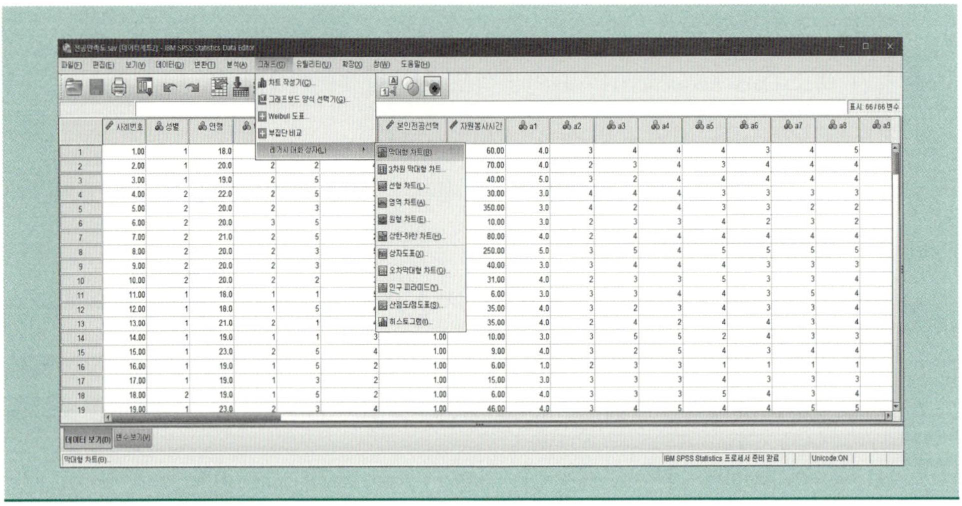

그림 3-20 그래프(G)

chapter 04

데이터 입력

chapter 04

데이터 입력

1. 데이터코딩

설문조사가 종료되면 설문지의 데이터를 SPSS에 입력하기 위한 코딩(coding) 과정을 거쳐야 한다. 데이터의 코딩은 수집된 응답자료를 Data Editor에 입력하기 위하여 숫자로 표현하는 것이다. 자료를 코딩할 때 가장 중요한 것은 분석방법을 생각하면서 코딩해야 한다는 사실이다. 분석방법을 고려하지 않고 코딩을 하게 되면 난감한 상황에 직면하게 된다. 뿐만 아니라 설문지-코딩-자료분석이 사실상 연계성을 갖도록 설문지 개발단계에서부터 이후의 과정을 고려해야 한다.

데이터의 코딩은 기본적으로 SPSS의 Data Editor 창으로 직접 입력하기도 하지만 엑셀이나 훈글 등과 같은 프로그램을 활용하여 코딩을 마친 후에 SPSS로 입력하는 방법이 선호된다. 특히 많은 수의 설문지를 연구자가 직접 SPSS로 입력하기에는 시간이 많이 소요되기 때문에 별도의 입력보조원을 활용하고자 할 때에는 Excel과 같이 보편적으로 사용되는 프로그램을 활용하는 것이 훨씬 편리할 때가 많다. 이 장에서는 SPSS Data Editor 창에서 직접 입력하는 방법과 Excel 프로그램에서 코딩한 후에 SPSS Data Editor 창으로 불러들이는 방법에 대하여 다루고자 한다.

2. 코드북(codebook) 만들기

코드북이란 변수의 이름, 변수가 나타내는 내용, 변수가 가질 수 있는 값 또는 값의 범위, 각 변수값이 나타내는 내용, 변수값의 길이(칼럼 수), 변수값의 위치 등을 일목요연하게 정리한 것으로 코딩 지침서라고 할 수 있다. 코드북을 작성하기 위해서는 먼저 설문지마다 표지에 일련번호를 부여하고 일련번호도 함께 코딩하는 것이 바람직하다. 설문지 코딩할 때 몇 가지 유의할 사항을 정리하면 다음과 같다.

첫째, 설문지의 일련번호를 부여하는 방법은 설문지의 전체 매수에 따라서 100개 미만일 경우에는 두 자릿수, 즉 01에서 99까지, 설문지 매수가 100개 이상 1,000개 미만일 경우에는 001에서 999까지, 1,000개 이상일 경우에는 0001부터 번호를 부여할 수 있다. 그러나 Excel에서 코딩할 경우에는 해당 숫자만 바로 입력하면 가능하다.

둘째, 변수값은 설문 문항에서 선택항목이 10개 미만이면 한 자릿수로 코딩하면 되지만 욕구조사와 같이 다양한 항목으로 구성되어 10개 이상이면 두 자리로 각 변수의 값을 부여해야 한다. 예를 들어 12개 중에서 고르도록 되어 있다면 01에서 12까지 두 자릿수로 만들어 준다.

셋째, 설문 문항에서 아무것도 응답하지 않은 것을 무응답이라고 하며 이것을 코딩할 경우에는 주로 0이나 9, 99, 999 등으로 코딩한 후에 분석하기 전에 결측값으로 지정해 주어 분석에서 제외시키는 경우가 있다. 또한 무응답이면 비워 두었다가 나중에 결측값 분석을 통하여 일정한 값을 부여할 수도 있다.

넷째, 개방형 문항일 경우에는 설문지를 회수한 후 검토하여 무응답이 많을 경우에는 일부의 응답을 참고로 활용할 수도 있으나 응답자가 많을 경우에는 범주를 정하여 별도로 코딩해 주어야 한다. 말하자면 설문 문항은 개방형이었지만 코딩하기 전에 응답을 몇 가지 공통범주로 만들어서 범주별로 값을 부여한 다음에 코딩하는 방식을 말한다.

3. SPSS에서 직접 입력하기

1) 입력창 열기

설문 문항의 수가 적거나 사례수가 적은 경우에는 다른 프로그램을 사용하지 않고 SPSS에서 직접 입력하는 것이 편리하다. SPSS를 실행하여 데이터를 입력하는 방법은 SPSS를 실행하면 Data Editor 창과 더불어 작업 선택 창이 뜨는데 이때 새 파일(N) – 새 데이터 세트를 선택한 후 열기 를 클릭하여 입력하거나 닫기 를 클릭하여 나타나는 Data Editor 창에서 바로 입력하면 된다.

2) 데이터 입력하기

- SPSS를 실행하면 제목없음1 [데이터세트0] - IBM SPSS Statistics Data Editor 상태의 Data Editor 창이 열린다. 첫 번째 칸에 숫자를 넣고 Enter 나 ↓ 를 누르면 두 번째 케이스로 진행되며, 첫 번째 케이스의 두 번째 변수를 입력하려면 → 를 눌러 오른쪽 칸으로 이동한다. 자료를 입력하면 소수 둘째 자리까지 입력되며, 소수점 자리 조정은 이후 변수 정의에서 다룬다.
- 데이터를 입력하면 자동으로 'VAR00001'이라는 변수명이 부여되며 이후에 입력이 완료되었을 경우 전체 변수명을 다시 한글로 정의하면 된다. 입력이 잘못되었을 경우에는 다시 그 변수 자리로 가서 숫자를 다시 입력하면 수정할 수 있다.

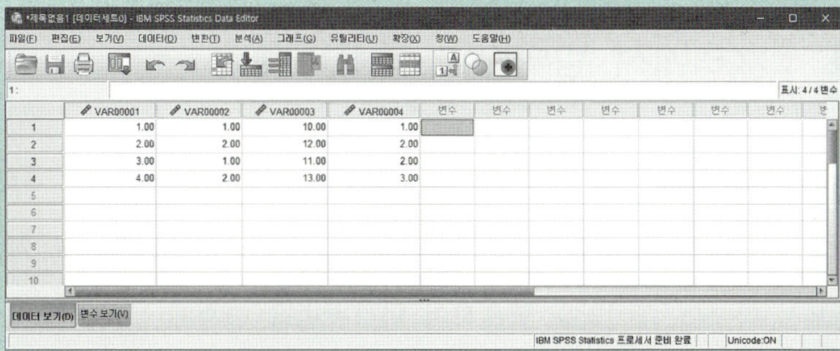

그림 4-1 데이터 입력-직접 입력하기

- 데이터 입력이 완료되면 도구상자의 을 클릭하여 저장한다.

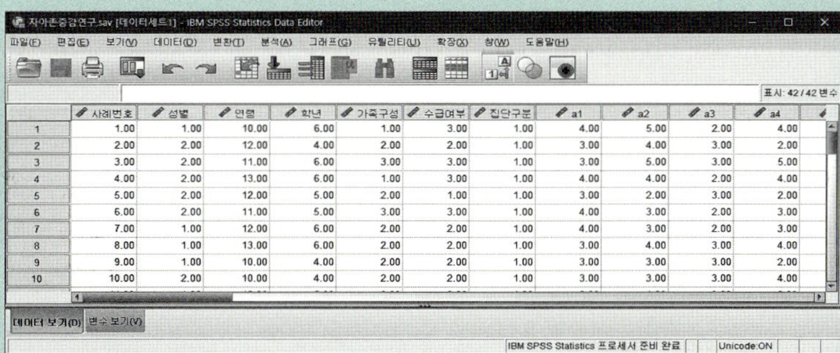

그림 4-2 데이터 입력 완료

4. Excel에서 입력하여 불러오기

이 방법은 Excel에서 데이터를 입력하여 파일로 저장하고 이를 SPSS에서 불러오는 방법이다. 우선 가상의 데이터를 활용하여 입력방법을 연습해 보자.

1) 예제 설문지의 구성

사회복지관에서 아동들의 자아존중감 향상을 위한 집단 프로그램의 효과성을 평가하기 위하여 제작된 설문지이다. 본 예제 설문지는 응답자의 기본사항을 담은 5개 일반 문항과 자아존중감을 측정하기 위한 10개의 척도 문항으로 구성되어 있다.

예제 설문지

01 성별은 무엇입니까?
① 남자 ② 여자

02 연령은 어떻게 됩니까? 만 (   )세

03 몇 학년입니까?
① 4학년 ② 5학년 ③ 6학년

04 가족 구성은 어떻게 됩니까?
① 부모님과 본인 ② 아버지 또는 어머니와 본인 ③ 기타(   )

05 여러분 가정은 국민기초생활보장을 받고 있습니까?
① 기초생활수급가정 ② 조건부수급가정 ③ 일반가정

06 다음 각 문항을 잘 읽고 해당하는 부분에 √표시를 해주세요.

문 항	전혀 그렇지 않다	그렇지 않다	보통이다	그렇다	매우 그렇다
① 나는 내가 적어도 다른 사람들과 같은 정도로 가치 있는 사람이라고 생각한다.					
② 나는 좋은 성품을 가졌다고 생각한다.					
③ 나는 대체로 내가 실패한 사람이라는 느낌을 갖는 편이다.					
④ 나는 대부분의 사람들만큼 일을 잘할 수 있다.					
⑤ 나는 자랑할 것이 별로 없다.					
⑥ 나는 내 자신에 대하여 긍정적인 태도를 가지고 있다.					
⑦ 나는 대체로 내 자신에 대하여 만족한다.					
⑧ 나는 내가 좀더 자신감이 있었으면 좋겠다.					
⑨ 나는 때때로 내가 쓸모없는 사람이라고 생각한다.					
⑩ 나는 때때로 내가 좋지 않은 사람이라고 생각한다.					

2) 데이터의 코딩 및 저장하기

① Excel을 실행하여 데이터를 순서대로 입력한다. 이때, 1번 열에 간단하게 변수명을 입력해도 좋지만, 정확한 최종변수명을 입력해 둘 경우 더욱 편리하다.

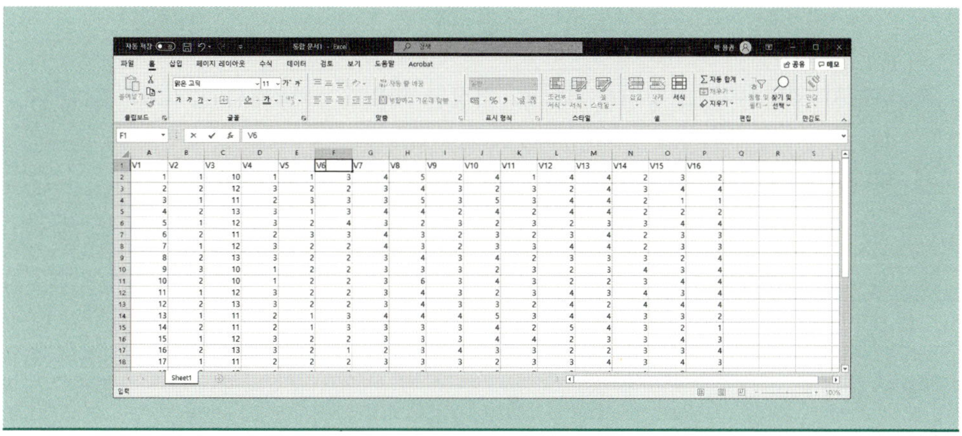

그림 4-3 Excel 데이터 입력의 예

② 모든 설문지의 입력이 완료되면 Excel 통합 문서로 저장해야 한다. Excel 메뉴의 파일–다른 이름으로 저장하기를 선택하거나 단축키 Ctrl + S 키를 누르면 된다. 저장 위치를 선택하고 〈그림 4–4〉와 같은 대화 상자가 나타나면 파일 형식(T): 의 ∨ 를 눌러서 아래의 창이 나타나면 '*.xlsx'선택한 후 파일 이름(N): 에 코딩연습이라고 입력하고 저장 위치를 지정하여 저장한다.

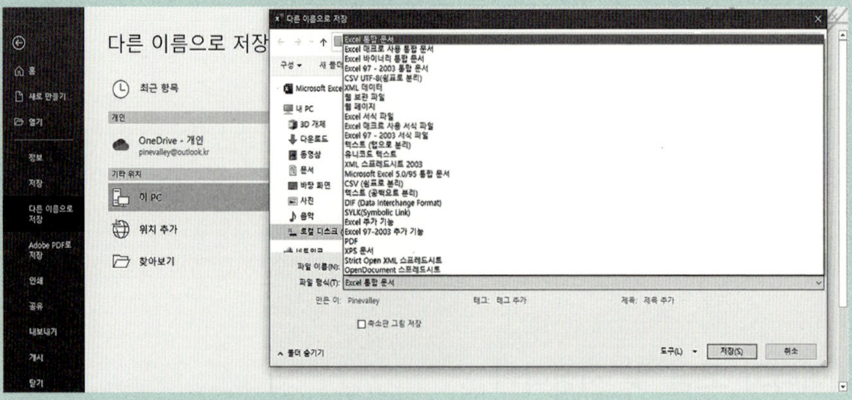

그림 4-4 다른 이름으로 저장하기

3) Excel 데이터 읽기

Excel에서 코딩하여 '코딩연습.xlsx'로 저장한 파일을 SPSS에서 불러오기를 한다.

① SPSS 메뉴에서 파일(F)–데이터 가져오기(D)–Excel을 실행한다.

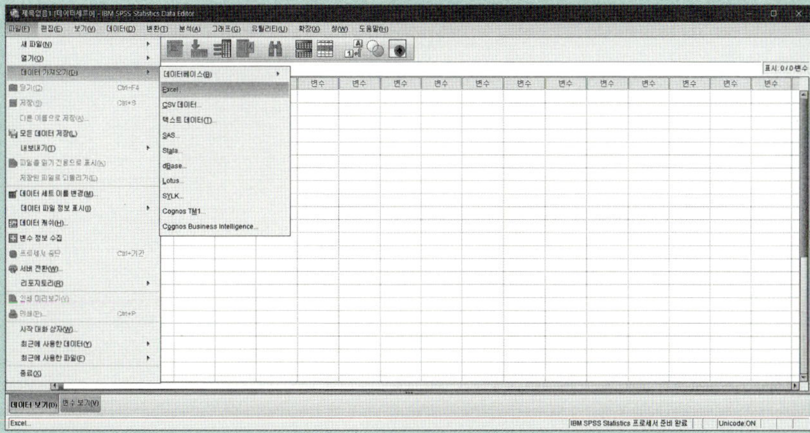

그림 4-5 Excel 데이터 가져오기

② 파일 열기 대화상자가 나타나면 '코딩연습.xlsx'가 저장된 위치나 폴더를 찾아가서 파일을 선택하고 [열기(O)]를 클릭하여 실행한다.

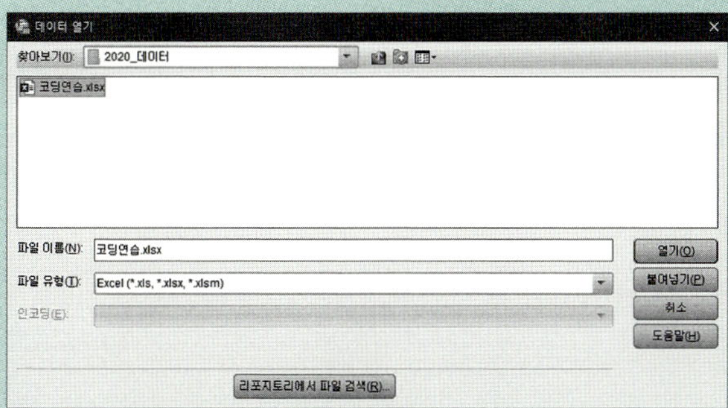

그림 4-6 데이터 열기

③ 열기를 클릭하면 창이 열리면서 Excel 파일에 있는 데이터를 읽고 변수에 관한 정보를 살펴볼 수 있다. 대화상자의 아래쪽 미리보기에 '코딩연습.xlsx' 파일의 내용이 나타나 있다. 데이터에 이상이 없으면 [확인]을 클릭한다.

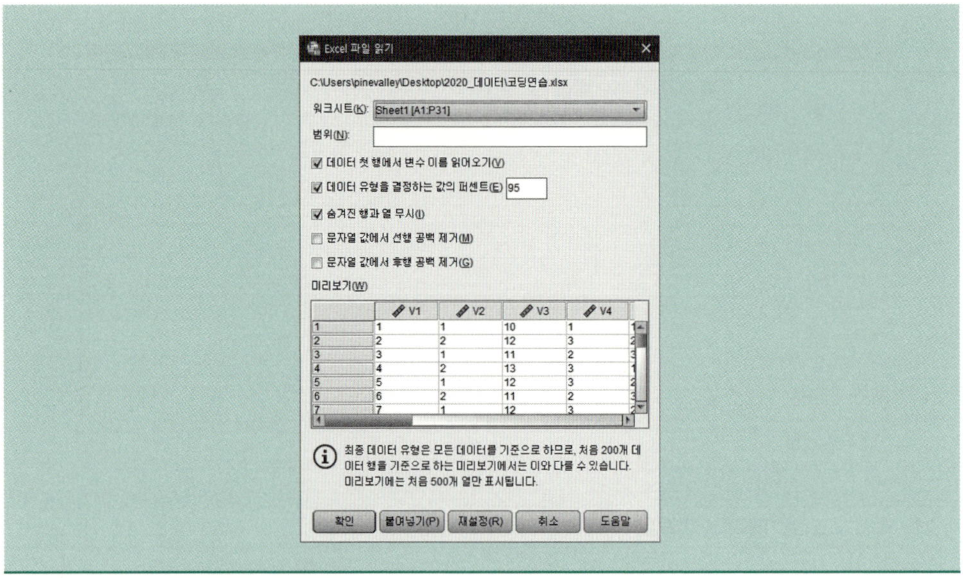

그림 4-7 Excel 데이터 가져오기

- SPSS Data Editor 창에 새로운 데이터가 나타나게 된다. 일단 입력된 데이터는 가급적 바로 저장을 해두어야 한다.

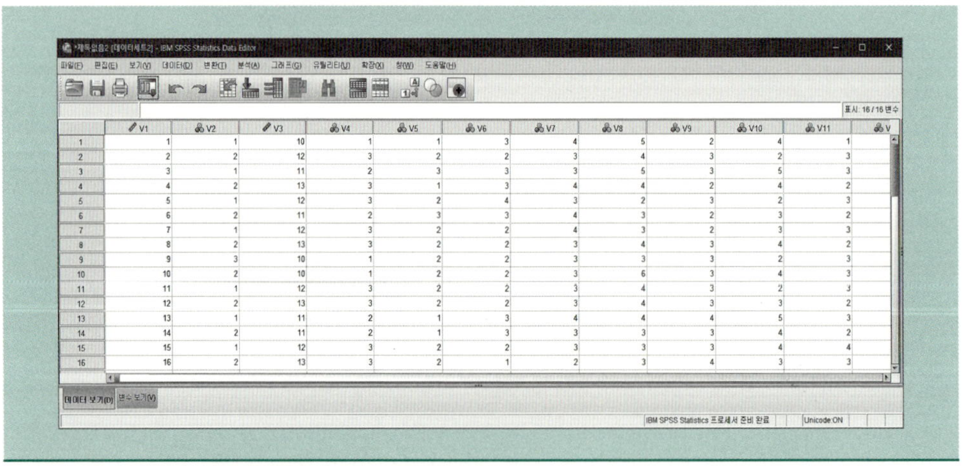

그림 4-8 데이터 입력이 완료된 Data Editor 창

- 저장할 파일 이름을 입력하고(여기서는 '데이터입력연습'이라고 한다.) 파일 유형은 '*.sav' 파일로 저장된다. 〈그림 4-9〉와 같이 Data Editor 창의 상단 제목표시줄에 데이터입력연습.sav [데이터세트1] - IBM SPSS Statistics Data Editor 라고 뜨면 저장이 된 것이다.

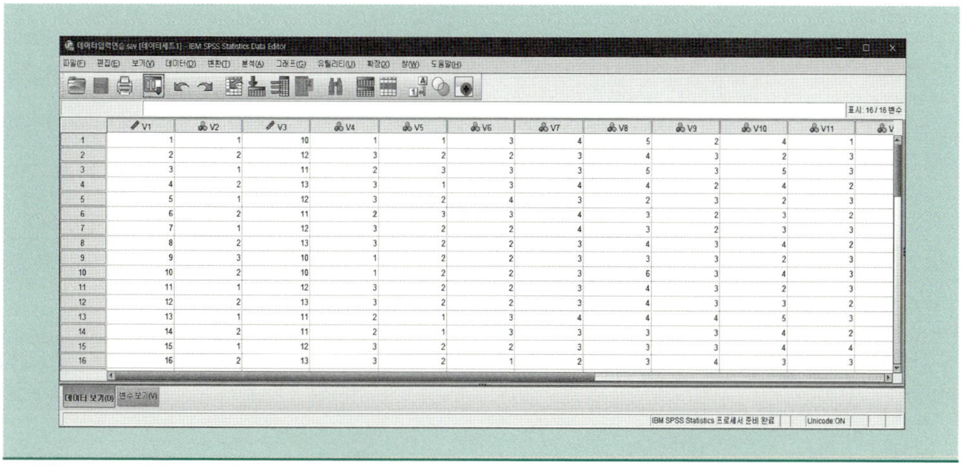

그림 4-9 **데이터 파일의 이름 정하기**

4) SPSS 데이터 파일 불러오기

SPSS 데이터 파일을 불러오는 방법은 여러 가지가 있다.

- 최신 파일: SPSS를 실행하면 나타나는 작업 선택 화면에서 최신 파일 창에 보이는 파일 중에서 열고자 하는 파일을 선택하여 열기를 누르면 창이 열린다.

- 최신 파일에 열고자 하는 파일이 없을 경우에는 닫기를 클릭하면 제목없음1 [데이터세트0] - IBM SPSS Statistics Data Editor 창이 열린다. SPSS 창에서 파일(F) – 열기(O) – 데이터(D)를 클릭하거나 도구상자에서 (데이터 문서 열기)를 클릭하여 열고자 하는 파일을 찾아서 클릭한다. 또는 파일(F) – 최근에 사용한 데이터(Y)에서 파일을 찾아서 클릭하는 방법도 있다.

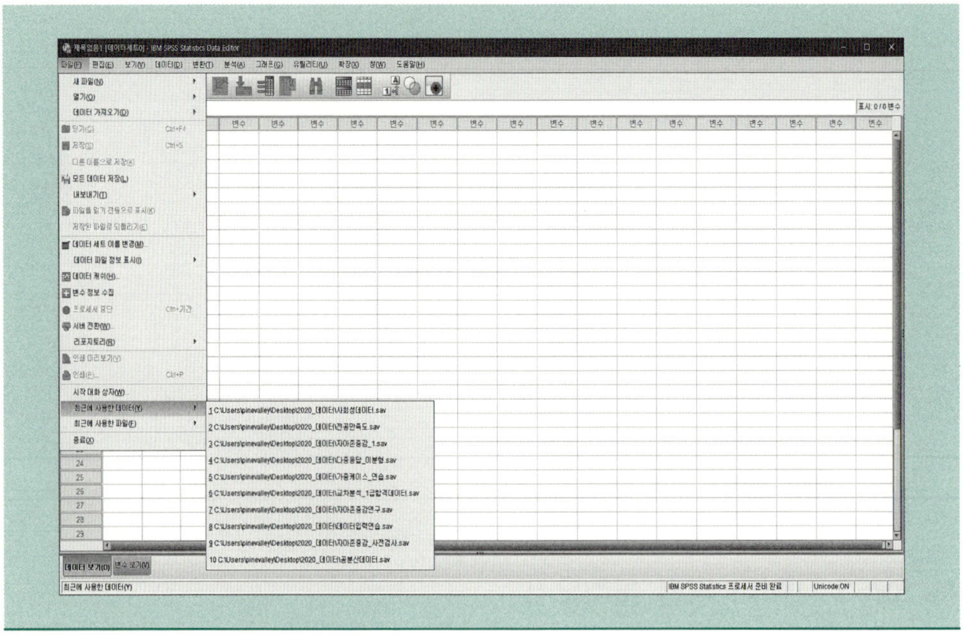

그림 4-10 **최근에 사용한 데이터 열기**

5) 변수의 정의

데이터 입력이 완료되면 연구자가 알아보기 쉬운 변수명을 지정하거나 설명을 붙여주는 것이 좋다. 최근 SPSS 버전에서는 한글 입력뿐만 아니라 32글자까지도 사용 가능하게 되었다. 여기서는 변수 보기에서 이름, 유형, 소수점 이하 자리, 설명, 값, 결측값에 대해서 구체적으로 살펴본다.

보기(V) ▶ 변수클릭, 아래의 [변수 보기] 클릭 또는 마우스로 변수 더블클릭

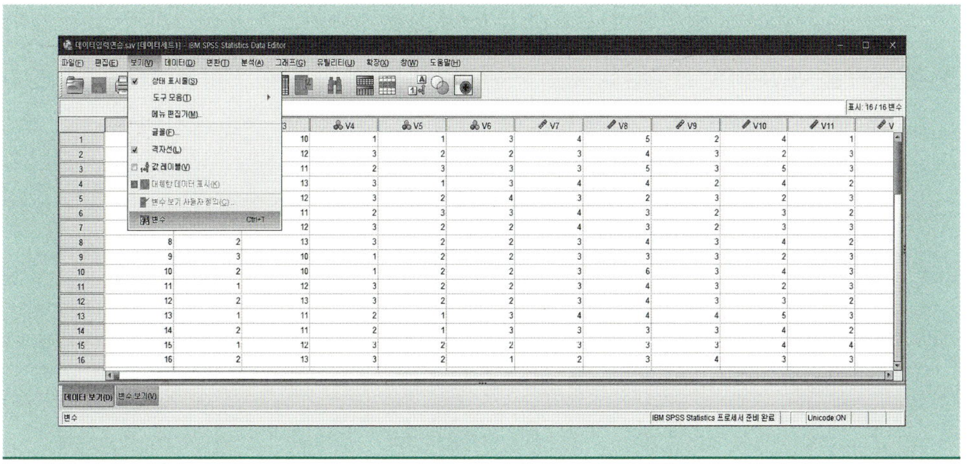

그림 4-11 변수 보기

변수 보기	내 용
이름	변수 이름 지정, 알파벳 64글자, 한글 32글자 이내, 특수문자(&, *, - 등) 사용불가, 띄어쓰기 사용불가, 앞에 숫자 사용 불가, 밑줄(_)과 마침표는 사용 가능(대소문자는 구분 않음)
유형	변수유형과 자릿수를 지정, 숫자(기본값), 문자, 날짜 등 여덟 가지
너비	자릿수 수정
소수점이하자리	소수점 이하 자릿수 수정
레이블	변수명에 대한 구체적인 설명과 내용 입력
값	변수값에 대한 구체적인 설명과 내용 입력
결측값	무응답 자료 등 분석에서 제외할 결측값 지정
열	열의 자릿수를 지정
맞춤	셀 내에서 변수와 데이터의 위치를 지정
측도	변수의 측정수준인 척도를 지정, 명목, 순서, 척도(등간, 비율) 등 세 가지로 지정
역할	이거 뭔지 몰라.

(1) 변수 이름 지정

데이터 입력에서 사용한 '데이터입력연습.sav' 파일을 열어서 변수 보기(V)창으로 이동한다. 이름 칸의 'v1'을 더블클릭하여 먼저 '사례번호'라고 입력한다. 키보드의 ↓를 누르면 커서가 다음 변수 입력란으로 이동하며 계속해서 변수명을 입력하면 된다. 변수명을 입력할 때에는 특수문자(*, &, %, - 등)는 사용할 수가 없으며, 밑줄(_)과 마침표는 사용 가능하다. 'v7'부터는 자아존중감을 측정하기 위한 10개의 문항으로 구성되어 있기 때문에 변수 이름을 굳이 한글로 입력할 필요 없이 척도의 문항 순서대로 v7_1, v7_2, ……, v7_10으로 입력하거나 a1, a2, ……, a10 혹은 s1, s2, ……, s10과 같이 알파벳과 숫자를 혼합하여 변수명을 만들 수도 있다.

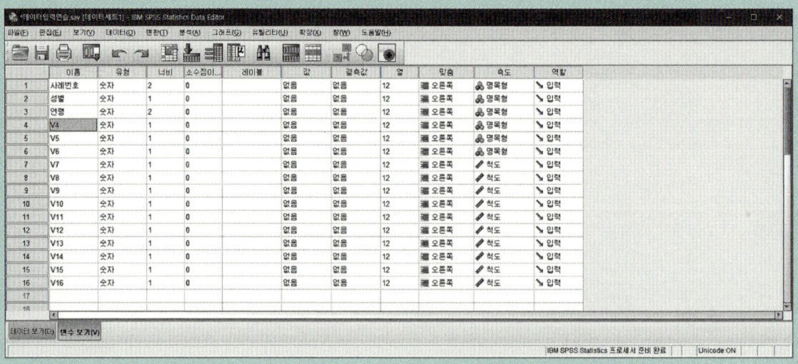

그림 4-12 변수명 지정

(2) 변수유형

변수유형은 데이터의 형식을 말한다. 변수가 숫자, 문자, 날짜 등과 같은 변수의 유형과 자릿수가 몇 자리인지를 선택한다. 기본값을 그냥 사용해도 무방하다. 변수유형을 입력하기 위해서는 유형 아래의 숫자 부분을 클릭하면 나타나는 숫자 ...의 ... 부분을 클릭하면 변수유형의 대화상자가 나타난다. 여기서 해당하는 변수유형을 클릭한 후 너비(W):와 소수점이하자리수(P):를 지정해 주고 확인을 누르면 된다.

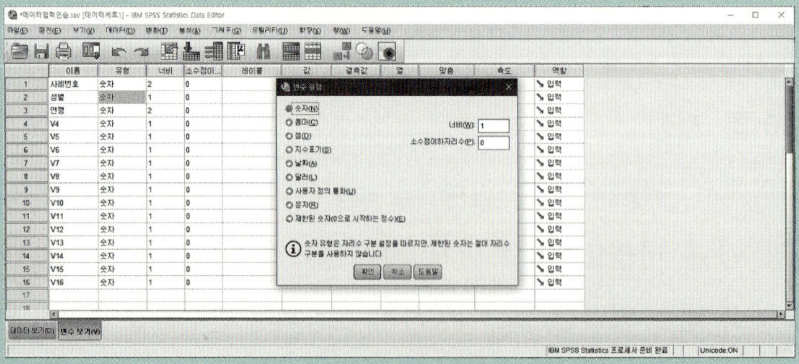

그림 4-13 변수 유형

(3) 소수점 이하 자리

사례번호의 경우 두 자리의 수와 소수점 이하 한 자릿수로 지정되어 있다. 소수점 이하 자리 아래의 1을 클릭하여 나타나는 ⇕을 이용하여 소수점 이하의 자릿수를 0으로 수정한 후 데이터 보기(D) 창으로 가보면 '사례번호'와 '연령' 변수의 소수점 이하 자리가 변경된 것을 알 수 있다.

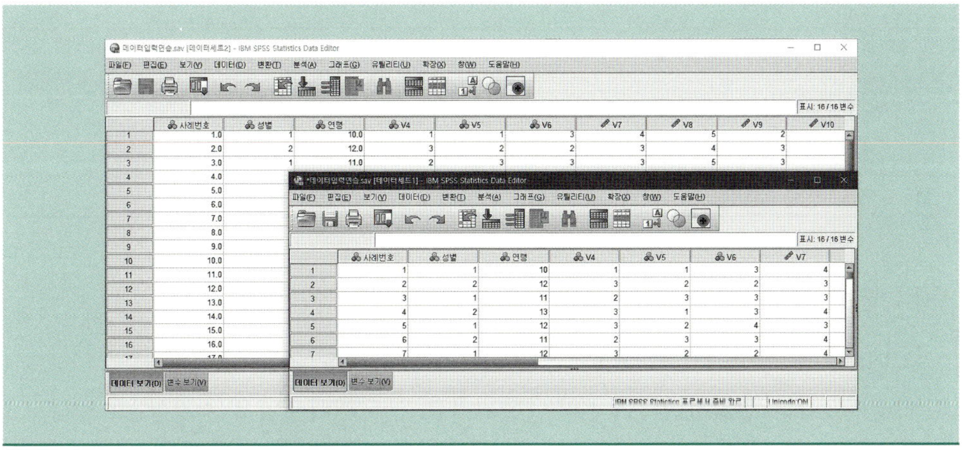

그림 4-14 소수점 이하 자리 설정

(4) 변수 레이블

변수에 대한 설명을 입력하는 것으로 변수 이름만으로는 변수의 속성을 이해하기 어렵거나 추가적인 설명이 필요한 경우에 변수 설명을 부여하게 된다. 성별과 같이 의미 전달이 쉬운 변수는 굳이 설명을 입력할 필요가 없다. 그러나 남편의 연령과 부인의 연령처럼 두 가지 이상의 비슷한 변수 이름이 존재하여 '연령1', '연령2'와 같이 이름을 지정했을 때에는 설명을 붙여두는 것이 유용하다. 또한 변수 이름을 알파벳으로 부여한 경우에도 한글로 설명을 붙여두는 것이 분석할 때 편리하다.

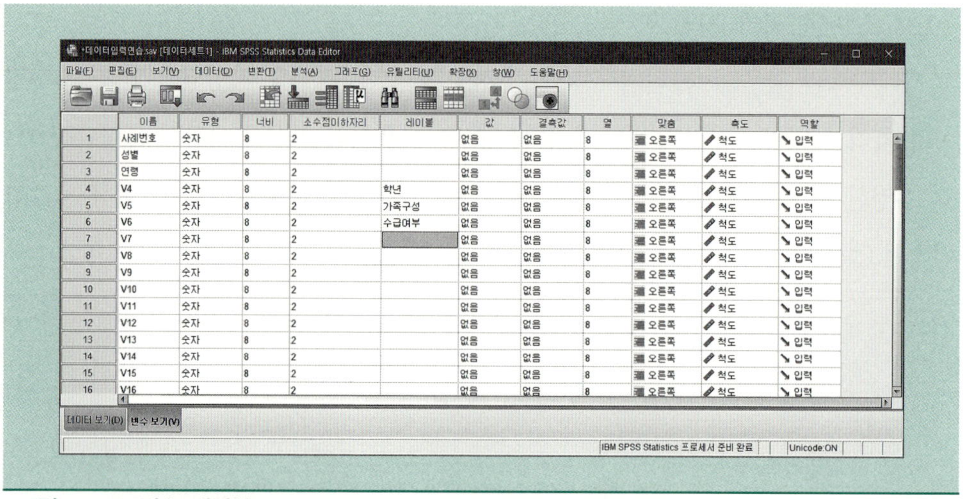

그림 4-15 변수 레이블

(5) 변수값

변수값에 대한 구체적인 설명과 내용을 입력하는 부분이다. 예를 들면 남학생을 1로 여학생을 2로 입력하였다면 1은 남학생이고, 2는 여학생임을 지정할 수 있다. 그 절차는 다음과 같다.

① 코드북을 참고하여 변수 보기(V) 창에서 레이블을 입력하고자 하는 곳의 없음을 클릭하여 생성되는 없음 ... 의 ...부분을 클릭하면 값 레이블 창이 뜬다.

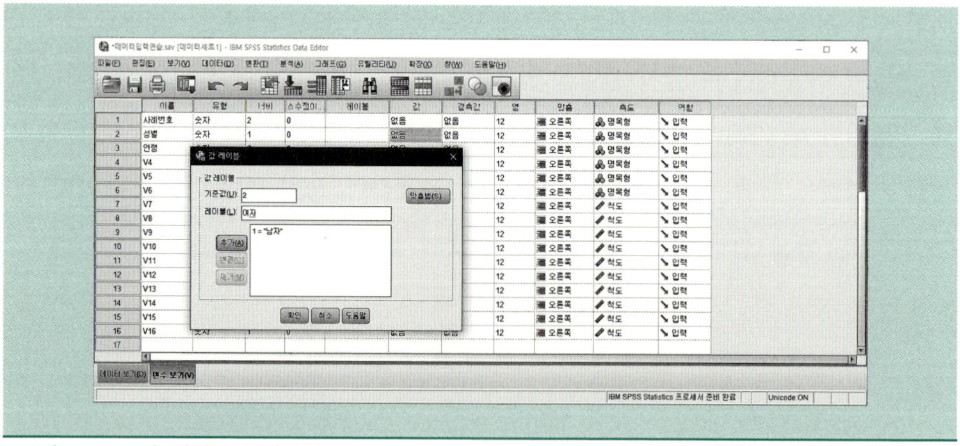

그림 4-16 값 레이블 입력하기

② 성별의 변수값은 1과 2이다. 기준값(U):에는 1, 2와 같은 숫자를 입력하고 레이블(L):에는 변수값의 설명이나 내용(남자, 여자)을 입력한다. 먼저 기준값(U):에 1을 입력하고 탭 키나 마우스로 레이블(L):으로 이동하여 남자라고 입력한 후 [확인]을 클릭하거나 [Enter↵]를 누른다. 같은 방법으로 기준값(U):에 2, 레이블(L):에 여자를 입력한 후에 [추가(A)], [확인]을 누른다.

③ 입력한 값이나 설명이 잘못되었을 때 수정하는 방법에는 두 가지가 있다.

- 바꾸기: 새로운 값이나 설명으로 바꾸기 위해서는 값이나 설명을 다시 입력하고 [변경(C)]을 클릭하면 된다.

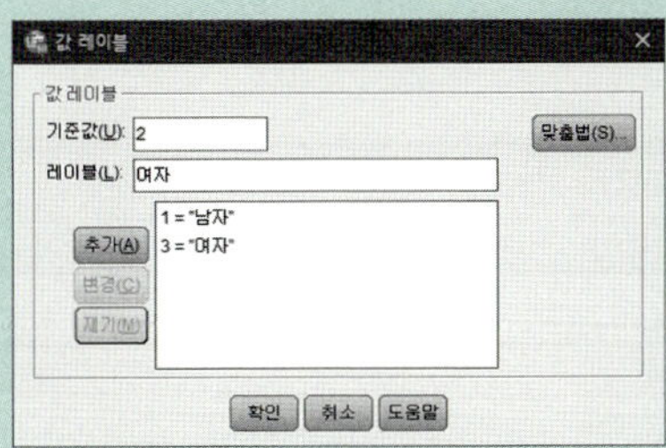

그림 4-17 **값 레이블 바꾸기**

- 제거: 변수값 설명이 잘못 입력되었을 경우 그 값을 선택하면 [제거(M)]를 클릭할 수 있게 되며, 제거 후 다시 입력하면 된다.

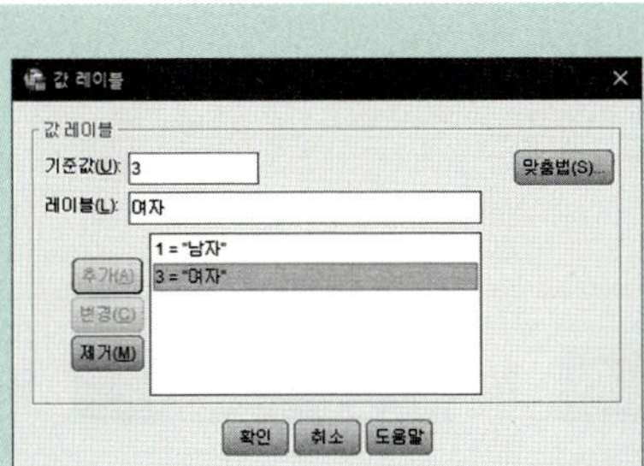

그림 4-18 **레이블 제거하기**

④ 변수값 및 변수값 설명이 모두 완료되어 데이터 보기(D) 창으로 이동하여 을 클릭하면 레이블(남자, 여자)이 보이고 다시 한 번 클릭하면 원래대로 숫자 데이터가 나타난다.

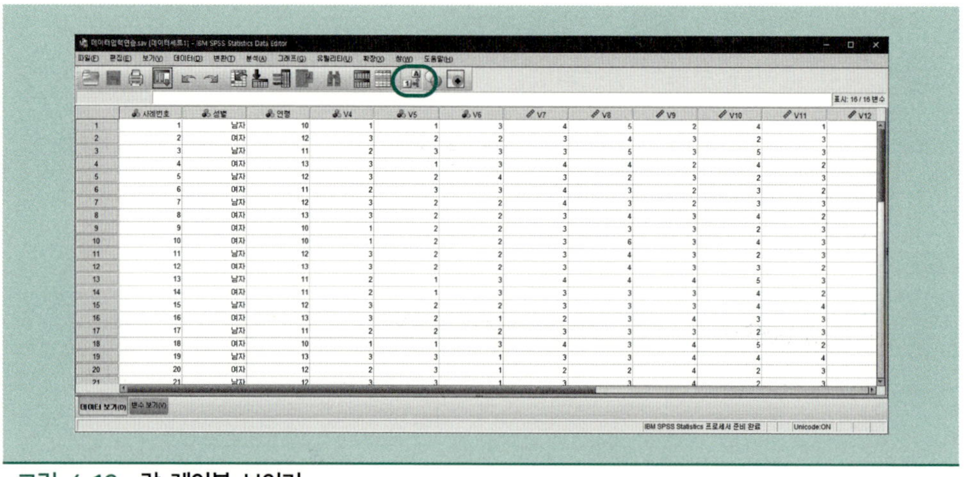

그림 4-19 값 레이블 보이기

(6) 결측값

결측값은 어떤 변수의 값을 조사하지 못하였을 경우 이러한 결측값(missing value)을 표시하기 위하여 특정한 값을 지정하고자 할 때 또는 데이터 보기(D) 창에서 특정 숫자를 입력하였지만 분석에서 그 숫자를 제외하고자 할 때 이를 지정하여 주는 곳이다.

데이터를 입력할 때 무응답일 경우에는 빈칸으로 처리하고, 결측값에서 없음을 선택하면 되지만 코딩 및 입력오류를 범하지 않기 위해서 특정한 값(예: 0, 9, 99)을 입력한 후에 결측값을 지정하는 방법을 주로 사용하게 된다.

Data Editor ▶ 변수 보기 창 ▶ 결측값

① 다음 데이터에서 v9의 문항에 입력된 '9'라는 값을 분석에서 제외시키기 위하여 결측값을 지정해 본다.

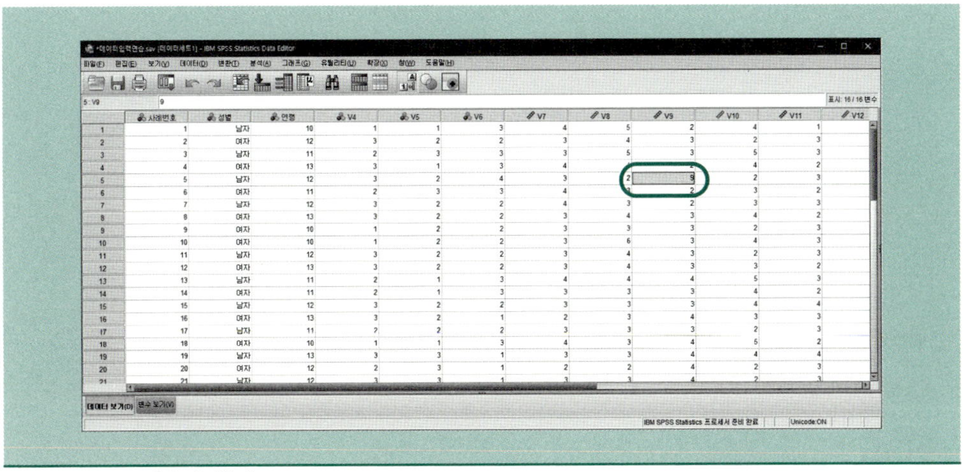

그림 4-20 결측값 찾기

② 변수 보기(V) 창으로 이동하여 결측값을 입력하고자 하는 변수에서 없음 ... 의 ... 부분을 클릭하면 결측값 대화창이 열린다. 기본값은 없음이다.

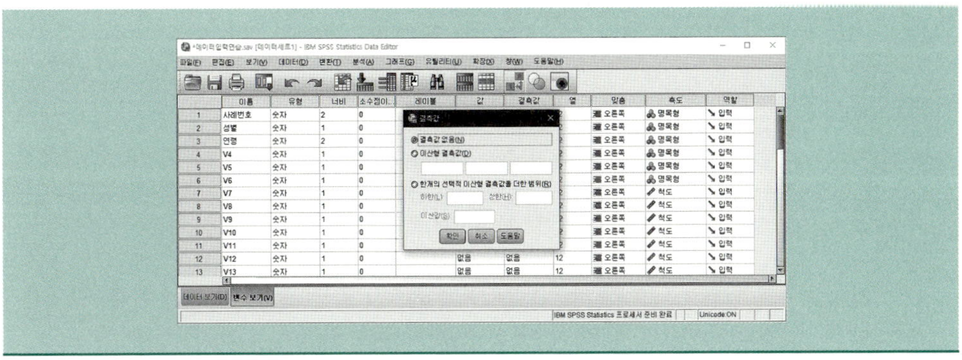

그림 4-21 결측값 대화상자

③ 결측값이 있을 경우 이산형 결측값(D)에 체크한 후 빈칸을 클릭하여 결측하고자 하는 값의 숫자를 입력하고 확인 을 클릭하면 된다. 이산형 결측값은 세 가지의 숫자를 한꺼번에 설정할 수 있다. 또한 한개의 선택적 이산형 결측값을 더한 범위(R)를 선택하면 하나의 이산형 결측값과 특정한 범위 내의 값을 동시에 결측값으로 지정할 수도 있다.

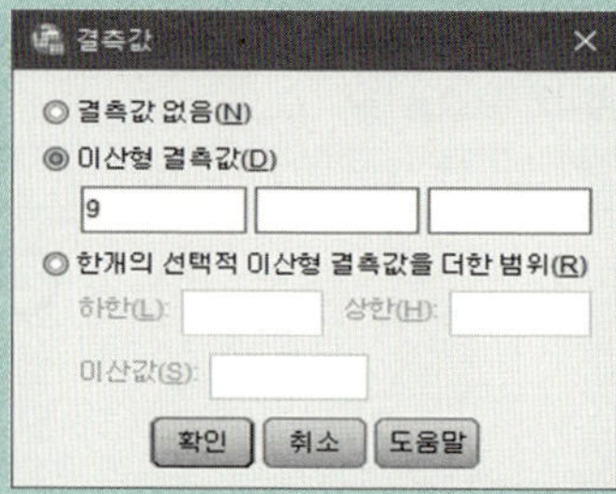

그림 4-22 결측값 입력

TIP 결측값 설정

1. 결측값 지정방법

• 입력하지 않음: 무응답일 경우 그 값을 입력하지 않으면 자동적으로 Data Editor 창에 '.'값이 입력된다.

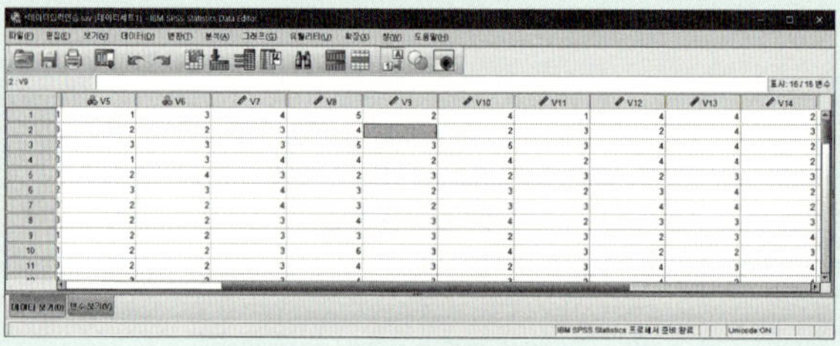

〈그림 1〉 무응답 표시

• 특정 숫자 입력 후 결측값 지정: 변수보기(V) 창에서 특정값(예: 0, 9, 99 등)을 입력한 후에 결측값으로 지정한다. 다음의 경우 이산값 9 그리고 4에서 7까지의 값을 결측값으로 설정하는 예이다.

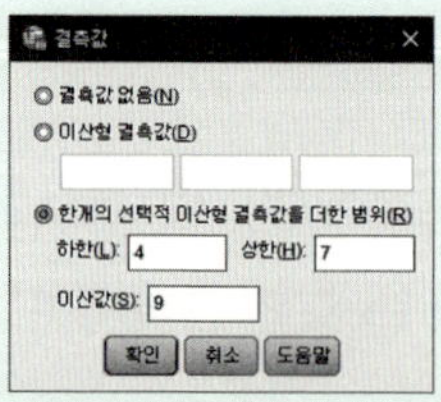

〈그림 2〉 결측값 설정(이산값, 하한 및 상한)

2. 결측값을 지정할 때 주의사항

• 결측값으로 지정되면 해당 변수는 분석에서 제외되기 때문에 전체 사례수가 그만큼 줄어들게 된다. 또한 Likert 척도에서 척도값을 계산할 때 결측값이 설정된 변수는 다음과 같이 합산점수에서 제외된다.

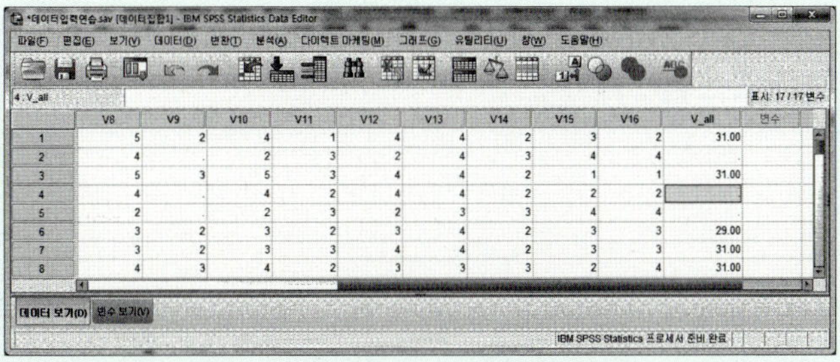

〈그림 3〉 합산척도에서 결측값 표시

- 위의 예에서 변수 계산(C)을 통하여 'v_all' 변수를 생성할 때 단순히 'v7+v8+ …… +v16' 으로 계산하기보다는 sum 함수나 mean 함수를 사용하면 결측값이 있는 변수만 제외되고 그 값을 계산해 주기 때문에 사례가 줄어들지 않는다. 이 부분은 다음 장 변수 계산(C)에서 구체적으로 다루기로 한다.
- 무응답을 입력하지 않아서 결측값으로 설정된 값(.)을 특정값으로 변경할 경우에는 다음 장에서 다루게 될 코딩변경(R) 절차를 활용하게 되는데, 이때 기존값에는 시스템 결측값(S)을 새로운 값에는 특정값(예: 99)을 입력하고 확인하면 된다.
- 결측값은 변수마다 모두 지정해 주어야 한다. 여러 개의 변수가 동일한 값(예: 9)을 결측하고자 할 때에는 다음과 같이 실행한다. 먼저 결측값에서 마우스의 오른쪽을 클릭하여 복사한다. 붙이고자 하는 변수의 결측값 위치에서 마우스 오른쪽 클릭하여 붙여넣기를 하면 같은 결측값이 설정된다. 여러 변수를 동일하게 붙여넣기 하고자 할 때에는 마우스로 드래그한 상태에서 마우스 오른쪽을 클릭하여 붙여넣기 해도 된다.

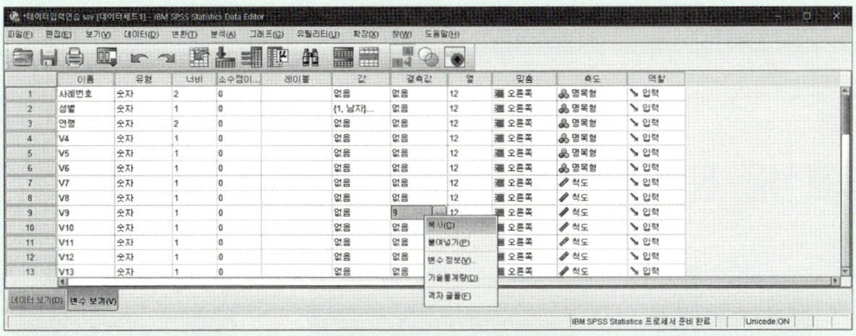

〈그림 4〉 여러 변수 결측값 지정하기

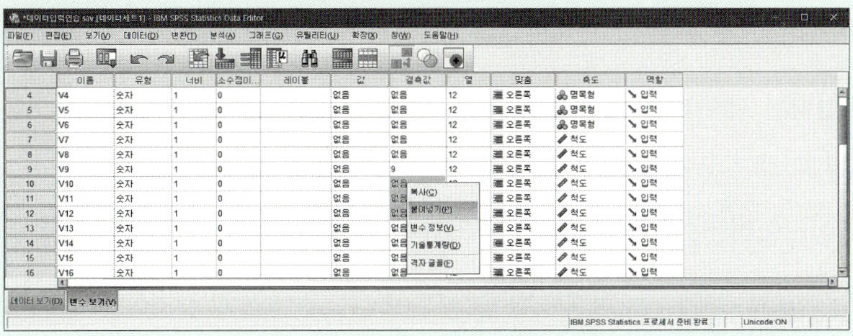

〈그림 5〉 여러 변수 결측값 붙여넣기

5. 입력오류 수정

데이터코딩 및 입력 그리고 변수 정의가 완료되면 본격적인 통계분석을 하기에 앞서 잘못 입력된 자료를 찾아서 바로잡는 작업을 한다. 예를 들어 다음과 같이 성별을 빈도분석하였는데 남자 14명, 여자 15명 그리고 3이라는 숫자로 입력된 사람이 한 사람 분석되었다. 이러한 경우 잘못 입력된 3을 찾아서 실제 값으로 수정해 주어야 한다. 실제 변수값은 1이나 2일 수도 있고, 무응답을 3으로 입력했을 수도 있다. 이와 같은 경우 실제 값으로 수정하거나 무응답일 경우에는 결측값으로 처리해 주어야 한다.

성별

		빈도	퍼센트	유효 퍼센트	누적 퍼센트
유효	1	14	46.7	46.7	46.7
	2	15	50.0	50.0	96.7
	3	1	3.3	3.3	100.0
	전체	30	100.0	100.0	

1) 빈도분석을 통한 입력오류 찾기

분석(A) ▶ 기술통계량(E) ▶ 빈도분석(F)

잘못 입력된 데이터를 찾기 위해서는 먼저 빈도분석을 실행한다. 빈도분석의 결과를 코드북과 대조하면서 잘못 입력된 데이터를 찾으면 된다.

① '데이터입력연습.sav' 파일을 불러와서 연습해 보자. 이 파일은 앞서 데이터 입력 연습할 때의 그 데이터이다.

② Data Editor 창에 불러올 파일이 열리면 분석(A) – 기술통계량(E) – 빈도분석(F)에

서 빈도분석을 실행한다. 데이터 입력오류를 확인하기 위한 빈도분석이기 때문에 사례번호를 제외한 전체 변수를 대상으로 빈도분석을 해야 한다.

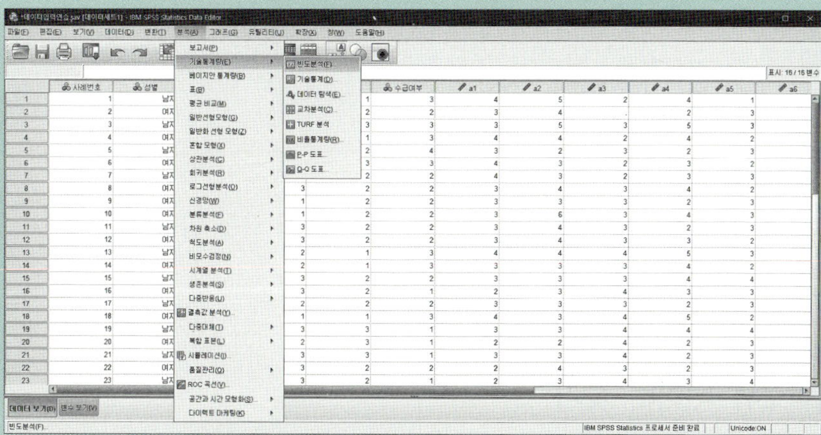

그림 4-23 분석(A)-기술통계량(E)-빈도분석(F)

③ 빈도분석의 창이 열리면 왼쪽 변수목록창에 있는 변수 중에서 분석할 변수들을 마우스로 선택한 후 버튼을 눌러 오른쪽 변수(V): 박스로 이동시키고, 확인 을 누르면 된다.

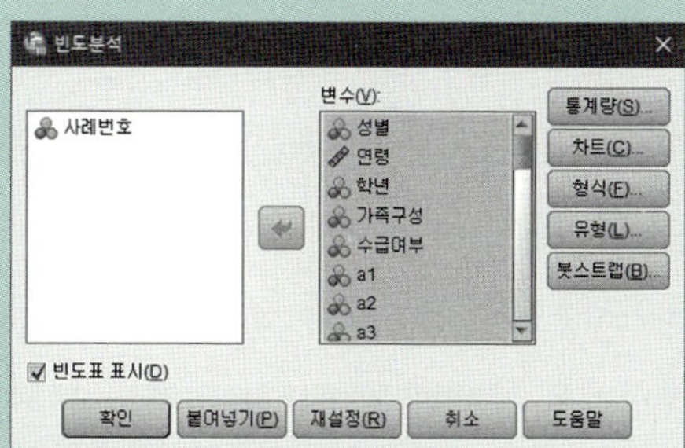

그림 4-24 빈도분석 대화상자

TIP 분석 대상변수의 이동

SPSS에서 분석할 대상변수를 선택하여 분석 창으로 이동시키는 방법은 여러 가지가 있다. 우선 변수를 마우스로 한 번 클릭하고 이때 활성화되는 [→]버튼을 이용하여 오른쪽 분석 창으로 이동시키는 방법이 있고, 빈도분석과 같이 오른쪽 분석 창이 하나로 정해져 있을 경우에는 왼쪽 창의 분석 대상변수를 마우스 더블클릭해도 오른쪽으로 이동된다. 물론 고급분석에서처럼 오른쪽 분석 창이 여러 개로 열릴 때에는 이 방법을 사용할 수 없다.

④ 빈도분석 결과를 설문지 코드북과 비교해 가면서 잘못 입력된 데이터가 있는지 없는지 살펴보아야 한다.

2) 입력오류 데이터 찾기

편집(E) ▶ 찾기(F) 또는 도구모음에서 [찾기 아이콘]

① 앞의 성별 빈도분석 결과에서 보는 바와 같이 성별은 1과 2의 값 혹은 남자, 여자 이외에 다른 문자나 숫자가 나와서는 안 된다. 그런데 빈도분석한 결과 3이라는 숫자가 나타났다. 코드북을 보면 성별에서 3이라는 숫자는 코딩되어서는 안 된다. 즉, 입력이 잘못되었다는 의미이다.

② 전체 변수를 한꺼번에 빈도분석했기 때문에 실제 분석에서는 여러 변수에서 잘못 입력된 값이 존재할 수 있다. 이때에는 별도의 표를 만들어서 하나하나 적어 둔 다음에 Data Editor 창으로 이동하여 실제 설문지 값과 대조하면서 수정하는 것이 좋다. 물론 Data Editor 창과 결과를 보여주는 뷰어 창을 동시에 번갈아 가면서 수정해도 무방하다.

③ 이번에는 Data Editor로 이동하여 잘못 입력된 변수값을 찾는 방법을 알아보자. 예제 데이터처럼 사례수가 그리 많지 않을 경우에는 자세히 살펴보면 바로 찾고자 하는 숫자를 찾을 수 있다. 그러나 사례수가 많아서 변수값을 확인하기 위해

서 및 페이지를 살펴봐야 할 경우에는 찾기기능을 활용하면 된다.

찾기 메뉴를 이용하여 잘못 입력된 값을 고치는 방법에 대해서 알아보자.

① 앞의 분석에서 성별변수의 잘못 입력된 값을 찾아보자. '데이터입력연습.sav' 파일이 열려 있는 Data Editor(데이터 보기(D) 창)에서 성별이라는 변수를 마우스로 한 번 클릭하거나 변수 바로 아래 첫 번째 사례값을 마우스로 눌러서 선택한 다음에 메뉴의 편집(E)–찾기(F)로 이동하거나 도구모음에서 를 누르면 찾기 및 바꾸기 대화창이 나타난다.

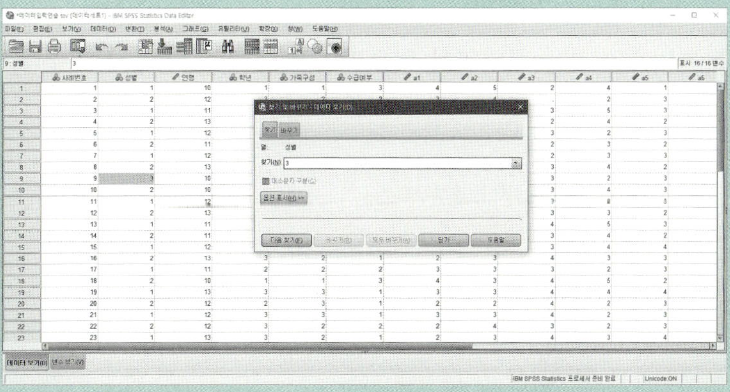

그림 4-25 **입력오류 찾기**

② 찾기 및 바꾸기 대화창(변수에서 데이터 찾기)이 나타나면 찾기(N): 에 찾고자 하는 변수값, 즉 잘못 입력된 값(예: 3)을 입력한다. 그리고 를 클릭하면 Data Editor 대화상자에서 찾고자 하는 값을 자동으로 찾아준다. 성별에서 3의 값을 찾기 하면 9번째 사례번호의 설문지에서 잘못 입력되었다고 나타내 준다. 같은 방법으로 찾고자 하는 다른 변수의 값들도 계속해서 찾을 수 있다.

③ 찾고자 하는 변수값이 두 개 이상 존재할 경우에는 다음 찾기(F) 를 누르면 번갈아 가면서 그 값이 입력되어 있는 경우를 보여주게 된다. 찾을 값이 하나인 경우 혹은 전혀 없을 경우에는 다음과 같은 창을 보여준다.

그림 4-26 **데이터 찾기 - 없음**

④ 잘못 입력된 값을 찾았으면 실제 값과 비교하여 데이터를 수정한다. 바꾸기 탭을 클릭한 후, 찾기(N):에 찾고자 하는 변수값을 체크하고 바꿀 문자열(P)에 바꾸고자 하는 숫자를 입력한다. 바꾸기(R)를 클릭하면 수정된다. 바꾸기가 완료된 후, 더 이상 찾을 문자열이 없으면 다음과 같은 창을 보여준다.

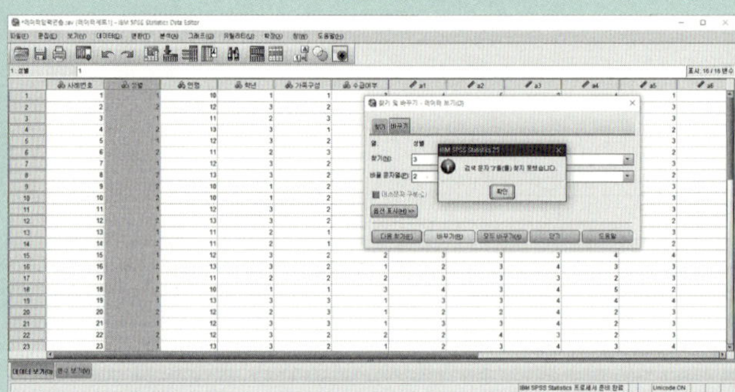

그림 4-27 **데이터 찾기 및 바꾸기**

⑤ 데이터 입력오류를 모두 수정했으면 파일(F) – 저장(S)를 클릭하여 저장하는 것을 잊지 말아야 한다. 수정된 파일을 다른 이름으로 저장하고자 할 때에는 파일(F) – 다른 이름으로 저장(A)을 클릭하여 저장한다. 특히 데이터 파일은 수정되거나 변경될 때마다 수정된 날짜와 시간을 포함하는 다른 이름으로 저장해 두는 것이 좋다. 예를 들어 '데이터_01011900.sav'와 같이 저장하여 1월 1일 오후 7시에 수정된 파일임을 알 수 있게 한다.

chapter 05

데이터의 편집 및 변환

chapter 05

데이터의 편집 및 변환

1. 케이스 선택

대부분의 연구 상황에서는 모든 케이스를 대상으로 분석을 실행하지만 일부 케이스들만을 선택하여 분석하는 경우도 있다. 예를 들어 응답자 중에서 여자들만 선택하여 분석한다든지 조사된 사람들 중에서 일부(예를 들어 50%)만을 표집하여 분석하는 경우 등이다. 또한 실험설계에서 실험집단이나 통제집단만을 대상으로 사전검사와 사후검사를 비교분석하는 경우에도 케이스 선택 절차를 활용한다.

1) 케이스 선택 실행

데이터(D) ▶ 케이스 선택(S) 또는 도구모음에서

① '데이터입력연습.sav' 파일을 열어서 데이터(D) - 케이스 선택(S) 메뉴를 실행한다.

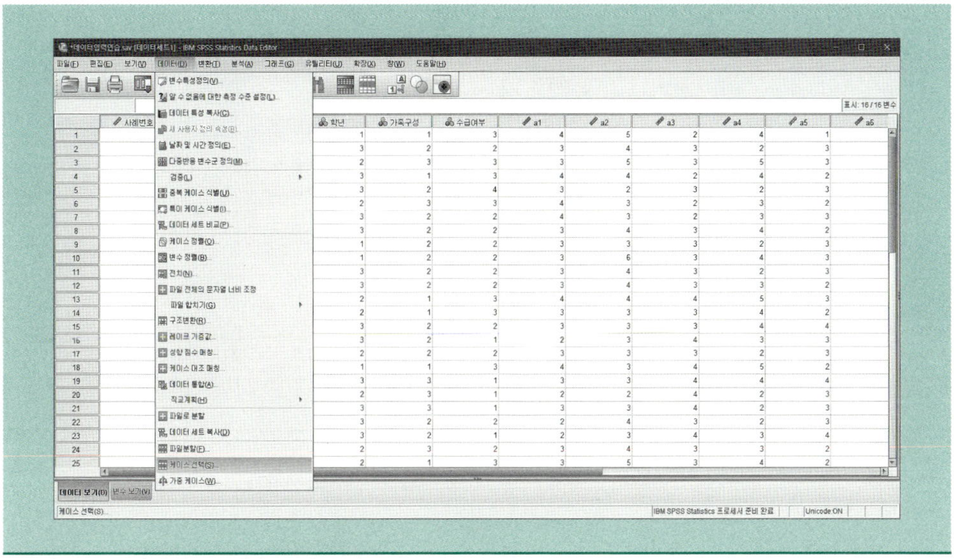

그림 5-1 데이터(D)-케이스 선택(S)

② 케이스 선택(S) 대화상자가 열리면 기본값으로 설정된 ◉ 모든 케이스(A) 대신에 ◉ 조건을 만족하는 케이스(C) 를 선택하고 조건(I)... 을 클릭한다.

③ 케이스 선택 조건문을 만든다. 성별이 남자인 케이스만 선택해서 분석하고자 할 경우 왼쪽에 있는 변수에서 '성별'을 선택하고 ➡을 클릭하여 오른쪽으로 이동한 후 성별=1이라는 조건식을 만든 다음 계속(C)을 누른다.

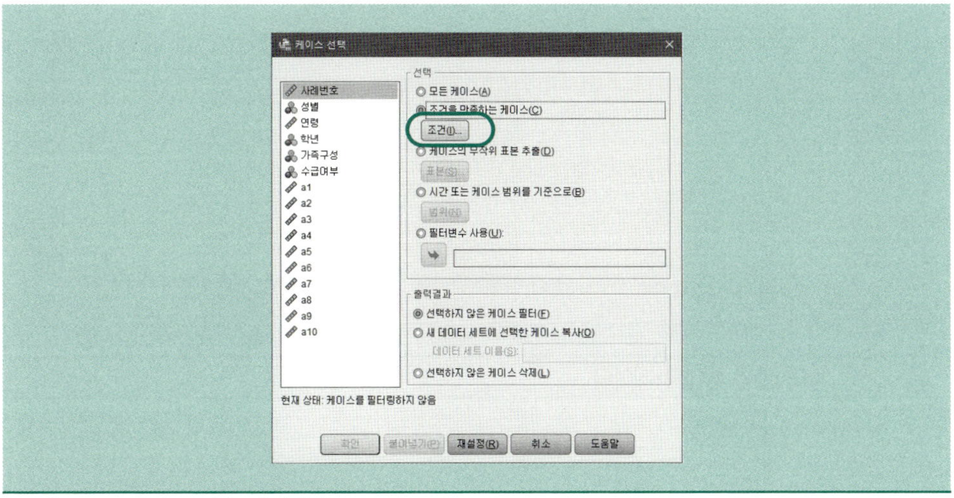

그림 5-2 케이스 선택 대화상자

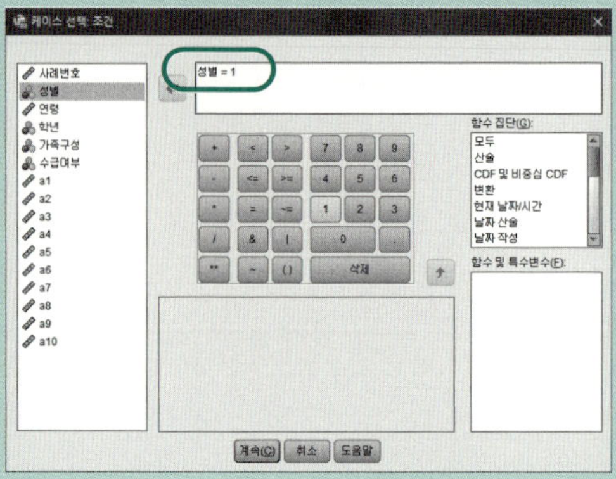

그림 5-3 케이스 선택 조건문

④ [확인]을 클릭하면 Data Editor 화면에 선택되지 않은 케이스 번호는 사선으로 나타나며 변수명 오른쪽 끝에 'filter_$'라는 임시변수가 새로 만들어지면서 상태 표시줄 오른쪽 아래에 필터 설정 상태로 변하게 된다. 이후부터의 모든 분석은 성별이 남자인 케이스만 분석 대상이 된다.

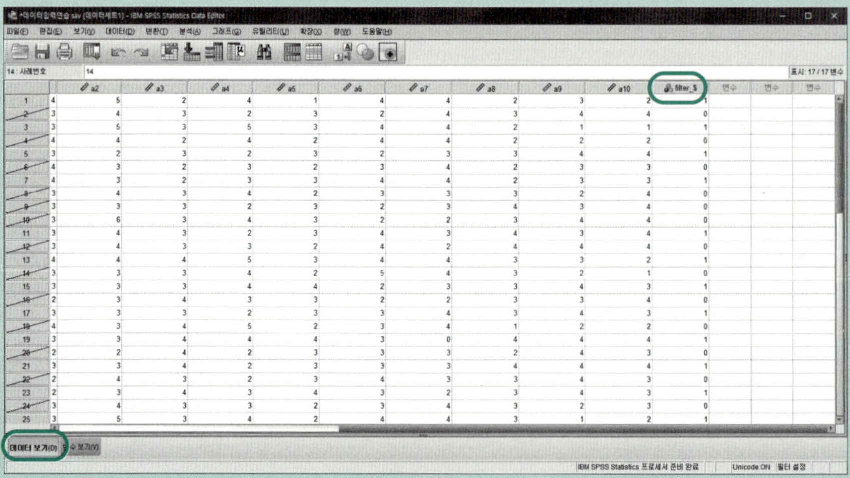

그림 5-4 필터 설정 상태의 데이터

⑤ 이 상태에서 빈도분석을 실시해 보자. 즉, 남자 케이스를 대상으로 '가족구성' 변수를 빈도분석해 본 결과 다음과 같이 나타난다.

가족구성

		빈도	퍼센트	유효 퍼센트	누적 퍼센트
유효	1	3	21.4	21.4	21.4
	2	8	57.1	57.1	78.6
	3	3	21.4	21.4	100.0
	전체	14	100.0	100.0	

⑥ 케이스 선택에서 조건문을 만들 때 각종 연산자와 함수: 기능을 이용할 수 있는 대화창이 함께 제시된다.

⑦ 조건(I)... 에서 사용하는 연산자의 의미는 다음과 같다.

<table>
<tr><td rowspan="3">논리연산자</td><td>&</td><td>AND</td><td rowspan="8">관계연산자</td><td>=</td><td>같다</td></tr>
<tr><td>I</td><td>OR</td><td>~=</td><td>같지 않다</td></tr>
<tr><td>~</td><td>NOT</td><td><</td><td>작다</td></tr>
<tr><td rowspan="5">산술연산자</td><td>+</td><td>덧셈</td><td>></td><td>크다</td></tr>
<tr><td>−</td><td>뺄셈</td><td><=</td><td>작거나 같다</td></tr>
<tr><td>*</td><td>곱셈</td><td>>=</td><td>크거나 같다</td></tr>
<tr><td>/</td><td>나눗셈</td><td></td><td></td></tr>
<tr><td>**</td><td>제곱</td><td></td><td></td></tr>
</table>

⑧ 두 가지 이상의 조건을 만들 경우에는 연산기능을 조합하여 작성할 수도 있다.

<table>
<tr><td>남자이면서 연령이 16세 이상인 경우</td><td>성별=1 & 연령>=16</td></tr>
<tr><td>연령이 16세 이상과 12세 이하인 경우</td><td>연령>=16 I 연령<=12</td></tr>
</table>

TIP 케이스 선택 시 케이스의 무작위 표본추출법

① 케이스 선택 대화창을 연 후 ◉케이스의 무작위 표본 추출(D) 을 선택한다.

② 표본(S)... 을 클릭하여 표본추출 대화창을 연 후 ◉대략(A) 을 선택하고 필요한 수(예: 50%)를 입력한다. 계속(C) 과 확인 을 클릭한다.

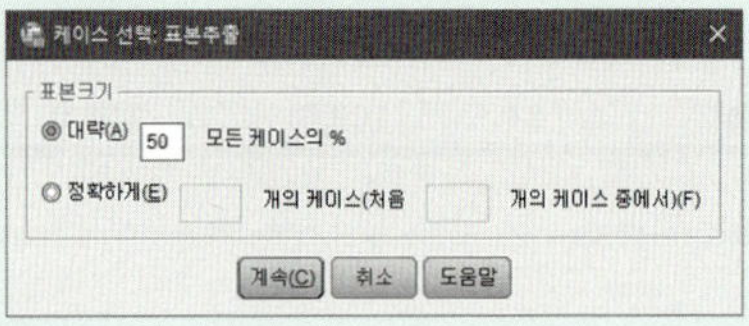

③ 전체 케이스 중에서 무작위로 50%가 선택되며, 선택되지 않은 케이스는 케이스 번호에 사선으로 표시가 된다.

2) 케이스 선택의 해제

특정 조건의 케이스를 선택하여 통계분석을 모두 마쳤으면 다시 Data Editor 창 메뉴의 데이터(D) – 케이스 선택(S)으로 이동하여 케이스 선택 창이 열리면 ◉모든 케이스(A) 를 선택하여 전체 케이스로 되돌린다.

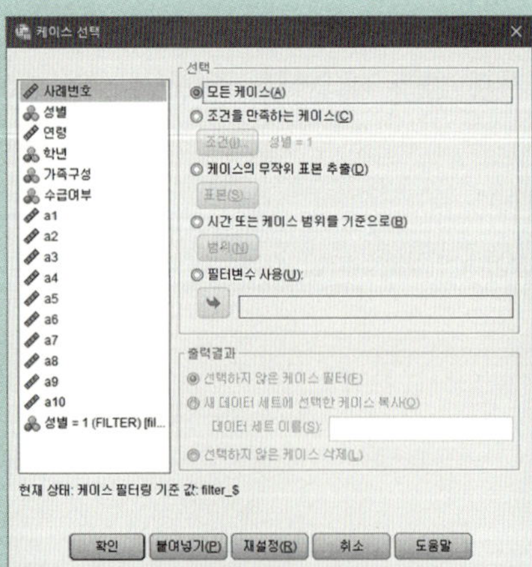

그림 5-5 케이스 선택 되돌리기

2. 파일 합치기

여러 사람이 나누어서 코딩을 한 경우나 과거의 파일과 현재의 데이터 파일을 하나로 합쳐야 할 경우가 있다. 파일 합치기(merge files)는 두 가지가 있다. 케이스 추가(C)는 동일한 변수로 입력된 다른 케이스들을 추가하여 합치는 것이며, 변수 추가(V)는 다른 변수로 입력된 동일한 케이스의 변수를 추가하는 것을 말한다.

1) 케이스 추가

케이스 추가는 동일한 설문지를 여러 사람이 나누어 입력하여 얻은 파일을 합치는 경우를 말한다. 이때 두 파일의 각 변수명이 일치해야 합치기가 가능하다.

데이터(D) ▶ 파일 합치기(G) ▶ 케이스 추가(C)...

① 사례를 추가할 파일 '자아존중감_1.sav'를 불러온 후 메뉴의 데이터(D) - 파일 합치기(G) - 케이스 추가(C)를 실행한다.

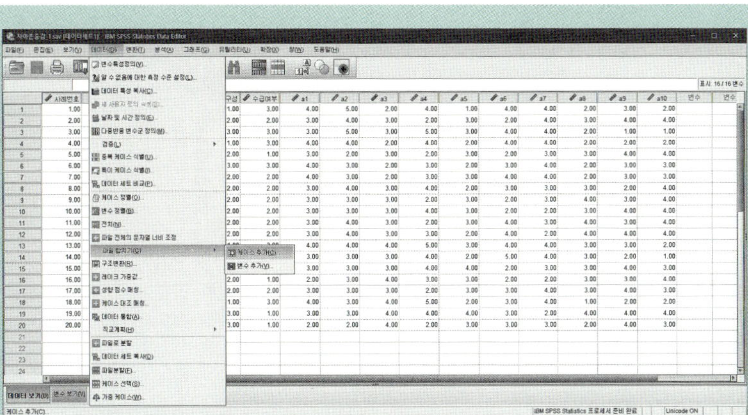

그림 5-6 데이터(D)-파일 합치기(G)-케이스 추가(C)

② 케이스 추가(C) 대화창이 열리면 [찾아보기(B)...]를 클릭하여 추가할 파일 '자아존중감_2.sav'를 선택하고 [계속(C)]을 클릭한다.

③ 두 파일의 변수 이름이 같은지 다른지를 자동으로 비교해서 동일한 이름의 변수는 대화창의 오른쪽 새 활성 데이터 파일의 변수(V):로 이동된다. 만일 변수 이름이 다른 변수가 있을 경우에는 대응되지 않은 변수(U): 창 아래에 변수들의 이름이 나타나게 된다. 따라서 파일 합치기를 하기 전에 각각의 파일에 지정되어 있는 변수 이름이 동일한지를 먼저 확인해 봐야 한다.

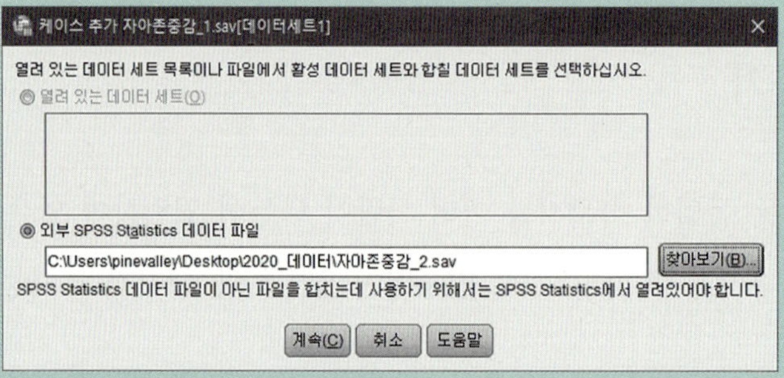

그림 5-7 케이스 추가 대화상자

④ 모든 변수가 오른쪽 새 활성 데이터 파일의 변수(V): 영역으로 이동하게 되면 [확인]을 클릭하여 종료한다. Data Editor 창에 새로운 케이스가 삽입되어 있는 것을 확인할 수 있다.

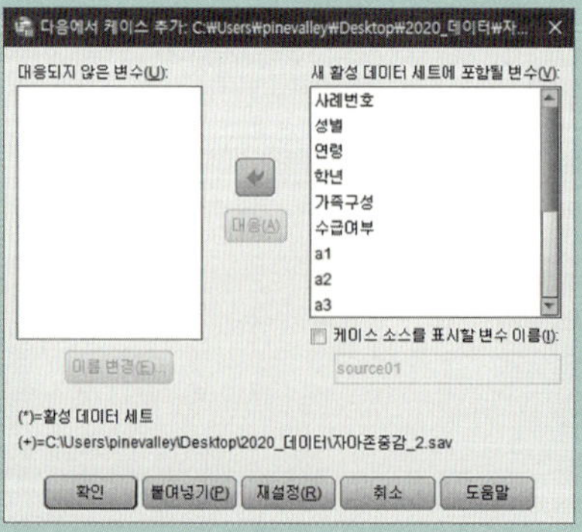

그림 5-8 다음에서 케이스 추가

⑤ 변수명이 다른 파일의 경우에도 파일 합치기를 하게 되면 새로운 변수가 생성되고 대응되지 않은 변수값의 케이스에는 결측값으로 나타나게 된다.

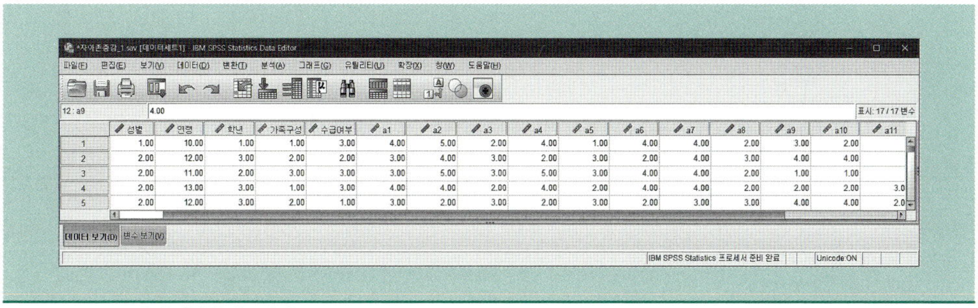

그림 5-9 파일 합치기 결과

2) 변수 추가

변수 추가는 동일한 사례에 대해서 서로 다른 변수로 입력된 두 데이터를 합치는 절차이다. 변수 추가의 기능은 실험설계에서 사전검사를 실시한 후에 일정한 시간이 지난 후 사후검사를 실시할 때 많이 사용된다. 즉, 같은 대상자에게 일정한 시간간격을 두고 얻은 데이터를 합치는 경우가 좋은 예이다.

데이터(D) ▶ 파일 합치기(G) ▶ 변수 추가(V)...

① 사회복지 개입 프로그램의 효과를 검증하기 위해서 사전검사를 실시한 후 프로그램이 종결된 후 사후검사를 실시하게 된다. 다음은 '자아존중감_사전검사.sav' 파일과 '자아존중감_사후검사.sav'를 하나의 파일로 합치는 예이다. 변수 추가에서는 추가될 변수의 사례수가 기존 변수의 사례수와 동일한 경우에 원칙적으로 가능하다. 먼저 추가될 변수 파일 '자아존중감_사전검사.sav'를 불러온 다음 Data Editor 창의 메뉴에서 데이터(D) - 파일 합치기(G) - 변수 추가(V):를 실행한다.

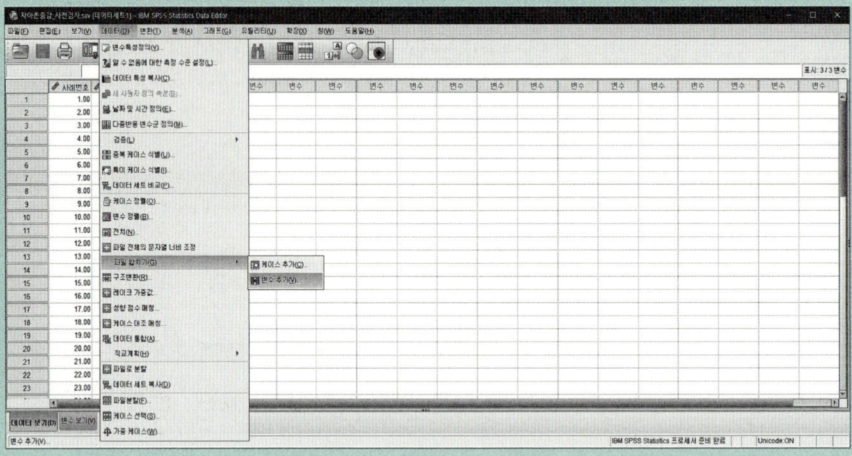

그림 5-10 파일 합치기(G)-변수 추가(V)

② 추가할 변수가 저장되어 있는 파일을 선택하라는 파일 읽기 대화창이 나타난다. 변수 추가 대화창이 열리면 찾아보기(B)... 를 클릭하여 추가할 파일 '자아존중감_사후검사.sav'를 선택하고 계속(C) 을 클릭한다.

③ 변수 추가 위치 대화상자의 변수 탭에서 제외된 변수와 활성화된 데이터를 볼 수 있다. 사례번호라는 기준변수가 양쪽 파일에 있고 이 기준변수에 맞추어 케이스를 연결한 것이므로 기준변수(K): 에는 사례번호(+)가 선택되어 있고 포함된 변수(I): 에는 집단구분(*), 사전자존감(*), 사후자존감(+)이 선택되어 있다.

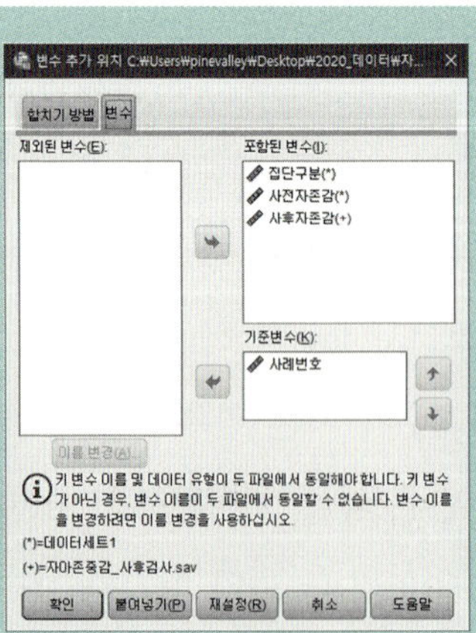

그림 5-11 변수 추가 위치 대화상자

④ 포함된 변수(I):에 (*)가 붙은 것은 현재 데이터 파일('자아존중감_사전검사.sav')에 있는 변수들이고, (+)가 붙어 있는 변수는 새로 불러온 데이터 파일('자아존중감_사후검사.sav')에 있는 변수를 의미한다. 추가할 변수인 사후자존감(+)이 포함된 변수(I): 목록에 있는지 확인한다. 이외에도 양쪽 파일에 모두 있는 변수는 제외된 변수(E):에 남아 있게 된다. 확인을 클릭하면 변수가 추가된다.

⑤ 변수 추가 작업이 완료되면 다음과 같이 새로운 변수가 기존변수에 추가된다.

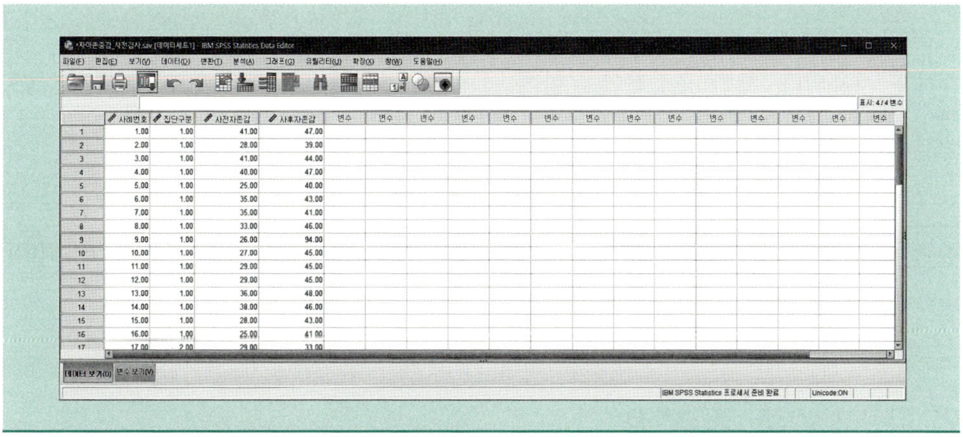

그림 5-12 **변수 추가 완료된 Data Editor 창**

3. 코딩변경

1) 의미

코딩변경(recode)이란 변수값을 변경시키는 것을 말하며, 원래의 데이터 값을 다른 값으로 변환시키거나 몇 개의 변수값을 다른 범주의 값으로 묶을 때 사용한다. 코딩변경이 필요한 경우는 크게 두 가지로 구분하여 살펴볼 수 있다.

첫째, 변수값을 적절한 수의 다른 범주로 묶어줄 때 사용된다. 연령과 같이 등간변수 이상으로 측정된 변수를 '10대, 20대, 30대, ……' 또는 '30대 이상과 30대 미만'과 같은 범주로 구분하고자 할 때 사용된다. 등간변수처럼 연속형 변수들은 이렇게 범주로 묶어주어야만 빈도표를 작성하거나 교차분석이 가능해진다. 이 경우에는 원래의 변수값을 그대로 유지한 채 새로운 변수로 만드는 것이 원칙이다. 또한 범주형 변수의 경우 하나의 변수값의 사례수가 지나치게 작을 때 다른 변수값과 묶는 경우에도 코딩변경이 사용된다.

둘째, 척도를 구성하는 여러 문항 중에서 역점수로 코딩된 점수를 반대로 환원할 때에도 사용된다. 특히 긍정적인 문항에 '① 매우 그렇다, ② 그렇다, ③ 그저 그렇다, ④ 그렇지 않다, ⑤ 전혀 그렇지 않다'로 배치되어 있을 경우에 변수값이 증가할수록 긍정적인 의미를 갖도록 하기 위해서는 원래 응답한 변수값을 반대로 바꿀 필요가 생긴다. 이때에는 코딩오류를 줄이기 위해서 일단 설문 문항대로 코딩한 후에 코딩변경 절차를 통하여 반대로 되돌리면 된다.

2) 같은 변수로 코딩변경

코딩변경 방법에는 두 가지가 있다. 기존 변수값을 그대로 덮어쓰는 방법으로 같은 변수로 코딩변경(S)이 있고, 기존의 변수를 그대로 두고 추가로 새로운 변수를 만들어 변수값을 변경시키는 다른 변수로 코딩변경(R)이 있다. 가능하면 다른 변수로 코딩변경(R) 방법을 사용하는 것이 가장 안전하다.

변환(T) ▶ 같은 변수로 코딩변경(S) ...

① 같은 변수로 코딩변경(S)을 선택할 경우 기존의 변수값에 덮어써서 기존값이 사라지게 된다. 자아존중감에 관한 질문 'a1 ~ a10'은 긍정적인 문항과 부정적인 문항이 각각 포함되어 있으며, 자아존중감이 높은 응답자가 응답점수가 높아지

도록 만들기 위해서 부정적인 문항(as3, a5, a8, a9, a10)의 값을 1→5, 2→4, 3→3, 4→2, 5→1로 각각 변경해 보자.

② '자아존중감연구.sav'를 불러온다.

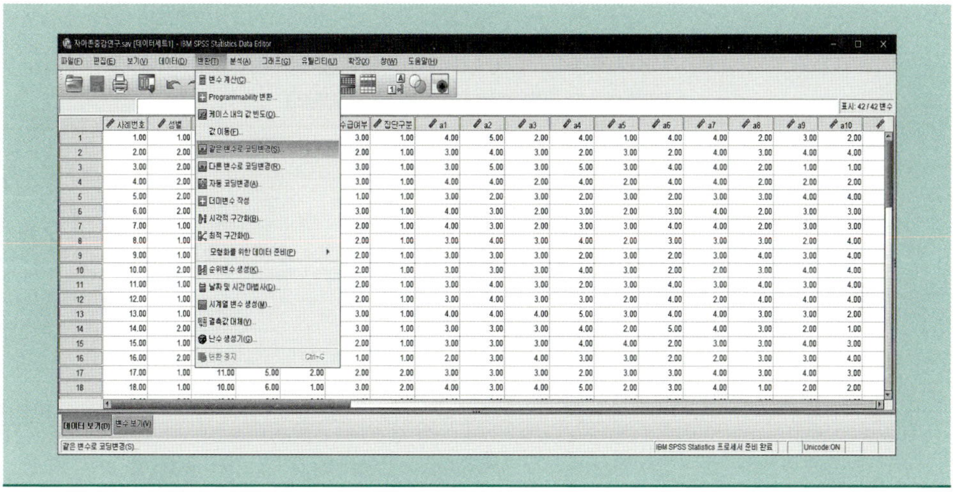

그림 5-13 **변환(T)-같은 변수로 코딩변경(S)**

③ 코딩변경하여 역점수로 바꿀 변수를 선택한 후 대화창의 오른쪽 칸으로 이동시킨 후 기존값 및 새로운 값(O)... 을 클릭한다. 예제 데이터의 경우 여러 변수를 대상으로 동일한 방식으로 실행하고자 할 때에는 한꺼번에 이동한다.

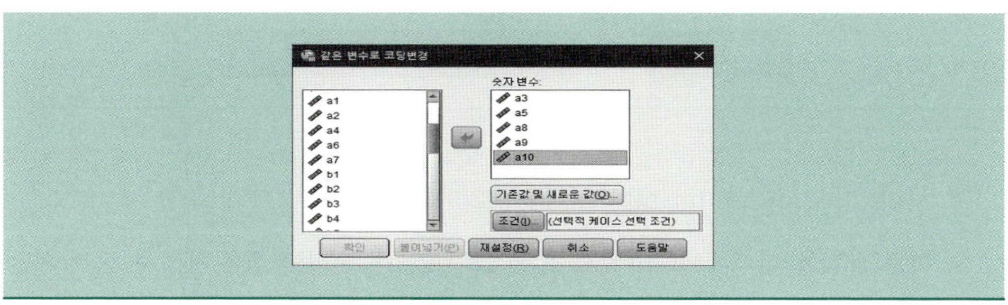

그림 5-14 **같은 변수로 코딩변경 대화상자**

④ 기존값과 새로운 값에 각각 변경하고자 하는 값들을 입력한 후 추가(A) 를 누르면 오른쪽 기존값 --> 새로운 값(D): 창에 차례로 입력된다.

⑤ 입력된 값을 삭제하려면 입력된 값을 마우스로 한 번 클릭하여 활성화되면 제거(M) 버튼을 클릭하면 된다. 값을 수정하기 위해서는 입력된 값을 마우스로 클릭한 후 기존값 혹은 새로운 값 공간의 값을 수정한 후 변경(C)을 클릭하면 수정된다.

⑥ 변경하고자 하는 모든 값들을 입력한 다음 계속(C)을 클릭한다.

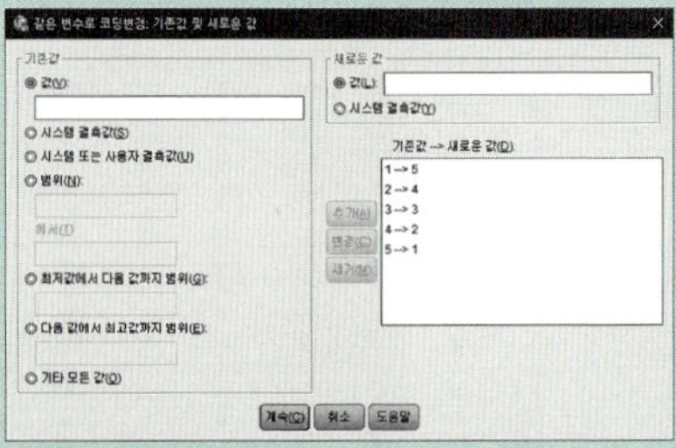

그림 5-15 **같은 변수로 코딩변경: 기존값 및 새로운 값**

⑦ 확인 을 클릭하면 Data Editor 창의 해당 변수값들이 모두 변경된다. 같은 변수로 변경했기 때문에 새로운 변수는 생성되지 않고 기존의 변수값에 새로운 값이 덮어쓰게 된다.

3) 다른 변수로 코딩변경

변환(T) ▶ 다른 변수로 코딩변경(R)...

① 이번에는 같은 데이터 파일 '자아존중감연구.sav'에서 다른 변수로 코딩변경(R) 하는 방법을 실행해 보자. 앞서 같은 변수로 코딩변경할 경우 새로운 값이 기존 값을 덮어쓰기 때문에 데이터만 봐서는 코딩변경했는지 아니면 코딩변경 전의 데이터인지 쉽게 구분이 되지 않는다. 물론 꼼꼼하게 데이터 파일의 변경내역을 적어두거나 코딩변경했음을 나타내는 변수명으로 수정해 두면 별 문제는 없지만 번거롭기는 마찬가지이다. 이와 같이 역점수 문항을 코딩변경할 경우에도 다

른 변수로 코딩변경을 해두면 쉽게 구분할 수 있어서 이후의 또 다른 절차를 수행할 때 혼란을 겪지 않아도 된다.

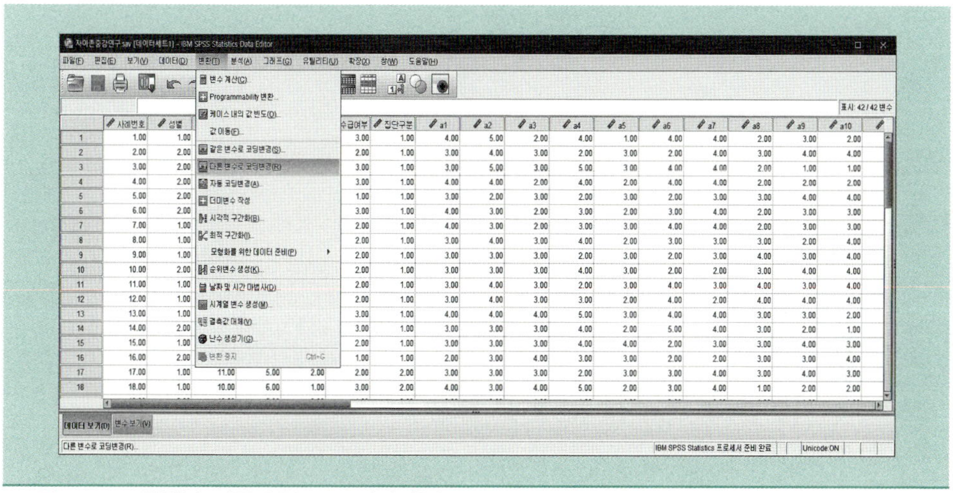

그림 5-16 **변환(T)-다른 변수로 코딩변경(R)**

② Data Editor 창의 메뉴에서 변환(T)－다른 변수로 코딩변경(R)을 차례로 클릭하면 다음과 같은 대화창이 열린다. 변수목록에서 새로 코딩하고자 하는 변수(a3)를 선택하여 **숫자변수 -> 출력변수**로 이동시킨다. 출력변수 **이름(N):**에 변경하고자 하는 새로운 변수명(예: a3_1)을 입력한다. 이때는 가능하면 기존의 변수명과 유사한 변수명으로 입력해 두는 것이 좋다. 같은 방법으로 'a5, a8, a9, a10'을 입력한 후 **변경(C)**을 클릭하면 다음과 같이 입력된다.

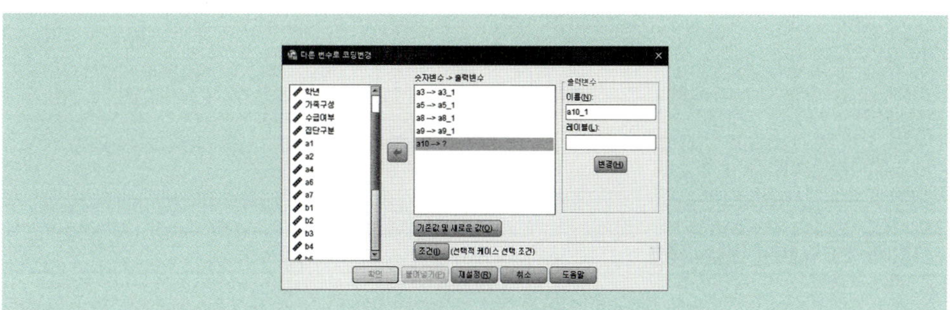

그림 5-17 **다른 변수로 코딩변경 대화상자**

③ 그리고 [기존값 및 새로운 값(O)...]을 클릭한다. 다른 변수로 코딩변경: 기존값 및 새로운 값 대화창이 열리면 기존값과 새로운 값을 입력할 수 있다.

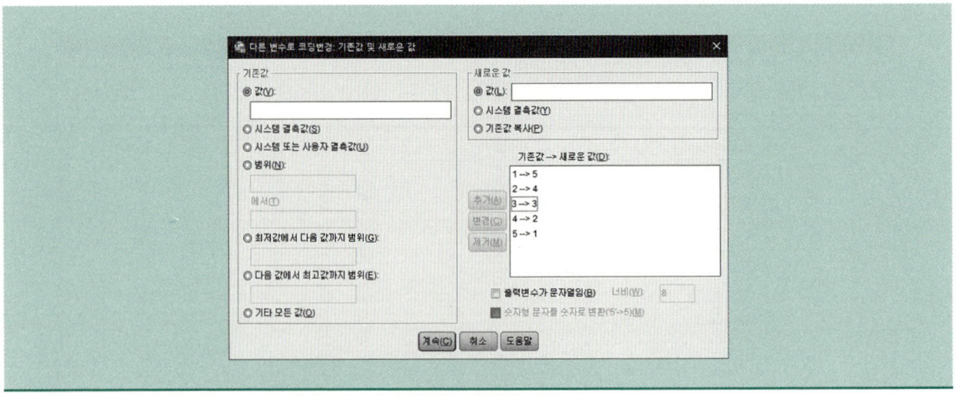

그림 5-18 다른 변수로 코딩변경: 기존값 및 새로운 값

④ 변경하고자 하는 값을 모두 지정하고 나서 [계속(C)]과 [확인]을 클릭하면 다음과 같이 새로운 변수들이 생성된다.

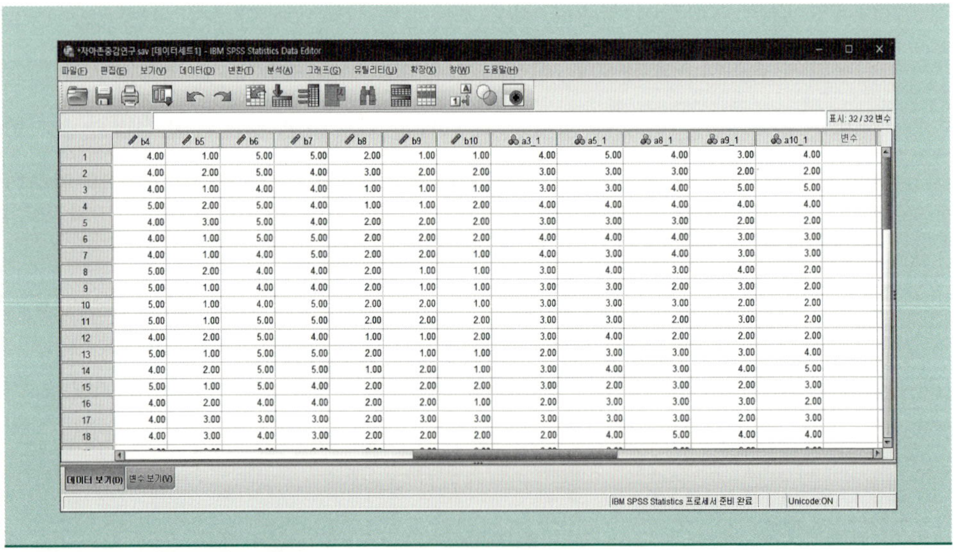

그림 5-19 새로운 변수 생성

4) 기존값과 새로운 값의 설정방법

코딩변경에서 기존값과 새로운 값을 설정해 주는 방법은 다양하다. 물론 각 값의 속성에 따라서 적절하게 사용하면 된다. 앞에서 본 바와 같이 코딩변경의 기존값과 새로운 값 지정방법을 정리해 본다.

(1) 기존값(Old Value)

■ 값(V): [ ]

기존변수의 값을 하나씩 입력한다.

■ 시스템 결측값(S)

입력된 자료가 없거나 점(.)으로 입력된 값이다.

■ 시스템 또는 사용자 결측값(U)

시스템 결측값과 사용자가 무응답을 결측값으로 지정한 변수의 값이 포함된다.

■ 범위(N): [ ] 에서 (T) [ ]

변수값의 범위를 지정한다. 예를 들어 5에서 8까지를 지정하고자 할 때 [5]에서 (T) [8]이라고 지정한다.

■ 최저값에서 다음 값까지 범위(G): [ ]

최소값부터 지정한 값까지 모두 포함한다. 예를 들어 9 이하인 경우 최저값에서 다음값까지 범위(G) : [9] 라고 입력한다. 이때 주의할 점은 무응답을 0으로 코딩한 경우 0의 값도 포함되기 때문에 시스템 또는 사용자 결측값(U)을 지정하고 새로운 값에도 시스템-결측값(Y)을 지정한다.

■ 다음 값에서 최고값까지 범위(E): [ ]

지정한 값에서 최대값까지 모두를 지정한다. 5 이상을 모두 포함하고 싶다면 다음 값에서 최고값까지 범위(E): [5] 라고 지정한다. 이때 사용자 결측값 9가 있을 경우에는 역시 시스템 또는 사용자 결측값(U)을 지정하고 새로운 값에도 시스템 결측값(Y)을 지정한다.

■ 기타 모든 값(O)

앞에서 지정한 값 이외의 모든 값을 지정한다.

(2) 새로운 값(New Value)

■ **값(L):** [ ]

기존값에서 지정해 준 변수값이 바뀔 때 새로운 변수값을 지정해 준다. 하나의 변수값만 입력할 수 있다.

■ **시스템 결측값(Y)**

기존값의 값(V)에서 지정해 준 변수값을 무응답으로 처리하여 결측값으로 지정해 준다.

■ **기존값 복사(P)**

기존값에서 지정한 변수값을 그대로 사용한다.

■ **출력변수가 문자열임(B) – 너비(W):** [ ]

출력되는 새로운 값이 숫자가 아닌 문자열일 경우에 선택하며, 자릿수를 지정해 주면 된다. 예를 들어 20세에서 29세까지를 '20대'라고 지정하고 싶을 때 사용할 수 있다.

몇 가지 방법으로 기존값과 새로운 값을 지정하는 방법을 예로 들면 다음과 같다.

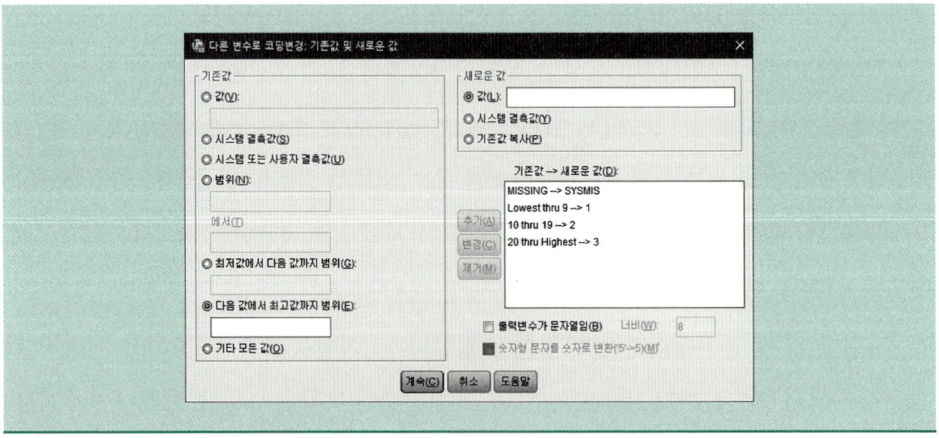

그림 5-20 다른 변수로 코딩변경

설명 :
- 시스템 또는 사용자 결측값(U) → 시스템-결측값(Y)
- 9세 이하 → 1
- 10세에서 19세까지 → 2
- 20세 이상 → 3

5) 조건문을 통한 코딩변경

코딩변경은 조건문을 통하여 케이스를 선택하여 새로운 변수를 만들 수도 있다. 다음의 예를 보자.

- 4학년이면서 남학생인 경우 자아존중감 점수가 40점 이상이면 자아존중감 수준 변수에 '높음(3)', 30점 이상 40점 미만이면 '보통(2)', 30점 미만이면 '낮음(1)'
- 4학년이면서 여학생인 경우 자아존중감 점수가 42점 이상이면 자아존중감 수준 변수에 '높음(3)', 35점 이상 42점 미만이면 '보통(2)', 35점 미만이면 '낮음(1)'

① '자아존중감연구.sav' 파일을 불러온다. 메뉴의 변환(T)-다른 변수로 코딩변경(R)을 차례로 선택하여 코딩변경 대화창을 연다. 왼쪽 변수목록창에서 '사전자존감' 변수를 선택하여 [입력변수 -> 출력변수] 로 이동시킨다. 출력변수 [이름(N):] 에 '자아존중감수준'이라고 입력한 후 [변경(H)]을 클릭한다. [조건(I)...]을 클릭하여 [◉다음 조건을 만족하는 케이스 포함(I):]을 선택하고 빈 공간에 학년=4 & 성별=1이라고 입력한 후 [계속(C)]을 클릭한다.

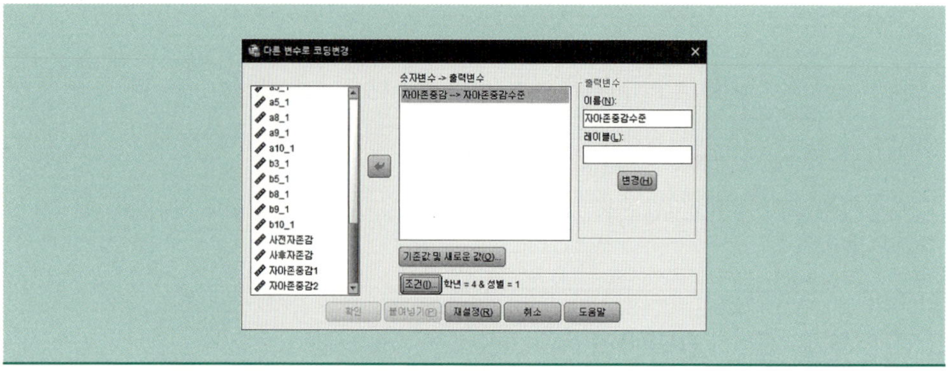

그림 5-21 조건문을 사용한 다른 변수로 코딩변경

② 기존값 및 새로운 값(O)... 을 클릭하여 다음과 같이 입력한다.

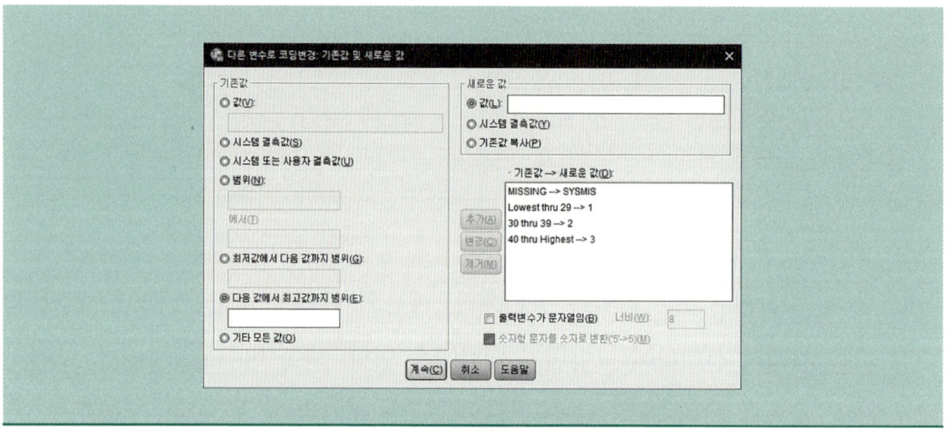

그림 5-22 조건문을 사용한 다른 변수로 코딩변경: 기존값 및 새로운 값

③ 계속(C) 을 클릭하여 코딩변경 대화창을 완료한다. 이어서 확인 을 클릭하면 코딩변경이 반영된다. 두 번째 여학생인 경우엔 ◉ 다음 조건을 만족하는 케이스 포함(I): 에서 학년=4 & 성별=2라고 입력하면 되며 나머지 과정은 위와 같다.

4. 변수 계산

1) 의 미

변수 계산은 의미 그대로 변수를 계산(compute)해 주는 것이다. 즉, 측정된 변수값으로 여러 가지 계산을 하여 새로운 변수를 만들고자 할 때 사용된다. 예를 들어 키와 체중을 이용하여 비만도 측정 계산을 통해 비만도를 측정한다든지, 생년월일을 이용하여 연령을 계산하거나 변수 A와 B를 사칙연산하여 새로운 변수 C를 만드는 것 등이다. 변수 계산은 특히 사회과학에서 구성개념을 측정하기 위하여 제작된 척도의 값을 산출할 때 문항들을 단순히 합산하거나 기타 가중치를 부여하여 척도값을 계산할 때 대부분 사용된다.

$$\text{비만도} = \frac{\text{체중}}{(\text{키} - 100) \times 0.9} \times 100$$

2) 변수 계산의 실행

변환(T) ▶ 변수 계산(C)...

본 예제에서 사용하게 될 자아존중감 척도는 로젠버그(Rosenberg, 1965)가 개발한 자아존중감 척도이다. 이 척도는 총 10문항으로 구성되어 있으며, 이 문항들은 자아존중감이라는 하나의 요인에 포함되므로 각 문항들은 개별적으로 분석되는 것이 아니라 합산 또는 평균값을 계산하여 전체 자아존중감 점수를 생성한 후에 사용된다. 코딩변경 부분에서 연습해 본 것처럼 3번, 5번, 8번, 9번, 10번 문항은 역점수 문항을 포함하

고 있다. 척도값을 계산하기 위한 변수 계산 절차는 이에 앞서서 무응답에 대한 처리나 코딩변경 등의 데이터 정제과정을 마친 후에 마지막으로 변수값을 계산하기 위한 변수 계산을 해야 한다. 그렇지 않으면 잘못된 변수값을 산출하기 때문이다. 따라서 연구자는 사전에 본인이 사용한 척도에 대하여 철저하게 숙지하여 척도 개발자의 취지대로 변수 계산을 해야 한다.

① '자아존중감연구.sav' 파일을 불러온다. 메뉴의 변환(T)－변수 계산(C)을 순서대로 실행한다.

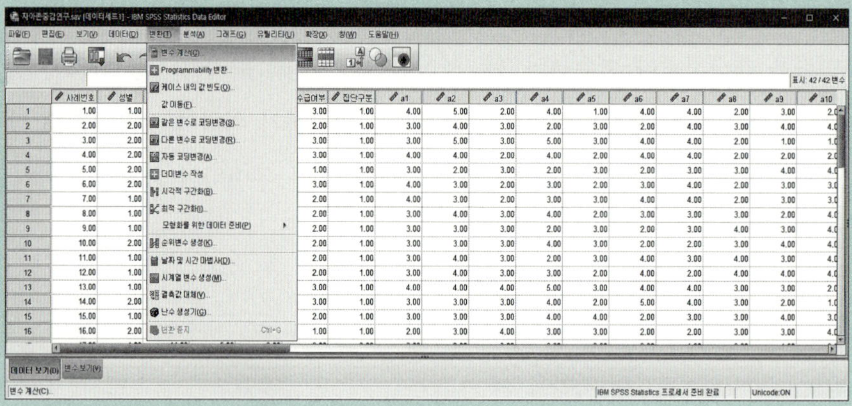

그림 5-23 **변환(T)-변수 계산(C)**

② 변수 계산(C) 대화상자가 열리면 목표변수(T): 부분에 새로 만들어질 변수의 이름을 '자아존중감'이라고 입력한다. 그리고 나서 [유형 및 레이블(L)...]을 클릭하여 '자아존중감'이라고 설명을 입력한 후 [계속(C)]을 클릭한다. 만일 숫자표현식(E):에 표현된 변수들 간의 조합을 변수 설명으로 사용하고 싶을 때에는 표현식을 설명으로 사용(U)을 선택하면 된다.

③ 숫자표현식(E):에 대상변수를 계산하기 위한 수식을 입력한다. a1에서 a10까지 10개의 문항을 하나의 변수로 묶기 위한 계산식을 입력한다. 합산점수를 위해서 총점을 사용하기도 하지만 평균을 주로 사용하기 때문에 10개의 문항을 더한 후에 10으로 나누어 주는 수식을 입력한다. 숫자표현식(E):에 사용되는 다양한 함

수 및 기호는 직접 키보드로 입력해도 되지만 아래쪽의 숫자나 기호 패드의 버튼을 사용할 수도 있다.

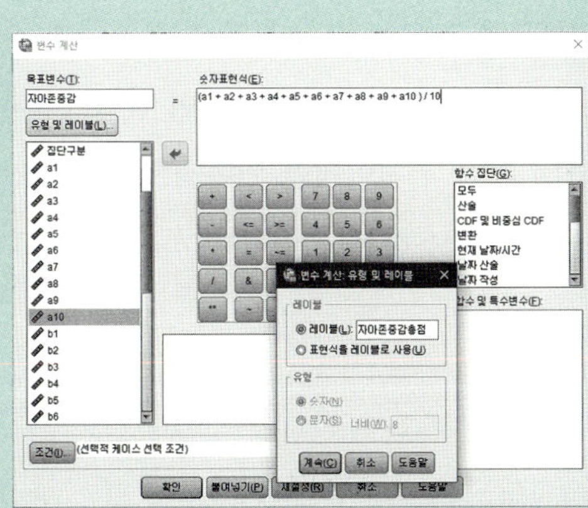

그림 5-24 **변수 계산 대화상자**

④ 그러나 숫자표현식(E):에 위와 같이 10개의 문항을 더한 후에 10으로 나누어 주는 방법을 사용할 때는 주의해야 한다. 만일 어느 한 문항에 무응답으로 인한 결측값이 있을 경우에는 10을 나누어 주는 것으로 인한 값의 왜곡이 생길 수 있다. 따라서 숫자표현식(E):에는 가능하면 오른쪽의 함수 집단(G):을 사용하는 것이 좋다.

그림 5-25 **변수 계산-함수 집단(G)**

⑤ 함수를 사용하는 방법은 먼저 함수 집단(G): 에서 통계를 찾아 선택하면 아래쪽 함수 및 특수변수(F): 칸에 관련된 함수들이 나타난다. 평균을 의미하는 Mean을 선택하여 중간의 를 클릭하면 숫자표현식(E):에 MEAN(?,?)이라는 식이 생성된다. 그러면 왼쪽 변수목록에 보이는 a1, a2, ……, a10 등을 찾아서 를 클릭하면 MEAN(a1, a2, a3, a4, ……, a10)이라는 수식이 만들어진다. 이렇게 전체의 변수들을 모두 입력하는 것이 원칙이지만 연속적으로 변수가 구성되어 있을 때는 그림과 같이 to 명령을 이용하는 것이 간편하다.

3) 변수 계산의 응용

① 변수 계산이 새로운 변수를 만들 수 있다는 점을 단순히 응용할 수도 있다. 변수 계산 내의 조건(I)... 을 사용하여 조건문을 만들 수 있다. 변수 계산 내의 조건문은 케이스 선택과 동일한 기능을 가지고 있다. 남자만을 대상으로 한다든지, 5학년만을 대상으로 변수 계산 절차를 실행할 수 있다는 것이다. 기본값은 모든 케이스 포함(A)이지만 성별이 남자인 응답자들만을 대상으로 변수 계산을 실행하면 성별=1을 입력하고 계속(C) 을 클릭하면 조건식이 만들어지면서 다음과 같은 조건 내용이 나타난다. 이제 확인 을 클릭하면 결과가 남자에게만 적용되는 자아존중감이 새로운 변수로 생성된다. 이러한 조건은 절차가 완료되면 다시 해제하여 모든 케이스 포함(A)으로 돌려둔다.

② 변수 계산 절차를 사용하면 아동의 성별과 학년을 조합하여 새로운 변수를 만들 수도 있다. 이를테면 남자이면서 실험집단에 소속된 경우 1집단, 여자이면서 실험집단에 소속된 경우 2집단, 남자이면서 통제집단에 소속된 경우 3집단, 여자이면서 통제집단에 소속된 경우 4집단으로 나누어서 성별과 집단구분에 따른 새로운 변수를 생성할 수 있다.

성별과 집단구분변수를 조합하여 새롭게 만들 변수를 '성별집단구분'이라고 정의해 보자. 목표변수(T):에 새롭게 만들 변수 '성별집단구분'을 입력한다. 그리고 숫자표현식(E):에 1이라고 입력한다. 다음으로 조건(I)...을 선택해서 1집단에 해당하는 조건식(성별=1 & 집단구분=1)을 입력하고 계속(C)과 확인을 클릭하면 된다. Data Editor 창을 보면 새로운 변수인 '성별집단구분'이라는 변수가 생성된다. 이때 새로운 변수 칸에는 남자이면서 집단구분이 1인(실험집단) 경우에만 값이 1로 나타나고, 나머지 칸은 결측값으로 나타난다.

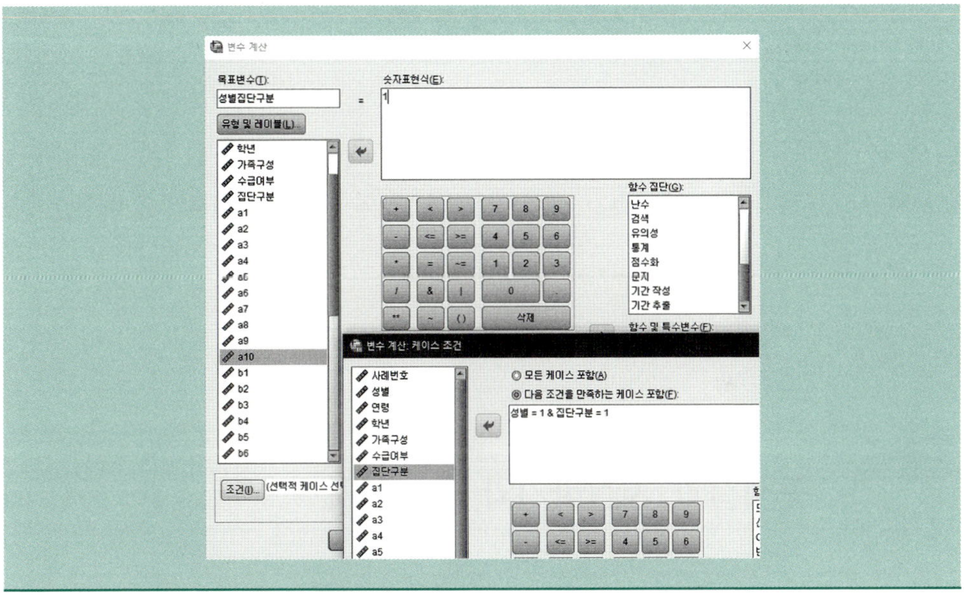

그림 5-26 집단구분변수를 이용한 변수 계산

같은 방법으로 다시 메뉴의 변환(T)－변수 계산(C)으로 이동한다. 목표변수(T):에도 '성별집단구분'이라고 동일하게 입력한 후 숫자표현식(E):에서는 2라고 입력한다. 조건문에는 성별은 여자, 집단은 1이라고 입력하고 계속(C)과 확인을 클릭한다. 변수 계산을 두 번째 실시하면서 목표변수(T):가 같을 경우에는 기존변수를 바꾸시겠습니까?라는 질문이 나오는데 이때 확인을 클릭하면 된다.

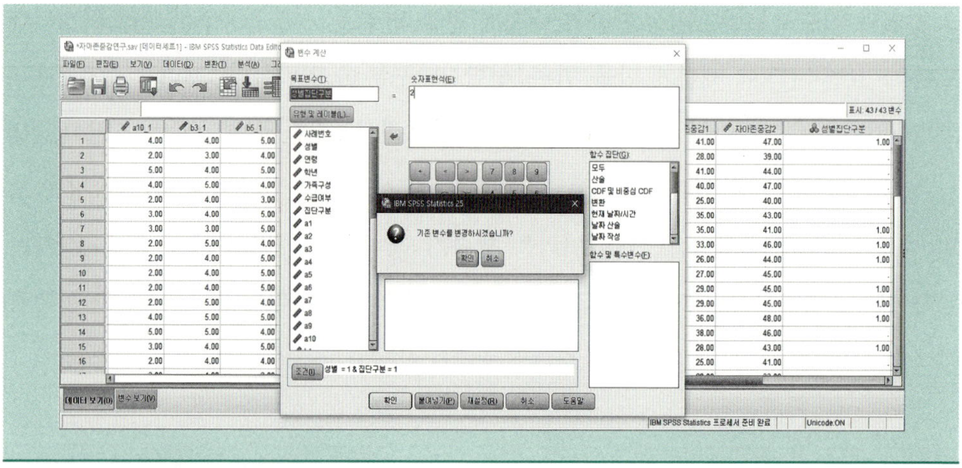

그림 5-27 **성별집단구분 변수 바꾸기**

여자이면서 집단1인 경우의 칸이 2라고 표시되고 ‘성별집단구분’이 1과 2인 경우를 제외하고는 나머지 칸들은 결측값으로 표시된다. 같은 방법으로 반복해서 변수값 3과 4를 만들면 된다.

5. 분석결과 저장하기와 불러오기

SPSS는 데이터 파일뿐만 아니라 분석결과도 파일로 저장해 두었다가 보고서 작성이나 기타 추후 분석에 참고로 사용할 수 있다는 것을 앞서 살펴보았다. SPSS의 분석결과를 저장하는 방법에는 여러 가지가 있다. SPSS 자체의 뷰어 파일로 저장하는 것이 가장 일반적인 방법이지만 연구자의 상황이나 활용 목적에 따라서 몇 가지 추가적인 방법으로 저장이 가능하다.

1) SPSS 파일(*.spv)로 저장하기

파일(F) ▶ 다른 이름으로 저장(A)...

① SPSS에서 통계분석을 실행하게 되면 SPSS Viewer라는 별도의 창이 열리면서 분석결과를 보여주게 된다. 분석결과를 저장하기 위해서는 메뉴의 파일(F)－다른 이름으로 저장(A)을 클릭한다. 다른 이름으로 저장이라는 대화창이 나타나면 폴더를 선택하고 저장하고자 하는 파일 이름(N):에 '출력결과1' 대신에 사용자가 임의로 정한 이름을 입력한 후 저장(S)을 클릭하면 된다. SPSS 분석결과는 '*.spv'로 저장된다는 것을 알 수 있다. 그리고 분석결과 저장은 SPSS Viewer 창에서 실시해야 한다.

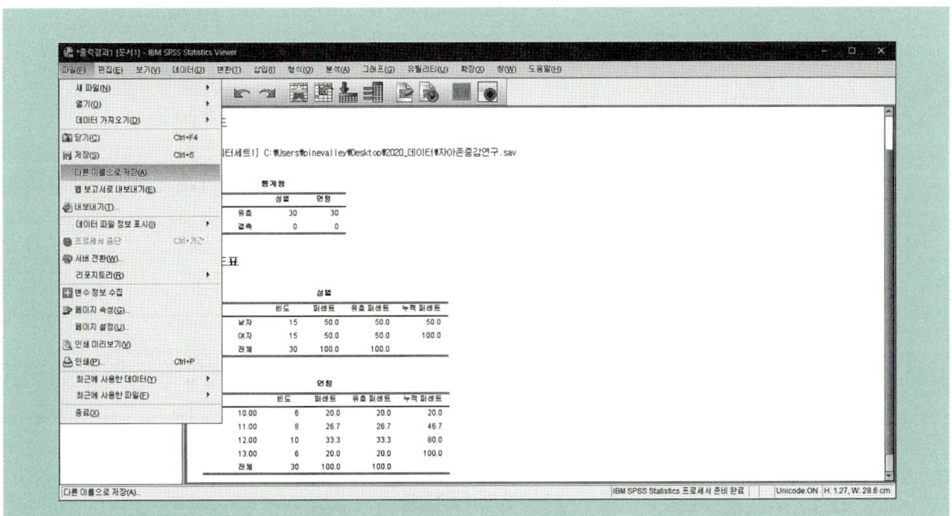

그림 5-28 SPSS Viewer 출력결과 저장

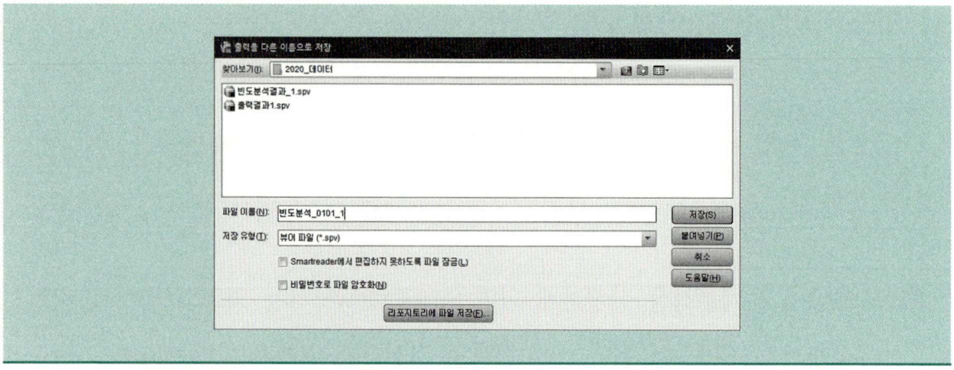

그림 5-29 **출력을 다른 이름으로 저장**

② 분석결과를 저장할 때 사용하는 파일 이름은 파일 내용과 분석일시 등을 알 수 있도록 저장하는 것이 다음에 불러올 때 편리하다.

③ 분석결과를 불러오는 방법은 SPSS Data Editor 창이나 SPSS Viewer 창에서 메뉴의 파일(F)－열기(O)－출력결과(O)를 실행한다. 또한 도구모음의 를 클릭하면 출력 결과 열기 대화상자가 열리는데, 저장 유형(T):에 뷰어 파일(*.spv)이라고 되어 있는 것을 확인하고 저장된 폴더를 찾아서 불러올 파일을 선택한 다음 열기(O)를 클릭하면 된다.

2) 인터넷 문서(*.html)로 저장하기

파일(F) ▶ 내보내기(T)

① 인터넷 문서로 저장하기는 SPSS 뷰어 창에서 파일(F)－보고서로 내보내기(T)를 실행하면 내보내기 출력결과 대화창이 나타난다.

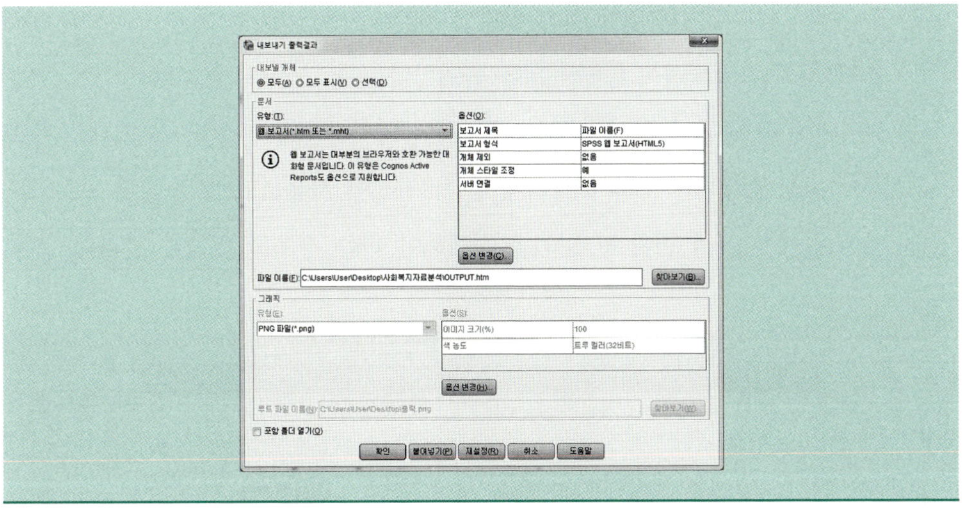

그림 5-30 **내보내기 출력결과**

② 파일이름(F)에 파일 이름을 입력하고 폴더를 변경하고자 할 때에는 찾아보기(B)... 를 클릭하여 폴더와 파일명을 지정한다. 특별히 지정할 곳을 명시할 경우를 제외하고는 쉽게 찾을 수 있도록 윈도우 바탕화면(Desktop)을 지정하면 된다.

③ 내보낼 개체 : 기본값은 모두(A)로 설정되어 있다.

④ 내보내기 문서 유형(T) : 저장될 문서형식을 지정하는 곳이다. 기본값을 HTML 파일(＊.htm)로 변경하여 지정하면 된다. 그외에도 Word/RTF(＊.Doc), Excel(＊.xls), PowerPoint(＊.ppt), Portable Document Format(＊.pdf), 텍스트 파일(＊.txt) 등으로 지정할 수 있다.

3) 흔글에서 불러오기

저장이나 내보내기로 저장된 통계분석 결과를 흔글에서 불러와서 사용하고자 할 때에는 저장된 파일 유형에 따라 불러오기 과정이 달라진다. 같은 형식이라도 흔글이나 사용하는 프로그램의 버전에 따라서도 결과가 달라질 수 있으니 참고하기 바란다.

흔글 실행 ▶ 파일(F) ▶ 불러오기(O) ▶ 인터넷 문서

① 흔글에서 불러오기를 실행한다. 인터넷 문서(*.htm, *.html) 파일로 저장된 SPSS 결과 파일을 선택하여 [열기(O)]를 클릭한다.

② 인터넷 문서 종류나 형식을 묻는 대화창이 나타나는데 한글(KS)를 그대로 두고 [확인(D)]을 클릭하면 문서가 열리게 된다. 자신이 사용하고 있는 흔글 프로그램의 버전에 따라서 변환 후 읽기를 선택해야 하는 경우도 있으나 결과는 같다.

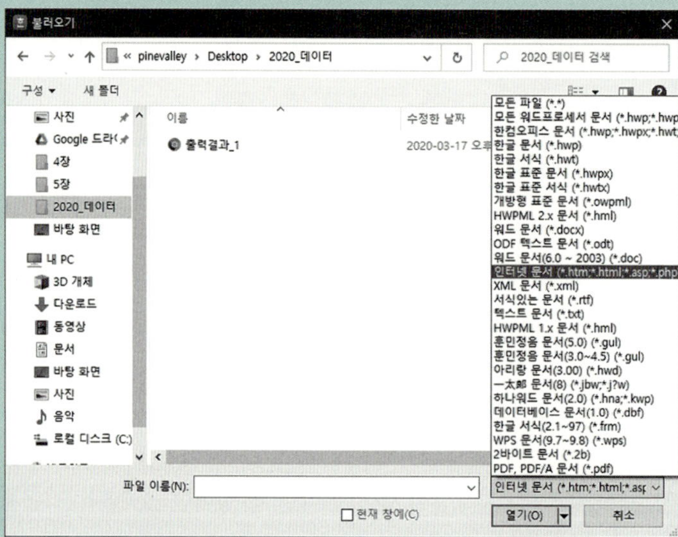

그림 5-31 출력결과 불러오기 대화상자

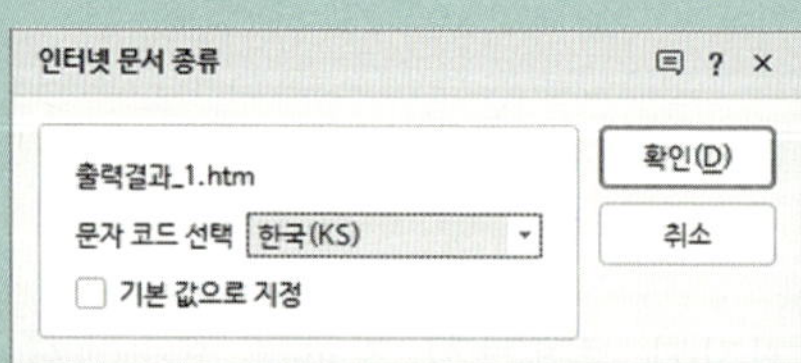

그림 5-32 인터넷 문서 종류

③ 흔글에서 열린 문서는 편집과 보고서 작성이 용이하기 때문에 일반적으로 많이 사용하는 방법이다.

빈도표

		성별			
		빈도	퍼센트	유효 퍼센트	누적퍼센트
유효	1.00 남자	15	50.0	50.0	50.0
	2.00 여자	15	50.0	50.0	100.0
	합계	30	100.0	100.0	

그림 5-33 **빈도표**

(3) 텍스트 문서로 불러오기

흔글 실행 ▶ 파일(F) ▶ 불러오기(O) ▶ *.txt문서

① 흔글에서 불러오기를 실행한다. 불러오기 대화창의 유형에서 텍스트(* .txt)를 선택한다. 텍스트 파일(* .txt)로 SPSS 결과 파일을 선택하여 열기(O) 를 클릭한다.

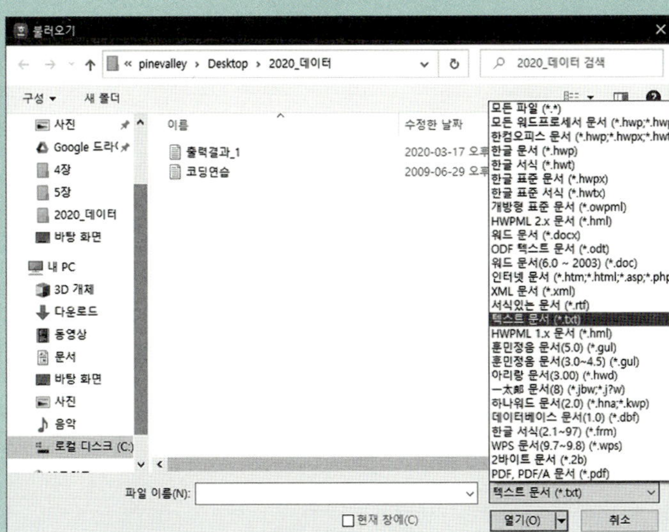

그림 5-34 **텍스트 파일 불러오기**

② 한글에서 불러오면 다음과 같이 표가 전반적으로 깨진 상태로 나타난다. 그렇지만 어느 정도는 편집과 보고서 작성도 가능하다.

```
통계량
성별
|-|--|--|
|N|유효|30|
| |--|--|
| |결측|0 |
|-------|

성별
|-----|--|-----|------|------|
|     |빈도|퍼센트  |유효 퍼센트|누적 퍼센트|
|--|--|--|-----|------|------|
|유효|남자|15|50.0 |50.0  |50.0  |
|  |--|--|-----|------|------|
|  |여자|15|50.0 |50.0  |100.0 |
|  |--|--|-----|------|------|
|  |전체|30|100.0|100.0 |      |
|----------------------------|
```

그림 5-35 한글에서 표 불러오기

TIP 저장하기

• **최초의 데이터는 소중히 보관하자**

최초 입력된 데이터(원본 데이터)는 별도의 저장장치에 따로 보관해 두는 것이 좋다. 데이터는 분석과정에서 다양하게 변환되는 경우가 많다. 필요에 따라서 최초의 데이터를 불러와서 분석해야 할 경우가 있기 때문에 잘 보관해야 한다.

• **데이터는 자주 저장하자**

처음 데이터를 입력한 후에는 당연히 저장하게 되는네 분석과정 중에는 주의를 덜 기울이게 된다. 요즘에는 개인용 컴퓨터 사양이 날이 갈수록 고급화되고 운영체제의 안정성이 뛰어나다 보니 예전처럼 작업 도중에 컴퓨터 에러로 소중한 데이터가 날아가 버리는 경우는 매우 드물다. 특히 저장매체가 다양화되고 안정화되어 데이터를 비교적 손쉽고 안전하게 저장할 수 있을 뿐만 아니라 손쉽게 이동할 수도 있다. 최근에는 usb 메모리조차 대용량 소형화되어 있어서 그 활용도가 매우 높다고 하겠다. 이처럼 데이터의 활용과 관련된 환경은 좋아진 만큼 저장하는 데에도 세심한 주의를 기울일 필요가 있다. 자주 저장하는 것이 최선의 방법이다.

• **식별 가능한 파일명을 부여하자**

실제 분석과정에서 경험하게 되겠지만 최초의 데이터는 분석과정을 거치면서 다양하게 변환하게 된다. 분석 목적을 달성하기 위해서 새로운 변수가 생성되기도 하고 코딩변경 절차를 통해 최초의 값이 반대의 값으로 변경되기도 한다. 변수들끼리 묶여서 새로운 변수가 만들어지기도 하고, 불필요한 변수는 삭제되는 경우도 있다. 어떤 때에는 변환된 데이터가 원본 데이터를 완전히 덮어쓰는 경우도 발생한다. 이러한 과정을 반복하다 보면 최초의 데이터는 끊임없이 변화를 거듭하게 된다. 자연스럽게 체계적인 데이터 관리의 필요성이 대두된다. 실제로 어느 순간에는 역점수 문항이 현재 어떤 상태인지 모호한 경우도 있다. 물론 원본 데이터를 보관하고 있기 때문에 필요하면 초기 상태로 되돌릴 수는 있지만 적절한 파일 관리를 통하여 이러한 혼란을 예방할 필요가 있다. 데이터의 모든 변화과정을 손쉽게 확인할 수 있도록 파일을 관리하는 방법이 중요하다.

대표적인 방법은 그날그날 분석이 종료되면 파일명을 날짜를 포함하는 파일명으로 변경해 두는 것이다. 즉, '자아존중감_20200101.sav'로 정해두거나 같은 날 다른 파일임을 알아볼 수 있도록 '자아존중감_202001011900.sav'라고 이름을 붙여두면 2020년 1월 1일 19시에 작업한 데이터 파일임을 알 수 있다. 결론적으로 자기만의 방식으로 소중한 데이터를 효율적으로 관리할 필요성은 아무리 강조해도 지나치지 않을 것이다.

PART 03

자료분석의 실제

chapter 06

빈도분석

chapter 06

빈도분석

1. 빈도분석

1) 의 미

빈도분석(frequency analysis)이란 수집한 데이터의 특성을 파악하기 위한 첫 번째 단계로 원자료의 분포현황을 파악하여 변수들의 빈도, 중심경향, 분산도 등 변수의 개략적 특성을 살펴보는 분석방법이다.

흔히 빈도분석이라고 하면 매우 낮은 수준의 분석으로 취급하면서 상관관계분석이나 회귀분석 등과 같은 고급통계분석을 실시해야만 높은 수준의 연구라고 생각하는 경향이 있다. 연구논문을 접할 때에도 연구자가 어떤 통계분석 방법을 사용했는가에 더 많은 관심을 갖는 경우도 종종 볼 수 있다. 물론 고급통계분석 방법이 보다 정교한 분석이 가능한 것은 사실이다. 그렇다고 단순히 빈도분석을 실시했다는 이유만으로 연구의 질적수준이 낮다고 생각하는 것은 일종의 편견이며 오류이다. 현상을 있는 그대로 측정하고 거기서 도출된 데이터를 정확하게 요약하고 그것에 대한 의미를 객관적으로 찾는 노력이 더욱 중요하다.

자료분석에서 빈도분석은 매우 중요한 역할을 수행한다. 우선 앞서 살펴본 것처럼 빈도분석은 조사된 데이터를 입력한 후에 입력오류를 찾아내고 이를 수정하는데 일차적으로 사용된다. 또한 일반적으로 논문에서 사용되는 빈도분석은 응답자의 특성을 요약하여 보여주는 데에도 많이 이용되며, 고급통계를 실시하기 전에 각 변수(문항)의 단순 응답분포(%, 평균 등)를 알아보기 위해 실시하기도 한다.

빈도분석을 통한 분포의 특성을 나타내 주는 통계값과 결과는 다음과 같다.

- 빈도, 백분율, 누적백분율을 나타내는 빈도표
- 평균, 중위수, 최빈값(중심 경향)
- 범위, 분산, 표준편차(분산도)
- 자료의 특성을 도식화하는 그래프(막대형 차트, 원도표, 히스토그램 등)

2) 빈도분석의 실행

(1) 분석 대화상자 열기

분석(A) ▶ 기술통계량(E) ▶ 빈도분석(F) ...

① '자아존중감연구.sav' 파일을 불러와서 메뉴의 분석(A) – 기술통계량(E) – 빈도분석(F)을 실행한다.

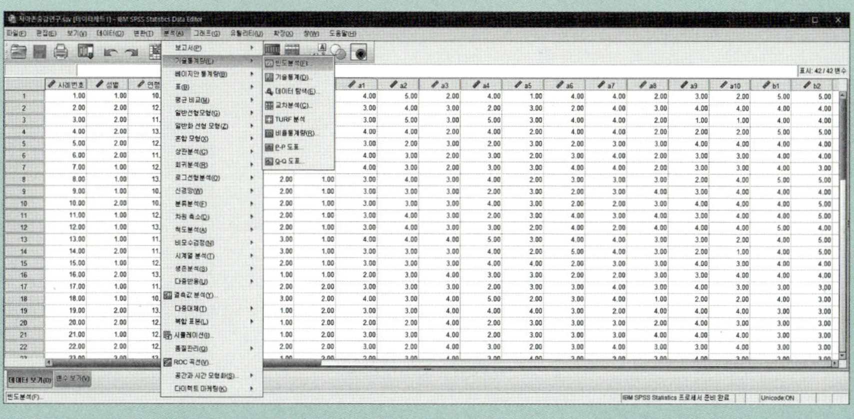

그림 6-1 분석(A)-기술통계량(E)-빈도분석(F)

② 빈도분석 대화상자가 열리면 분석하고자 하는 변수, 여기서는 '성별', '연령', '사전자존감' 변수를 왼쪽의 변수목록에서 선택하고 ➡를 클릭하여 오른쪽 변수(V): 창으로 이동시킨다. 기본값으로 빈도표 표시(D)가 선택되어 있지만 빈도표 표시를 원하지 않으면 옵션 체크를 해제한다. 확인을 클릭하면 빈도분석이 실행된다.

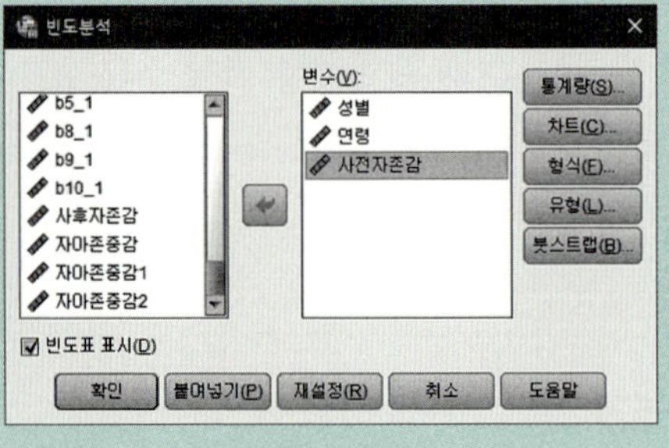

그림 6-2 빈도분석 대화상자

(2) 통계량 대화상자 열기

빈도분석 대화상자에서 통계량(S)...을 클릭한다. 필요한 선택을 하고 나서 계속(C)을 클릭한다.

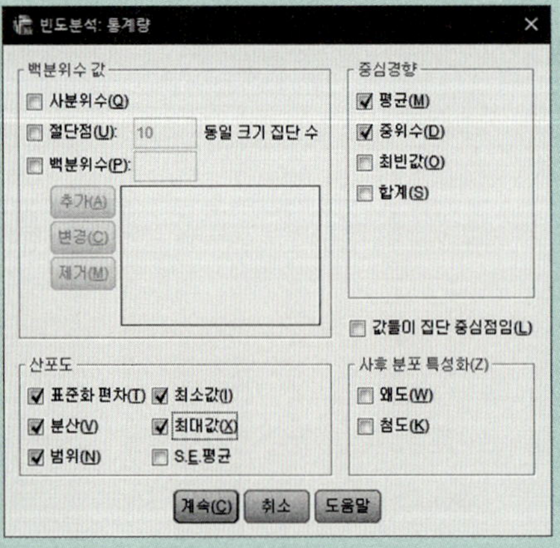

그림 6-3 빈도분석: 통계량

빈도분석 통계량 대화상자에서 산포도의 표준편차, 분산, 범위, 최소값, 최대값을 선택하고 중심경향의 평균, 중위수를 각각 선택한 후 계속을 클릭한다. 빈도분석 통계량을 선택 가능한 옵션과 각각에 대한 설명은 다음 〈표 6-1〉과 같다.

표 6-1 빈도분석 통계량 설명

선택란	설명 내용
백분위수 값	□가 있어 두 개 이상 선택 가능
□사분위수(Q)	사분위수로서 25번째, 50번째, 75번째 비율을 출력
□절단점(U): □동일크기 집단 수	전체 케이스를 지정한 수만큼의 동일 집단으로 나누는 기준값들. 2와 10 사이 크기를 입력할 수 있음
□백분위수(P):	프로그램 사용자가 0과 100 사이의 값을 입력할 수 있으며, 입력 후 추가 단추를 누르면 된다.
중심경향	두 개 이상 선택 가능
□평균(M)	산술평균: 관찰치 전체를 합한 후에 자료의 관찰치 총 개수로 나눈 값
□중위수(D)	중앙값: 데이터를 순서대로 배열한 상태의 정중앙값
□최빈값(O)	자료의 분포에서 빈도 수가 가장 높은 관찰치
□합계(S)	변수들의 총합
□값들이 집단 중심점임(L)	변수집단의 중앙값
산포도	
□표준화 편차(T)	분산의 제곱근
□분산(V)	각 편차 제곱의 합을 관찰치의 수로 나눈 값
□범위(N)	데이터의 최대값과 최소값의 차
□최소값(I)	데이터의 최소값
□최대값(X)	데이터의 최대값
□S.E.평균(E)	표본평균의 분산에 제곱근을 취한 표준편차
사후 분포 특성화(Z)	두 개 이상 선택 가능
□왜도(W)	왜도: 분포의 편중
□첨도(K)	첨도: 분포의 뾰족한 정도

(3) 차트 대화상자 열기

빈도분석 대화상자에서 [차트(C)...]를 클릭한다.

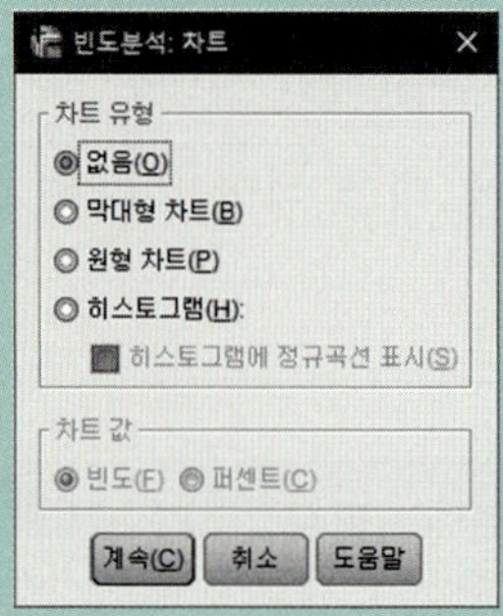

그림 6-4 빈도분석: 차트

차트 유형에서는 막대형 차트(B), 원형 차트(P), 히스토그램(H)을 선택할 수 있다(기본 설정값: 없음). 명목척도나 서열척도와 같이 범주형 변수인 경우에는 막대형 차트나 원형 차트를 선택하고 등간척도나 비율척도와 같은 연속형 변수인 경우에는 히스토그램을 선택한다. 차트화 값은 차트를 그릴 때 빈도나 퍼센트 중 어떤 값을 기준으로 구성할지를 말하는 것으로서 빈도(F)나 퍼센트(C)를 선택한다.

(4) 형식 대화상자 열기

빈도분석 대화상자에서 [형식(F)...]을 클릭하면 형식 대화상자가 열린다. 형식은 분석 결과를 출력할 때 빈도표의 수직축 형식을 지정하는 것이다.

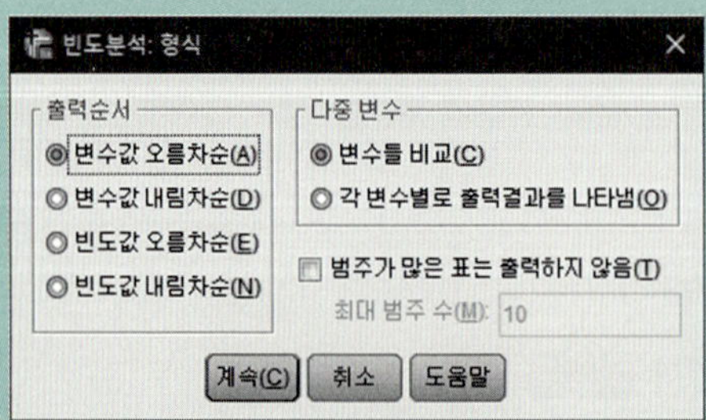

그림 6-5 빈도분석: 형식

출력순서는 빈도표에서 변수값이 제시되는 순서를 지정하는 것이다. 변수값 오름차순(A)은 변수값이 작은 것부터 큰 순서로 정리하는 것으로 기본 설정값이다.

범주가 많은 표는 출력하지 않음(T)은 아래 최대 범주 수(M):에 지정된 그 이상의 범주를 가진 변수는 출력하지 않는 것을 말한다. [계속(C)]을 클릭하고 빈도분석 대화상자에서 [확인]을 클릭하면 빈도분석 결과가 출력된다.

TIP SPSS Bootstrapping 모듈의 추가

- Bradley Efron(1979)에 의해 제시된 Bootstrap방법은 표본재추출방법의 하나이다. 주어진 표본자료에서 복원추출을 통하여 무수히 많은 수의 표본들을 추출하고 관심있는 통계량 값을 구하고 이 과정을 B번 반복하여 표본들로부터 계산된 추정치들을 이용하여 추정치에 대한 특성값을 비모수적으로 계산하는 방법이다. 이렇게 계산된 추정치의 분포는 표본의 수가 커짐에 따라 모집단의 분포와 유사하게 된다.
- 따라서 붓스트랩은 데이터가 정규적으로 분포하지 않은 경우의 분포무관 검정법으로서, 분석적 모델의 안정성을 테스트하기 위한 유용한 기법이다. 즉 붓스트랩방법은 분포가 알려지지 않은 모집단에서 얻은 특정 통계량의 특성치나 이와 관련된 모수(parameter)의 신뢰구간을 추정하기 위해 최근에 많이 사용되는 기법이다.
- 붓스트랩은 각 통계 대화상자에 [붓스트랩(B)...]이라는 버튼을 통해 실행되며 수행한 결과 창안에 별도의 붓스트랩이라는 항목아래 편향(Bias), 표준오차(Std. Error), 95% 신뢰구간(Confidence Interval)이 산출된다.

〈표 1〉 붓스트랩방법을 이용한 빈도분석 결과

통계량

자아존중감

			붓스트랩[a]			
					95% 신뢰구간	
		Statistic	편향	표준오차	하한	상한
N	유효	30	0	0	30	30
	결측	0	0	0	0	0
평균		38.0333	-.0422	1.3150	35.3667	40.5658
표준편차		7.44860	-.13163	.59225	5.98851	8.35043
분산		55.482	-1.593	8.509	35.862	69.730

a. Unless otherwise noted, bootstrap results are based on 1000 bootstrap samples

3) 분석결과 설명

옵션 선택이 모두 끝난 후 확인 을 클릭하면 빈도분석을 실행한다.

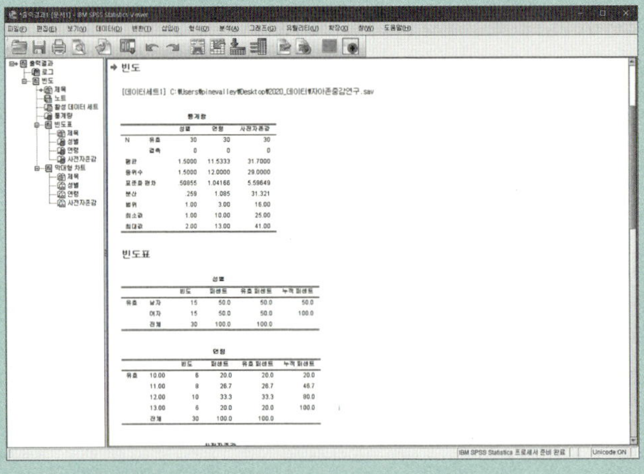

그림 6-6 빈도분석 결과

(1) 통계량

빈도분석 결과의 첫 부분은 전체 변수의 통계량 표이다. 이어서 각 변수별 빈도표를 출력하고 그 다음 도표를 순서대로 보여준다.

통계량

		성별	연령	사전자존감
N	유효	30	30	30
	결측	0	0	0
평균		1.5000	11.5333	31.7000
중위수		1.5000	12.0000	29.0000
표준화 편차		.50855	1.04166	5.59649
분산		.259	1.085	31.321
범위		1.00	3.00	16.00
최소값		1.00	10.00	25.00
최대값		2.00	13.00	41.00

통계량 표를 살펴보면 분석 대상변수인 '성별', '연령', '사전자존감' 변수의 유효 케이스와 결측값의 빈도를 보여준다. 무응답이 없기 때문에 세 변수 모두 유효 케이스가

30으로 나와 있다. 또한 옵션에서 지정한 대로 평균, 중위수, 표준편차, 분산, 범위, 최소값, 최대값 등의 통계량이 산출되어 있다.

여기서 주의할 점은 여러 변수들을 동시에 분석할 경우에 통계량 옵션을 지정하면 전체 변수에 한꺼번에 적용된다는 사실이다. 따라서 모든 변수들에 대해서 같은 방식으로 통계량을 산출해 주기 때문에 각 변수의 측정수준에 적합한 통계량을 읽어야 한다. 연령의 평균을 알아보기 위해서 평균을 선택한 것이므로 성별의 평균은 아무 의미가 없는 값이라는 점을 명심해야 한다.

성별은 범주형 변수이기 때문에 여기서는 범위, 최소값, 최대값만 읽으면 된다. 연령과 사전자존감은 연속형 변수이기 때문에 평균을 포함한 위의 모든 통계량을 참조할 수 있다. 응답자의 연령평균은 11.5(sd=1.04)세임을 알 수 있다. 사전자존감 점수는 평균이 31.7점이며, 최소 25점, 최대 41점으로 나타나 있다.

(2) 빈도표

빈도표(frequency distribution)는 변수의 응답범주와 각 응답범주에 해당되는 관찰빈도 수를 나타낸 표이다. 빈도표는 각 변수의 변수값들의 분포를 나타내 주기는 하지만 각 범주 간의 상호 비교나 이해가 쉽지 않다. 이 문제를 해결하기 위해서 백분율을 계산하여 표본의 크기를 표준화시킨 것이 백분율 빈도표이다. 백분율 빈도표는 만일 전체 사례수가 100일 경우 변수의 각 응답범주에 속하게 될 관찰 수를 나타낸다. 경우에 따라서는 어떤 응답범주가 전체 분포에서 차지하는 상대적 위치를 알 필요가 있다. 이는 백분율 빈도표로 쉽게 알 수 있는 것이 아니다. 이는 누적백분율분포표(cumulative percentage distribution)를 작성하면 쉽게 알 수 있다. 어떤 점수의 누적백분율은 그 점수까지의 총 백분율을 말하여, 이러한 누적백분율로 구성된 분포가 누적백분율분포표이다. 성별의 빈도표를 살펴보자.

성별

		빈도	퍼센트	유효 퍼센트	누적 퍼센트
유효	남자	15	50.0	50.0	50.0
	여자	15	50.0	50.0	100.0
	전체	30	100.0	100.0	

① 성별변수의 결측값(무응답)은 한 명도 없으므로 유효 케이스는 30명이다. 빈도는 각 변수값에 분포되는 응답자 수를 말하며, 남자(코딩값=1) 15명, 여자(코딩값=2) 15명이 응답했다.

② 퍼센트(%), 즉 백분율은 전체 대상을 100으로 보았을 때의 비율을 말한다. 남자가 50%, 여자가 50% 동일한 비율로 응답했음을 알 수 있다.

③ 유효 퍼센트, 즉 유효백분율은 결측값을 제외한 유의한 응답자들을 전체로 한 비율을 말한다. 결측값(무응답)이 없을 때는 백분율과 유효백분율은 동일하게 나타난다. 예의 경우 결측값이 없을 때에는 백분율이나 유효백분율 중 어느 것을 사용해도 무방하지만 결측값이 있는 데이터일 경우 결측값을 고려하고 싶지 않을 때는 유효 퍼센트를 사용한다.

④ 누적 퍼센트, 즉 누적백분율은 유효백분율의 누적비율을 말한다. 낮은 변수값에서 시작하여 유효백분율을 차례로 더해 준다. 남자 50% + 여자 50%는 100%라는 것을 나타내 준다.

(3) 도표의 출력결과

① 빈도분석의 옵션에서 차트(C)... 를 선택하여 나타난 결과이다. 막대형 차트를 선택했으므로 다음과 같이 성별의 막대형 차트가 산출된다.

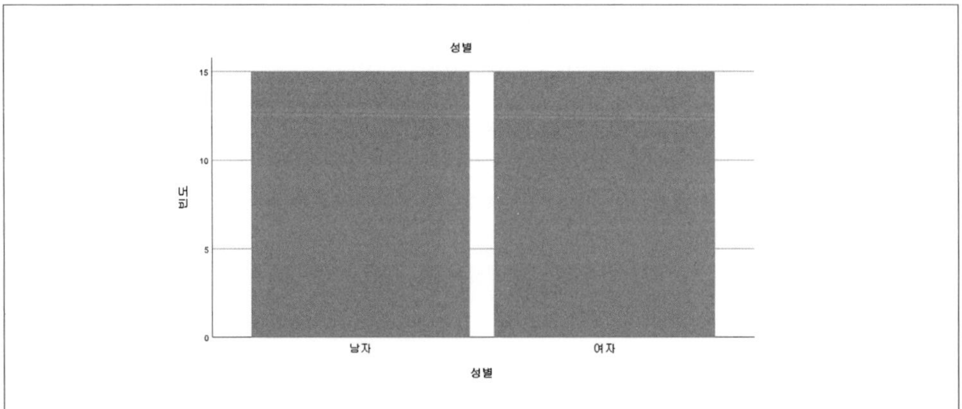

그림 6-7 빈도분석 출력결과 중 도표

② 연령의 원도표를 출력하면 다음과 같은 원도표를 얻을 수 있다.

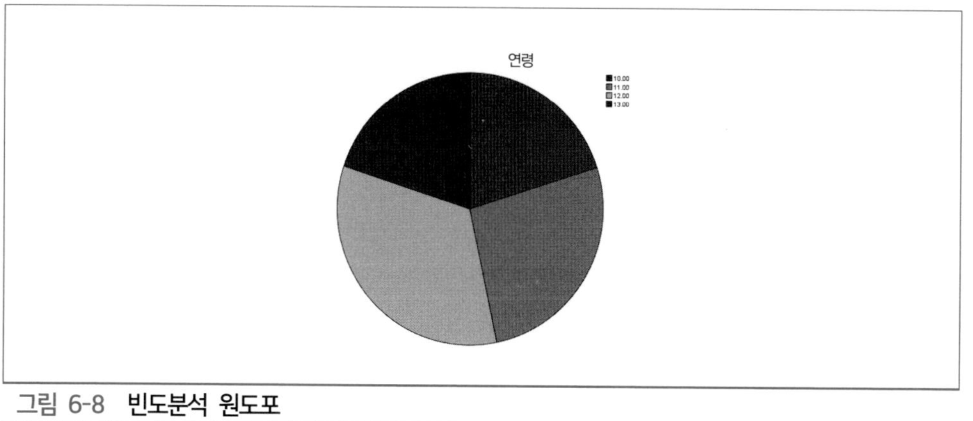

그림 6-8 **빈도분석 원도포**

③ 그래프 부분을 마우스로 더블클릭하면 SPSS 도표 편집기 창이 열린다. 여기에서는 그래프의 제목이나 X축, Y축의 제목, 눈금의 폭, 그래프의 색상, 글자 크기 등을 수정할 수 있다. 상단의 도구모음 아이콘을 사용할 수도 있다.

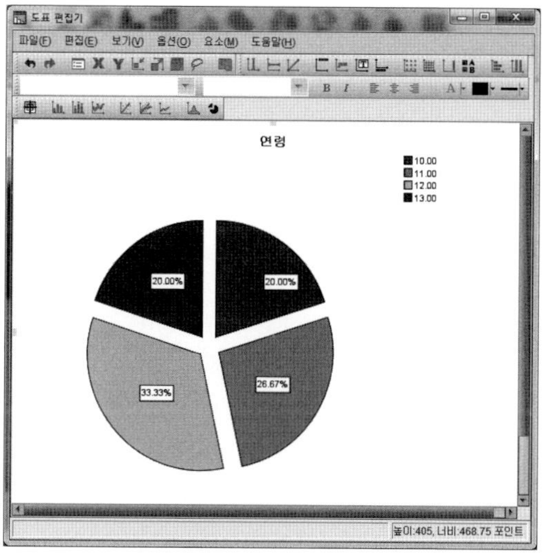

그림 6-9 **도표 편집기**

4) 보고서 작성 및 해석

조사결과 보고서에서는 앞의 빈도분석의 결과를 그대로 제시하지 않는다. 통계량, 빈도표 그리고 도표를 보고서의 양식에 맞추어 편집할 필요가 있다. 결측값은 불필요한 경우에는 보고서에 제시하지 않아도 된다. 특히 연속형 변수의 분석결과를 빈도표에 제시하기 위해서는 분석결과를 그대로 제시하는 것보다는 범주형으로 코딩변경하여 제시하는 것이 바람직하다. 물론 평균이나 표준편차의 값은 별도로 제시해 준다.

성별, 연령, 사전자존감 변수의 빈도분석 결과를 빈도표로 제시해 보자. 빈도표 작성은 보통 SPSS 출력결과의 빈도와 유효 퍼센트를 주로 사용한다. 왼쪽에 범주, 빈도와 백분율을 그다음으로 배치한다. 무응답 결측값을 제시해 주고 싶으면 표 아래에 빈도와 백분율을 붙이면 된다. 보고서를 작성할 때 빈도분석 결과를 변수별로 별도로 제시하는 경우도 있지만 하나의 표로 제시하는 경우가 많다. 이는 연구결과를 간결하게 표현하기 위한 것도 있고 경우에 따라서 하나의 표로 제시하는 것이 논리적인 설명이 가능하기 때문이기도 하다.

표 6-2 성별, 연령, 사전자존감의 빈도분석 결과

		빈도(명)	백분율(%)
성별	남자	15	50
	여자	15	50
	합계	30	100
연령	10세	6	20.0
	11세	8	26.7
	12세	10	33.3
	13세	6	20.0
	합계	30	100.0
	평균	11.53	
사전자존감	20~29	16	53.3
	30~39	11	36.7
	40이상	3	10.0
	합계	30	100.0
	평균	31.70	

성별 분포를 보면 남자 15명(50%), 여자 15명(50%)으로 같은 비율을 보이고 있으며 연령은 10세가 6명(20%), 11세가 8명(26.7%), 12세가 10명(33.3%), 13세가 6명(20%)으로 12세가 가장 많은 수를 차지하고 있다. 응답자의 평균 연령은 11.53세이다.

사전자존감은 원래 최소값이 25점, 최대값이 41점의 분포를 보이고 있지만 범주형으로 제시했다. 연속형 변수는 빈도표에 제시할 때 실제 빈도분포보다는 범주형으로 변환하여 제시하는 것이 원칙이다. 변수값의 분포를 카테고리로 만들고자 할 때에는 사전에 변수값의 분포에 관한 이론적 분류방법을 알아야 한다. 자아존중감의 분포를 어떻게 구분하는가에 관하여 알아본 후에 분류해야 한다. 여기서는 편의상 40점 이상, 30점에서 39점, 20점에서 29점 등 세 집단으로 구분하여 제시한다. 원자료를 집단으로 구분할 때에는 SPSS 메뉴의 변환(T)－다른 변수로 코딩변경(R) 절차를 활용하여 만든 뒤에 한 번 더 빈도분석을 하면 된다.

사전자존감의 분포를 살펴보면 20점에서 29점이 16명(53.3%)으로 가장 많은 수를 차지하고 있고, 그다음으로 30점에서 39점이 11명(36.7%), 마지막으로 40점 이상이 3명(10%)으로 가장 적은 수를 차지했다. 사전자존감의 평균은 31.7점으로 나타났다.

2. 기술통계분석

1) 의 미

기술통계는 빈도분석과 유사하지만 등간변수나 비율변수와 같은 양적변수에 사용하기 적합한 분석방법이다. 기술통계를 사용하면 양적변수의 정보를 잘 요약해 주는 평균과 표준편차를 쉽게 구할 수 있다. 또한 기술통계를 통하여 각 변수의 정규분포성을 검정할 수 있으며, 각 변수값들을 표준화하여 저장할 수도 있다. 표준점수(Z)는 개인 내 또는 개인 간 점수의 비교를 가능하게 해주는 기능이 있다.

2) 자료의 요약

데이터의 분포를 개괄적으로 파악하는 데는 도표가 유용하고 데이터의 분포를 자세히 살펴보려면 빈도표를 산출하는 것이 좋다. 연속형 변수의 경우 데이터의 중심경향의 측도(대표값)나 넓게 퍼진 정도(분산도)를 간단하게 하나의 숫자로 서술해 주는 것이 기술통계량이다. 여기서는 자료를 요약하여 보여주는 몇 가지 기술통계량에 대하여 살펴본다.

(1) 중심경향

중심경향(central tendency)은 데이터의 전반적 수준을 나타내는 지수로서 '대표값'이라고도 한다. 즉, 중심경향은 변수가 지니는 여러 값(관찰값)의 중심이 어디인가를 파악하거나 그 변수를 대표할 만한 값이 얼마인지 알아볼 때 사용한다. 중심경향으로는 평균(mean), 중위수(median), 최빈값(mode) 등이 있다.

① 평균

평균에는 산술평균과 기하평균, 조화평균이 있다. 가장 일반적으로 통계분석에서 사용되는 평균은 산술평균(arithmetic mean)으로서 보통 평균이라 부르는 것이다. 표본의 평균은 $\overline{X}$ ('엑스바'라고 읽음)라고 표시하며, 모집단의 평균은 μ('뮤'라고 읽음)라고 표시한다. 표본평균은 $\overline{X} = \frac{\sum X_i}{N}$ 로 계산된다. 즉, 각 케이스의 관찰값을 모두 합하여 유효 케이스의 수로 나누는 것으로 계산된다.

평균은 가장 일반적으로 쓰이는 대표값이며 분포의 특성값 예측에 이용되는 이상적인 통계량이지만 극단치의 영향을 많이 받는다는 단점이 있다. 이외에도 평균이 갖는 몇 가지 특징을 살펴보면 다음과 같다. 첫째, 변수의 측정수준이 등간변수나 비율변수일 경우에만 계산되며, 범주형 변수에서는 아무런 의미가 없다. 둘째, 각 케이스의 관찰값에서 평균을 뺀 값, 즉 편차를 모두 합하면 항상 0이 된다. 셋째, 평균으로부터의 편차를 제곱하여 합하면 다른 어떤 값으로부터의 편차를 제곱해서 합한 것보다 적은 값이 나온다.

② 중위수

중위수(median)는 극단치의 영향을 받지 않는 대표값으로서 한 변수의 관찰값들을 오름차순으로 배열했을 때 한 가운데 위치하는 값을 의미하며 다음과 같은 특징을 가진다. 첫째, 중위수를 계산하는 것은 관찰값을 순서에 따라 배열해야 하기 때문에 서열변수이거나 등간변수 이상일 때만 의미가 있다. 둘째, 데이터가 중위수를 중심으로 좌우대칭일 경우에는 중위수와 평균이 같다. 셋째, 중위수를 중심으로 데이터의 꼬리가 한쪽으로 길게 분포된 경우 평균은 중위수보다 더 꼬리 쪽에 위치한다.

③ 최빈값

최빈값(mode)은 의미 그대로 관찰빈도가 가장 많은 변수값을 의미하며, 명목변수나 서열변수일 때 의미가 있다. 봉우리가 하나이고 좌우가 대칭인 분포에서는 평균과 중위수, 최빈값이 모두 같다.

④ 평균, 중위수, 최빈값의 관계

자료의 분포가 정규분포의 형태를 보인다면 평균, 중위수, 최빈값은 일치한다. 그러나 분포가 오른쪽 꼬리분포(왼쪽으로 치우친)일 경우에는 최빈값<중위수<평균으로 나타난다. 또한 왼쪽 꼬리분포(오른쪽으로 치우친)인 경우에는 평균<중위수<최빈값의 양상을 갖는다. 평균과 중위수 그리고 최빈값의 관계를 그림으로 나타내면 다음과 같다.

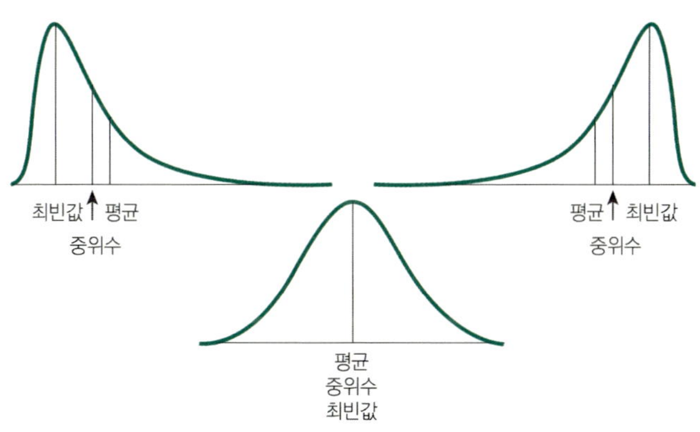

그림 6-11 평균, 중위수, 최빈값의 관계

(2) 분산도

분산도(dispersion)는 변수값이 특정한 대표값(보통 평균)을 중심으로 어느 정도 흩어져 있는가를 나타내는 통계값으로 퍼진 정도를 측정한다. 분산도에는 범위, 분산과 표준편차 등이 있다.

① 범위

범위(range)는 분산도를 측정하는 가장 단순한 방법인데 분포의 모든 관찰값을 포함하는 두 개의 양극단 값을 나타낸다. 즉, 분포의 범위는 최대값($X_{\max}$)과 최소값($X_{\min}$)의 차이로 정의된다. 범위가 클수록 데이터들의 분포가 넓게 흩어져 있음을 의미한다.

$$R = X_{\max} - X_{\min}$$

② 분산

분산(variance)은 평균으로부터의 편차 제곱의 합을 사례수(n)로 나눈 것으로 관찰값들이 평균적으로 산술평균 주위에 얼마나 밀집해 있는지, 혹은 산술평균에서 얼마나 넓게 퍼져 있는지를 측정한다. 표본의 분산은 s^2으로 나타내며(모분산은 σ^2, '시그마 제곱'이라고 읽음) 그 공식은 다음과 같다.

- 모집단분산 $\sigma^2 = \dfrac{\sum (X_i - \mu)^2}{N}$
- 표본의 분산 $s^2 = \dfrac{\sum (x_i - \bar{x})^2}{n-1}$

여기에서 표본의 분산을 계산할 때 $(n-1)$로 나누어주는 이유는 n으로 나누는 것보다 모집단의 분산에 대한 더 좋은 측정치가 되기 때문이다.

③ 표준편차

표준편차(standard deviation)는 분산의 단위가 변수의 단위와 같지 않은 문제점을 해결한 분산도의 측도로 분산 값을 원래의 측정단위로 복귀시키기 위해서 분산의 제곱근을 구하는데, 이것을 표준편차라고 부른다. 표본의 표준편차는 s라고 표시하며(모집단의 표준편차는 σ) 다음과 같이 계산된다.

$$s = \sqrt{s^2} = \sqrt{\frac{\sum(x_i - \bar{x})^2}{n-1}}$$

표준편차는 측정값과 단위가 같기 때문에 이해하기 쉽다. 연속형 변수를 설명할 때 평균과 더불어 가장 많이 쓰이는 통계량이다.

3) 기술통계의 실행

(1) 분석 대화상자 열기

변환(T) ▶ 기술통계량(E) ▶ 기술통계(D) ...

① '자아존중감연구.sav' 파일을 불러와서 메뉴의 분석(A) – 기술통계량(E) – 기술통계(D)를 실행한다.

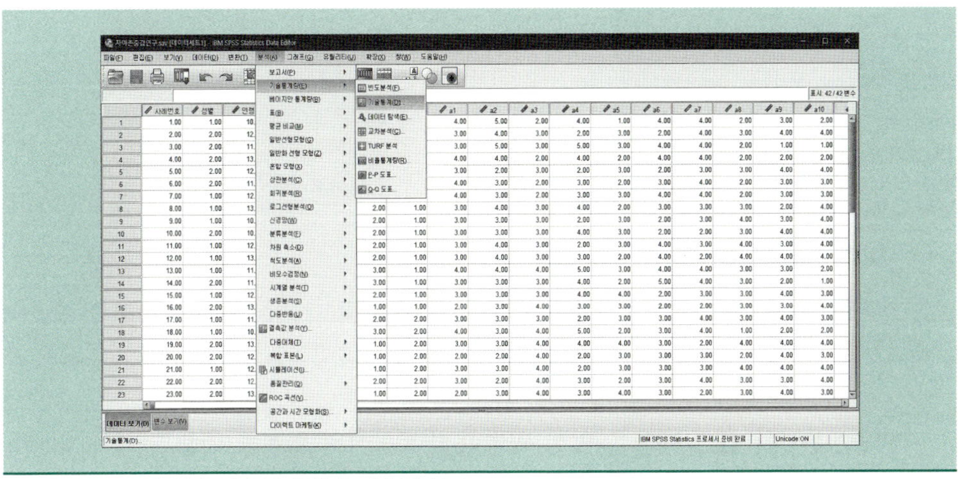

그림 6-12 분석(A)-기술통계량(E)-기술통계(D)

② 기술통계 대화상자가 열리면 분석하고자 하는 '연령', '사전자존감' 변수를 왼쪽의 변수목록에서 선택하고 를 클릭하여 오른쪽 변수(V): 창으로 이동시킨다. 표준화 값을 변수로 저장(Z)을 선택하면 변수별 표준점수를 계산하여 새로운 변수로 저장해 준다. 확인을 클릭하면 기술통계분석이 실행된다.

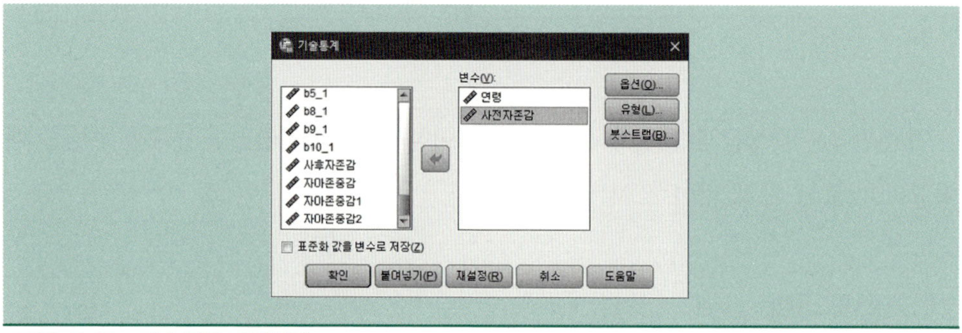

그림 6-13 기술통계 대화상자

(2) 옵션 대화상자 열기

기술통계 대화상자에서 옵션(O)...을 클릭한다.

그림 6-14 기술통계: 옵션

기술통계분석의 옵션 내용은 앞서 연습한 빈도분석의 통계량 내용과 매우 유사하다. 평균과 산포도(표준편차, 분산, 최소값, 최대값), 사후 분포 특성화(첨도, 왜도), 표시

순서 등으로 구성되어 있다. 평균, 표준편차, 분산, 최소값, 최대값을 선택하고 [계속(C)]을 클릭한다.

4) 분석결과 설명

옵션 선택이 모두 끝난 후 [확인]을 클릭하며 기술통계분석을 실행한다.

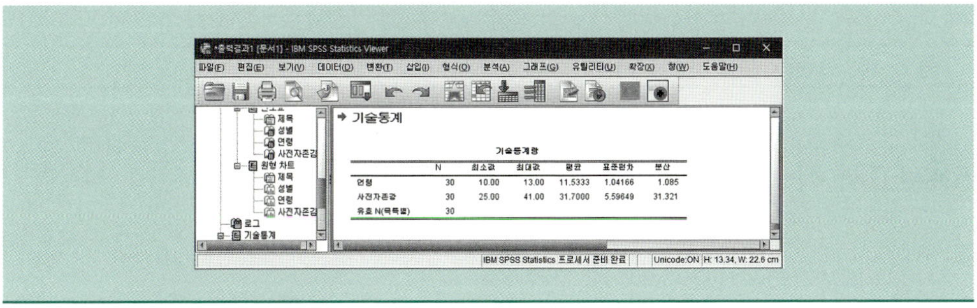

그림 6-15 **기술통계분석 결과**

(1) 기술통계량

기술통계의 분석결과는 매우 간단하다. 분석 대상변수인 연령과 사전자존감 변수에 대하여 각각 최소값, 최대값, 평균, 표준편차, 분산 등의 값이 차례로 제시되어 있다.

앞서 기술통계분석 대화상자에서 [☑ 표준화 값을 변수로 저장(Z)]을 선택하였다. 변수의 표준점수를 각각 계산하여 저장하는 기능이다. 원래 변수의 이름 앞에 Z가 붙어서 새로운 표준점수 값이 생성되었다. Z점수는 원점수의 상대적 위치를 알려주는 표준점수의 일종으로 원점수를 평균은 0, 표준편차를 1로 변환한 점수이다. −점수는 평균보다 낮은 점수이고, +점수는 평균보다 높은 점수임을 알 수 있다.

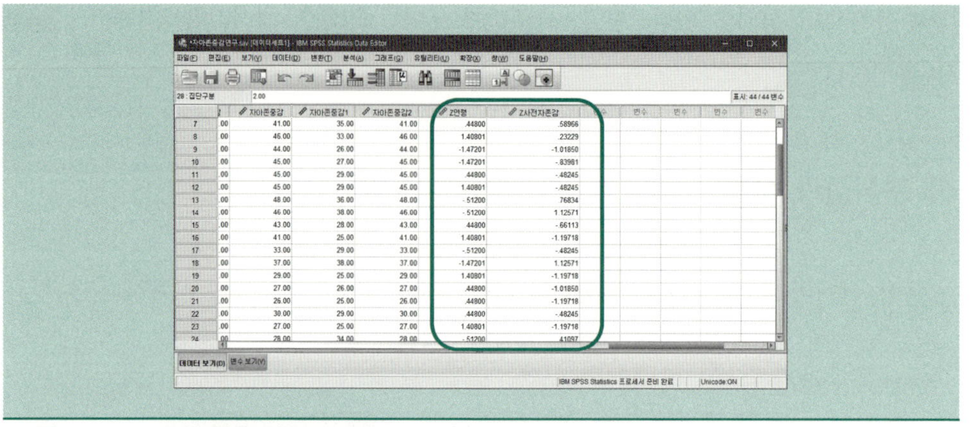

그림 6-16 표준화 값을 변수로 저장

5) 보고서 작성 및 해석

기술통계분석의 결과는 다음과 같다.

표 6-3 연령과 사전자존감의 기술통계량

	빈도	최소값	최대값	평균	표준편차	분산
연 령	30	10	13	11.53	1.04	1.09
사전자존감	30	25	41	31.70	5.60	31.32

응답자의 연령 평균은 11.53세, 최소 연령은 10세, 최고 연령은 13세로 나타났다. 사전자존감 점수의 평균은 31.70점이며, 가장 낮은 점수는 25이고 가장 높은 점수는 41점이었다.

TIP 대학수학능력시험과 표준점수, 백분위 점수

대학수학능력시험에서 표준점수는 원점수를 각 과목별 난이도 차이 등을 감안하여 조정한 점수이다. 표준점수는 원점수가 평균으로부터 얼마나 떨어져 있는가를 기준으로 조정한 점수를 말한다. 과목별 표준점수는 다음과 같은 식으로 계산된다.

• 표준점수 = Z점수 × 해당영역의 표준편차(σ) + 평균(μ) (Z점수 = $X-\mu$ / σ)

여기서 X는 수험생의 원점수이고 μ는 해당영역의 수험생 평균, 그리고 σ는 해당영역의 수험생 표준편차를 말한다. 예를 들어 국어영역과 수학영역의 표준점수 공식은 $\frac{X-\mu}{\sigma}\times 20+100$ (0~200)이고, 탐구영역의 표준점수 공식은 $\frac{X-\mu}{\sigma}\times 10+50$ (0~100)이 된다. 이때 중요한 것은 분자의 값이다. 높은 표준점수를 받기 위해서는 자기 점수가 전국 평균점수보다 높게 받는 것이 관건이다.

백분위란 수능 응시학생 전체에 대한 자기보다 낮은 점수를 받은 학생집단의 비율을 수치로 표현한 것이다.

즉 [(한 수험생의 표준점수보다 표준점수가 낮은 수험생의 수)+(동점자수)÷2 / 해당영역 과목의 수험생수] × 100 이다. 따라서 백분위 값은 높을수록 시험성적이 우수한 것이다.

대학수학능력시험 성적등급은 표준점수에 근거해 9등급으로 나눈다. 1등급은 백분율 4%까지 2등급은 누적백분율 11%까지 이런 식으로 해서 누적백분율 100%에 도달하게 된다. 수시모집에 합격했는데 수능 최저 학력 기준을 적용한다고 할 때 기준이 되는 것이 바로 이 등급이다. 2020년 현재 영어영역과 한국사영역은 원점수를 일정한 기준으로 분할하여 등급으로만 표기하고 있다.

chapter 07

교차분석 및 카이제곱 검정

chapter 07

교차분석 및 카이제곱 검정

1. 교차분석의 개요

교차분석은 명목 및 서열척도를 통하여 수집된 범주형 변수(categorical variables)들을 분석하는데 이용한다. 즉, 한 변수의 범주를 다른 변수의 범주에 따라 빈도를 교차분류하는 교차표 또는 분할표(cross tabulation)를 작성하여 두 변수 간의 독립성과 관련성을 분석하는 것이다. 예를 들어 성별에 따라 선호도의 분포가 어떻게 차이를 보이는지, 종교에 따라 인식하는 사회문제가 달라지는지 등을 알아보고자 하는 경우가 대표적이다. 교차분석은 사회복지현장에서 설문지로 데이터를 수집하여 통계분석을 할 때 측정변수들의 속성상 범주형 변수들이 많다 보면 변수 간 차이를 비교할 때 가장 많이 사용되는 분석방법 중의 하나이다.

2. 교차분석의 원리

교차분석에서는 빈도 및 백분율의 분포가 독립변수의 범주에 따라 통계적으로 유의한 차이가 있는지를 알아보기 위하여 χ^2(카이제곱)검정을 실행한다. 예를 들어 특정 지역에 소재한 대학 사회복지학과 졸업생들의 사회복지사 1급 시험에서 남학생은 45명 중에 23명이 합격하였고, 여학생은 62명 중에 49명이 합격하였다고 할 때 남학생과 여학생 간의 사회복지사 1급 합격률이 동일하다고 할 수 있는지는 χ^2분포를 이용하여 검정할 수 있다. 이때의 영가설은 '성별과 합격여부는 아무런 관계가 없다.' 또는 '남학생과 여학생의 합격률은 동일하다.'는 것이다. 이러한 가설을 흔히 '동질성의 가설(hypothesis of homogeneity)'이라고 한다. 즉, χ^2검정은 동질성의 가설을 검정하는데 이용된다.

1) 교차표의 작성

다음은 남학생 90명, 여학생 110명 총 200명의 대학생을 대상으로 사회봉사학점 의무화의 필요성에 대한 찬반 의견을 조사한 결과를 교차표로 작성한 것이다. 이때 각 셀에 포함된 사례수를 관찰빈도(관측빈도)라고 한다.

표 7-1 성별에 따른 찬반의 분포

	성별		합계
	남자	여자	
찬성	70(a)	70(c)	140
반대	20(b)	40(d)	60
합계	90	110	200

2) 카이제곱 통계량의 계산

표본 중에서 '찬성하는 사람의 비율은 각 성별에 따라서 차이가 없다.'는 영가설(null hypothesis)과 반대의 대립가설(alternative hypothesis)을 설정한다.

H_0 : 남자의 찬성비율 = 여자의 찬성비율
H_1 : 남자의 찬성비율 ≠ 여자의 찬성비율

사회봉사학점 의무화의 필요성에 대해 성별과 찬반 의견이 서로 독립적이라고 할 때, 즉 찬반 의견이 남녀 간 차이가 없다고 가정할 때(영가설이 참일 때) 기대되는 빈도를 기대빈도라고 한다.

성별과 찬반 의견이 서로 독립적이라는 것은 남학생의 찬반 비율과 여학생의 찬반 비율이 동일하다는 것을 의미한다. 남녀에 따라서 찬반 의견이 차이가 없다면 찬반 비율은 남녀를 통합한 비율인 140 : 60으로 보는 것이 합리적일 것이다. 즉, 영가설이 참일 경우에 나타날 수 있는 분포는 140 : 60인 것이다. 그렇다면 (a)와 (b)에 들어갈 기대빈도는 남학생 90명을 140 : 60으로 나눈 값이 된다. 그리고 (c)와 (d)에 들어갈 기대빈도는 여학생 110명을 140 : 60으로 나눈 값이 되어야 한다. 그러므로 (a)와 (b) 그리고 (c)와 (d)에 들어갈 기대빈도는 각각 다음과 같이 구할 수 있다.

표 7-2 기대빈도의 계산

	성별	
	남자	여자
찬성	(a) (90×140)÷200=63	(c) (110×140)÷200=77
반대	(b) (90×60)÷200=27	(d) (110×60)÷200=33

관찰빈도와 기대빈도를 정리해 보면 〈표 7-3〉과 같다. 성별에 따라 찬성과 반대의 차이가 없다면 나타날 수 있는 기대빈도가 실제로 관찰빈도와 차이가 얼마나 큰가에 따라 영가설이 참일 수도 있고 그렇지 않을 수도 있다. 이 정도를 판단하는 통계량이 바로 χ^2통계량이다.

표 7-3 관찰빈도와 기대빈도

		성별	
		남자	여자
찬성	관찰빈도	70	70
	기대빈도	63	77
반대	관찰빈도	20	40
	기대빈도	27	33

이제 χ^2 통계량을 계산해 보자. χ^2은 다음과 같이 계산된다.

$$\chi^2 = \sum\sum \frac{(관찰빈도 - 기대빈도)^2}{기대빈도}$$

$$\chi^2 = (70-63)^2/63 + (70-77)^2/77 + (20-27)^2/27 + (40-33)^2/33 = 4.714$$

χ^2값은 관찰빈도와 기대빈도의 차이를 구해서 산출되는 값이기 때문에 이 값이 크다는 것은 관찰빈도와 기대빈도의 차이가 크다는 것을 의미한다. 따라서 '성별에 따른 찬반의 분포가 차이가 없다.'는 영가설은 기각하게 된다. 그렇다면 이 χ^2이 얼마나 되어야 영가설을 기각할 수 있을까? χ^2과 자유도를 통하여 영가설 기각여부를 결정하게 된다. 교차분석에서의 자유도는 다음의 공식으로 계산한다.

$$자유도(df) = (r-1) \times (k-1)$$

여기서 r: 행의 셀 개수, 범주의 수
k: 열의 셀 개수, 범주의 수

3) 카이제곱 검정

앞에서 계산된 χ^2값 4.714와 자유도 1을 바탕으로 부록에 제시된 χ^2분포표에 따라 가설검정을 하게 된다. 자유도 1일 때 유의수준 .05인 경우 영가설을 기각하기 위한 임계값이 3.84이므로 영가설을 기각할 수 있다. 그러나 유의수준 .01에서 임계값은 6.63이므로 영가설을 기각할 수 없게 된다. 즉, 성별에 따라서 찬반 비율이 달라진다고 했을 때 오류를 범할 확률이 5% 이하라는 것을 의미하며, 95% 신뢰수준에서는 영가설을 기각할 수 있지만 99% 신뢰하기에는 다소 미흡하다는 의미이다.

4) 교차분석의 가정

χ^2분포를 사용하여 통계적 검정을 실시할 때 다음과 같은 기본 가정이 충족되어야 한다.

첫째, 두 변수가 명목변수나 서열변수와 같이 범주형 변수(categorical variable)이어야 한다. 연속형 변수일 경우에는 코딩변경 절차를 이용하여 범주형으로 만든 뒤에 교차분석을 실시하여야 한다.

둘째, 전체 표본의 크기가 적어도 30 이상이 되어야 하며, 특히 기대빈도가 5보다 작은 셀(cell)이 전체 셀의 20% 이하이어야 한다. 각 셀에 포함된 빈도를 관찰빈도(observed frequency)라고 하고 독립적이다, 혹은 차이가 없다는 영가설이 참일 때 각 범주에 기대되는 빈도를 기대빈도(expected frequency)라 한다. 기대빈도가 전체 셀의 20%가 넘을 경우에는 Fisher의 정확성 검정을 사용하거나 비슷한 범주들은 하나로 묶어서 분석하여야 한다.

셋째, 각 칸에 떨어져 있는 빈도는 각각 독립적이어야 한다. 즉, 어떤 칸의 빈도는 다른 칸에 해당된 빈도와 상관없는 독립적 관계이어야 한다. 이를테면 특정 개입 프로그램이 생활만족도를 향상시키는가를 알아보기 위하여 50명을 대상으로 프로그램을 실시한 전후에 생활만족도의 변화 유무를 묻는 하나의 문항으로 조사한 경우 χ^2검정을 적용할 수 없다. 이 경우에는 McNemar 검정 등의 방법을 사용해야 한다. 한편 다중반응 문항에 관한 교차분석에서도 χ^2을 적용할 수가 없다.

3. 교차분석의 실행

1) 교차분석 대화상자 열기

분석(A) ▶ 기술통계량(E) ▶ 교차분석(C) ...

'교차분석_1급합격데이터.sav' 파일을 열고, 분석(A) - 기술통계량(E) - 교차분석(C)을 실행하여 성별에 따른 합격자 분포의 차이를 검정해 보자.

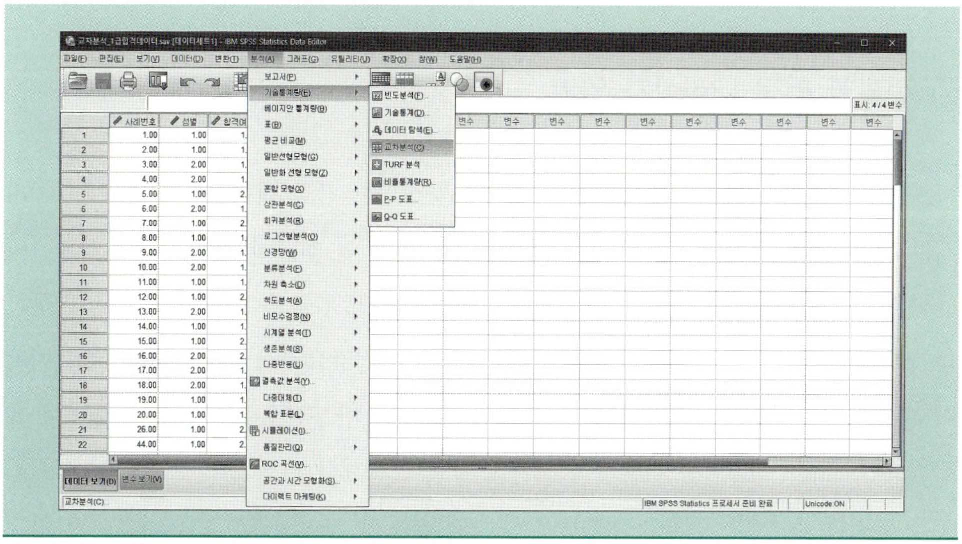

그림 7-1 분석(A)-기술통계량(E)-교차분석(C)

교차분석 대화상자가 열리면 열(C):에 독립변수인 '성별'을 이동시키고 행(O):에는 '합격여부' 변수를 이동시킨다.

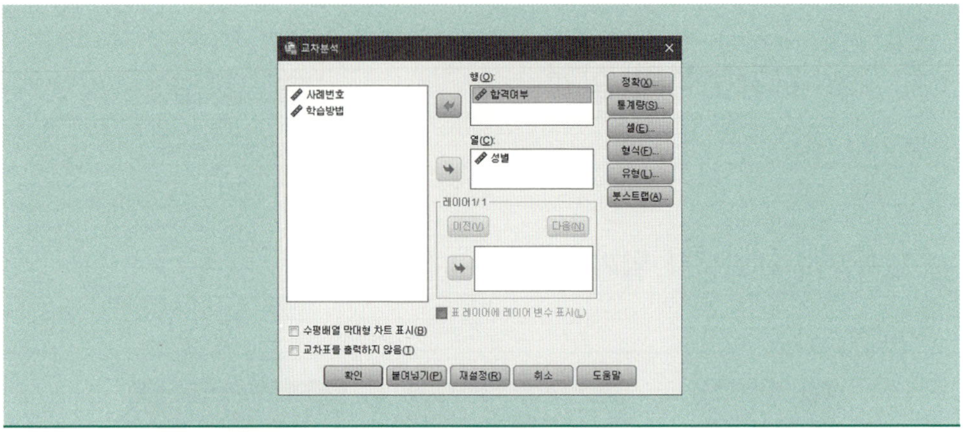

그림 7-2 교차분석 대화상자

행(O):과 열(C):에 위치하는 성별과 합격여부는 서로 바뀌어도 결과를 읽는 데에 지장은 없으나 가급적 독립변수로 간주되는 변수를 열(C):에 위치시키는 것이 결과를 제시하는데 더 효과적이다.

2) 정확한 검정 대화상자 열기

교차분석 대화상자에서 정확(X)...을 클릭하면 정확한 검정 대화상자가 열린다. 여기서는 기본설정되어 있는 점근적 검정(A)을 실행한다. 이 점근적 검증은 데이터파일이 5이상으로 크다는 것을 가정하며 유의수준이 .05 미만의 값을 유의한 것으로 간주한다. Monte Carlo법은 정확한 유의수준의 비편향 추정값으로서 차원, 행과 열의 여백이 관측된 표의 경우와 같은 표의 참조집합으로부터 반복적으로 표본을 추출하여 계산된다. Monte Carlo법을 사용하여 점근적 방법에 필요한 가정 없이도 정확한 유의수준을 추정할 수 있다. 정확검정(E)법은 점근적 분포인 카이제곱분포를 사용하지 않고 주어진 주변합으로 구할 수 있는 모든 표를 만들어 통계량을 구해서 주어진 표의 통계량보다 더 큰 값이 나올 확률을 정확하게 계산하는 방법이다. 데이터파일이 작은 경우, 즉 각 셀의 빈도가 적은 경우에 사용한다(이학식 외, 2011).

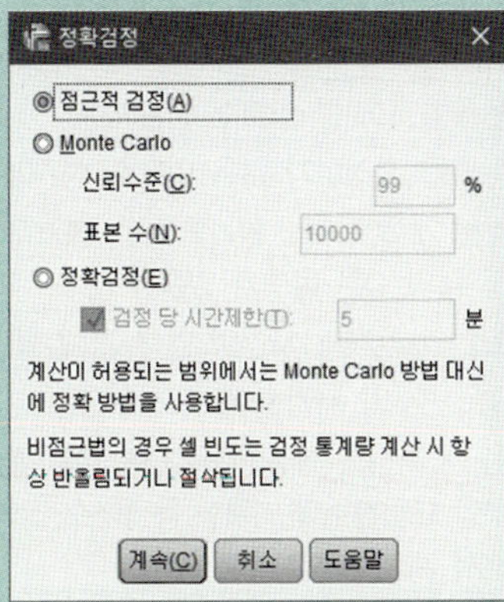

그림 7-3 정확검정

3) 통계량 대화상자 열기

이어서 [통계량(S)...]을 클릭하여 통계량 대화상자를 연다.

표 7-4 교차분석 통계량

키워드	내용 설명
□카이제곱(H)	• Pearson 카이제곱, 우도비 카이제곱, 선형대 선형결합 카이제곱값을 제시한다.
□상관관계(R)	• 두 변수 간의 선형결합을 나타내는 Pearson 상관계수 및 두 변수의 서열척도의 Spearman 상관계수를 제시한다.
명목	• 명목자료의 통계량인 경우 아래의 하나를 선택하면 된다.
□분할계수(O)	• 카이제곱을 기초로 한 결합값(0과 1 사이에 존재)
□파이 및 크레이머의 V(P)	• 카이제곱의 값을 표본의 수로 나눈 다음 제곱을 취한 경우의 값
□람다(L)	• 독립변수를 통해 종속변수를 예측하는 정도로 1은 완전한 예측을 나타내고, 0은 독립변수가 종속변수를 전혀 예측하지 못하는 것을 나타낸다.
□불확실성 계수(U)	• 첫 번째 변수를 통한 두 번째 변수의 정보를 얻는 정도로 상한값 1에 가까울수록 첫 번째 변수값에 대한 정보를 더 많이 예측한 것이 되고, 0에 가까울수록 두 번째 변수에 대한 정보를 얻지 못하는 경우를 말한다.
명목 대 구간	• 명목척도와 등간척도일 경우 다음과 같은 통계량을 사용한다.
□에타(E)	• 등간척도에 대해 측정된 종속변수와 범주 데이터(명목척도)를 가지는 독립변수에 대한 적합한 결합 측정값. 두 개의 에타값이 계산된다. 하나는 열의 명목변수에 관한 것이며, 다른 하나는 행의 명목변수에 관한 것이다.
순서형	• 변수가 서열척도인 경우 아래의 통계량에서 하나 이상을 선택한다.

□ 감마(G)	• 두 서열변수 간 대칭적 상관계수
□ Somers의 d	• 독립변수에 대한 대응변수가 비대칭을 이루는 분포의 상관계수
□ Kendall의 타우 – b	• 동률을 고려한 비모수 상관계수
□ Kendall의 타우 – c	• 동률을 고려하지 않은 비모수 상관계수
□ 카파(K)	• 같은 개체에 대해 평가를 내린 평가자의 동의를 나타내는 값으로 1은 완전 동의, 0은 동의가 없음
□ 위험도(I)	• 요인의 존재와 사건의 발생 간 결합 강도의 측정값
□ McNemar	• 명목변수와 서열변수로 되어 있는 두 변수 간의 분포 차이 검정
□ Cochran 및 Mantel–Haenszel 통계량	• 한 개 이상의 레이어(통제) 변수에 의해 정의되는 공변량 방법에 따라 이분형 요인변수와 이분형 응답변수 간의 독립성을 검정함. 한 레이어에 한해서 계산 가능

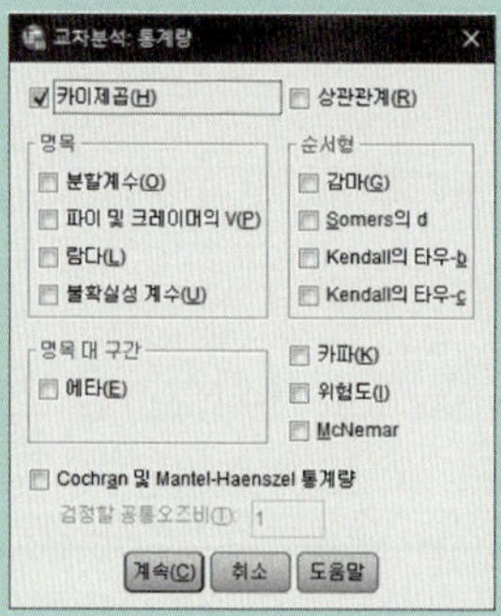

그림 7-4 **교차분석: 통계량**

교차분석을 실행하면서 계산하고자 하는 통계량을 선택한다. 여기서는 χ^2 검정을 위하여 ☑카이제곱(H) 을 선택하고 계속(C) 을 클릭한다.

4) 셀 대화상자 열기

교차분석 대화상자에서 셀(E)... 을 클릭하면 다음과 같은 셀 출력 대화상자가 열린다. 교차표 내의 각 셀에 표시하고자 하는 빈도, 퍼센트 등을 지정할 수 있다. 빈도에서는 관측빈도가 기본값으로 설정되어 있다. 기대빈도를 출력하려면 기대빈도를 선택한다. 퍼센트는 각 관측빈도의 값을 행(R)이나 열(C)을 기준으로 해서 산출한 백분율을 계산하여 준다. 일단 행, 열 그리고 전체 퍼센트를 선택하여 그 결과를 알아본다.

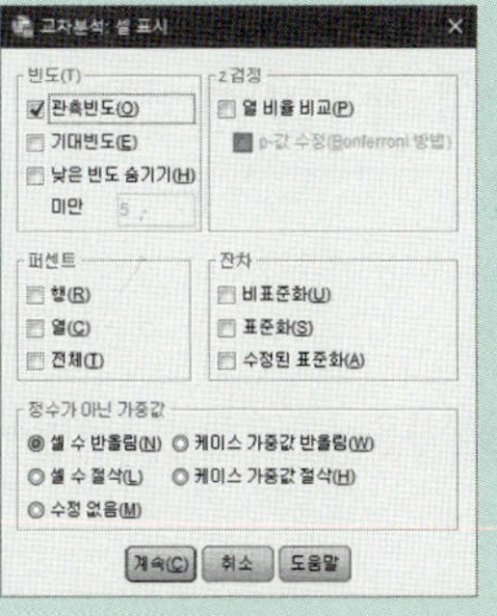

그림 7-5 **교차분석: 셀 표시**

5) 표 형식 대화상자 열기

교차분석 대화상자에서 [형식(F)...]을 클릭하면 다음과 같은 표 형식 대화상자가 열리며, 행 변수값을 오름차순(기본값)이나 내림차순으로 산출하도록 지정할 수 있다.

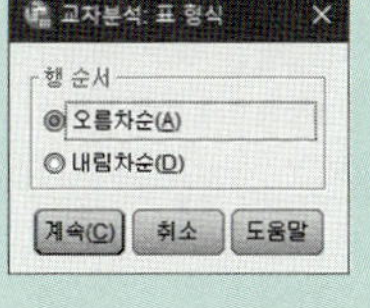

그림 7-6 **교차분석: 표 형식**

4. 교차분석의 결과 설명

교차분석 대화상자에서 확인을 클릭하면 성별에 따른 합격여부의 교차분석 결과표가 산출된다.

케이스 처리 요약

	케이스					
	유효		결측		전체	
	N	퍼센트	N	퍼센트	N	퍼센트
합격여부 * 성별	107	100.0%	0	0.0%	107	100.0%

합격여부 * 성별 교차표

			성별		
			남자	여자	전체
합격여부	합격	빈도	23	49	72
		합격여부 중 %	31.9%	68.1%	100.0%
		성별 중 %	51.1%	79.0%	67.3%
		전체 중 %	21.5%	45.8%	67.3%
	불합격	빈도	22	13	35
		합격여부 중 %	62.9%	37.1%	100.0%
		성별 중 %	48.9%	21.0%	32.7%
		전체 중 %	20.6%	12.1%	32.7%
전체		빈도	45	62	107
		합격여부 중 %	42.1%	57.9%	100.0%
		성별 중 %	100.0%	100.0%	100.0%
		전체 중 %	42.1%	57.9%	100.0%

카이제곱 검정

	값	자유도	근사 유의확률 (양측검정)	정확 유의확률 (양측검정)	정확 유의확률 (단측검정)
Pearson 카이제곱	9.235[a]	1	.002		
연속성 수정[b]	8.010	1	.005		
우도비	9.232	1	.002		
Fisher의 정확검정				.003	.002
선형 대 선형결합	9.149	1	.002		
유효 케이스 수	107				

a. 0 셀 (0.0%)은(는) 5보다 작은 기대 빈도를 가지는 셀입니다. 최소 기대빈도는 14.72입니다.

b. 2x2 표에 대해서만 계산됨

① 먼저 성별에 따른 합격여부의 교차분석에 사용된 케이스 처리 요약표가 제시되는데, 유효 케이스가 107명으로 나타나 있다.

② 성별과 합격여부의 교차표에서 남자 합격자는 23명이며, 이는 합격자 전체 72명 중에서 31.9%이다. 남자 불합격자는 22명으로 나타났고, 전체 불합격자 35명 중 62.9%를 차지하고 있다. 여자 합격자는 49명, 불합격자는 13명이다. 합격여부의 퍼센트는 합격자 전체 중에서 각 관측빈도가 차지하는 백분율을 의미한다. 또한 성별의 %는 같은 성별 중에서 그 셀의 관측빈도가 차지하는 백분율을 나타낸다.

③ 카이제곱 검정 결과표를 보여주는데, Pearson χ^2값은 9.235, 자유도(df)는 1(2 * 2 table), 유의확률은 .002(p < .01)로 나타났다. 즉, 유의수준 .01보다 작으므로 영가설이 기각되어 성별에 따른 합격률에 차이가 있다고 결론을 내린다. 결과표 아래의 각주에서 보이듯 '0셀(.0%)은(는) 5보다 작은 기대빈도를 가지는 셀입니다. 최소 기대빈도는 14.72입니다.'라는 것은 전체 네 개의 셀(2 * 2 table)에서 기대빈도가 5 미만인 셀은 전혀 없으며, 최소 기대빈도가 14.72임을 나타내는 것이다.

5. 보고서 작성 및 해석

성별에 따른 합격여부의 분포 차이를 검정한 결과는 〈표 7-5〉과 같다.

표 7-5 성별에 따른 합격률의 차이 단위: 명(%)

		성별		합 계
		남자	여자	
합격여부	합 격	23(51.1)	49(79.0)	72(67.3)
	불합격	22(48.9)	13(21.0)	35(32.7)
합 계		45(100.0)	62(100.0)	107(100.0)

$\chi^2 = 9.235$, $df = 1$, $p < .01$

남학생의 45명 중에서 합격자는 23명으로 51.1%이며 여학생 62명 중에 합격자는 49명(79.0%)으로 여학생들의 합격률이 남학생들보다 높게 나타났다. 이러한 차이가 유의한지 알아보기 위해 χ^2검정을 실시한 결과 χ^2값은 9.235, 유의확률은 .002로서 유의수준 .01에서($p<.01$) 성별에 따라 합격률에 차이가 있다고 할 수 있다.

6. 교차표 데이터의 분석

이번에는 앞의 사회봉사학점 의무화에 대한 대학생들의 의견을 조사한 교차표를 활용하여 SPSS 교차분석을 실행해 보자. 남학생 90명, 여학생 110명 총 200명의 대학생을 대상으로 사회봉사학점 의무화의 필요성에 대한 찬반 의견을 조사한 결과를 교차표로 작성한 것이다. SPSS 프로그램에서 교차분석을 실행하기 위해서는 전체 200명에 대한 성별과 찬반여부에 관한 데이터를 일일이 입력해야 한다. 이때 성별과 학점의무화 필요성에 대한 찬성과 반대 등 두 개의 변수가 필요하다. 그런데 교차표는 제시되어 있는데 각 케이스의 응답 내용이 없는 상황에서는 어떻게 교차분석을 실행해야 하는가? 이와 같은 경우 가중 케이스(W) 기능을 사용하면 쉽게 해결 가능하다. 앞의 교차표를 SPSS 데이터로 만들어 보자.

① Data Editor 창의 메뉴에서 파일(F) – 새 파일(N) – 데이터(D)를 실행하여 Data Editor를 시작한다. 두 변수 값의 조합(또는 각 셀)이 각각 하나의 케이스가 되도록 데이터를 입력한다. 우선 성별(남자 1, 여자 2), 찬성여부(찬성 1, 반대 2), 사례수를 다음 그림과 같이 입력한다.

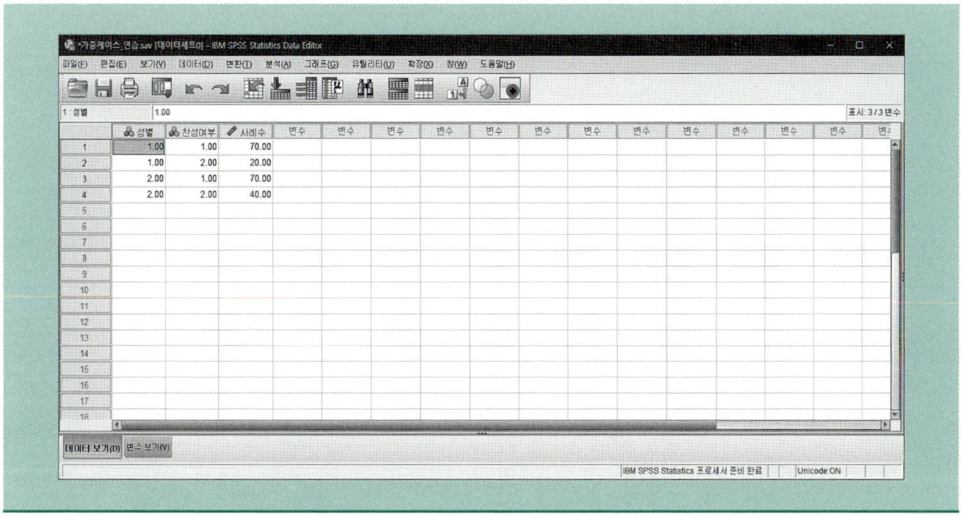

그림 7-7 가중 케이스 연습 데이터

② 이 상태에서 성별변수와 찬성여부 변수를 교차분석하면 다음과 같은 결과가 나타난다. 성별 1에 대응하는 찬성여부 1은 현재 하나의 사례만 인지되기 때문이다.

케이스 처리 요약

	케이스					
	유효		결측		전체	
	N	퍼센트	N	퍼센트	N	퍼센트
찬성여부 * 성별	4	100.0%	0	0.0%	4	100.0%

찬성여부 * 성별 교차표

빈도

		성별		전체
		1.00	2.00	
찬성여부	1.00	1	1	2
	2.00	1	1	2
전체		2	2	4

③ SPSS 메뉴 데이터(D) – 가중 케이스(W)에서 사례수를 가중 케이스로 지정한다. '사례수' 변수를 왼쪽의 변수목록에서 오른쪽 빈도변수(F): 칸으로 이동시킨 후 확인을 클릭한다.

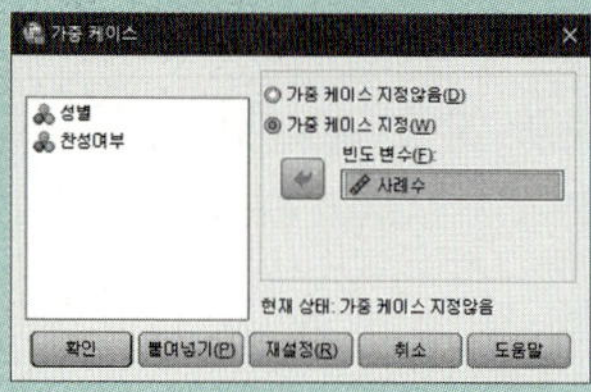

그림 7-8 가중 케이스 대화상자

④ '사례수' 변수를 가중 케이스로 지정한 후 분석(A) - 기술통계량(E) - 교차분석(C)에서 열(C):에 독립변수인 성별, 행(O):에 찬성여부를 각각 이동시킨다. [통계량(S)...] 대화상자에서 ☑카이제곱(H) 을 선택하고, [셀(E)...] 대화상자에서 열(O):을 선택하여 분석을 실행하면 다음과 같이 이전과는 다른 결과가 나타난다. 원래의 교차표와 같이 성별 1(남자)에 대응하는 찬성여부의 1(찬성)이 총 70명으로 나타났다. 다른 셀에도 실제 관측빈도가 사례수로 확인되고 있다.

케이스 처리 요약

	케이스					
	유효		결측		전체	
	N	퍼센트	N	퍼센트	N	퍼센트
찬성여부 * 성별	200	100.0%	0	0.0%	200	100.0%

찬성여부 * 성별 교차표

			성별		전체
			1.00	2.00	
찬성여부	1.00	빈도	70	70	140
		찬성여부 중 %	50.0%	50.0%	100.0%
		성별 중 %	77.8%	63.6%	70.0%
		전체 중 %	35.0%	35.0%	70.0%
	2.00	빈도	20	40	60
		찬성여부 중 %	33.3%	66.7%	100.0%
		성별 중 %	22.2%	36.4%	30.0%
		전체 중 %	10.0%	20.0%	30.0%
전체		빈도	90	110	200
		찬성여부 중 %	45.0%	55.0%	100.0%
		성별 중 %	100.0%	100.0%	100.0%
		전체 중 %	45.0%	55.0%	100.0%

카이제곱 검정

	값	자유도	근사 유의확률 (양측검정)	정확 유의확률 (양측검정)	정확 유의확률 (단측검정)
Pearson 카이제곱	4.714[a]	1	.030		
연속성 수정[b]	4.064	1	.044		
우도비	4.793	1	.029		
Fisher의 정확검정				.031	.021
선형 대 선형결합	4.690	1	.030		
유효 케이스 수	200				

a. 0 셀 (0.0%)은(는) 5보다 작은 기대 빈도를 가지는 셀입니다. 최소 기대빈도는 27.00입니다.

b. 2x2 표에 대해서만 계산됨

⑤ χ^2검정 결과 χ^2통계값이 4.417이고 자유도가 1이며, 유의확률이 .030으로 나타나 남학생과 여학생 간에 사회봉사학점 의무화에 대한 찬성과 반대 의견이 다르게 나타나고 있음을 볼 수 있다. 이러한 결과는 유의수준 .030(p<.05)에서 성별에 따라 찬성과 반대 의견이 다르게 나타나고 있음을 뜻한다.

chapter 08

다중반응분석

chapter 08

다중반응분석

1. 개 요

사회복지조사에서 자료분석을 하다 보면 다중반응 문항을 종종 보게 된다. 특히 욕구조사와 같이 여러 가지 범주 중에서 두 개 이상을 선택하거나 해당 문항을 모두 선택하거나 심지어 몇 개를 선택한 후 우선순위대로 기입하도록 요구하는 설문 문항을 구성하는 경우가 그 예이다.

다중반응이란 하나의 질문에 두 개 이상의 응답을 할 수 있는 경우를 말한다. 이때는 빈도분석이나 교차분석을 할 수 있지만 데이터를 코딩하는 방법이 일반적인 데이터코딩과는 다르다. 즉, 데이터를 코딩할 때부터 다중반응분석을 전제로 하여 다중반응의 유형에 따라 다르게 코딩을 해야 한다.

2. 범주형 자료의 분석

1) 분석자료 및 코딩

범주형 자료의 분석은 다음과 같이 '두 가지만 고르시오.' 형태의 자료를 분석할 때 적합하다.

01 귀하의 성별은 무엇입니까?

① 남자 ② 여자

02 귀하의 거주지역은 어디입니까?

① 1단지 ② 2단지 ③ 3단지

03 귀하가 생각하기에 우리 지역에 필요한 복지분야 중 두 가지만 선택하여 주십시오. (　　) (　　)

① 아동복지 ② 청소년복지 ③ 가족복지
④ 장애인복지 ⑤ 여성복지 ⑥ 노인복지

① 위의 3번 문항이 다중반응 문항으로서 지역복지 욕구조사 설문지 중의 일부이다. 우리 지역에 필요한 복지분야를 두 가지 선택하는 문항이다. 응답자들은 전체 여섯 개의 항목 중에서 두 가지를 선택하게 된다. 이러한 문항을 코딩할 때에는 응답을 두 칸에 코딩해야 한다.

② 어떤 응답자가 3번 문항에 ③과 ⑥의 항목을 선택했다면 선택 1에는 3, 선택 2에는 6을 코딩한다. 이때 중요한 순서대로 선택한 것이 아니기 때문에 3과 6을 바꾸어 코딩해도 상관없다.

③ 이렇게 코딩한 데이터를 실제 입력한 예를 보자.

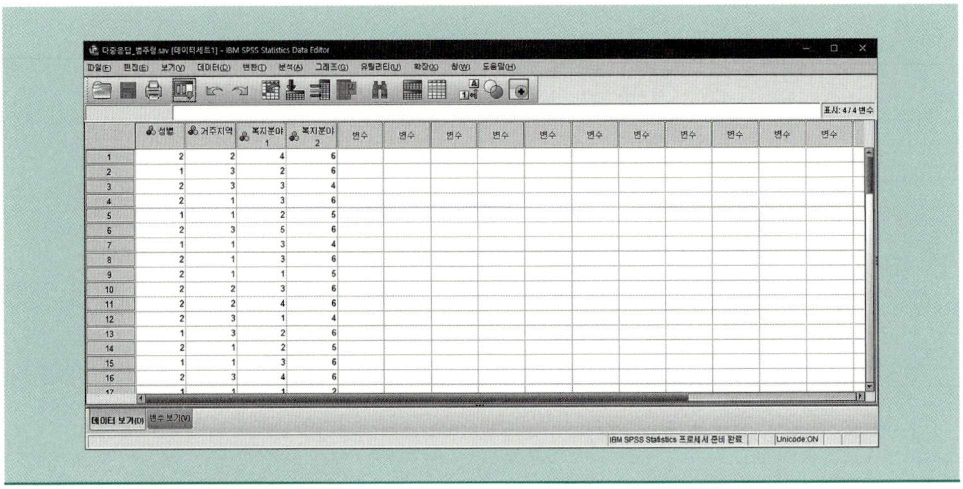

그림 8-1 범주형 다중반응 데이터

④ 만일 하나만 응답한 경우에는 선택한 항목은 코딩하고 선택 2에는 무응답(0이나 9)을 입력해 준다.

2) 범주형 다중반응분석 실행

(1) 변수군 정의

분석(A) ▶ 다중반응(U) ▶ 변수군 정의(D)...

① 앞에서 선택 1과 선택 2로 두 개의 칸에 입력했기 때문에 분석에 앞서 하나의 문항에 대한 응답임을 나타내기 위하여 하나의 범주로 묶어주는 과정이 필요하다. 이 작업을 변수군 정의라고 한다.

② 변수군 정의는 Data Editor 창의 메뉴에서 분석(A) - 다중반응(U) - 변수군 정의(D)를 실행한다.

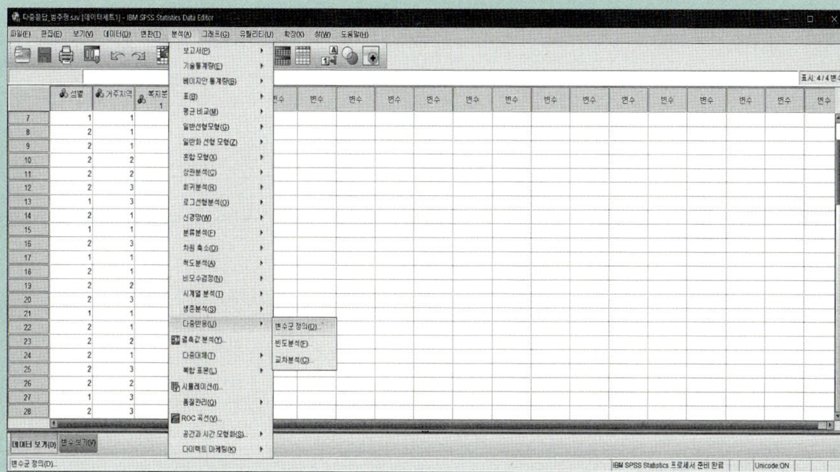

그림 8-2 분석(A)-다중반응(U)-변수군 정의(D)

③ '다중반응_범주형.sav' 파일이 열린 상태에서 변수군 정의를 실행하면 다음과 같은 창이 열린다.

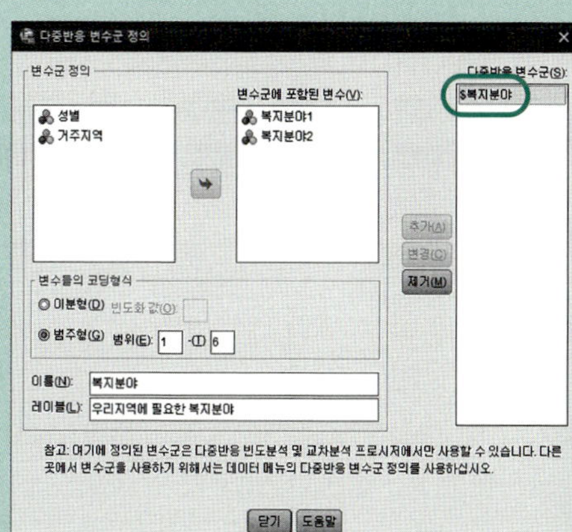

그림 8-3 다중반응 변수군 정의 대화상자

④ 왼쪽 변수군 정의 칸의 변수목록에서 다중반응으로 처리할 변수를 선택하여 변수군에 포함된 변수(V):로 이동시킨다. 변수들의 코딩형식에서 범주형(G)를 선택한다. 범위(E):에 변수 값의 범위, 즉 설문응답에 포함되는 항목번호를 1에서 6

까지 입력한다. 다중반응으로 만들어질 새로운 변수의 이름(N):을 입력해 주는데 여기서는 '복지분야'라고 입력하였다. 영문으로 변수명을 지정하였을 경우 레이블(L):을 붙일 수 있다. 그리고 추가(A)를 클릭하면 오른쪽 다중반응 변수군(S):으로 이동된다. 닫기를 클릭하면 다중반응 변수군 정의과정이 종료된다. 변수군 정의가 완료되면 이제 분석에 들어갈 수 있다. 다중반응분석은 빈도분석과 교차분석만이 가능하다.

(2) 분석 대화상자 열기

분석(A) ▶ 다중반응(U) ▶ 빈도분석(F)...

① 다중반응 빈도분석을 실행해 보자. Data Editor 창에서 분석(A) - 다중반응(U) - 빈도분석(F)을 실행한다. 일반적인 빈도분석이 분석(A) - 기술통계량(E) - 빈도분석(F)에서 실행하는 것과는 다르니 이 점을 유의해야 한다.

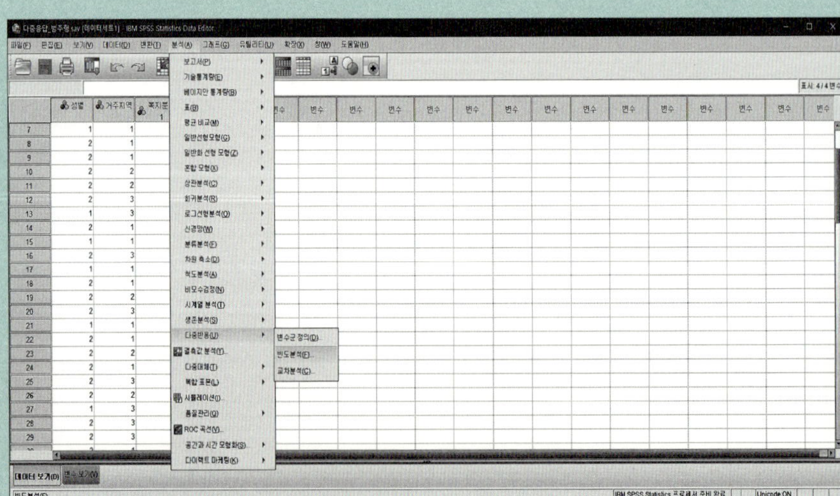

그림 8-4 분석(A)-다중반응(U)-빈도분석(F)

② 빈도분석 명령을 실행하면 다음과 같은 다중반응 빈도분석 대화상자가 열린다.

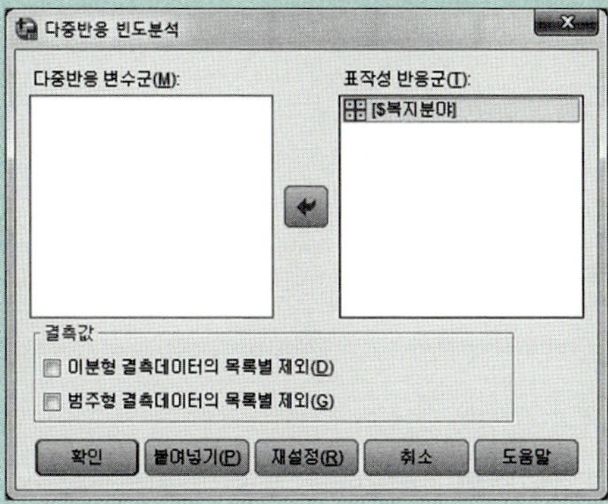

그림 8-5 다중반응 빈도분석 대화상자

③ 왼쪽의 다중반응 변수군(M): 내에 있는 변수군 정의에서 생성된 변수를 찾아서 표작성 반응군(T): 칸으로 이동시킨 후 확인을 클릭한다.

3) 분석결과 설명

범주형 다중반응분석을 실행하면 다음과 같은 화면이 출력된다.

케이스 요약

	케이스					
	유효		결측		전체	
	N	퍼센트	N	퍼센트	N	퍼센트
$복지분야[a]	60	100.0%	0	0.0%	60	100.0%

a. 범주형 변수 집단

① 케이스 처리결과를 요약해서 보여주고 있는데, '$복지분야'가 다중반응분석을 위해 새롭게 만든 변수이며, 전체 유효 케이스는 60명이다.

$복지분야 빈도

		반응 N	반응 퍼센트	케이스 중 %
우리지역에 필요한 복지분야[a]	아동복지	12	10.3%	20.0%
	청소년복지	18	15.5%	30.0%
	가족복지	21	18.1%	35.0%
	장애인복지	22	19.0%	36.7%
	여성복지	16	13.8%	26.7%
	노인복지	27	23.3%	45.0%
전체		116	100.0%	193.3%

a. 범주형 변수 집단

② '$복지분야' 변수의 각 항목별 응답자와 백분율을 보여준다. 응답은 응답한 사람 수와 전체 응답 중 백분율을 의미한다. 합계 응답 수가 116으로 나와 있는데, 이는 60명이 116개의 응답을 했다는 의미이다. 케이스 퍼센트가 193.3%라는 것은 응답률을 나타내는 것으로 응답자 60명이 1인당 1.93개 정도 응답했다는 것이다.

③ 여기서 응답 수는 변수 '복지분야 1'과 '복지분야 2'에 응답한 횟수를 모두 더한 퍼센트를 말한다. 아동복지를 선택한 응답자는 두 변수 모두 합해서 12명이 응답했다는 뜻이다. 전체 60명의 응답자가 여섯 가지 항목에 응답한 빈도 수는 116이다. 퍼센트는 전체 응답 수 116에서 각 항목의 응답이 차지하는 백분율을 말한다. 노인복지에 응답한 사람의 수는 27명이며, 전체 응답 중 23.3%를 차지하고 있다.

④ 케이스 퍼센트는 전체 응답자에 대한 비율을 말한다. 전체 응답자는 60명이고 1번 아동복지를 선택한 사람이 12명이므로 케이스 퍼센트는 (12÷60)×100=20%가 된다.

4) 보고서 작성 및 해석

범주형 다중반응의 분석결과는 두 변수를 따로 제시할 필요 없이 전체 빈도와 퍼센트만을 제시해 주면 된다. 응답자들로 하여금 해당 지역에 필요한 복지분야를 두 가지씩 선택하도록 한 결과는 〈표 8-1〉과 같다.

표 8-1 필요한 복지분야(N=60)

복지분야	빈도(명)	케이스 퍼센트(%)
아동복지	12	20.0
청소년복지	18	30.0
가족복지	21	35.0
장애인복지	22	36.7
여성복지	16	26.7
노인복지	27	45.0
계	116	193.3

※ 다중반응

가장 필요한 복지분야를 질문한 다중반응에서 전체 60명 중 27명(45%)이 노인복지라고 가장 많이 응답하였다. 그다음은 장애인복지가 22명(36.7%)이고, 이어서 가족복지가 21명(35%) 순으로 나타났다. 아동복지는 12명(20%)으로 가장 적게 응답하였다. 다중반응의 보고서 내용 중에서 전체 합계는 사실상 의미가 없다. 따라서 단순히 표 하단에 다중반응임을 표시해도 상관없다.

3. 이분형 자료의 분석

1) 분석자료 및 코딩

다중반응 문항 중에서 해당하는 모든 문항을 선택하도록 하는 경우에는 이분형 자료로 코딩을 해야 한다. 이분형 자료의 분석은 다음과 같이 '모두 고르시오.' 형태의 자료를 분석할 때 적합하다.

01 귀하의 성별은 무엇입니까?

① 남자 ② 여자

02 귀하의 거주지역은 어디입니까?

① 1단지 ② 2단지 ③ 3단지

03 귀하가 우리 지역에 필요한 복지분야라고 생각되는 것에 모두 √표 하십시오.

① 아동복지 ② 청소년복지 ③ 가족복지

④ 장애인복지 ⑤ 여성복지 ⑥ 노인복지

① 위의 설문지 3번 문항을 보면 우리 지역에 필요한 복지분야라고 생각되는 항목을 모두 고르라고 했다. 응답자들은 전체 여섯 개의 항목 중에서 하나를 고를 수도 있고 여섯 개 모두를 고를 수도 있다. 따라서 이러한 문항을 코딩할 때에는 여섯 개의 질문을 한 것과 같이 취급하여 응답을 여섯 칸에 코딩해야 한다.

② 각 문항에 대하여 선택이면 1, 미선택이면 0으로 각각 코딩해야 한다. 예를 들어 여섯 개 모두를 선택한 응답자의 경우에는 111111이라고 코딩하고, 첫 번째 문항만 선택하면 100000이라고 입력한다.

③ 이렇게 코딩한 데이터를 실제 입력한 예를 보자.

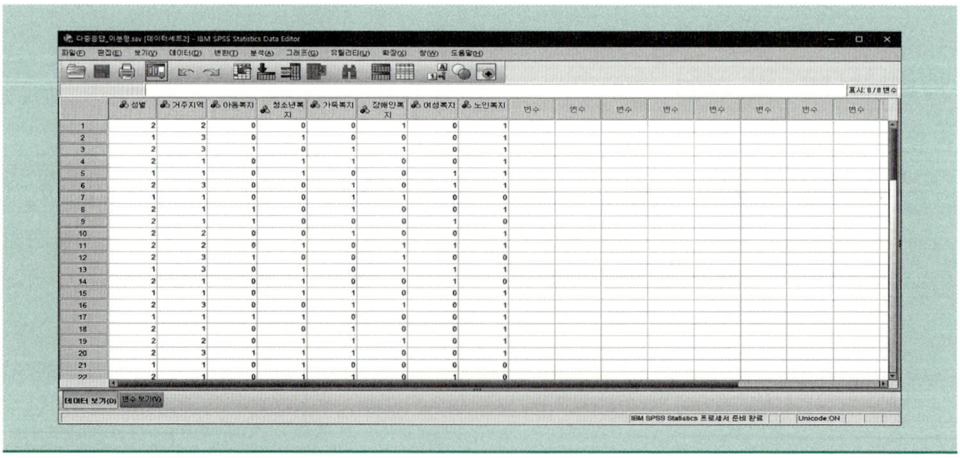

	성별	거주지역	아동복지	청소년복지	가족복지	장애인복지	여성복지	노인복지
1	2	2	0	0	0	1	0	1
2	1	3	0	1	0	0	0	1
3	2	3	1	0	1	1	0	1
4	2	1	0	1	1	0	0	1
5	1	1	0	1	0	0	1	1
6	2	3	0	0	1	0	1	1
7	1	1	0	0	1	1	0	0
8	2	1	1	0	1	0	0	1
9	2	1	1	0	0	0	1	0
10	2	2	0	0	1	0	0	1
11	2	2	0	1	0	1	1	1
12	2	3	1	0	0	1	0	0
13	1	3	0	1	0	1	1	1
14	2	1	0	1	0	0	1	0
15	1	1	0	1	1	0	0	1
16	2	3	0	0	1	1	0	1
17	1	1	1	1	0	0	0	1
18	2	1	0	0	1	0	0	1
19	2	2	0	1	1	1	0	1
20	2	3	1	1	1	0	0	1
21	1	1	0	1	0	0	0	0
22	2	1	0	1	1	0	1	0

그림 8-6 **다중반응 이분형 데이터**

2) 이분형 다중반응분석 실행

(1) 변수군 정의

분석(A) ▶ 다중반응(U) ▶ 변수군 정의(D)...

① 이제 한 문항의 각각 응답지에 대하여 선택 유무를 여러 칸에 걸쳐 입력했기 때문에 분석에 앞서 하나의 문항에 대한 응답임을 나타내기 위한 하나의 범주로 묶어주어야 한다. 앞서 이 작업을 변수군 정의라고 했다.

② 변수군 정의는 Data Editor 창의 메뉴에서 분석(A)－다중반응(U)－변수군 정의(D)를 실행한다. 이미 앞에서 설명하였기에 변수군 정의 자세한 실행 경로는 생략한다. '다중반응_이분형.sav' 파일이 열린 상태에서 변수군 정의를 실행하면 다음과 같은 창이 열린다.

③ 왼쪽 변수군 정의 칸의 변수목록에서 다중반응으로 처리할 변수를 선택하여 변수군에 포함된 변수(V): 칸으로 이동시킨다. 여기서는 v1에서 v6까지의 변수를 모두 이동시킨다. 변수들의 코딩형식에서 이분형(D)을 선택한다. 빈도화 값(O):에 1이라고 입력한다. 선택된 범주를 1이라고 코딩했다는 의미이다. 다중반응으로 만들어질 새로운 변수의 이름(N):을 입력해 주는데 여기서는 '복지분야_전체'라고 입력하였다. 영문으로 변수명을 지정하였을 경우 레이블(L):을 붙일 수 있다. 그리고 [추가(A)]를 클릭하면 오른쪽 다중반응 변수군(S):에 '$복지분야_전체'라는 변수군이 생성된다. [닫기]를 클릭하면 다중반응 변수군 정의 과정이 종료된다. 변수군 정의가 완료되면 이제 분석에 들어갈 수 있다.

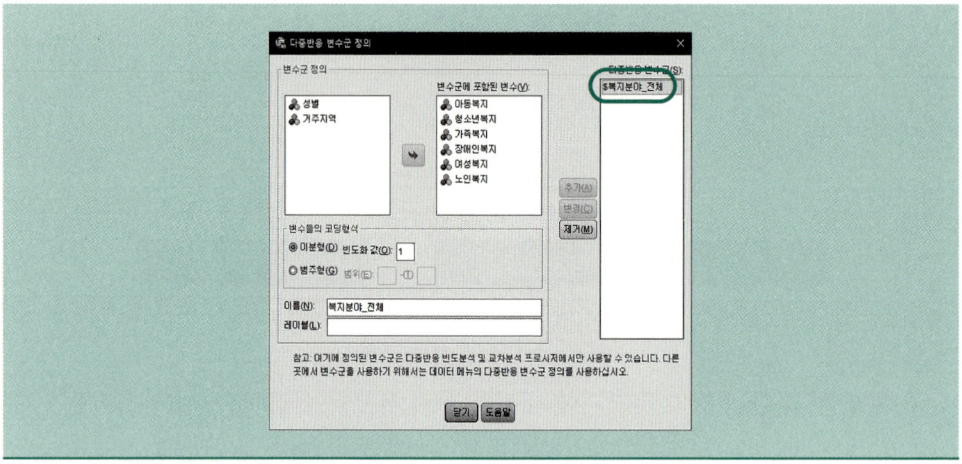

그림 8-7 다중반응 변수군 정의 대화상자

(2) 분석 대화상자 열기

분석(A) ▶ 다중반응(U) ▶ 빈도분석(F)...

① 이분형 다중반응 빈도분석을 실행해 보자. Data Editor 창에서 분석(A) - 다중반응(U) - 빈도분석(F)을 실행한다.

② 빈도분석 명령을 실행하면 다음과 같은 다중반응 빈도분석 대화상자가 열린다. 왼쪽의 다중반응 변수군(M) 창에서 분석하고자 하는 변수, 여기서는 '$복지분야_전체' 변수를 표작성 반응군(T): 칸으로 이동시킨 후 확인 을 클릭한다.

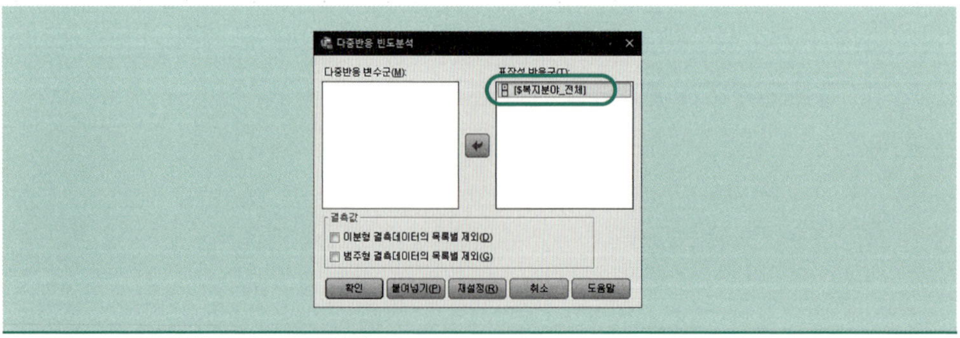

그림 8-8 다중반응 빈도분석 대화상자

3) 분석결과 설명

이분형 다중반응분석을 실행하면 다음과 같은 화면이 출력된다.

$복지분야_전체 빈도

		반응		케이스 중 %
		N	퍼센트	
$복지분야_전체[a]	아동복지	22	12.9%	36.7%
	청소년복지	27	15.9%	45.0%
	가족복지	29	17.1%	48.3%
	장애인복지	28	16.5%	46.7%
	여성복지	28	16.5%	46.7%
	노인복지	36	21.2%	60.0%
전체		170	100.0%	283.3%

a. 값 1을(를) 가지는 이분형 변수 집단입니다.

① 이분형 다중반응분석 결과표는 범주형 다중반응분석과 유사하다. 이분형 다중반응의 분석에서 선택된 값이 1임을 나타내 준다. '$복지분야_전체' 변수의 각 항목별 응답자와 백분율을 보여준다. 전체 응답 수가 170이며, 60명이 170개의 응답을 하여 케이스 퍼센트가 283.3%로 나왔다. 응답자 60명이 1인당 2.83개 정도 응답했다는 것이다.

② 아동복지분야는 12.9%의 응답 퍼센트를 나타내며, 전체 응답자 60명 중에 22명이 응답하였다. 노인복지분야가 21.2%의 응답 백분율을 나타내며, 전체 응답자 60명 중에 36명이 응답하였다.

4) 보고서 작성 및 해석

이분형 다중반응의 분석결과는 SPSS 결과표에 따라서 그대로 제시해 주면 된다. 다만 응답 퍼센트와 케이스 퍼센트 중에서 선택하여 제시하고 그에 따라 해석하면 된다. 응답자들로 하여금 해당 지역에 필요한 복지분야를 조사한 결과는 〈표 8-2〉와 같다.

표 8-2 필요한 복지분야(N=60)

복지분야	빈도(명)	케이스퍼센트(%)
아동복지	22	36.7
청소년복지	27	45.0
가족복지	29	48.3
장애인복지	28	46.7
여성복지	28	46.7
노인복지	36	60.0
계	170	283.3

※ 다중반응

가장 필요한 복지분야를 질문한 다중반응에서 전체 60명 중 36명(60%)이 노인복지라고 응답하여 가장 많은 수를 차지했다. 가족복지가 29명(48.3%)이고, 장애인복지와 여성복지가 28명(46.7%)으로 그 뒤를 이었다. 아동복지는 22명(36.7%)으로 가장 적게 응답하였다.

4. 순위형 자료의 분석

1) 분석자료 및 코딩

순위형 자료의 분석은 다음과 같이 '순서대로 두 개를 고르시오.' 형태의 자료를 분석할 때 적합하다. 범주형 다중반응과 유사하지만 선택 순위에 따라 그 중요성을 고려하여 가중치를 주어야 한다.

01 귀하의 성별은 무엇입니까?

① 남자 ② 여자

02 귀하의 거주지역은 어디입니까?

① 1단지 ② 2단지 ③ 3단지

03 귀하가 생각하기에 우리 지역에 필요한 복지분야 중 중요한 순서대로 두 가지를 선택하여 주십시오. 1순위( ), 2순위( )

① 아동복지 ② 청소년복지 ③ 가족복지

④ 장애인복지 ⑤ 여성복지 ⑥ 노인복지

① 우리 지역에 필요한 복지분야를 두 가지 선택한 후에 중요한 순서대로 1순위와 2순위에 따로 기입해야 한다. 이러한 문항을 코딩할 때에는 일단 응답을 두 칸에 코딩한 후에 분석하고 해석할 때 가중치를 주어야 한다. 따라서 1순위와 2순위를 바꾸어 코딩해서는 안 되며 기타 코딩 및 입력방법은 범주형 코딩과 유사하다.

② 이렇게 코딩한 순위형 다중반응 데이터를 실제 입력한 예는 다음과 같다.

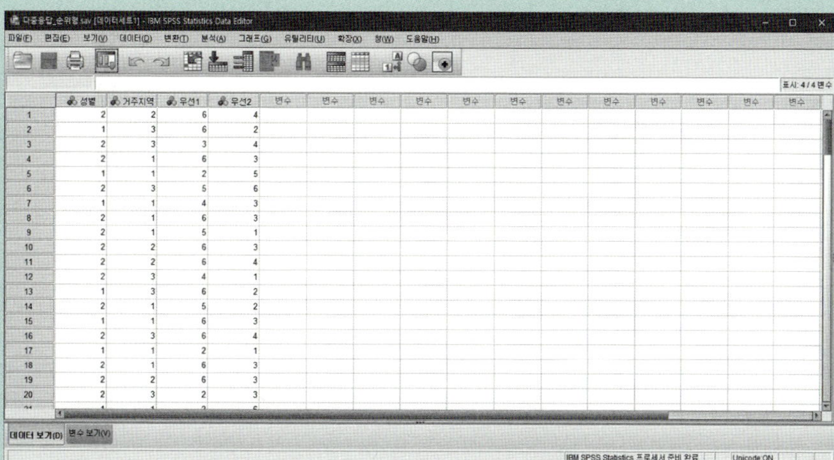

	성별	거주지역	우선1	우선2
1	2	2	6	4
2	1	3	6	2
3	2	3	3	4
4	2	1	6	3
5	1	1	2	5
6	2	3	5	6
7	1	1	4	3
8	2	1	6	3
9	2	1	5	1
10	2	2	6	3
11	2	2	6	4
12	2	3	4	1
13	1	3	6	2
14	2	1	5	2
15	1	1	6	3
16	2	3	6	4
17	1	1	2	1
18	2	1	6	3
19	2	2	6	3
20	2	3	2	3

그림 8-9 다중반응 순위형 데이터

③ 만일 첫 번째 항목 하나에만 응답한 경우에는 두 번째 항목에 무응답(0이나 9)을 입력해 준다.

2) 순위형 다중반응분석 실행

(1) 분석 대화상자 열기

분석(A) ▶ 기술통계량(E) ▶ 빈도분석(F)...

① 순위형 데이터는 1순위, 2순위 등 각각에 대하여 따로 분석을 하기 때문에 변수군 정의를 할 필요 없이 바로 분석이 가능하다.

② 순위형 데이터의 분석은 일반적인 빈도분석과 마찬가지로 분석(A)-기술통계량(E)-빈도분석(F)에서 실행한다.

그림 8-10 분석(A)-기술통계량(E)-빈도분석(F)

③ 빈도분석 대화상자 변수목록에서 선택1, 선택2 변수, 즉 여기서는 '우선1', '우선2' 변수를 선택하여 변수(V): 창으로 이동시킨 후 [확인]을 클릭한다.

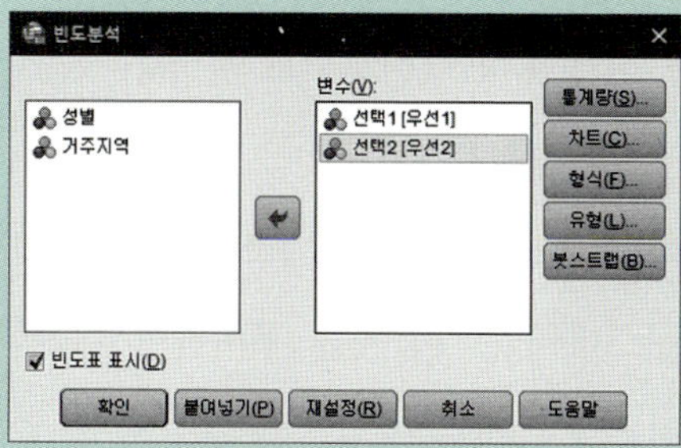

그림 8-11 **빈도분석 대화상자**

3) 분석결과 설명

순위형 데이터의 빈도분석을 실행하면 통계량과 빈도표를 차례로 출력해 준다.

선택1

		빈도	퍼센트	유효 퍼센트	누적 퍼센트
유효	아동	4	3.3	6.7	6.7
	청소년	12	10.0	20.0	26.7
	가족	3	2.5	5.0	31.7
	장애인	12	10.0	20.0	51.7
	여성	4	3.3	6.7	58.3
	노인	25	20.8	41.7	100.0
	전체	60	50.0	100.0	
결측	시스템	60	50.0		
전체		120	100.0		

선택2

		빈도	퍼센트	유효 퍼센트	누적 퍼센트
유효	아동	8	6.7	13.3	13.3
	청소년	6	5.0	10.0	23.3
	가족	18	15.0	30.0	53.3
	장애인	10	8.3	16.7	70.0
	여성	12	10.0	20.0	90.0
	노인	6	5.0	10.0	100.0
	전체	60	50.0	100.0	
결측	시스템	60	50.0		
전체		120	100.0		

① 순위형 분석을 실행하면 빈도표를 산출해 준다. 1순위 선택과 2순위 선택 등 두 개의 빈도표가 산출되어 있다. 각각 변수값, 빈도, 퍼센트 등이 나타나 있다. 응답자들이 생각하는 복지분야 1순위(우선1) 선택에서 1번 아동복지에 응답한 사람은 4명이며 전체 응답자의 6.7%이다. 2번 청소년복지에 응답한 사람은 12명으로 20%를 차지하고 있다. 6번 노인복지는 25명(41.7%)이 응답하여 가장 많은 사람이 응답한 것으로 나타났다.

② 빈도분석 결과에 따라서 각 순위별로 가중치를 주어 해석해야 하는데, 1순위에는 200%, 2순위에는 100%의 가중치를 부여하여 계산한다. 가중치를 부여하는 정도는 연구자가 이론적 근거를 바탕으로 결정할 수 있다. 즉, 1순위에 300%, 2순위에 100% 이렇게 부여할 수도 있다는 것이다.

③ 가중치를 부여하여 정리해 보자. 1순위에는 200%, 2순위에는 100%를 부여한다면 다음과 같이 계산될 수 있다. 가중치 부여방법은 엑셀 프로그램을 사용하면 간단하게 구할 수 있으니 참고하기 바란다.

표 8-3 다중반응 가중치 부여

항 목	1순위	2순위	전 체
1 아동복지	4×200=800	8×100=800	1600
2 청소년복지	12×200=2400	6×100=600	3000
3 가족복지	3×200=600	18×100=1800	2400
4 장애인복지	12×200=2400	10×100=1000	3400
5 여성복지	4×200=800	12×100=1200	2000
6 노인복지	25×200=5000	6×100=600	5600

④ 가중치를 부여하여 계산한 결과 6번 노인복지가 5600으로 가장 높게 나타났으며 아동복지가 1600으로 가장 낮게 나타났다. 응답자가 필요하다고 생각하는 복지분야를 다중반응으로 분석한 결과 6번 노인복지가 가장 높게 나타났다.

4) 보고서 작성 및 해석

순위형 다중반응 빈도분석 결과를 제시할 때에는 기본적으로 〈표 8-4〉에서처럼 1순위 응답에 대한 빈도분석 결과를 제시하는 것이 좋다. 가중치를 주기 전의 1순위에서 가장 높은 빈도를 나타낸 응답자가 가중치를 준 이후에도 가장 높게 나타날 가능성이 높기 때문이다. 또한 2순위 이하의 결과는 제시는 하되 반드시 명시 및 설명해 줄 필요까지는 없다.

표 8-4 필요한 복지분야(N=60)

복지분야	응답 전체		1순위		2순위	
	빈도	%	빈도	%	빈도	%
아동복지	12	20.0	4	6.7	8	13.3
청소년복지	18	30.0	12	20.0	6	10.0
가족복지	21	35.0	3	5.0	18	30.0
장애인복지	22	36.7	12	20.0	10	16.7
여성복지	16	26.7	4	6.7	12	20.0
노인복지	31	51.7	25	41.7	6	10.0
계	–	–	60	100.0	60	100.0

※ 다중반응

가장 필요한 복지분야를 질문한 다중반응에서 전체 60명 중 25명(41.7%)이 노인복지를 1순위로 응답하여 2순위로 응답한 사람의 수를 계산하지 않더라도 가장 많은 수를 차지했다. 이는 앞이 가중치를 부여하여 계산한 결과와 일치하고 있다. 장애인복지가 12명(20%)으로 그 뒤를 이었고, 아동복지가 4명(전체 12명)으로 가장 낮은 응답을 보였다. 이를 통해 볼 때 조사지역의 응답자들은 노인복지에 대하여 가장 필요로 한다는 것을 알 수 있다.

5. 다중반응 교차분석

1) 교차분석 대화상자 열기

앞의 다중반응의 빈도분석에서 연습한 것처럼 분석에 앞서 변수군 정의 과정이 필요하다는 것을 알았다. 다중반응 교차분석 역시 분석을 실행하기에 앞서 변수군 정의 과정이 필요하다. 변수군 정의 방법은 앞부분을 참고하기 바란다.

다중반응 교차분석의 실행과정은 크게 두 가지로 구분된다. 첫 번째 방법은 Data Editor 창의 메뉴에서 분석(A) - 다중반응(U) - 교차분석(C)의 과정으로 실행한다. 이는 앞의 빈도분석과 같은 과정을 거치는 일반적인 방법이다. 다중반응 교차분석은 카이제곱을 통한 분포의 차이 검정은 사용할 수 없다. 여기서는 교차분석 방법으로 분석하는 과정을 설명하도록 한다. 아울러 범주형과 이분형 중에서 범주형 방법으로 분석해 본다.

분석(A) ▶ 다중반응(U) ▶ 교차분석(C)...

① '다중반응_범주형.sav' 파일을 연다. 메뉴 중에서 분석(A) - 다중반응(U) - 교차분석(C)을 실행하면 그림과 같은 대화상자가 나타난다. 일반 교차분석과는 달리 독립변수의 범위를 지정해 주어야 한다.

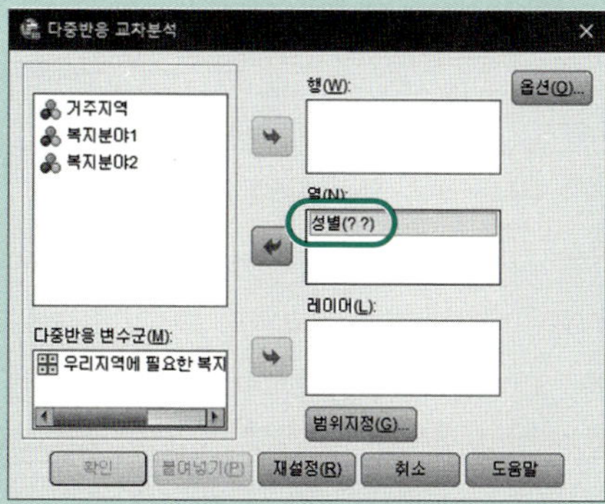

그림 8-12 다중반응 교차분석 대화상자

② 먼저 성별변수를 열(N): 칸으로 이동시키면 성별(??)이라고 표시되는데, 이때 아래쪽의 범위지정(G)...을 클릭하면 다음과 같은 창이 열리면서 범위를 지정할 수 있게 된다.

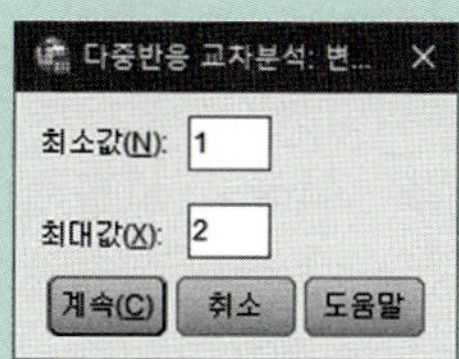

그림 8-13 다중반응 교차분석

③ 성별변수의 최소값인 1과 최대값인 2를 각각 입력한 후 계속(C)을 클릭하여 다중반응 교차분석 대화상자로 나온다. 옵션(O)...을 클릭하면 다음과 같은 창이 열리는데 셀 퍼센트와 퍼센트 계산 기준을 입력하는 별도의 창이 열린다. 셀 퍼센트는 독립변수에 해당하는 성별이 있는 열의 백분율을 선택한다. 퍼센트 계산 기준에서는 케이스(S)와 응답(R) 중에서 선택할 수 있는데, 케이스를 기준으로 선택하게 되면 교차분석표에서 합계는 유효한 응답자 수인 60명이 나타나지만 응답을 선택하게 되면 전체 응답자 수의 합계는 116으로 산출된다. 열과 케이스를 각각 선택한 후 계속(C)을 클릭한다.

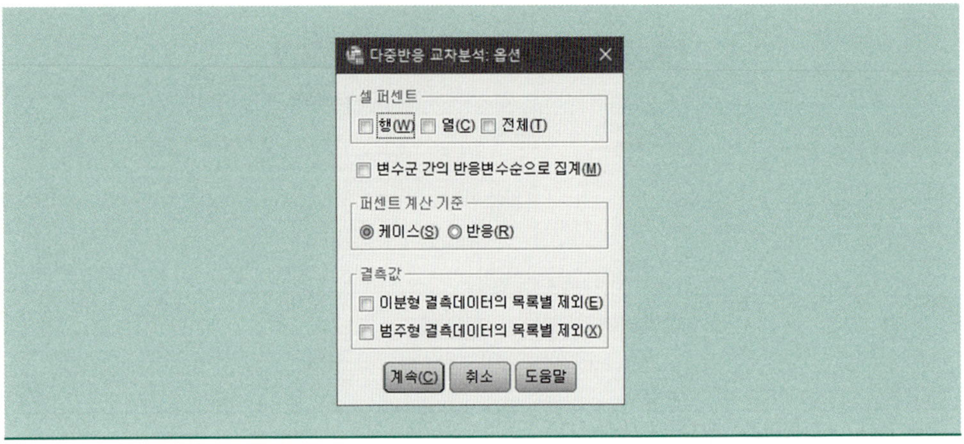

그림 8-14 다중반응 교차분석: 옵션

④ 이번에는 다중반응 교차분석 대화상자에서 다중반응 변수군(M): 칸에 있는 변수군에 '$복지분야' 변수를 선택하여 행(W): 칸으로 이동시킨다. 이 상태에서 확인 을 클릭하면 다중반응 교차분석이 실행된다. 이때 독립변수와 종속변수를 추가해도 분석이 가능하다. 여기서는 독립변수, 즉 거주지역 변수를 열(N): 칸으로 이동시킨 후 범위를 지정해 준다. 거주지역은 변수값이 1, 2, 3으로 코딩되어 있기 때문에 최소값을 1, 최대값을 3이라고 지정해 준다.

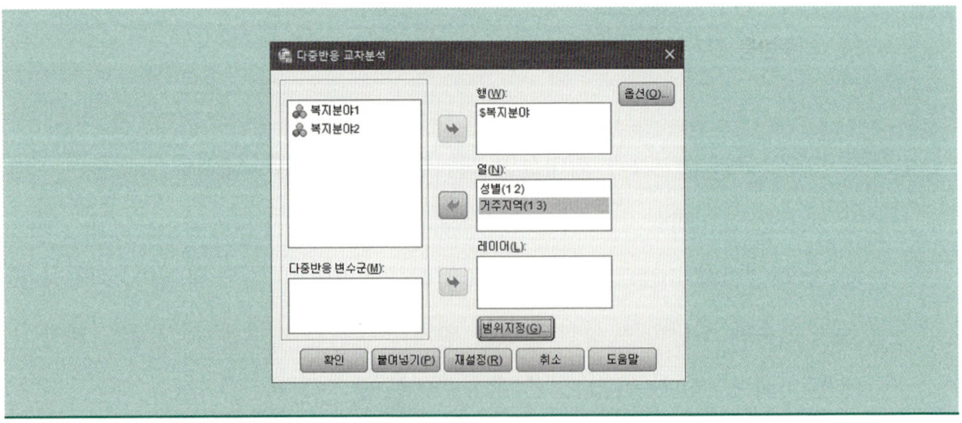

그림 8-15 다중반응 교차분석

⑤ 모든 입력을 마치고 확인 을 클릭하면 교차분석 결과표가 산출된다.

2) 분석결과 설명

다중반응 교차분석에서 독립변수를 같은 열(N):에 위치시켜 분석했을 경우에는 다음 그림과 같이 독립변수별로 교차분석표가 별도로 산출된다.

$복지분야*성별 교차표

			성별		
			남자	여자	전체
우리지역에 필요한 복지분야[a]	아동복지	빈도	4	8	12
	청소년복지	빈도	9	9	18
	가족복지	빈도	5	16	21
	장애인복지	빈도	6	16	22
	여성복지	빈도	3	13	16
	노인복지	빈도	7	20	27
전체		빈도	18	42	60

퍼센트 및 합계는 반응자수를 기준으로 합니다.

a. 범주형 변수 집단

① 다중반응 교차분석표를 보면 일반적인 교차분석표와 크게 다르지 않다. 남자이면서 아동복지분야를 선택한 사람은 4명이고 남자 전체 18명 중에 22.2%를 차지하고 있다. 여자이면서 노인복지를 선택한 사람은 20명으로 전체 여자 42명 중에 47.6%임을 알 수 있다. 케이스 수를 기준으로 산출했기 때문에 합계는 60명으로 제시되어 있다.

$복지분야*거주지역 교차표

			거주지역			전체
			1단지	2단지	3단지	
우리지역에 필요한 복지분야[a]	아동복지	빈도	7	3	2	12
	청소년복지	빈도	9	3	6	18
	가족복지	빈도	6	8	7	21
	장애인복지	빈도	1	12	9	22
	여성복지	빈도	7	7	2	16
	노인복지	빈도	8	10	9	27
전체		빈도	20	22	18	60

퍼센트 및 합계는 반응자수를 기준으로 합니다.

a. 범주형 변수 집단

② 거주지역별 복지분야 선호도를 살펴보았을 때 1단지 응답자 중 아동복지를 선택한 사람은 7명으로 20명 중에 35%가 응답하였다. 반면 3단지 응답자 중 노인복지를 선택한 사람은 각각 9명으로 3단지 전체 18명 중에 50%를 차지하고 있다.

3) 보고서 작성 및 해석

다중반응 교차분석 보고서는 일반 교차분석과 크게 다르지 않다. 앞의 예에서 본 바와 같이 몇 개의 독립변수 혹은 종속변수를 하나의 표로 제시하는 것이 간결하고 전달력이 좋다.

표 8-5 성별, 거주지역별 복지분야 선호 단위: 명(%)

복지분야	성별			거주지역			
	남자	여자	합계	1단지	2단지	3단지	합계
아동복지	4 (22.2)	8 (19.0)	12	7 (35.0)	3 (13.6)	2 (11.1)	12
청소년복지	9 (50.0)	9 (21.4)	18	9 (45.0)	3 (13.6)	6 (33.3)	18
가족복지	5 (27.8)	16 (38.1)	21	6 (30.0)	8 (36.4)	7 (38.9)	21
장애인복지	6 (33.3)	16 (38.1)	22	1 (5.0)	12 (54.5)	9 (50.0)	22
여성복지	3 (16.7)	13 (31.0)	16	7 (35.0)	7 (31.8)	2 (11.1)	16
노인복지	7 (38.9)	20 (47.6)	27	8 (40.0)	10 (45.5)	9 (50.0)	27
합계	18	42	60	20	22	18	60

① 성별 복지분야 선호도를 살펴보면 남자는 9명(50%)이 청소년복지를 선택했으며, 여자는 20명(47.6%)이 노인복지를 선택하였다. 전체 응답자 중에서는 노인복지를 선택한 사람이 27명으로 가장 높게 나타났고, 그다음으로 장애인복지가 높게 나타났다. 전체적으로 아동복지의 선택 정도가 가장 낮게 나타났다.

② 거주지역별로 살펴보았을 때 1단지 응답자들은 청소년복지를 9명(45%)이 선택하여 가장 높게 나타났고, 2단지는 장애인복지를 가장 많이 선택했으며, 3단지는 노인복지와 장애인복지를 가장 많이 선택하였음을 알 수 있다.

chapter 09

t 검정

chapter 09

t 검정

1. t검정의 개요 및 기본 가정

t검정은 두 집단의 평균이 통계적으로 유의한 차이가 있는지를 검정하는 분석방법으로 모집단의 분산을 모를 때 사용한다. 예를 들어 성별에 따라서 생활만족도의 차이가 나는가를 분석하는 경우나 프로그램의 참여 유무에 따른 자아존중감의 차이를 분석할 때 사용한다. 또한 특정 개입 프로그램의 효과를 검증하기 위하여 대상자를 실험집단과 통제집단으로 구분하여 배치하고 실험집단에는 개입 프로그램을 실시하고 통제집단은 실시하지 않은 상태에서 집단 간 그리고 사전-사후검사의 차이를 검증할 때에도 t검정이 사용된다.

일반적으로 t검정은 표본의 수가 30 이하인 소표본에서 사용되며, 대표본일 때는 Z-test를 사용하게 된다. 그리고 t검정이 사용되는 것은 다음의 세 가지로 나누어 볼 수 있다.

첫째, 한 집단의 평균과 특정한 값을 비교하는 경우 일표본 t검정을 사용한다.

둘째, 다른 모집단에서 추출된 두 표본의 평균을 비교하는 경우 두 독립표본 t검정을 사용한다. 사회복지분야를 포함하여 대부분의 사회과학 연구에서는 두 집단의 평균 비교를 위한 목적으로 사용된다.

셋째, 같은 모집단에서 추출된 두 표본을 비교하는 경우에는 대응표본 t검정을 사용한다. 이는 사회복지실천현장에서 프로그램 개입을 위한 실험설계와 같이 사전-사후검사 점수의 평균을 비교할 때 사용한다.

t검정을 수행하기 위한 기본 가정은 다음과 같다.

첫째, 독립변수는 범주형 변수(명목, 서열변수)이고, 종속변수는 연속형, 양적변수이어야 한다.

둘째, 모집단의 분산, 표준편차를 알지 못할 때 사용한다.

셋째, 모집단의 분포가 정규분포를 가정할 수 있어야 한다. 정규분포를 가정할 수 없을 때에는 각 표본의 크기가 20보다 크거나 각 표본별 모집단의 분포가 유사한 모양을 이룬다는 조건이 필요하다.

넷째, 등분산 가정이 충족되어야 한다. 등분산 가정이 충족되지 못할 때에는 Welch－Aspin 검정을 사용해야 한다.

2. 독립표본 t검정

1) 사용 목적

독립표본 t검정(independent samples t test)이란 다른 두 모집단의 평균을 비교하기 위하여 두 모집단을 대표하는 표본들을 독립적으로 추출하여 표본평균을 비교함으로써 모집단의 차이를 검정하는 방법이다. 여기서 독립적이라는 말은 하나의 사례가 선택되는 것이 다른 사례를 선택하는데 영향을 미치지 않는다는 것을 의미한다.

성별에 따른 결혼만족도의 차이를 검증하는 경우에 해당되며, 성별 변수에 포함되어 있는 남자집단과 여자집단처럼 각각 다른 대상 집단(독립표본)에 대하여 또 다른 변수(결혼만족도)의 평균의 차이를 검증하는 것이다. 이때 독립변수는 성별의 남자와 여자, 종교의 기독교, 불교와 같이 두 개의 집단이어야 한다. 가족 수나 점수와 같이 연속형 변수일 때에는 코딩변경을 실시하여 두 집단으로 묶어준 다음에 t검정을 실시해야 한다. 종속변수로 쓰이는 변수는 평균이 계산될 수 있는, 즉 등간·비율변수가 되어야 한다. 사회복지분야의 연구에서 사용되는 척도가 서열척도 점수의 합이 종속변수이면 양적변수로 간주할 수 있으므로 독립표본 t검정을 실시할 수 있다. 독립표본 t검정은 두 집단의 등분산성을 기본 가정으로 하며, 이를 위하여 분산이 동일한지를 먼저 확인해야 한다.

2) 기본 원리

(1) t 통계량의 계산

t검정은 서로 독립인 모집단의 모평균에 차이가 있는지를 검정하기 위해 각 모집단으로부터 추출된 독립표본을 이용하여 그 평균의 차이를 검정하는 것이다. 이때 모평균이 μ_1이고, 모분산이 σ_1^2인 정규분포를 따르는 모집단으로부터 관찰된 n_1개의 표본을 x_1, x_2, ……, x_n이라 하고, 모평균이 μ_2이고 모분산이 σ_2^2인 정규분포를 따르는 모집단으로부터 관찰된 n_2개의 표본을 y_1, y_2, ……, y_n이라고 하면 각각의 표본으로부터 표본평균($\bar{x}$, $\bar{y}$), 표본분산(s_1^2, s_2^2)이 계산된다.

서로 독립적인 두 모집단의 평균이 동일한지 여부를 검정하기 위한 검정통계량은 두 모집단의 분산이 동일한지 여부에 따라서 달라진다. 즉, 모집단의 모평균이 동일하다는 귀무가설 $H_0 : \mu_1 = \mu_2$를 검정하기 위한 검정통계량은 두 모집단의 분산이 동일한 경우($\sigma_1^2 = \sigma_2^2$)와 다른 경우($\sigma_1^2 \neq \sigma_2^2$)의 두 가지로 구분된다.

① 두 모집단의 분산이 동일한 경우

두 모집단의 분산이 동일한 경우 검정통계량 T는 자유도가 $n_1 + n_2 - 2$인 t분포를 따른다. 따라서 다음과 같은 계산공식에 의해 계산된다.

$$T = \frac{\bar{x} - \bar{y}}{\sqrt{s_p^2 \left(\frac{1}{n_1} + \frac{1}{n_2}\right)}} \sim t_{n_1+n_2-2}$$

$\bar{x}$: 첫 번째 표본평균 n_1 : 첫 번째 표본의 크기
$\bar{y}$: 두 번째 표본평균 n_2 : 두 번째 표본의 크기
s_p^2 : 통합분산추정치(pooled variance estimator)로서
$\frac{(n_1-1)s_1^2+(n_2-1)s_2^2}{n_1+n_2-2}$로 계산됨

② 두 모집단의 분산이 다른 경우

두 모집단의 분산이 다른 경우 검정통계량 T는 자유도가 r (이때의 자유도는 $n_1 + n_2 - 2$가 아닌 Welch-Aspin의 공식을 따름)인 근사적인 t분포를 따른다. 이때 t값을 계산하는 공식은 다음과 같다.

$$T = \frac{\bar{x} - \bar{y}}{\sqrt{\frac{s_1^2}{n_1} + \frac{s_2^2}{n_2}}} \sim t_r$$

$$\text{단, } t_r = \frac{(s_1^2/n_1 + s_2^2/n_2)^2}{(s_1^2/n_1)^2/(n_1-1) + (s_2^2/n_2)^2/(n_2-1)}$$

③ 두 모집단의 분산의 동질성 검정

이상과 같이 두 모집단의 분산이 같은지, 또는 다른지에 따라서 가설검정의 검정통계량 t값을 계산하는 공식이 다르다는 걸 알게 되었다. 이때 두 모집단 분산의 동질성 검정(test of equality)을 위한 가설은 다음과 같다.

$$H_0 : \sigma_1^2 = \sigma_2^2$$
$$H_1 : \sigma_1^2 \neq \sigma_2^2$$

이 가설을 검정하기 위한 검정통계량은 $F=s_1^2/s_2^2$이고, 이 검정통계량은 영가설이 사실이라는 가정하에서 F분포를 따른다. 모집단의 등분산성을 검정하는 통계량으로는 Levene의 검정통계량이 일반적으로 사용되며, SPSS에서는 t검정에 앞서서 Levene의 등분산검정을 실시하게 된다.

(2) 가설검정

계산된 t값과 자유도를 바탕으로 부록의 통계표에 따라 영가설 기각여부를 결정한다. SPSS에서는 유의확률에 따라서 가설검정이 이루어지며 유의확률이 .05 미만이면 '차이가 없다.'는 영가설을 기각하고 '차이가 있다.'고 결론을 내리게 된다.

3) 분석 실행

(1) 독립표본 T검정 대화상자 열기

분석(A) ▶ 평균 비교(M) ▶ 독립표본 T검정(T)...

① 가족 배경(기초생활 수급여부)에 따른 아동의 자아존중감의 차이(평균의 차이)가 있는지 알아보고자 한다. 독립표본 t검정은 Data Editor 창의 메뉴에서 분석(A)–평균 비교(M)–독립표본 T검정(T)에서 실행한다. '자아존중감연구.sav' 파일을 불러와서 독립표본 t검정을 연습해 보자.

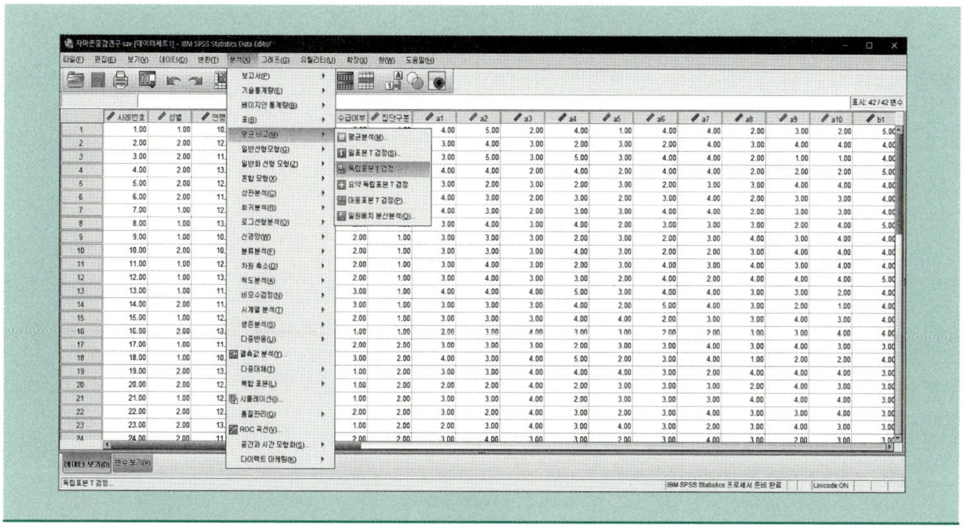

그림 9-1 분석(A)-평균 비교(M)-독립표본 T검정(T)

② 독립표본 t검정을 실행하면 다음과 같은 독립표본 t검정의 대화상자가 열린다. 여기서 왼쪽 변수목록 창에서 '자아존중감' 변수를 검정변수(T): 창에 '수급여부' 변수를 집단변수(G): 창으로 이동시킨다. 집단변수 창에 입력된 수급여부 변수에 수급여부(??)라고 표시된다. 이것은 집단변수에 입력한 범주형 변수의 변수값 중에서 비교하고자 하는 값을 지정하라는 의미이다.

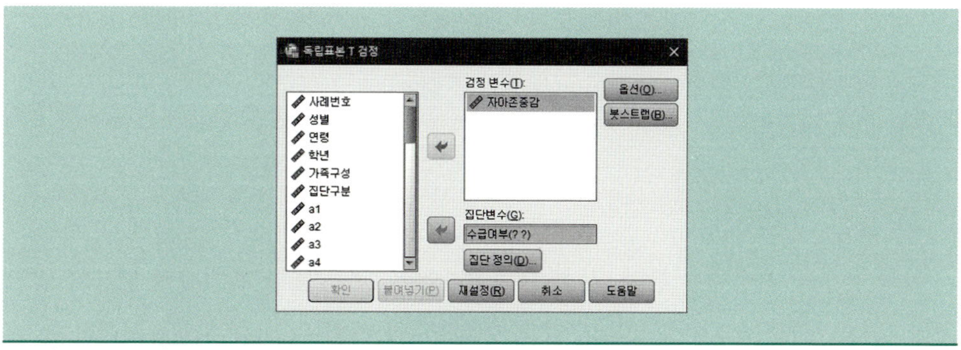

그림 9-2 독립표본 T검정 대화상자

(2) 집단 정의하기

[집단 정의(D)...]를 클릭하여 집단1:에 1을 입력하고 집단2:에는 3을 입력한다. 여기서

1은 기초생활수급가정, 3은 일반가정을 의미한다. 두 집단에 해당하는 숫자를 반대로 입력해도 가설검정 결과에는 영향을 미치지 않는다. 입력을 마치고 [계속(C)]을 클릭하여 분석 대화상자로 돌아오면 집단변수(G): 창에 수급여부(1, 3)으로 변경되어 있는 것을 볼 수 있다.

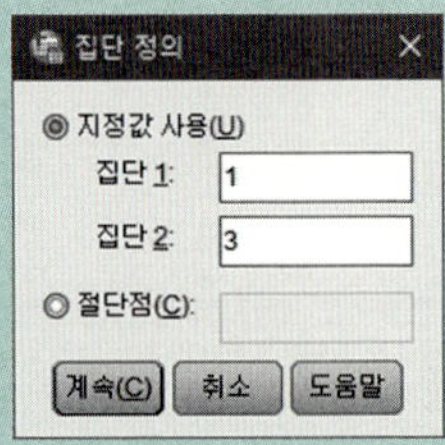

그림 9-3 집단 정의

TIP 절단점 사용하여 집단정의하기

절단점(C):은 크게 두 가지 용도로 사용된다.

- 첫째, 독립변수의 범주 수가 두 개를 초과하는 경우이다. 예를 들어 학력변수에서 1은 고졸 이하, 2는 대졸, 3은 대학원졸로 코딩되어 있을 때 고졸 집단과 대졸 이상 집단을 비교하고자 한다면 분리점을 선택하고 2를 입력한다. 즉, 입력된 값을 기준으로 미만과 이상을 구분해 주기 때문에 2 이상(2와 3), 즉 대졸 이상과 2 미만, 즉 고졸로 구분하여 집단이 정의된다.
- 둘째, 등간변수의 값을 구분하는 데에도 사용된다. 예를 들어 사회복지사의 임파워먼트 척도의 값을 기준으로 70점 이상 집단과 70점 미만 집단으로 구분하여 조직몰입의 평균 차이를 검증하고자 할 때 절단점에 70을 입력하면 70 이상 집단으로 정의된다.

(3) 옵션 지정하기

이제 옵션을 지정해야 한다. 분석 대화상자에서 [옵션(O)...]을 클릭하면 다음과 같이 신뢰구간을 설정할 수 있다. 신뢰구간은 모수를 포함하게 될 확률구간을 의미한다. 기본값은 95%로 설정되어 있으며 변경하려면 1에서 99까지의 값을 입력하면 된다. 분석별 결측값 제외(A)는 결측값이 있는 변수는 제외시키는 것이므로 그대로 둔다. [계속(C)]을 클릭하여 분석 대화상자로 돌아와서 [확인]을 클릭하면 분석이 실행된다.

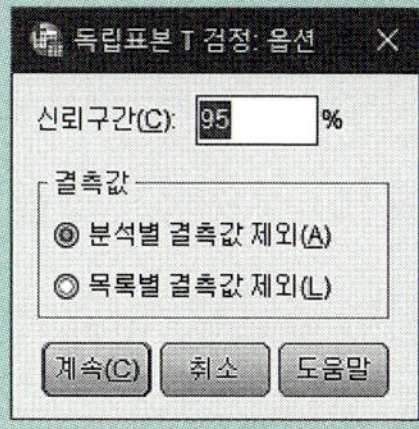

그림 9-4 **독립표본 T검정: 옵션**

4) 분석결과 설명

독립표본 *t* 검정을 실행하면 다음과 같은 결과표가 출력된다.

(1) 집단통계량

집단통계량

	수급여부	N	평균	표준화 편차	표준오차 평균
자아존중감	기초생활	8	30.5000	6.23355	2.20389
	일반	11	41.6364	5.20140	1.56828

집단통계량은 독립변수에 따른 종속변수 각 값들의 평균과 표준편차를 보여주고 있다. 응답자 중 기초생활수급가정 아동은 8명, 일반가정 아동은 11명이며, 기초생활수급가정 아동의 자아존중감 평균은 30.50(SD=6.23), 일반가정 아동의 자아존중감 평균은 41.64(SD=5.20)로 일반가정 아동의 자아존중감 평균이 기초생활수급가정 아동의 자아존중감 평균보다 높게 나타났다.

(2) 독립표본 *t* 검정 결과

독립표본 검정

		Levene의 등분산 검정		평균의 동일성에 대한 T 검정						
									차이의 95% 신뢰구간	
		F	유의확률	t	자유도	유의확률 (양측)	평균차이	표준오차 차이	하한	상한
자아존중감	등분산을 가정함	.125	.728	-4.242	17	.001	-11.13636	2.62500	-16.67463	-5.59810
	등분산을 가정하지 않음			-4.117	13.467	.001	-11.13636	2.70493	-16.95948	-5.31325

① 먼저 독립표본 t검정의 기본 가정 중에서 두 집단의 분산의 동질성 검정을 해야 한다. 이는 Levene의 등분산검정을 통해서 가능한데, F값이 .125, 유의확률 .728로서 '두 집단의 분산이 같다.'는 영가설을 기각하지 않으므로 기초생활수급가정 아동집단과 일반가정 아동집단의 등분산성 가정이 충족된다고 할 수 있다. 그러므로 두 독립표본 t검정 결과표에서 등분산이 가정됨 행의 t통계값과 유의확률을 가지고 가설검정 및 결과 해석을 할 수 있다.

② 평균의 동일성에 대한 t검정을 보면 t값이 -4.242이다. t값이 음수로 나왔는데 이것은 큰 의미가 없으며 절대값으로 이해하면 된다. t값의 절대값이 크면 영가설을 기각할 가능성이 많으며 두 집단에 차이가 있을 가능성이 그만큼 크다는 것을 의미한다.

③ 유의확률(양쪽)은 양방검증의 유의도이며 영가설이 참일 경우에 검정통계량, 즉 t값이 나타날 확률을 계산한 것이다. 영가설이 참인 분포에서 t값이 -4.242의 값이 나타날 확률이 .001(0.1%)을 나타내 주고 있으며, 영가설이 참일 때 나타날 확률이 매우 적은 값이라는 것이다. 이는 영가설을 기각할 때 범하게 되는 오류(1종 오류)의 확률을 나타내 준다. 이 값이 .05보다 크면 영가설을 수용하여 두 집단의 평균 차이가 없다는 결론을 내리게 되며, 이 값이 .05보다 작으면 영가설을 기각하여 두 집단 간에 유의한 차이가 있다는 결론을 내리게 된다. 결국 여기서는 유의확률이 .001로서 $p<.01$이기 때문에 영가설을 기각하고 두 집단 간에 유의한 차이가 있다는 결론을 내릴 수 있다.

5) 보고서 작성 및 해석

기초생활수급가정 아동과 일반가정 아동 간의 자아존중감의 차이를 검정한 결과를 제시할 때에는 〈표 9-1〉과 같이 사례 수, 평균, 표준편차, 자유도, t값을 나타내 준다. 그리고 유의한 차이가 있을 때에는 t값에 * 로 표시를 해준다. 즉, $p<.05$ 수준에서 영가설이 기각된 경우에는 *, $p<.01$인 경우에는 **, $p<.001$인 경우에는 *** 으로 표시해 준다. 여기서 자유도는 n_1+n_2-2로 계산되어, $8+11-2=17$이 된다.

앞의 t검정 결과는 다음과 같이 표로 제시할 수 있다. 일반적으로 숫자는 소수점 두 자리까지만 제시해 주면 된다.

표 9-1 가정의 수급여부에 따른 아동의 자아존중감 차이

수급여부	사례 수	평균	표준편차	자유도	t값
기초생활수급	8	30.50	6.23	17	−4.242**
일반	11	41.64	5.20		

** $p<.01$

자아존중감 점수에서 기초생활수급자가정 아동의 평균은 30.50(SD=6.23), 일반가정 아동의 평균은 41.64(SD=5.20)로 일반가정 아동이 높게 나타났다. 이러한 차이는 t값 −4.242로 $p<.01$ 수준에서 영가설이 기각되어 통계적으로 유의한 차이가 있었다. 따라서 두 집단의 자아존중감 점수는 가정의 수급여부에 따라 달라지며, 일반가정 아동이 기초생활수급가정의 아동보다 높은 것으로 나타났다.

3. 대응표본 t검정

1) 사용 목적

대응표본 t검정(paired samples t test)은 종속변수가 연속형 변수이고, 두 집단이 독립적이지 않을 경우 두 집단의 종속변수에 대한 평균의 차이를 검정하기 위하여 사용하는 통계적 방법으로 실험설계에서 주로 사용된다. 즉, 사전-사후검사에서처럼 프로그램을 실시하기 전과 후에 검사를 실시하여 그 효과를 검정하고자 할 때 사전-사후검사 모두 동일한 연구 대상자를 상대로 두 번 검사를 실시한 것이기 때문에 두 자료는 서로 독립적이지 않다.

2) 기본 원리

대응표본 t검정은 실제 검정에서 두 검사 점수의 차이를 하나의 점수로 환산하여 차이가 있는지 혹은 없는지를 검정한다. 다음의 계산 공식에서 보는 바와 같이 사전-사후검사의 점수차를 계산하여 점수 차이가 크다면 프로그램의 효과가 없다는 영가설을 기각하고 연구가설을 채택하게 된다.

대응비교를 위한 모평균 차이를 검정하기 위해 모집단으로부터 n개의 대응표본(paired sample) x, y가 있다면 $\mu_d = \mu_x - \mu_y$가 되며, 이때 영가설 $H_0 : \mu_x = \mu_y$를 검정하는 것은 영가설 $H_0 : \mu_d = 0$을 검정하는 것과 같다. 검정통계량 T는 영가설이 사실이라는 가정하에서 자유도가 $n-1$인 t분포를 따르게 되면 구체적인 계산 공식은 다음과 같다.

$$T = \frac{\bar{d}}{\frac{s_d}{\sqrt{n}}} \sim t_{n-1}$$

$\bar{d}$: 두 표본의 차이 평균, s_d : 두 표본의 차이 표준편차, n : 표본의 크기

3) 분석 실행

(1) 대응표본 T검정 대화상자 열기

분석(A) ▶ 평균 비교(M) ▶ 대응표본 T 검정(P)...

① 자아존중감 향상 프로그램을 실시하기 전후의 자아존중감의 차이를 알아보고자 한다. 대응표본 t검정은 Data Editor 창의 분석(A)-평균 비교(M)-대응표본 T검정(P)을 선택하면 실행할 수 있다. 앞의 '자아존중감연구.sav' 파일을 불러와서 대응표본 t검정을 실시해 보자.

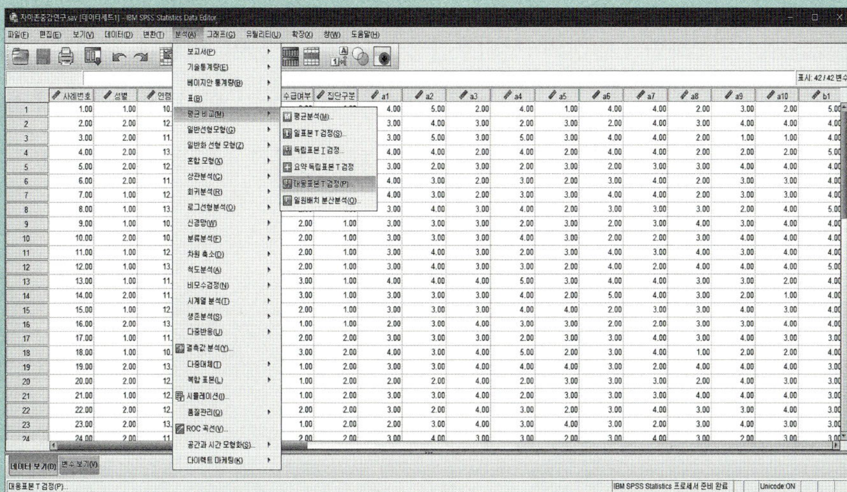

그림 9-5 분석(A) - 평균비교(M) - 대응표본 T검정(P)

② 대응표본 t검정 대화상자가 열리면 비교하고자 하는 변수 중에서 먼저 '사전자존감'변수를 선택하여 ➡를 클릭하면 오른쪽 대응 변수(V): 표안의 첫 번째(1) 대응(A) 짝의 변수1 칸에 입력되며 이어서 '사후자존감'변수를 선택하여 ➡를 클릭하면 대응 변수(V): 변수2 칸에 입력된다. 이렇게 변수1 칸과 변수2 칸에 모두 비교하고자 하는 변수를 입력해야만 분석을 실행할 수 있게 된다. 같은 방식으로 대응(A) 두 번째(2) 변수들도 입력하게 되면 동시에 여러 대응짝에 대한 분석이 가능하다.

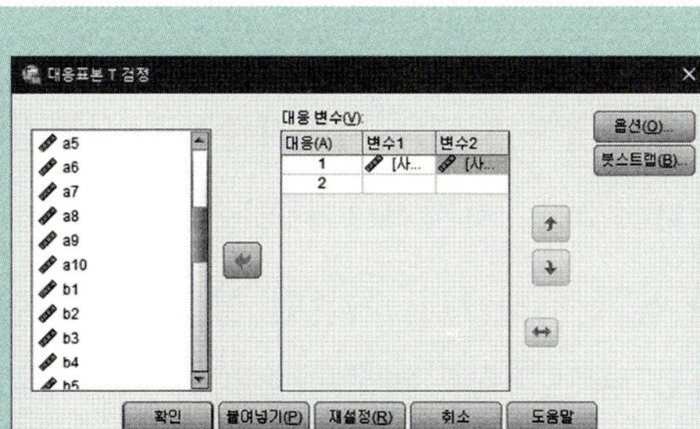

그림 9-6 대응표본 T검정 대화상자

(2) 옵션 대화상자 열기

옵션(O)...을 클릭하면 t검정의 신뢰구간을 설정하는 창이 열린다. 현재는 기본값 95%가 설정되어 있으며 필요에 따라 다른 값으로 선택할 수 있다. 입력했거나 변경사항이 없으면 계속(C)을 클릭하고 대응표본 t검정 대화상자로 이동한 후 확인을 클릭하여 분석을 실행한다.

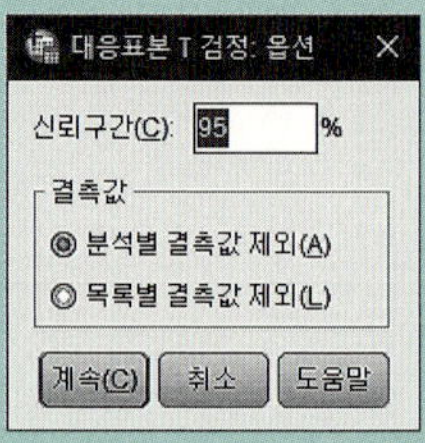

그림 9-7 대응표본 T 검정: 옵션

4) 분석결과 설명

(1) 집단통계량

대응표본 통계량

		평균	N	표준화 편차	표준오차 평균
대응 1	사전자존감	31.7000	30	5.59649	1.02177
	사후자존감	38.0333	30	7.44860	1.35992

대응표본 통계량에서는 응답자 30명의 사전자존감과 사후자존감의 평균, 표준편차, 평균의 표준오차 등을 보여준다. 사전검사의 평균은 31.70이고, 사후검사의 평균은 38.03으로 사전검사보다 높게 나타났다. 자존감 향상 프로그램이 자아존중감 향상에 긍정적인 효과가 있었다고 볼 수 있다. 그러나 주의할 것은 이 통계량은 실험설계에서 실험집단과 통제집단을 모두 합한 통계량으로서 사실상은 큰 의미를 갖지 못한다.

(2) 대응표본 상관계수

대응표본 상관계수

		N	상관관계	유의확률
대응 1	사전자존감 & 사후자존감	30	.445	.014

두 변수, 즉 사전자존감과 사후자존감 간의 적률상관관계가 어느 정도인가를 보여주고 있다. 상관계수가 .445로 나타났고($p < .05$), 이는 사전자존감이 높게 나타나는 것과 사후자존감이 높게 나타나는 것에 약간의 상관관계가 존재한다는 것을 의미한다.

(3) 대응표본 T검정

대응표본 검정

		대응차					t	자유도	유의확률 (양측)
		평균	표준화 편차	표준오차 평균	차이의 95% 신뢰구간 하한	차이의 95% 신뢰구간 상한			
대응 1	사전자존감 - 사후자존감	-6.33333	7.04827	1.28683	-8.96520	-3.70146	-4.922	29	.000

대응표본 검정의 결과를 최종적으로 보여준다.

- 평균은 사전자존감에서 사후자존감을 뺀 점수들의 평균을 말한다. $31.7-38.033 = -6.333$으로 나타났으며, 여기서 음수($-$)는 큰 의미가 없다. 사후자존감이 사전자존감보다 높다는 것을 의미한다.
- 표준편차는 사전자존감에서 사후자존감을 뺀 값들의 표준편차이다.
- 평균의 표준오차는 사전자존감에서 사후자존감을 뺀 각 값들의 평균의 표준편차를 말한다.
- 차이의 95% 신뢰구간은 평균 차이의 95% 신뢰구간의 추정값을 말한다.
- t는 사전사후값의 비교를 위한 t값이다. t값은 -4.922로서 자유도를 바탕으로 가설검정에 사용되는 검정통계량 값이다.
- 대응표본 t검정의 자유도는 $n-1$로서 $30-1$, 즉 자유도는 29이다.

- 유의확률(양쪽)은 사전자존감과 사후자존감의 차이가 없다는 영가설이 참일 때 검정통계량 t값이 발생할 수 있는 확률이다. 즉, t값 −4.922라는 값은 영가설 참인 분포에서 나타날 확률은 0%에 가깝다는 의미로 영가설 참인 분포에서는 나타날 가능성이 거의 없을 정도로 분포에서 왼쪽으로 멀리 떨어진 값임을 의미한다. 따라서 유의확률은 참인 영가설을 기각할 때 범하게 되는 오류의 확률이기도 하다. 유의확률이 .05 미만이기 때문에 영가설을 기각하여 두 변수 간의 유의한 차이가 있다는 결론을 내리게 된다. 여기서 유의확률은 .000이므로 .001수준에서($p < .001$) 유의한 차이가 있다고 말할 수 있다.

5) 보고서 작성 및 해석

자아존중감 향상 프로그램의 효과를 알아보기 위하여 대응표본 t검정에 의하여 사전자존감과 사후자존감을 비교한 결과는 〈표 9−2〉와 같다. 대응표본 t검정의 결과를 보고서에 제시할 때에는 각 변수별 사례 수, 평균 및 표준편차 그리고 t값을 제시해 주면 된다. 유의확률은 유의한 차이가 있을 경우에는 t값에 *표시를 제시해 주고 유의하지 않을 경우에는 유의확률을 동시에 제시하면 된다.

표 9-2 자아존중감 향상 프로그램의 효과에 대한 T검정 결과

	사례 수	평균	표준편차	자유도	t값
사전자존감	30	31.70	5.60	29	−4.922***
사후자존감	30	38.03	7.45		

***$p < .001$

프로그램에 참여한 대상자의 사전자존감의 평균은 31.70, 표준편차는 5.60이며, 사후자존감의 평균은 38.03, 표준편차는 7.45로 사후자존감 점수가 높은 것으로 나타났다. 사전자존감과 사후자존감의 차이에 대한 통계적 유의성을 검정한 결과 t값은 −4.92, 자유도 29일 때 유의수준 $p < .001$에서 통계적으로 유의한 차이가 있는 것으로 분석되었다. 따라서 자존감 향상을 위한 집단 프로그램은 자존감 향상에 긍정적인 영향을 미치는 것으로 나타났다.

4. 실험설계와 t검정

앞서 독립표본 t검정과 대응표본 t검정에 대하여 연습해 보았다. 이 절에서는 같은 데이터 파일을 활용하여 실험설계에서 프로그램의 효과를 검증하는 방법에 대하여 알아보자.

실험설계에서 실험집단은 프로그램에 참여한 집단이고, 통제집단은 비교를 위한 목적으로 설정한 집단이라는 사실은 알고 있다. 실험설계를 위한 조건을 갖추었다면, 특히 대상자들을 실험집단과 통제집단에 무작위로 배치하게 될 경우 프로그램 실시 전에 사전검사의 점수는 비슷하게 나타날 것이다. 실험집단에 대하여 독립변수의 조작, 즉 프로그램을 실시한 후에 사후검사를 두 집단 모두에게 실시하게 되는데, 사후검사 점수는 실험집단과 통제집단 간에 차이가 날 것이다. 물론 실험집단의 사전-사후검사, 통제집단의 사전-사후검사의 비교도 가능하다.

이처럼 실험설계에서 프로그램의 효과 검증은 실험집단과 통제집단 간의 자아존중감 검사를 비교하는 경우에는 먼저 독립표본 t검정을 통해 사전점수와 사후점수에 대해서 각각 실행할 수 있다. 마찬가지로 각 집단의 사전-사후 점수의 비교를 위해서는 대응표본 t검증을 실시한다.

1) 두 집단의 자아존중감 점수 비교

실험집단과 통제집단 간의 사전자존감과 사후자존감을 비교하기 위하여 '자아존중감연구.sav' 파일을 연다.

(1) 독립표본 T검정 대화상자 열기

분석(A) ▶ 평균 비교(M) ▶ 독립표본 T검정(T)...

파일이 열리면 분석(A) – 평균 비교(M) – 독립표본 T검정(T)을 클릭하여 대화상자를 연다. '집단구분' 변수를 집단변수(G): 로 이동시키고 집단 정의(D)... 를 클릭하여 지정값 사용 칸에 집단1에는 실험집단에 해당하는 1, 집단2에는 통제집단에 해당하는 2의 값을 입력한 후 계속(C) 을 클릭한다. 검정 변수(T): 에는 사전자존감과 사후자존감을 동시에 이동시킨다. 이와 같이 검정변수(종속변수)에 해당하는 연속형 변수를 여러 개 동시에 입력하면 같은 집단변수에 따라서 여러 종속변수에 관한 독립표본 t검정을 동시에 실행할 수 있다. 입력이 완료되면 확인 을 클릭하여 분석을 실행한다.

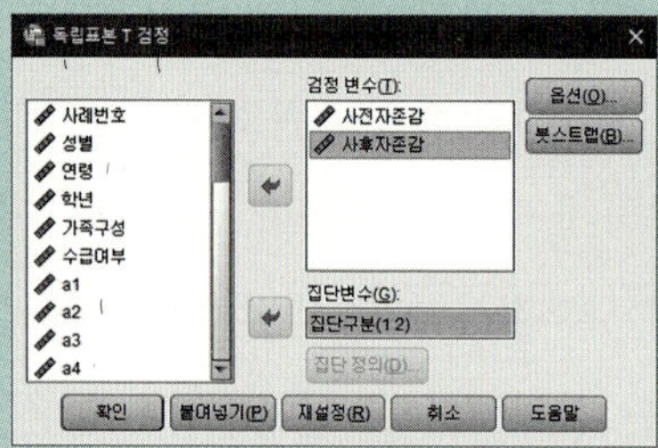

그림 9-8 **독립표본 T검정 대화상자**

(2) 결과의 설명 및 해석

독립표본 t검정을 실행하면 다음과 같은 분석결과가 산출된다.

집단통계량

	집단구분	N	평균	표준화 편차	표준오차 평균
사전자존감	실험집단	16	32.2500	5.80230	1.45057
	통제집단	14	31.0714	5.49775	1.46934
사후자존감	실험집단	16	44.0000	2.65832	.66458
	통제집단	14	31.2143	4.66045	1.24556

실험집단과 통제집단의 사례수, 사전자존감과 사후자존감의 평균, 표준편차 등의 값을 보여준다. 실험집단과 통제집단의 사례수는 각각 16명, 14명이고, 실험집단의 사전자존감 평균은 32.25, 통제집단의 사전자존감 평균은 31.07이다. 실험집단의 사후자존감 평균은 44.00이고, 통제집단의 사후자존감 평균은 31.21점으로 나타났다.

독립표본 검정

		Levene의 등분산 검정		평균의 동일성에 대한 T 검정						
									차이의 95% 신뢰구간	
		F	유의확률	t	자유도	유의확률 (양측)	평균차이	표준오차 차이	하한	상한
사전자존감	등분산을 가정함	.053	.819	.569	28	.574	1.17857	2.07242	-3.06660	5.42374
	등분산을 가정하지 않음			.571	27.802	.573	1.17857	2.06473	-3.05220	5.40934
사후자존감	등분산을 가정함	10.147	.004	9.381	28	.000	12.78571	1.36293	9.99388	15.57755
	등분산을 가정하지 않음			9.057	20.047	.000	12.78571	1.41176	9.84127	15.73016

먼저 사전자존감의 차이를 검정해 보자. Levene의 등분산검정의 결과 F값 .053, 유의확률이 .819로 '두 집단의 분산이 같다.'는 영가설이 참일 확률이 81.9%로서 영가설을 기각하지 못한다. 따라서 두 집단의 분산이 같다고 할 수 있기 때문에 등분산이 가정됨 행의 값을 통해 가설검정을 하면 된다. 평균의 동일성에 대한 t검정에서 t값은 .569이고 유의확률이 .574이므로 '두 집단의 평균이 동일하다.'는 영가설을 기각하지 못한다. 따라서 실험집단과 통제집단 간의 사전자존감 점수에는 차이가 없다고 결론을 내릴 수 있다. 이것은 실험설계에서 실험집단과 통제집단에 대상자를 배치할 때 무작위할당의 방법을 사용하면서 나타난 결과이다.

한편 실험집단과 통제집단의 사후자존감의 평균을 비교해 보자. 마찬가지로 Levene 등분산검정결과 F값 10.147, 유의확률이 .004로 '두 집단의 분산이 같다.'는 영가설이 유의수준 .004에서 기각되었다. 따라서 두 집단의 분산이 다르다고 할 수 있으므로(등분산성이 충족되지 않은 두 독립표본 t검정을 Welch-Aspin 검정이라고 한다.) 이번에는 '등분산이 가정되지 않음' 행의 값을 통해 가설검정을 하면 된다. 평균의 동일성에 대한 t검정에서 t값은 9.057이고 유의확률이 .000이므로 '두 집단의 평균이 동일하다.'는 영가설이 기각되고 유의수준 $p<.001$에서 통계적으로 유의한 차이가 있는 것으로 분석되었다. 따라서 자존감 향상을 위한 집단 프로그램은 자존감 향상에 긍정적인 영향을 미치는 것으로 나타났다.

2) 실험집단의 자아존중감 사전-사후 점수의 비교

(1) 케이스 선택을 통한 집단 선택

이번에는 실험집단의 사전-사후 점수와 통제집단의 사전-사후 점수를 비교해 보자. 먼저 실험집단의 사전-사후 자아존중감 점수를 비교하기 전에 앞에서 다룬 케이스 선택(S) 절차를 활용하여 실험집단만 선택해야 한다.

데이터(D) ▶ 케이스 선택(S)...

Data Editor 창의 메뉴에서 데이터(D)-케이스 선택(S)을 실행하여 실험집단 대상자들을 선택해야 한다. 케이스 선택 대화상자가 열리게 되면 ◉ 조건을 만족하는 케이스(C) 를 선택하여 조건(I)...을 클릭한 후 다음 그림과 같이 왼쪽의 변수목록 창에서 '집단구분' 변수를 선택하여 오른쪽 공간으로 이동한 후 집단구분=1이라고 입력한다. 집단구분 변수에서 1의 값에 해당하는 실험집단을 선택한다는 의미이다. 입력이 완료되면 계속(C)을 클릭하고 케이스 선택 대화상자에서 확인을 클릭하면 실험집단이 선택된다.

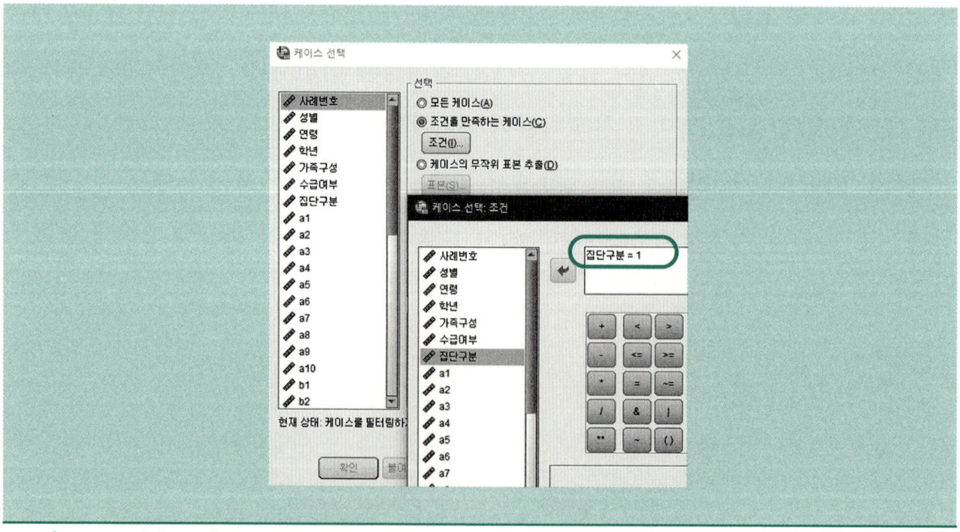

그림 9-9 케이스 선택을 통한 집단 선택

(2) 대응표본 T검정 대화상자 열기

분석(A) ▶ 평균 비교(M) ▶ 대응표본 T검정(P)...

실험집단 케이스가 선택되면 대응표본 t검정을 실행한다. 앞에서 실행한 것처럼 대응변수(V):에 '사전자존감'과 '사후자존감'을 각각 입력한다. 확인 을 클릭하면 실험집단을 대상으로 하는 사전자존감과 사후자존감의 평균을 비교하는 대응표본 t검정이 실행되고 결과표가 산출된다.

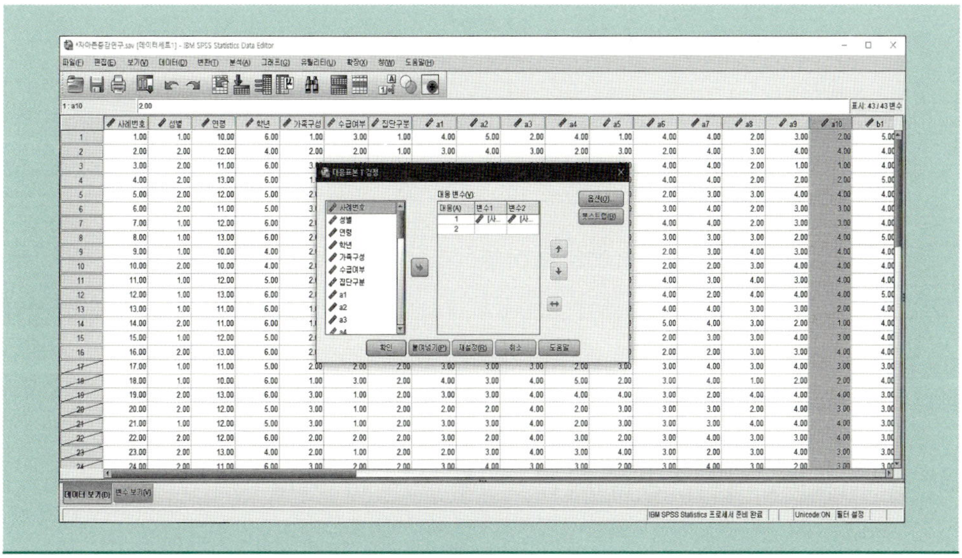

그림 9-10 분석(A)-평균 비교(M)-대응표본 T검정(P)

(3) 분석결과의 해석

대응표본 t검정 결과는 다음과 같다.

대응표본 통계량

		평균	N	표준화 편차	표준오차 평균
대응 1	사전자존감	32.2500	16	5.80230	1.45057
	사후자존감	44.0000	16	2.65832	.66458

실험집단의 사례수는 16명이고, 사전자존감 평균은 32.25, 사후자존감 평균은 44.00으로 나타났다. 사후자존감이 높아진 것을 알 수 있다.

대응표본 상관계수

		N	상관관계	유의확률
대응 1	사전자존감 & 사후자존감	16	.566	.022

대응표본 상관계수가 .566이고, 유의확률이 .022(p < .05)로 사전자존감이 높은 사람이 사후자존감도 어느 정도 높다는 것을 알 수 있다.

대응표본 검정

		대응차							
					차이의 95% 신뢰구간				
		평균	표준화 편차	표준오차 평균	하한	상한	t	자유도	유의확률 (양측)
대응 1	사전자존감 - 사후자존감	-11.75000	4.82355	1.20589	-14.32029	-9.17971	-9.744	15	.000

대응표본 t검정 결과 사전자존감과 사후자존감의 차이는 11.75이며, t값은 −9.744, 자유도 15일 때($n-1$) 유의확률이 .000(p < .001)으로 통계적으로 유의한 차이가 있다고 결론을 내린다.

3) 통제집단의 자아존중감 사전 - 사후 점수의 비교

(1) 분석 대화상자 열기

이번에는 통제집단을 선택하여 대응표본 t검정을 실행해 보자. Data Editor 창의 메뉴에서 데이터(D) − 케이스 선택(S)을 실행하여 [◉ 조건을 만족하는 케이스(C)]에서 [조건(I)...]을 클릭하여 집단구분=1이라고 되어 있는 부분을 마우스로 클릭하여 집단구분=2라고 수정한다. [계속(C)]을 클릭하고 케이스 선택 대화상자에서 [확인]을 클릭하면 이번에는 통제집단이 선택된다.

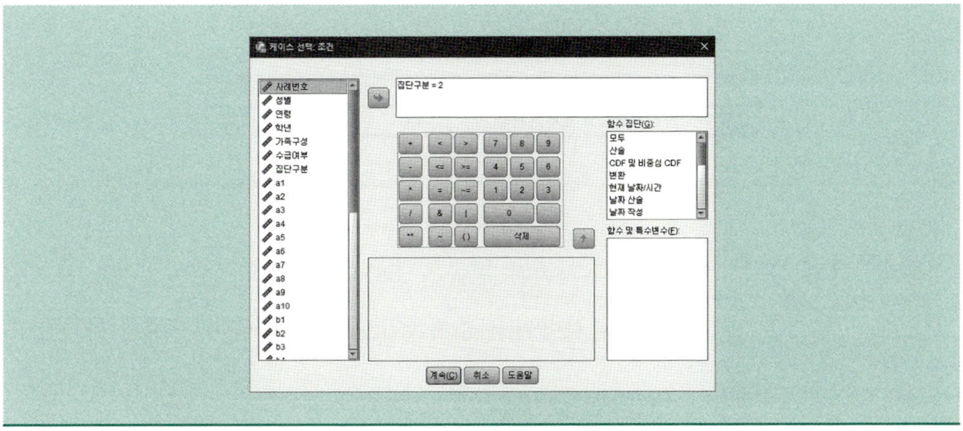

그림 9-11 통제집단 선택

이후의 대응표본 t검정 분석과정은 앞의 분석과정을 그대로 따르면 된다. 특히 SPSS 메뉴는 이전의 프로시저들을 모두 저장하고 있기 때문에 어떤 분석이든 직전의 분석창을 그대로 저장하고 있다. 따라서 이 경우에도 대응변수(V):에 '사전자존감'과 '사후자존감'이 그대로 입력되어 있는 것을 볼 수 있다. 바로 확인 을 클릭하면 분석이 실행된다.

(2) 분석결과 설명 및 해석

통제집단의 사전자존감과 사후자존감을 비교하기 위한 대응표본 t검정 결과는 다음과 같이 산출된다.

대응표본 통계량

		평균	N	표준화 편차	표준오차 평균
대응 1	사전자존감	31.0714	14	5.49775	1.46934
	사후자존감	31.2143	14	4.66045	1.24556

통제집단은 14명이고 사전자존감 평균은 31.07, 사후자존감 평균은 31.2로 나타났다.

대응표본 상관계수

		N	상관관계	유의확률
대응 1	사전자존감 & 사후자존감	14	.885	.000

통제집단의 사전자존감과 사후자존감 평균은 .885($p<.001$)의 높은 상관을 보여주고 있다. 즉, 사전자존감이 높은 사람이 사후자존감도 높은 경향이 강하게 나타났다.

대응표본 검정

		대응차					t	자유도	유의확률 (양측)
					차이의 95% 신뢰구간				
		평균	표준화 편차	표준오차 평균	하한	상한			
대응 1	사전자존감 - 사후자존감	-.14286	2.56776	.68626	-1.62544	1.33973	-.208	13	.838

대응표본 검정표를 보면 사전자존감과 사후자존감의 평균 차이는 −.14로 나타났고, t값 −.208, 자유도 13(14−1), 유의확률 .838로서 두 점수 간에는 통계적으로 유의한 차이가 없다고 결론을 내린다.

chapter 10

분산분석

chapter 10

분산분석

1. 분산분석의 개요

분산분석은 세 집단 이상의 평균이 통계적으로 유의한 차이가 있는지를 비교하는 분석방법이다. 평균을 비교함에도 불구하고 분산분석(ANalysis Of VAriance: ANOVA)이라고 하는 것은 집단 내 분산에 대한 집단 간 분산의 비율, 즉 F비(F-ratio)를 통해 집단 간 평균의 차이를 검정하기 때문이다.

앞에서 t검정은 두 집단의 평균의 차이를 검정하는 방법으로 이해하였다. 물론 세 집단 이상의 평균을 비교할 때에도 t검정을 사용할 수는 있지만 몇 가지 문제점으로 인하여 분산분석을 활용하게 된다. 이를테면 집단 간의 차이를 검정하기 위해서 여러 번의 t검정을 분석하게 됨으로써 1종 오류의 가능성이 늘어난다거나 집단 간 차이를 구체적으로 분석하기 어렵다는 문제가 발생할 수 있다. 일원분산분석을 위한 기본 가정은 다음과 같다.

첫째, 독립변수는 범주형 변수이고 종속변수가 연속형 변수이어야 한다.

둘째, 각 집단의 모집단 분포가 정규분포이어야 한다(normally distributed). 표본의 수가 30을 넘으면 중심극한정리에 의해 정규성이 증명되므로 별도의 증명은 필요로 하지 않는다.

셋째, 각 집단의 모집단의 분산이 동일해야 한다(homogeneity of variance). 따라서 분산분석 시에 분산의 동질성에 대하여 검정해 주어야 한다. 실제 SPSS 분석을 할 때 분산이 동일하다는 영가설이 기각되는 것이 바람직하지만, 이를 기각시키지 못할 때는 등분산을 가정하지 않음에서 Dunnett T3(3)이라는 옵션을 선택하여 분석하면 특별한 문제는 발생하지 않는다.

분산분석에서는 독립변수가 범주형 변수이고 종속변수는 양적변수이다. 특히 독립변수와 종속변수가 각각 1개일 경우를 일원분산분석(one-way ANOVA), 독립변수가 2개이고 종속변수가 1개일 경우를 이원분산분석(two-way ANOVA), 독립변수가 2개 이상이고 종속변수가 1개일 경우를 일반적으로 다원분산분석(multi-way ANOVA)이라고 한다. 이때 다원분산분석을 위한 실험설계를 요인설계(factorial design)라고 하며, 종속변수가 2개 이상인 분산분석을 다변량분산분석(multivariate ANOVA: MANOVA)이라고 한다. 또한 비교하려는 집단이 독립적(무선배치설계)인지에 따라서 무선배치 분산분석(ANOVA with random assignments)과 반복측정 분산분석(ANOVA with repeated measurements)으로 구분된다. 이상의 내용을 표로 정리하면 다음과 같다.

표 10-1 분산분석의 유형

구분	단변량 변수			다변량분산분석 (MANOVA)
	일원분산분석	이원분산분석	다원분산분석	
독립변수	1개	2개	3개 이상	1개 이상
종속변수	1개			2개 이상

이밖에도 공분산분석(analysis of covariance)이 있는데, 양적변수로 측정된 공변수를 통제한 상태에서 독립변수의 각 집단에 따른 종속변수의 평균이 통계적으로 유의한가를 검정하는 것이다.

2. 일원분산분석

1) 일원분산분석의 기본 원리

세 가지 종교(기독교, 천주교, 불교)에 따른 결혼만족도를 분석한다고 할 때 각각의 종교에 따른 결혼만족도의 평균점수가 각각 μ_1, μ_2, μ_3라고 가정하면 분산분석에서 영가설과 연구가설은 다음과 같이 설정한 후에 검정을 실시한다.

H_0: $\mu_1 = \mu_2 = \mu_3 = \cdots\cdots = \mu_p$ (모든 집단의 평균은 차이가 없다.)

H_1: H_0가 아니다. (적어도 하나의 집단에서는 차이를 보인다.)

이처럼 일원분산분석은 하나의 독립변수가 세 가지 이상의 집단을 가질 때 이들에 의한 종속변수의 평균이 집단 간에 통계적으로 유의한 차이가 있는지 검정하는 분석 방법이다.

일원분산분석은 각 집단에서 종속변수의 '전체 분산(집단구분 없이 계산한 전체의 분산)'을 '집단 간 분산'과 '집단 내 분산'으로 분할한 후 집단 내 분산에 대한 집단 간 분산의 비율을 이용하여 모집단의 집단 간 평균 차이를 검정하는 방법이다.

분산분석은 가령 A, B, C 세 가지의 사회복지 개입방법을 통하여 자아존중감을 향상 시키고자 할 때 종속변수의 분산 원인이 어디에 있는가를 파악하는 통계적 방법이다. 세 가지 개입방법에 효과가 있다면 집단 간 차이가 발생할 것이고 개입효과가 없다면 집단 간 차이는 없을 것이다. 집단 간 차이가 있다면 어느 정도 있을 때 개입효과가 있는지를 검정하고자 한다면 기준이 필요하게 되는데 그 기준이 바로 집단 내 차이, 즉 집단 내 편차이다. 편차의 합은 항상 0이 되므로 집단 간 편차는 집단 간 편차제곱합으로 계산하고 집단 내 편차는 집단 내 편차제곱합으로 계산한다.

$$Y_{ij} - \overline{Y} = (\overline{Y_j} - \overline{Y}) + (Y_{ij} - \overline{Y_j})$$

총편차 = 집단 간 편차 + 집단 내 편차

$$\sum_j \sum_i (Y_{ij} - \overline{Y})^2 = \sum_j \sum_i (\overline{Y_j} - \overline{Y})^2 + \sum_j \sum_i (Y_{ij} - \overline{Y_j})^2$$

$$SS_t = SS_b + SS_w$$

SS_t(Total Sum of Squares)
SS_b(Between-Group Sum of Squares)
SS_w(Within-Group Sum of Squares)
Y_{ij} : j 집단에 있는 i 의 점수
$\overline{Y}$: 전체 평균, $\overline{Y_j}$: 집단평균

편차의 합은 0이 되므로 편차를 제곱하면 총 편차제곱합은 집단 간 편차제곱합과 집단 내 편차제곱합을 더한 것이다. 집단 간 편차제곱합이 집단 내 편차제곱합보다 크면 집단 간 차이 혹은 개입방법 간에 차이가 있다는 의미이다. 두 편차제곱합을 각각의 자유도로 나눈 값을 평균제곱(mean square)이라고 하고, 이것을 분산의 추정치로 이용하게 된다. 두 평균제곱의 비를 F 통계값이라고 한다.

$$F = \frac{\text{집단 간 평균제곱(집단 간 분산에 근거한 모집단분산의 추정치)}}{\text{집단 내 평균제곱(집단 내 분산에 근거한 모집단분산의 추정치)}}$$

이상의 관계를 분산분석표로 제시하면 다음과 같다.

표 10-2 분산분석의 결과표

분산원	제곱합(SS)	자유도(df)	평균제곱(MS)	F
집단 간 집단 내	SS_b SS_w	g−1 n−g	$MS_b = SS_b$/g−1 $MS_w = SS_w$/n−g	$\frac{MS_b}{MS_w}$
합계	SS_t	n−1		

검정통계량(F)이 임계값보다 작으면 영가설이 채택되고, 평균들이 같다고 결론을 내린다. 반대로 F값이 임계값보다 커서 영가설을 기각시키는 경우에는 집단 간 차이가 난다고 결론을 내리게 된다.

2) 다중비교

일원분산분석에서 영가설이 기각되어 모집단 평균 간에 차이가 있다는 것은 모집단 중 어느 한 모집단이 다른 모집단과 같지 않다는 것을 의미한다. 즉, 여러 모집단 평균들 중에서 최소한 하나(at least one comparison) 이상의 대비에서 영가설을 기각하게 된다는 것이다. 이러한 통계적 검정을 '전반적 검정(overall test)'이라고 한다. 보다 세부적인 비교를 위해서는 여러 번의 비교를 실행해야 하는데, 이를 다중비교(multiple comparison)라고 한다.

전반적인 검정에서 영가설이 기각되었다고 하더라도 어느 집단 간에 차이가 있는지를 말해 주지는 않는다. A, B, C 세 가지 개입방법에 따라서 자아존중감 향상에 차이가 발생했다고 하더라도 그 차이가 A, B 간의 차이인지, A, C 간의 차이인지, 아니면 B, C 간의 차이인지 알 수가 없다는 의미이다. 그러므로 사후비교분석은 분산분석에서 영가설이 기각되었을 경우 이것이 구체적으로 어느 집단 간의 차이에서 기인하는 것인가를 추가적으로 분석하는 것이다.

사후비교 중에서 가장 통계적 검정력이 높은 방법은 Fisher의 LSD와 Duncan 방법이다. 또한 Tukey 방법은 집단 간 사례수가 동일할 때 사용되며, 개별 평균 비교 시에는 적합하지만 복합 비교에 제한점이 있기 때문에 주로 Scheffé 방법이 사용된다. Scheffé 방법은 표본의 크기가 다르더라도 사용할 수 있고, 모집단이 정규분포 및 등분산성을 따라야 한다는 가정에 위배되더라도 사용할 수 있기 때문에 가장 융통성 있는 방법이다. 그리고 통계적 검정력이 높지 않기 때문에 가장 보수적인 방법 중의 하나이다. Tukey 방법과 Scheffé 방법을 비교하면 다음 〈표 10-3〉과 같다.

표 10-3 Tukey 방법과 Scheffé 방법의 비교

사후비교	특징 및 적용
Tukey의 HSD 검정법	• 독립변수의 범주 수가 네 개 이하인 분석에서 주로 사용한다. • 독립변수 집단의 크기가 같은 경우에만 적용 가능
Scheffé 검정법	• 모든 사후비교 방법 중에서 융통성이 있고 보수적이며 제1종 오류에 가장 강한 방법 • 독립변수 집단의 크기가 다를 경우에도 사용 가능 • 매우 보수적인 방법 • 다른 방법보다 검증력이 높지 않다.

3) 일원분산분석의 실행

(1) 일원배치 분산분석 대화상자 열기

분석(A) ▶ 평균 비교(M) ▶ 일원배치 분산분석(O)...

① 가족 배경(기초생활 수급여부)에 따른 아동의 자아존중감의 차이(평균의 차이)가 있는지 알아보고자 한다. 일원배치 분산분석은 Data Editor 창의 메뉴에서 분석(A)－평균 비교(M)－일원배치 분산분석(O)에서 실행한다. '자아존중감연구.sav' 파일을 불러와서 일원배치 분산분석을 실행해 보자.

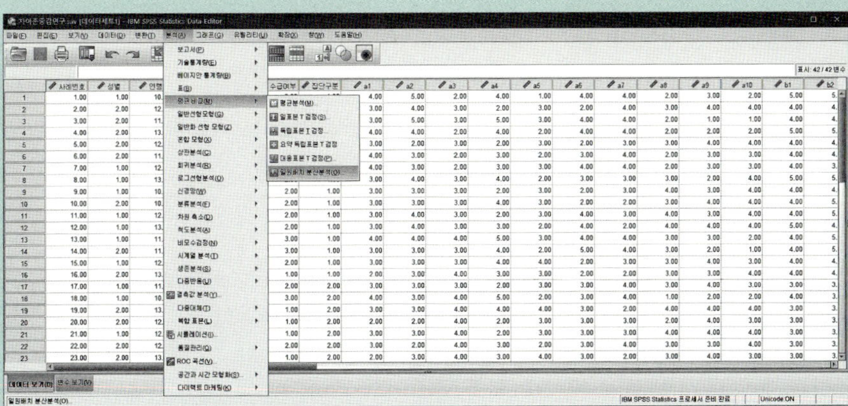

그림 10-1 분석(A)-평균 비교(M)-일원배치 분산분석(O)

② 일원배치 분산분석을 실행하면 다음과 같은 일원배치 분산분석 대화상자가 열린다.

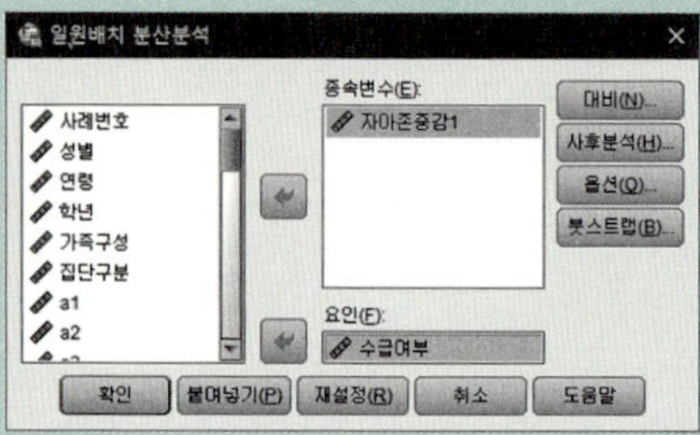

그림 10-2 **일원배치 분산분석 대화상자**

③ 여기서 왼쪽 변수목록 창에서 '자아존중감1' 변수를 선택하고 을 클릭하여 오른쪽 종속변수(E): 창에 '수급여부' 변수를 선택하고 를 클릭하여 요인(F): 창으로 이동시킨다. 독립표본 t 검정과는 달리 독립변수를 요인이라고 부르며, 집단이나 변수값을 지정해 줄 필요 없이 포함된 모든 집단을 비교하게 된다.

(2) 사후분석 대화상자 열기

사후분석(H)...을 클릭하면 사후분석-다중비교 대화창이 나타난다. 등분산을 가정함 부분에 있는 여러 개의 사후분석 방법 중에서 Scheffe를 선택한다. 집단별 분산이 같지 않을 때에는 등분산을 가정하지 않음에서 Dunnett의 C를 선택한다. 필요한 옵션을 선택한 후 계속(C)을 클릭하여 분석 대화상자로 이동한다.

그림 10-3 **사후분석-다중비교 대화창**

(3) 옵션 대화상자 열기

옵션(O)...을 클릭하면 옵션 대화상자가 나타난다. 옵션 대화상자에는 통계량, 평균 도표, 결측값 처리 항목이 있는데, 통계량에서 기술통계(D), 분산 동질성 검정(H) 그리고 평균 도표(M)를 선택한다. 결측값 처리는 기본 설정된 분석별 결측값 제외(A)를 이용하여 분석을 진행한다. 계속(C)을 클릭하고 분산분석 대화창에서 확인을 클릭한다.

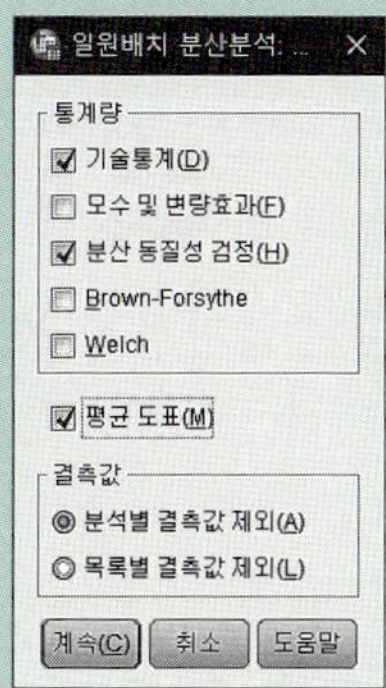

그림 10-4 **일원배치 분산분석: 옵션**

옵션 대화상자에서 선택한 내용은 다음과 같은 의미를 갖는다.

- 기술통계(D) : 케이스 수, 평균, 표준편차 등의 기술통계량을 산출해 준다.
- 분산 동질성 검정(H) : 분산분석에서는 모집단의 분산이 동일하다는 가정이 충족되어야 하는데 이를 검정하기 위한 Levene의 통계량이 산출된다.
- 평균 도표(M) : 각 집단별 종속변수 값의 평균을 도표로 나타내어 집단별 차이를 보여준다.

4) 분석결과 설명

분산분석을 실행하면 다음과 같은 결과가 출력된다.

(1) 기술통계량

기술통계

자아존중감1

	N	평균	표준화 편차	표준화 오류	평균에 대한 95% 신뢰구간 하한	평균에 대한 95% 신뢰구간 상한	최소값	최대값
기초생활	8	25.7500	1.38873	.49099	24.5890	26.9110	25.00	29.00
조건부수급	11	29.7273	2.93567	.88514	27.7551	31.6995	26.00	35.00
일반	11	38.0000	2.14476	.64667	36.5591	39.4409	35.00	41.00
전체	30	31.7000	5.59649	1.02177	29.6102	33.7898	25.00	41.00

독립변수의 각 집단별 사례수, 평균, 표준편차, 각 집단 평균에 대한 95% 신뢰구간, 각 집단별 최소값과 최대값이 나타나 있다. 기술통계의 표에서 잘 살펴보아야 할 것은 각 집단의 평균이다. 일반가정 아동의 자아존중감 평균이 38.00으로 가장 높으며, 조건부수급가정 아동 그리고 기초생활수급가정 아동 등의 순으로 나타나 있다.

(2) 분산의 동질성 검정

분산의 동질성 검정

		Levene 통계량	자유도1	자유도2	유의확률
자아존중감1	평균을 기준으로 합니다.	2.476	2	27	.103
	중위수를 기준으로 합니다.	1.284	2	27	.293
	자유도를 수정한 상태에서 중위수를 기준으로 합니다.	1.284	2	21.462	.297
	절삭평균을 기준으로 합니다.	2.320	2	27	.118

분산분석은 각 모집단의 분산이 같다는 가정하에서 실시된다. Levene의 통계량을 이용하여 분산의 동질성에 대해 검정한 결과를 보면 유의확률이 .103으로서 $H_0 = \sigma_1^2 = \sigma_2^2 = \sigma_3^2$를 기각하지 못하였으므로 등분산 가정에는 문제가 없다.

(3) AVOVA

ANOVA

자아존중감1

	제곱합	자유도	평균제곱	F	유의확률
집단-간	762.618	2	381.309	70.670	.000
집단-내	145.682	27	5.396		
전체	908.300	29			

독립변수의 각 집단별 평균 차이가 유의한지 F검정을 실시한 분산분석 결과표가 나타나 있다.

- 집단-간 : 집단 간 분산의 제곱합은 762.618이며, 자유도는 2(3집단-1)이다. 제곱합 ÷ 자유도는 평균제곱으로서 381.309가 나왔다. 모집단에 대한 하나의 추정치이다.
- 집단-내 : 각 집단의 분산으로 오차분산을 의미한다. 각 집단 내에서 나타난 잔차 분산이며 전체 분산에서 집단 간 분산을 뺀 나머지 분산이다. 자유도는 27(29-2)이며 모집단의 오차분산의 추정치는 5.396이다.
- F : F ratio, 즉 F값을 의미하며 집단 간 분산의 평균제곱 ÷ 집단 내 분산의 평균제곱의 비율로 계산된다. 이 F값과 자유도에 의하여 F검정을 실시한다. F검정 결과 F값이 70.67, 유의확률이 .000($p < .001$)으로서 집단 간 차이가 없다는 영가설을 기각하고 차이가 있다고 결론을 내린다.

(4) 사후검정

다중비교

종속변수: 자아존중감1

	(I) 수급여부	(J) 수급여부	평균차이(I-J)	표준화 오류	유의확률	95% 신뢰구간 하한	95% 신뢰구간 상한
Scheffe	기초생활	조건부수급	-3.97727*	1.07933	.004	-6.7728	-1.1818
		일반	-12.25000*	1.07933	.000	-15.0455	-9.4545
	조건부수급	기초생활	3.97727*	1.07933	.004	1.1818	6.7728
		일반	-8.27273*	.99047	.000	-10.8381	-5.7074
	일반	기초생활	12.25000*	1.07933	.000	9.4545	15.0455
		조건부수급	8.27273*	.99047	.000	5.7074	10.8381
Dunnett C	기초생활	조건부수급	-3.97727*	1.01220		-6.8005	-1.1540
		일반	-12.25000*	.81194		-14.5363	-9.9637
	조건부수급	기초생활	3.97727*	1.01220		1.1540	6.8005
		일반	-8.27273*	1.09620		-11.2777	-5.2677
	일반	기초생활	12.25000*	.81194		9.9637	14.5363
		조건부수급	8.27273*	1.09620		5.2677	11.2777

*. 평균차이는 0.05 수준에서 유의합니다.

집단 간 차이에 대한 다중비교표이다. 각 집단별로 평균의 차이를 검증하는 t검정을 경우의 수만큼 실행한 결과이다. 평균차(I－J)에서 I는 왼쪽에 있는 집단이고 J는 오른쪽에 있는 집단이다. 기초생활 집단과 조건부수급 집단의 평균 차이(I－J)는 －3.98로서 조건부수급 집단이 더 높다는 것을 의미한다. 두 집단 간의 차이가 통계적으로 유의한 경우에는 *가 표시되어 있으며 오른쪽 유의확률을 통해서 확인 가능하다. 즉, 유의확률이 .05 미만일 경우 그 집단 간의 평균 차이는 통계적으로 유의하다는 것을 나타낸다. 집단별 평균 차이가 모두 통계적으로 유의하다는 것을 알 수 있다. 다음 결과표에서는 다중비교의 결과 동일집단군(부집단)에 있는 집단에 대한 평균이 제시되어 있다.

자아존중감1

	수급여부	N	유의수준 = 0.05에 대한 부분집합 1	2	3
Scheffe[a,b]	기초생활	8	25.7500		
	조건부수급	11		29.7273	
	일반	11			38.0000
	유의확률		1.000	1.000	1.000

동질적 부분집합에 있는 집단에 대한 평균이 표시됩니다.

a. 조화평균 표본크기 9.778을(를) 사용합니다.

b. 집단 크기가 동일하지 않습니다. 집단 크기의 조화평균이 사용됩니다. I 유형 오차 수준은 보장되지 않습니다.

부집단1에는 1집단(기초생활수급)이 속하며 평균은 25.75이다. 부집단2에는 2집단(조건부수급)이 속하며 평균은 29.73이다. 부집단3에는 3집단(일반)이 속하며 평균은 38.00이다. 따라서 세 집단이 모두 각각 다른 집단에 속하기 때문에 각 집단이 모두 평균에 있어 차이가 있음을 보여준다.

(5) 도표

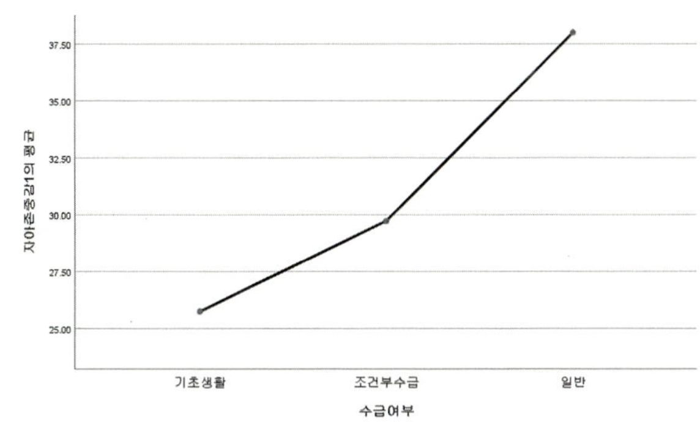

그림 10-5 집단 평균의 도표

집단의 각 평균을 그림으로 보여주고 있다. 일반가정 아동집단이 가장 높으며, 조건부수급가정 아동, 기초생활수급가정 아동 순으로 나타나 있다.

5) 보고서 작성 및 해석

일원배치 분산분석의 결과표를 제시할 때에는 기술통계치와 분산분석의 결과를 하나의 표에 제시할 수도 있으며, 각 집단별 기술통계를 표로 산출한 다음 분산분석표를 따로 제시하는 경우도 있다.

(1) 보고서 제시 1 (같은 표로 제시하는 방법)

표 10-4 가정의 수급여부에 따른 아동의 자아존중감 평균의 차이

수급여부	사례수	평균	표준편차	F	유의확률
기초생활수급	8	25.75	1.39		
조건부수급	11	29.73	2.94	70.67	.000
일반가정	11	38.00	2.14		

유의확률을 표시하는 방법은 결과표 내에 제시하는 경우도 있지만 결과표를 간결하게 하기 위하여 F값에 별표(*)를 유의수준만큼 붙인 후(70.67***)에 표 아래에 유의수준(*** $p < .001$)을 표시해도 된다.

(2) 보고서 제시 2 (표를 분리하여 제시하는 방법)

표 10-5 가정의 수급여부에 따른 아동의 자아존중감 기술통계

수급여부	사례수	평균	표준편차
기초생활수급	8	25.75	1.39
조건부수급	11	29.73	2.94
일반가정	11	38.00	2.14

기초생활수급가정 아동의 수는 8명이고, 조건부수급가정과 일반가정 아동의 수는 각각 11명이다. 일반가정 아동의 자아존중감 평균은 38.00(SD=2.14)으로 가장 높게 나타났고, 기초생활수급 아동의 자아존중감 평균값은 25.75(SD=1.39), 조건부수급 아동의 자아존중감 평균값은 29.73(SD=2.94)으로 나타났다.

가정의 수급여부에 따른 아동의 자아존중감에 차이가 있는지를 알아보기 위하여 일원분산분석을 실시한 결과는 다음의 〈표 10-6〉과 같다.

표 10-6 가정의 수급여부에 따른 아동의 자아존중감 차이 검정

분산원	제곱합(SS)	자유도(df)	평균제곱(MS)	F	다중비교
집단 간 집단 내	762.618 145.682	2 27	381.309 5.393	70.670***	1<2<3
합계	908.300	29			

$^{***}p < .001$

세 집단에 대한 평균 차이에 대한 F값이 70.67, 유의확률이 .000으로서 유의수준 .001에서 가정의 수급여부에 따라 아동의 자아존중감에 통계적으로 유의한 차이가 있는 것으로 나타났다. 구체적으로 어떤 집단 간에 차이가 있는지를 알아보기 위하여 Scheffé 사후검정 결과 세 집단 모두에서 유의한 차이가 있는 것으로 나타났다. 일반가정 아동의 자아존중감이 가장 높았고, 그 다음이 조건부수급자가정 아동, 기초생활수급가정 아동의 자아존중감이 가장 낮게 나타났다.

TIP 정규성 검정과 독립성 검정

- 정규성 검정은 **분석(A) – 일반선형모형(G) – 일변량(U)**에서 종속변수와 **독립변수**에 각각 변수를 이동시킨다. 저장에서 잔차의 **비표준화(N)**를 선택하고 계속과 확인을 누른 후 데이터 창을 보면 'RES_1'이라는 변수가 생성되어 있음을 볼 수 있다.
- 정규성 검정은 **분석(A) – 기술통계량(E) – 데이터 탐색(E)**에서 'RES_1' 변수를 종속변수로 이동시킨 후 **도표**에서 **검정**과 함께 **정규성 도표(O)**를 선택한다. [계속(C)]과 [확인]을 눌러서 나타난 결과를 보면 Kolmogorov–Smirnov 검정에서 유의확률을 보고 영가설의 수용여부를 결정하면 된다. 정규성 검정의 영가설은 '각 종속변수의 오차들은 모두 정규성을 만족한다.'이며, 유의확률이 .05 이상이면 영가설을 수용하게 되고 정규성을 충족한다고 볼 수 있다.
- 한편 독립성 검정은 **분석(A) – 비모수검정(N) – 레거시 대화상자(L) – 런(R)**에서 'RES_1' 변수를 **검정변수(T)로** 이동한 후 아래쪽의 절단점에서 **사용자 정의(C)**를 선택하고 '0'의 값을 입력한 후 [확인]을 클릭하여 분석한다.
- 독립성 검정은 Z통계량을 이용하며 영가설은 '각 관측값의 오차들은 모두 독립성을 만족한다.'이며, 이때 유의확률을 보고 영가설 기각여부를 결정하면 된다.

3. 이원분산분석

1) 이원분산분석의 개요

일원분산분석은 종속변수에 대하여 하나의 독립변수, 즉 하나의 요인만을 고려하여 분석한다. 그러나 종속변수에 미치는 독립변수는 성별이나 기타 다른 요인에 의해서 다르게 나타날 수도 있다.

만일 이렇게 다른 요인들에 의한 차이를 실험설계에서 적절히 분리해 내지 못한다면 이러한 차이는 집단 내 편차인 오차에 포함되어 오차제곱의 평균값만 크게 나타날 것이다. 오차의 평균제곱이 커지게 되면 실제로 독립변수에 따른 종속변수의 차이가 있다고 하더라도 집단 간 편차가 집단 내 편차, 즉 오차평균제곱과 비교해서 크게 나타나지 않게 되어 독립변수에 의한 종속변수의 차이는 오차의 차이로 취급하여 차이가 없는 것으로 결론을 내리게 된다. 즉, 실제로 요인에 의한 차이가 분명히 나타내는데도 불구하고 다른 요인들이 작용하여 집단 내 편차를 증가시키기 때문에 상대적으로 독립변수의 효과가 적게 보이게 되어 효과가 없는 것으로 판단하게 된다는 것이다.

이원분산분석은 독립변수, 즉 요인이 두 개인 분산분석을 말한다. 이원분산분석은 두 요인 모두가 종속변수에 미치는 영향을 파악하는 것이 목적이며, 경우에 따라서는 독립변수의 효과를 보다 분명하게 파악하기 위하여 다른 요인들을 통제하기 위한 목적으로도 사용될 수 있다. 이러한 통제의 목적으로 사용되는 대표적인 실험설계로 무작위 블록디자인(RBD: randomized block design)이 있다. 여기서는 일반적인 이원분산 분석으로서 완전 무작위 디자인(CRD: completely randomized design)을 중심으로 살펴본다.

2) 기본 가정

이원분산분석은 두 개의 범주형 독립변수가 하나의 양적 종속변수에 어떠한 영향을 미치는가를 분석하는 방법이다. 즉, 이원분산분석은 독립변수가 두 개이며 이들 독립변수와 종속변수 간의 상호작용 효과(interaction effect)를 검정할 수 있다는 데서 여타 분산분석과는 다르다. 이를 통계적 실험설계에서는 요인설계(factorial design) 모형이라고도 한다.

이원분산분석에서 한 독립변수의 집단에 따라서 종속변수의 평균이 통계적으로 유의한 차이가 있다면 그 독립변수는 종속변수에 '주 효과(main effects)'가 있다고 한다. 이에 비해서 한 독립변수의 집단에 따라서 종속변수의 평균이 다른 독립변수의 집단에 따라 달라진다면 두 가지 독립변수는 종속변수에 '상호작용 효과'가 있다고 한다. 상호작용 효과는 종속변수에 대한 두 가지 이상의 독립변수의 상승적인 효과, 시너지 효과라고 할 수 있다. 이원분산분석의 총편차제곱합은 다음의 식과 같이 구성된다.

$$SS_T = SS_A + SS_B + SS_{AB} + SS_{오차}$$

3) 이원분산분석의 실행

(1) 일변량 대화상자 열기

분석(A) ▶ 일반선형모형(G) ▶ 일변량(U)...

① 앞의 예에서 가정의 수급여부와 성별에 따른 자아존중감의 차이를 검정해 보자. 이원분산분석을 실행하기 위해서는 일반선형모형을 사용한다. 분석(A) – 일반선형모형(G) – 일변량(U)을 선택하면 실행할 수 있다.

② 일변량 대화상자가 나타나면 '자아존중감1' 변수를 종속변수(D):에 고정요인(F):에는 두 독립변수인 '수급여부'와 '성별'을 각각 선택하여 차례로 ➡를 클릭하여 이동시킨다. 이때 독립변수가 고정변수(fixed variable)이면 고정요인(F): 창, 무작위변수(random variable)이면 아래쪽의 변량요인(A): 창을 이용한다. 일반적

으로 고정변수로 간주하여 고정요인에 입력한다.

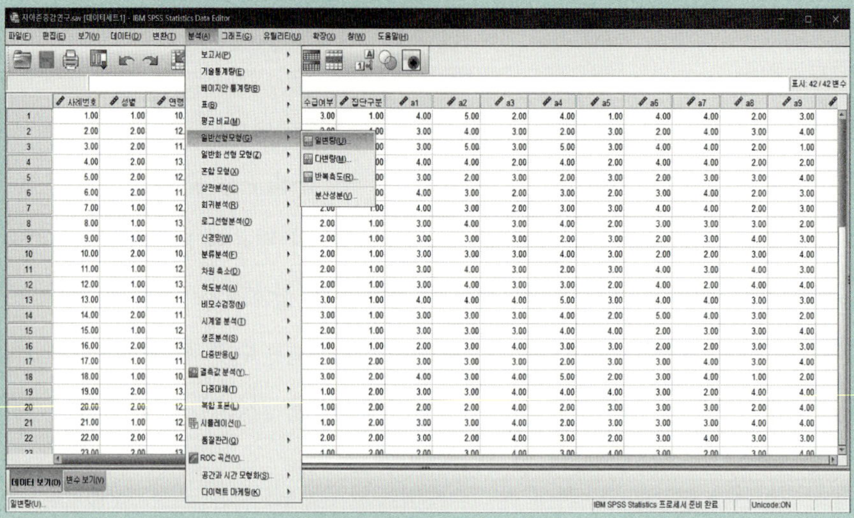

그림 10-6 분석(A)-일반선형모형(G)-일변량(U)

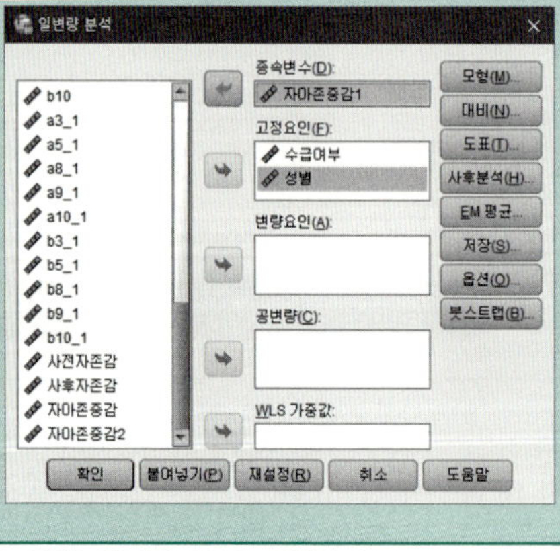

그림 10-7 이원분산분석을 위한 일변량 분석 대화상자

③ 사후분석이 필요하지 않다면 이 상태에서 [확인]을 클릭하면 분석이 완료된다.

(2) 모형 대화상자 열기

일변량 대화상자에서 [모형(M)...]을 클릭하면 다음과 같은 모형 대화상자가 열린다.

완전요인모형(A)과 항 설정(B), 사용자 정의 항 작성(C)이 있는데 기본값인 완전요인모형을 그대로 두면 된다. 다음의 제곱합(Q):도 제III유형이 기본값이면 그대로 둔다. 계속(C)을 클릭한다.

- 고정변수(요인): 연구의 목적이 독립변수 내 집단 간의 비교에 있을 때 연구자는 비교하기를 원하는 집단을 독립변수의 범주로 모두 선택하게 되며, 이렇게 연구자가 선택한 집단을 비교하고자 하는 경우의 독립변수를 고정변수(요인)라고 한다.
- 무작위변수(요인): 연구의 목적이 독립변수의 집단 간 차이에 대한 결과를 독립변수가 표집되어 온 모집단을 일반화하는 경우에 사용한다.

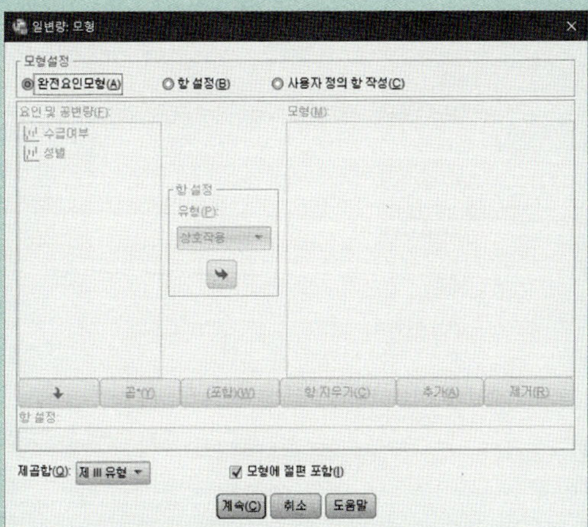

그림 10-8 이원분산분석을 위한 일변량: 모형

TIP 기존 데이터 소스 열기를 위한 옵션 지정

- **제 I 유형**: 임의의 1차 상호작용 효과 이전에 주 효과가 지정되고, 2차 상호작용 효과 이전에 1차 상호작용 효과가 지정되는 등의 균형분산분석 모형이다.
- **제 II 유형**: 다른 모든 적합한 효과에 맞게 수정된 모형 내 효과의 제곱합을 계산. 균형분산분석 모형, 주요인 효과만 있는 모형 등 모든 회귀모형이다.
- **제III유형**: 설계 내의 한 효과의 제곱합을 계산할 때 이 효과를 포함하지 않는 다른 효과에 맞게 수정되며, 이 효과를 포함하는 효과(있는 경우)에 직교하는 제곱합 방법을 사용한다. 결측 셀이 없는 비균형모형에 유용하다.

(3) 도표 대화상자 열기

독립변수 간의 상호작용 효과를 시각적으로 분석하기 위하여 일변량 대화상자에서 [도표(T)...]를 클릭한다. 왼쪽 요인(F): 창에서 '수급여부'는 수평축 변수(H):에 '성별'은 선구분 변수(S):에 각각 이동시킨 후 아래의 를 누른다. 도표(T):에 '수급여부 * 성별'이 나타나면 [계속(C)]을 클릭한다.

그림 10-9 이원분산분석을 위한 일변량: 프로파일 도표

(4) 사후분석 대화상자 열기

일변량 대화상자에서 [사후분석(H)...]을 클릭한다. 집단이 세 개 이상으로 구성된 변수인 '수급여부'를 사후검정변수(P):로 이동시킨다. 검정방법은 Scheffe를 선택한다.

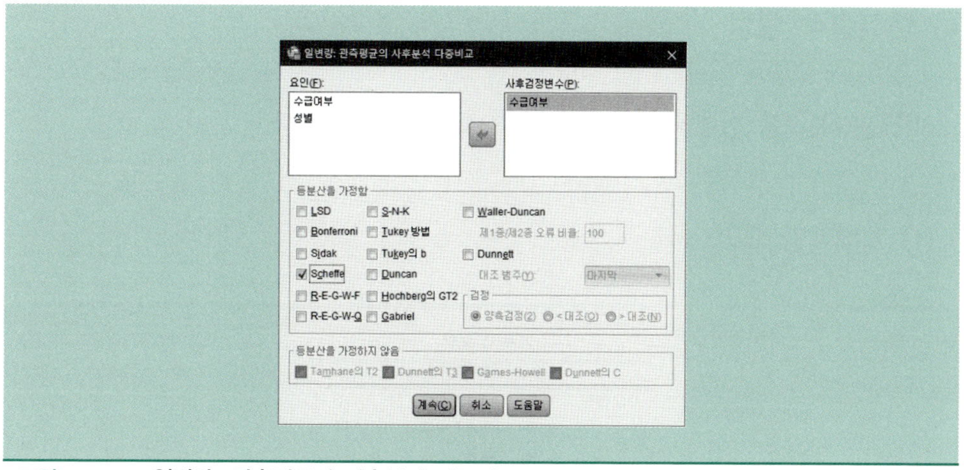

그림 10-10 **일변량: 관측평균의 사후분석 다중비교**

(5) 옵션 대화상자 열기

일변량 대화상자에서 옵션(O)... 을 클릭한다. 옵션 출력 부분에서 각종 통계량을 선택하면 된다. 여기서는 기술통계량(D)과 동질성 검정(H)을 선택한다. 계속(C)을 클릭하여 일변량 대화상자가 나타나면 확인 을 클릭하여 분석을 실행하면 된다.

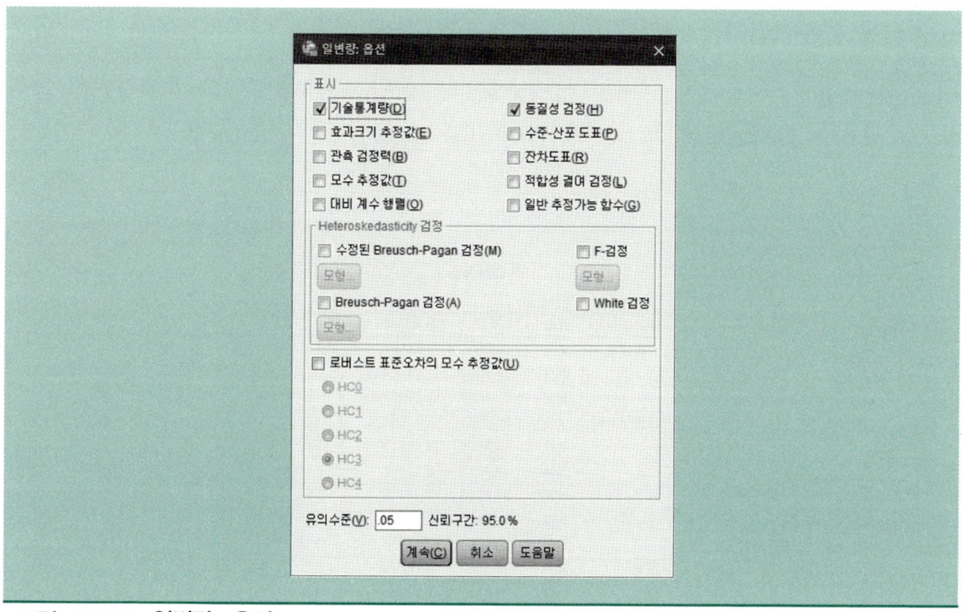

그림 10-11 **일변량: 옵션**

4) 분석결과 설명

이원분산분석을 실행하면 다음과 같은 결과표가 출력된다.

(1) 개체-간 요인

개체-간 요인

		값 레이블	N
수급여부	1.00	기초생활	8
	2.00	조건부수급	11
	3.00	일반	11
성별	1.00	남자	15
	2.00	여자	15

일반선형모형을 검정한 결과 수급여부 변수와 성별변수의 각 집단별 사례수를 보여준다.

(2) 기술통계량

기술통계 분석결과를 나타내 준다. 기초생활, 조건부수급, 일반가정에서 각각 남자와 여자의 평균, 표준편차 그리고 사례수를 보여준다. 기초생활가정 아동이면서 남자는 세 명으로 자아존중감 평균은 26.67점이며, 표준편차는 2.08이다.

기술통계량

종속변수: 자아존중감1

수급여부	성별	평균	표준편차	N
기초생활	남자	26.6667	2.08167	3
	여자	25.2000	.44721	5
	전체	25.7500	1.38873	8
조건부수급	남자	29.8571	3.07834	7
	여자	29.5000	3.10913	4
	전체	29.7273	2.93567	11
일반	남자	37.8000	2.38747	5
	여자	38.1667	2.13698	6
	전체	38.0000	2.14476	11
전체	남자	31.8667	5.16674	15
	여자	31.5333	6.17445	15
	전체	31.7000	5.59649	30

합계에서 남자와 여자가 모두 15명이며, 남자의 자아존중감 평균은 31.87점이고 표준편차는 5.17, 여자의 평균은 31.53점이며 표준편차는 6.17이다.

(3) 오차분산의 동질성 검정

오차 분산의 동일성에 대한 Levene의 검정[a,b]

		Levene 통계량	자유도1	자유도2	유의확률
자아존중감1	평균을 기준으로 합니다.	1.604	5	24	.197
	중위수를 기준으로 합니다.	.774	5	24	.578
	자유도를 수정한 상태에서 중위수를 기준으로 합니다.	.774	5	16.062	.582
	절삭평균을 기준으로 합니다.	1.501	5	24	.227

여러 집단에서 종속변수의 오차 분산이 동일한 영가설을 검정합니다.

a. 종속변수: 자아존중감1

b. Design: 절편 + 수급여부 + 성별 + 수급여부 * 성별

Levene의 등분산검정의 결과 유의확률이 .197이므로 영가설을 기각하지 못하였고 세 집단의 분산은 같다고 볼 수 있다.

(4) 개체-간 효과 검정

개체-간 효과 검정

종속변수: 자아존중감1

소스	제 III 유형 제곱합	자유도	평균제곱	F	유의확률
수정된 모형	767.343[a]	5	153.469	26.130	.000
절편	27102.975	1	27102.975	4614.675	.000
수급여부	720.930	2	360.465	61.374	.000
성별	1.642	1	1.642	.280	.602
수급여부 * 성별	3.735	2	1.868	.318	.731
오차	140.957	24	5.873		
전체	31055.000	30			
수정된 합계	908.300	29			

a. R 제곱 = .845 (수정된 R 제곱 = .812)

두 개의 독립변수에 따른 종속변수의 차이가 통계적으로 유의한지 F검정을 실행한 결과가 제시되어 있다.

- **수정된 모형**: 수정된 분산분석모형을 의미하며, 이 모형은 분석한 데이터가 분산분석모형으로 적합한지를 보는 것으로 F값이 26.13이며, 유의확률이 .000($p < .001$)이므로 분산분석의 모형은 타당한 것임을 알 수 있다.
- **수급여부**: 수급여부에 따라서 종속변수의 차이가 유의한가를 나타낸다. F값이 61.37이고 유의확률이 .000($p < .001$)으로 유의한 차이가 있다고 할 수 있다. 수급여부에 따라서 자아존중감이 달라진다고 할 수 있다.
- **성별**: 성별에 따른 종속변수의 차이를 알아보는 것으로서 유의확률이 .602로 .05를 넘기 때문에 유의한 차이가 없는 것으로 나타났다. 즉, 성별에 따라서 자아존중감에 차이가 없다는 것이다.
- **수급여부 * 성별**: 수급여부와 성별의 상호작용항으로 두 변수의 상호작용이 종속변수에 미치는 영향을 나타내는 것으로서 유의확률이 .731로 영향이 유의하지 않음을 알 수 있다.
- **오차**: 잔차, 즉 오차분산으로 집단 내 분산을 의미한다.
- **전체**: 전체 분산을 의미한다.
- **R제곱(R^2)**: 회귀분석에서 결정계수와 같은 것으로 독립변수에 의해서 설명될 수 있는 종속변수의 총변동 비율을 의미한다. 여기서는 수정모형의 제곱합 ÷ 수정합계의 값으로 계산된다(767.343÷908.300=.845).

(5) 사후검정

사후검정의 결과는 앞의 일원분산분석에서 출력했기 때문에 수급여부에 따른 자아존중감의 집단별 비교 결과에 관한 설명은 생략한다.

(6) 도표

이원분산분석의 두 독립변수 간의 상호작용 효과를 그림으로 보여주고 있다. 성별과 관계없이 일반가정 아동집단의 자아존중감이 가장 높으며, 조건부수급가정 아동,

기초생활수급가정 아동 순으로 나타나고 있다. 상호작용 효과는 없다고 볼 수 있다.

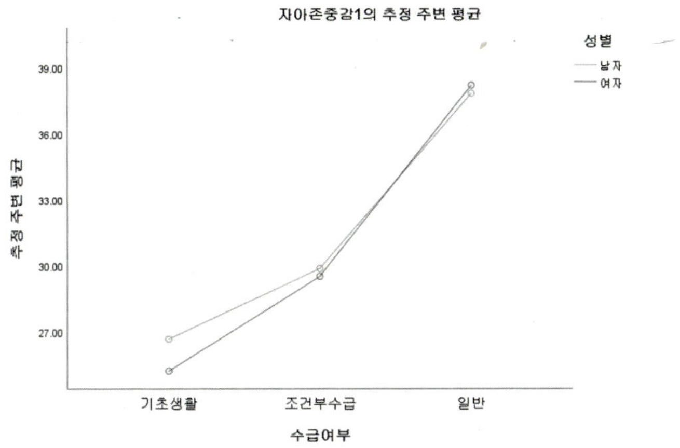

5) 보고서 작성 및 해석

수급여부와 성별에 따른 자아존중감의 차이에 대한 평균과 표준편차는 다음 〈표 10-7〉과 같다.

표 10-7 수급여부와 성별에 따른 자아존중감의 기술통계

		기초생활수급	조건부수급	일반	합계
남자	평균	26.67	29.86	37.80	31.87
	표준편차	2.08	3.08	2.39	5.17
	사례수	3	7	5	15
여자	평균	25.20	29.50	38.17	31.53
	표준편차	0.48	3.11	2.14	6.17
	사례수	5	4	6	15
합계	평균	25.75	29.73	38.00	31.70
	표준편차	1.39	2.94	2.14	5.60
	사례수	8	11	11	30

기초생활수급가정의 남자아동의 자아존중감 평균은 26.67(SD=2.08)이고 여자아동은 25.20(SD=0.48)이며, 조건부수급가정의 남자아동의 자아존중감 평균은 29.86(SD=3.08)이고 여자아동은 29.50(SD=3.11), 일반가정의 남자아동의 평균은 37.80(SD=2.39), 여자아동의 평균은 38.17(SD=2.14)로 나타났다. 전체 남자아동의 평균은 31.87(SD=5.17), 여자아동의 평균은 31.53(SD=6.17)으로 나타났으며, 기초생활수급가정 아동의 전체 평균은 25.75(SD=1.39), 조건부수급가정 아동의 전체 평균은 29.73(SD=2.94), 일반가정 아동의 전체 평균은 38.00(SD=2.14)로 나타나 일반가정 아동의 자아존중감 평균이 가장 높았다.

수급여부에 따른 차이 및 성별의 차이, 그리고 수급여부와 성별의 상호작용 효과에 대한 통계적 유의성을 검정한 분산분석 결과는 다음 〈표 10-8〉과 같다.

표 10-8 수급여부와 성별에 따른 자아존중감의 분산분석 결과

분산원	제곱합(SS)	자유도(df)	평균제곱(MS)	F
수급여부	720.930	2	360.465	61.374***
성별	1.642	1	1.642	.280
수급여부×성별	3.735	2	1.868	.318
오차	140.957	24	5.873	
합계	908.300	29		

***$p < .001$

수급여부에 따른 자아존중감을 분석한 결과 F값이 61.374로 유의수준 .001에서 수급여부에 따라 자아존중감이 차이가 있는 것으로 나타났다. 성별에 따른 자아존중감의 차이를 분석한 결과 F값이 .280으로 차이가 나타나지 않았다($p > .05$). 수급여부와 성별의 상호작용 효과를 분석한 결과 F값이 .318로 유의수준 .05에서 통계적으로 유의한 차이가 나타나지 않았다. 본 분석결과를 통해 볼 때 두 독립변수 간에 상호작용 효과가 발생하지 않았지만 만일 상호작용 효과가 나타난다면 주 효과에 관하여 추가로 분석해 주어야 한다. 즉, 상호작용 효과로 인하여 주 효과를 제대로 확인하지 못하기 때문이다.

수급여부에 아동의 자아존중감 차이가 통계적으로 유의하게 나타났기 때문에 수급여부의 각 집단별 세부적인 차이를 확인하기 위한 사후비교를 실시한 결과 세 집단 모두에서 차이가 발생하였다. 즉, 자아존중감의 평균은 일반가정이 가장 높고, 그 다음이 조건부수급가정, 기초생활수급가정 순으로 나타났다.

TIP 집단별 평균 비교 분석방법

위의 수급여부와 성별에 따른 자아존중감의 기술통계를 보다 쉽게 분석할 수도 있는데 이것이 바로 집단별 평균 비교방법이다.

먼저 **분석(A) - 평균 비교(M) - 집단별 평균분석(M)**을 통해 집단별 평균분석 대화창을 연다. **분석(A) - 평균 비교(M) - 집단별 평균분석(M)**에서 **종속변수(D):**에 '자아존중감1' 변수를 이동시키고, **독립변수(I):**에 '성별'변수를 이동시킨다. [다음(N)]을 누르면 레이어1/2로 바뀌면서 다시 독립변수를 투입할 수 있게 된다. 이번에는 '수급여부' 변수를 투입한다. 이때 레이어1/1에서 투입한 독립변수가 상위변수로 결정되며, 레이어2/2에 투입하는 독립변수는 하위변수로 분석된다. [확인]을 클릭하면 다음과 같은 결과가 나타난다.

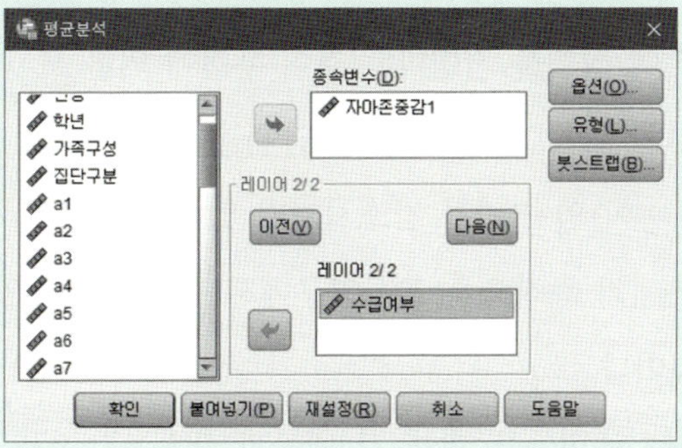

보고서

자아존중감1

성별	수급여부	평균	N	표준편차
남자	기초생활	26.6667	3	2.08167
	조건부수급	29.8571	7	3.07834
	일반	37.8000	5	2.38747
	전체	31.8667	15	5.16674
여자	기초생활	25.2000	5	.44721
	조건부수급	29.5000	4	3.10913
	일반	38.1667	6	2.13698
	전체	31.5333	15	6.17445
전체	기초생활	25.7500	8	1.38873
	조건부수급	29.7273	11	2.93567
	일반	38.0000	11	2.14476
	전체	31.7000	30	5.59649

4. 실험설계와 분산분석

1) 무작위 블럭디자인(randomized block design)

(1) 사용 목적

실험단위의 특성에 따라서 표본을 비슷한 성질을 갖는 몇 개의 집단으로 나눈 것을 블럭(block, 구획)이라고 한다. 블럭 내의 실험단위는 동질적인 특성을 갖는다. 무작위 블럭디자인은 각 블럭 내의 실험단위에 독립변수를 무작위로 할당하는 것을 말한다. 예를 들어 개입방법의 종류에 따른 효과가 성별에 따라서 크게 달라진다고 판단되면 성별을 블럭으로 정하여 실험을 진행하는 것이 우연에 의한 오차를 줄일 수 있는 효과적인 방법이 될 것이다. 이처럼 블럭은 실험단위를 동질적인 집단으로 구분하여 우연에 의한 오차(집단 내 편차)의 크기를 감소시키기 위한 목적으로 사용되는 추가적인 요인을 말한다. 이는 통제의 목적으로 조사연구에서 사용되는 동일 배합(matching)을 사용하는 것과 같은 것이다.

일원분산분석에서는 총변동을 개체 간 변동과 개체 내 변동으로 나누었지만 무작위 블럭디자인을 이용한 이원분산분석은 블럭 요인을 추가하여 블럭에 따라 나타나는 차이를 파악함으로써 개체 내 변동으로 나타나는 오차 변동이 그만큼 줄어들게 되고 독립변수에 따른 차이가 우연에 의한 차이보다 상대적으로 커지게 되어 종속변수에 미치는 영향을 분석할 수 있게 되는 것이다.

결국 무작위 블럭디자인 분산분석은 paired-difference test를 확장한 것으로 일반 일원분산분석과는 달리 외생변수로 작용할 수 있는 변수를 통제하기 위해 블럭 설정하여 처리하는 방법이라고 할 수 있다.

(2) 무작위 블럭디자인 분산분석의 실행

① 일변량 대화상자 열기

분석(A) ▶ 일반선형모형(G) ▶ 일변량(U)...

'사회성데이터.sav' 파일을 불러온다. 무작위 블럭디자인 검증은 분석(A) - 일반선형모형(G) - 일변량(U)을 선택하면 실행할 수 있다. 다음과 같이 일변량 대화상자가 나타나면 왼쪽의 변수목록창에서 '사후사회성'을 선택하여 종속변수(D):로 이동한다. 그리고 '프로그램유형'과 '성별'을 선택하여 고정요인(F):으로 이동시킨다.

그림 10-12 **무작위 블럭디자인 분산분석을 위한 일변량 분석 대화상자**

② 모형 대화상자 열기

모형(M)... 을 클릭하면 모형 대화창이 열린다. 모형 대화창에서 완전요인모형(A)(기본 설정값)은 주 효과, 블럭변수 효과, 상호작용 효과, 절편 등 모든 것이 포함된 상태에서 분석을 해주기 때문에 여기서는 항 설정(B)을 선택한다.

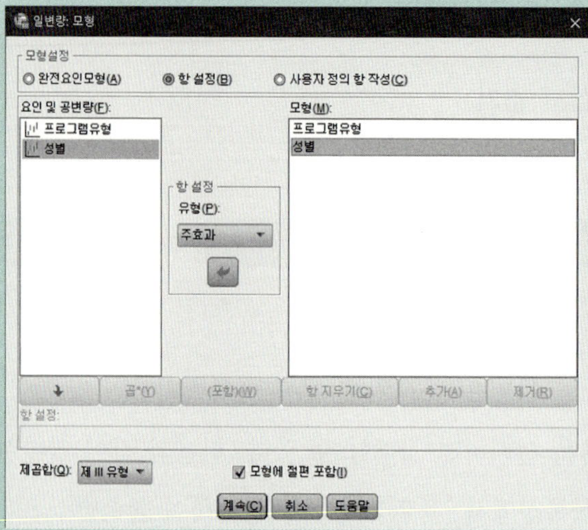

그림 10-13 무작위 블럭디자인을 위한 일변량: 모형

요인 및 공변량(F):에서 '프로그램유형'과 '성별'을 선택하여 오른쪽 모형(M): 창으로 이동하고 항 설정에서 주 효과를 선정하고(기본값은 상호작용) 계속(C)을 클릭한다.

③ 사후분석 다중비교 대화상자 열기

사후분석(H)...을 클릭하여 사후분석 대화상자로 들어간다. 요인(F):의 '프로그램유형'을 선택하여 사후검정변수(P):로 보낸다. 사후분석방법은 보편적으로 사용하는 Scheffe로 설정한 후 계속(C)을 클릭한다. 집단별 사례수가 같을 경우에는 Tukey 방법이 유용하다.

그림 10-14 무작위 블럭디자인을 위한 일변량: 모형

④ 옵션 대화상자 열기

옵션(O)... 을 클릭하여 옵션 대화상자를 연다.

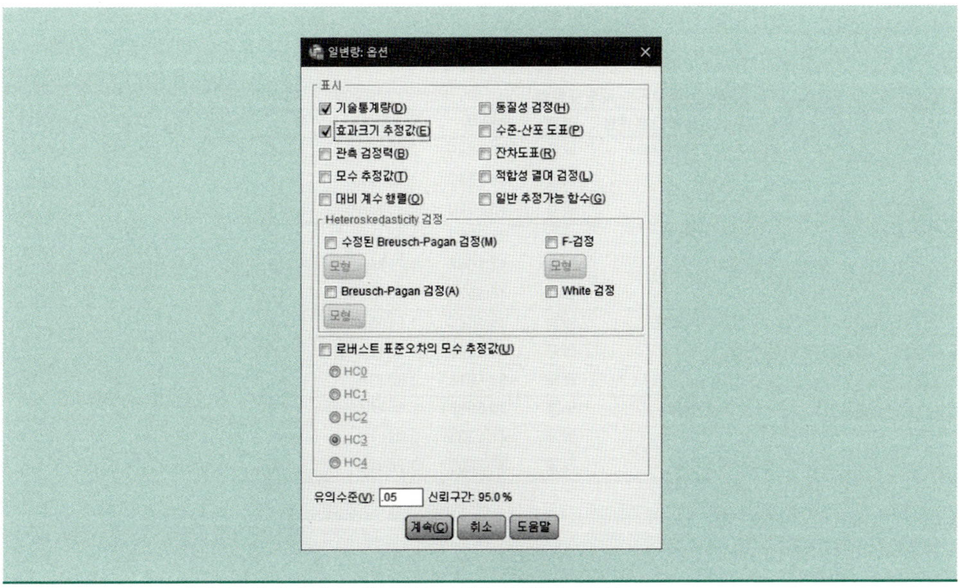

그림 10-15 무작위 블럭디자인 분산분석을 위한 일변량: 옵션

옵션 대화상자에서 기술통계량(S)과 효과크기 추정값(E)을 선택하고 [계속(C)]을 클릭한 후 분석 대화상자에서 최종적으로 [확인]을 클릭한다.

(3) 분석결과의 설명

① 개체-간 요인

개체-간 요인

		값 레이블	N
프로그램유형	1.00	기존개입	8
	2.00	개입A	11
	3.00	개입B	11
성별	1.00	남자	15
	2.00	여자	15

프로그램 유형별 그리고 성별에 따른 케이스 수가 제시되어 있다.

② 기술통계량

기술통계량

종속변수: 사후사회성

프로그램유형	성별	평균	표준편차	N
기존개입	남자	35.4000	2.50998	5
	여자	38.3333	1.52753	3
	전체	36.5000	2.56348	8
개입A	남자	38.2000	3.03315	5
	여자	42.1667	1.72240	6
	전체	40.3636	3.07482	11
개입B	남자	36.4000	1.51658	5
	여자	41.5000	1.22474	6
	전체	39.1818	2.96034	11
전체	남자	36.6667	2.55417	15
	여자	41.1333	2.03072	15
	전체	38.9000	3.20936	30

성별에 따른 프로그램 유형별 사회성점수의 평균과 표준편차 그리고 사례수 등이 제시되어 있다. 남자와 여자 모두 개입 A의 사회성점수가 가장 높게 나타났고, 전체적

으로도 개입 A가 사회성점수가 가장 높은 것으로 나타났다.

③ 개체-간 효과 검정

개체-간 효과 검정

종속변수: 사후사회성

소스	제 III 유형 제곱합	자유도	평균제곱	F	유의확률	부분 에타 제곱
수정된 모형	195.176[a]	3	65.059	16.340	.000	.653
절편	43974.658	1	43974.658	11044.255	.000	.998
프로그램유형	45.543	2	22.772	5.719	.009	.306
성별	124.658	1	124.658	31.308	.000	.546
오차	103.524	26	3.982			
전체	45695.000	30				
수정된 합계	298.700	29				

a. R 제곱 = .653 (수정된 R 제곱 = .613)

프로그램유형에 따라서 사회성점수가 달라지는지, 그리고 성별에 따라서 달라지는지를 보여준다. 프로그램유형(F=5.719, p=.009)과 성별(F=31.308, p=.000)이 모두 통계적으로 유의하게 사회성점수에 영향을 미치는 것으로 나타났다.

마지막 칸의 부분 에타제곱(η^2)은 효과 크기(effect size)를 나타내는 값이다. 효과 크기를 나타내는 η^2값이 .14이면 큰 것으로 받아들인다. 여기서는 .306, .546으로 효과 크기가 매우 크다고 할 수 있다.

④ 다중비교

다중비교

종속변수: 사후사회성

Scheffe

(I) 프로그램유형	(J) 프로그램유형	평균차이(I-J)	표준오차	유의확률	95% 신뢰구간 하한	95% 신뢰구간 상한
기존개입	개입A	-3.8636*	.92719	.001	-6.2704	-1.4569
	개입B	-2.6818*	.92719	.027	-5.0886	-.2750
개입A	기존개입	3.8636*	.92719	.001	1.4569	6.2704
	개입B	1.1818	.85085	.394	-1.0268	3.3904
개입B	기존개입	2.6818*	.92719	.027	.2750	5.0886
	개입A	-1.1818	.85085	.394	-3.3904	1.0268

관측평균을 기준으로 합니다.

오차항은 평균제곱(오차) = 3.982입니다.

*. 평균차이는 .05 수준에서 유의합니다.

다중비교 결과 기존 개입방법과 새로운 개입 A, B와는 모두 사회성점수에서 차이를 보여주고 있다. 개입 A와 개입 B 간에는 차이가 나타나지 않는다.

(4) 보고서 작성 및 해석

프로그램유형과 성별에 따른 사회성점수의 차이를 분석한 무작위 블럭디자인 분산분석의 결과는 다음 〈표 10-9〉와 같다.

표 10-9 프로그램 유형과 성별에 따른 사회성의 분산분석 결과

분산원	제곱합(SS)	자유도(df)	평균제곱(MS)	F
성별	124.658	1	124.658	31.308***
프로그램유형	45.543	2	22.772	5.719**
오차	103.524	26	3.982	
합계	298.700	29		

**$p<.01$, ***$p<.001$

이 분석의 기본 목적은 성별(블럭변수)의 영향을 통제한 상태에서 프로그램유형에 따른 사회성점수를 검증하는 것이다. F값이 5.719, 유의확률이 .009($p<.01$)로 영가설이 기각된다. 즉, 프로그램유형에 따라서 사회성점수가 달라진다고 결론 내릴 수 있다. 앞서 살펴본 바와 같이 사회성 향상을 위한 기존의 프로그램과 새로운 개입방법 A, B 간의 차이를 검증한 것으로서 새로운 개입방법 A가 통계적으로 유의하게 사회성을 향상시키는 개입방법이라고 결론을 내릴 수 있다.

추가적으로 성별의 영향을 살펴보면 F값이 31.308, 유의확률이 .000($p<.001$)으로 성별에 따라 사회성점수의 차이가 유의한 것을 알 수 있다.

2) 반복측정 분산분석

(1) 사용 목적

반복측정(repeated measure)은 사회과학분야나 의학분야에서 유용하게 이용할 수 있는 방법이다. 반복측정은 동일한 연구 대상에게 다른 개입방법을 반복적으로 도입하여 그 개입방법 간의 차이가 있는지를 검정하거나 실험집단에게 실시한 프로그램의 효과를 특정 시점마다 점수를 확인할 수 있는데, 반복측정분석은 이 경우에 적합한 분석방법이라고 할 수 있다. 그러나 반복측정 방법은 앞의 개입방법이 가지는 잔류효과가 있기 때문에 개별 개입방법의 순수한 효과가 왜곡될 수 있는 제한점이 있다. 따라서 앞의 개입방법에 따른 효과가 제거되고 난 뒤에 다른 개입방법의 효과를 검증하고자 하는 연구 상황에서는 유용하다.

반복설계는 또한 실험설계에서 사전검사, 사후검사 그리고 follow_up에 이르는 다양한 시점에서의 측정 결과를 비교할 때도 사용할 수 있다. 또한 앞에서 다룬 대응표본 t검정의 경우는 같은 집단에 대해서 사전검사와 사후검사 간의 차이만을 확인할 수 있으나, 반복측정분석은 두 집단 이상과 여러 시점의 실험효과를 분석할 수 있다는 점이 특징이다. 이때 여러 개입방법에 따른 차이를 개체 간 효과라고 하며, 관찰 시점에 따른 차이를 개체 내 효과라고 한다.

(2) 반복측도 분산분석의 실행

① 반복측도 요인 정의 대화상자 열기

분석(A) ▶ 일반선형모형(G) ▶ 반복측도(R)...

반복측도분석을 위해서 '사회성데이터.sav' 파일을 불러온다. 사회성 향상을 위한 프로그램을 실시한 후 그 효과를 검증하기 위한 연습용 데이터이다. 사전사회성검사, 사후사회성검사 그리고 일정한 시간이 지난 후의 사회성검사 데이터인 follow_up 변수 등 세 가지로 구성되어 있다.

Data Editor 창의 메뉴에서 분석(A)-일반선형모형(G)-반복측도(R)을 실행한다. 반복측도 요인 정의 창에서 개체-내 요인이름(W):의 칸에 '사회성점수'라고 입력하고, 요인의 수(L):에는 개체 내 요인의 수, 즉 여기서는 반복측도 시점을 입력한다. 3이라고 입력한 뒤 [추가(A)]를 클릭하면 빈칸에 '사회성점수(3)'가 입력된다.

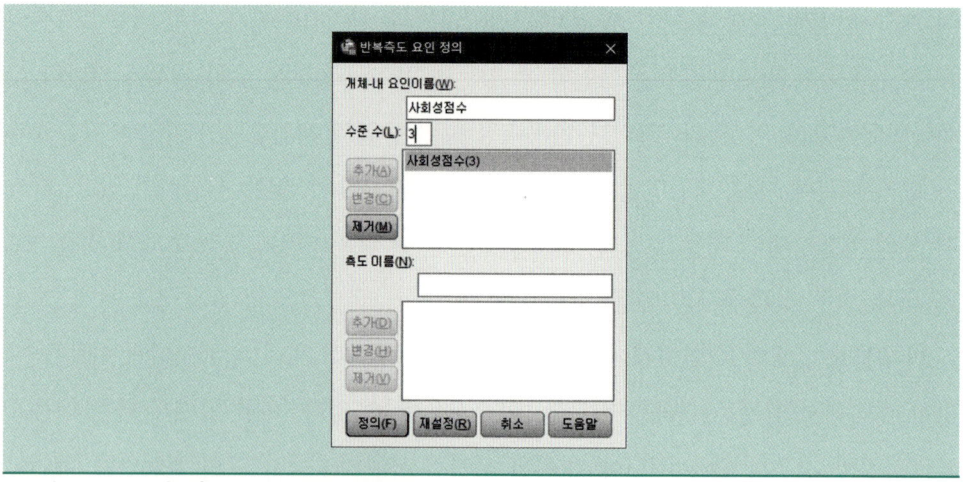

그림 10-16 **반복측도 요인 정의 대화상자**

② 반복측도 대화상자 열기

앞의 반복측도 요인 정의 창에서 정의 를 클릭하면 반복측도 대화상자가 나타난다. 왼쪽의 변수목록창에서 반복측정된 변수를 선택하여 ➡를 누르면 오른쪽 개체-내 변수(W): (사회성점수): 칸으로 보낸다. 먼저 '사전사회성' 변수를 선택하여 오른쪽으로 이동시키면 처음의 __?__(1) 표시가 '사전사회성(1)'로 바뀌게 된다. '사후사회성'과 'follow_up' 두 변수를 모두 이동시킨다.

그림 10-17 **반복측도 대화상자**

③ 옵션 대화상자 열기

반복측도 대화상자에서 옵션(O)... 을 클릭하여 옵션 대화상자를 연다.

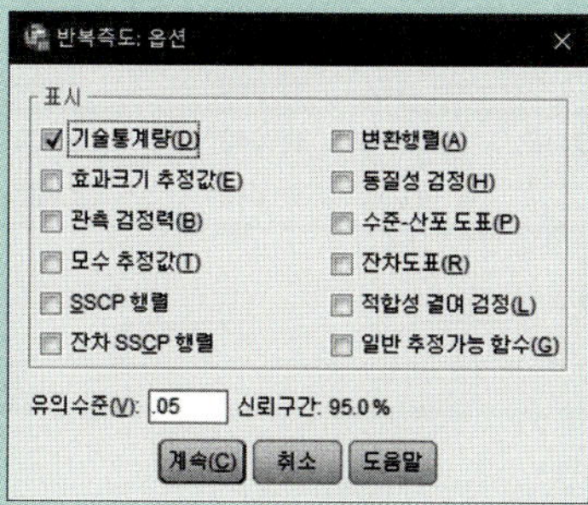

그림 10-18 **반복측도: 옵션**

출력창에서 기술통계량(D)을 선택한 후 계속(C)을 클릭하여 반복측도 대화상자로 돌아온 후 확인을 클릭하여 분석을 실행한다.

(3) 분석결과 설명

① 기술통계량

기술통계량

	평균	표준편차	N
사전사회성	33.9333	2.49044	30
사후사회성	38.9000	3.20936	30
follow_up	38.3000	4.12018	30

각 측정 시점별 평균을 보여준다. 사전사회성 평균은 33.93(SD=2.49), 사후사회성 평균은 38.90(SD=3.21), follow_up 평균은 38.3(SD=4.12)으로 나타났다.

② 다변량 검정

다변량 검정[a]

효과		값	F	가설 자유도	오차 자유도	유의확률
사회성점수	Pillai의 트레이스	.825	66.040[b]	2.000	28.000	.000
	Wilks의 람다	.175	66.040[b]	2.000	28.000	.000
	Hotelling의 트레이스	4.717	66.040[b]	2.000	28.000	.000
	Roy의 최대근	4.717	66.040[b]	2.000	28.000	.000

a. Design: 절편
개체-내 계획: 사회성점수
b. 정확한 통계량

다변량 통계값들 중에서는 일반적으로 Wilks의 람다를 주로 사용한다. F 값이 66.04, 유의확률이 .000(p<.001)으로 세 번의 반복측정에서 사회성점수가 같지 않다는 것을 보여준다.

③ 구형성 검정

Mauchly의 구형성 검정[a]

측도: MEASURE_1

개체-내 효과	Mauchly의 W	근사 카이제곱	자유도	유의확률	엡실런[b] Greenhouse-Geisser	Huynh-Feldt	하한
사회성점수	.263	37.359	2	.000	.576	.584	.500

정규화된 변형 종속변수의 오차 공분산 행렬이 항등 행렬에 비례하는 영가설을 검정합니다.
a. Design: 절편
개체-내 계획: 사회성점수
b. 유의성 평균검정의 자유도를 조절할 때 사용할 수 있습니다. 수정된 검정은 개체내 효과검정 표에 나타납니다.

구형성은 공분산의 동질성을 의미하는 것으로 반복측도 분산분석에서는 각 측정변수 값의 차이가 동일한 분산을 가져야 한다는 것을 의미한다. 구형성 가정을 검정한 결과 유의확률이 .000으로 구형성 가정이 충족되지 않음을 알 수 있다. 구형성 가정이 충족되지 못할 경우에는 통계적 오류를 교정하게 되는데, Greenhouse-Geisser의 방법이 주로 사용된다.

④ 개체-내 효과 검정 및 대비 검정

개체-내 효과 검정

측도: MEASURE_1

소스		제 III 유형 제곱합	자유도	평균제곱	F	유의확률
사회성점수	구형성 가정	440.956	2	220.478	46.834	.000
	Greenhouse-Geisser	440.956	1.152	382.891	46.834	.000
	Huynh-Feldt	440.956	1.169	377.269	46.834	.000
	하한	440.956	1.000	440.956	46.834	.000
오차(사회성점수)	구형성 가정	273.044	58	4.708		
	Greenhouse-Geisser	273.044	33.398	8.176		
	Huynh-Feldt	273.044	33.895	8.055		
	하한	273.044	29.000	9.415		

개체-내 대비 검정

측도: MEASURE_1

소스	사회성점수	제 III 유형 제곱합	자유도	평균제곱	F	유의확률
사회성점수	선형	286.017	1	286.017	34.635	.000
	이차	154.939	1	154.939	133.882	.000
오차(사회성점수)	선형	239.483	29	8.258		
	이차	33.561	29	1.157		

앞의 구형성 검정에서 구형성 가정이 위배됨으로써 Greenhouse-Geisser의 값으로 효과를 검정할 수 있다. F값이 46.834, 유의확률이 .000($p<.001$)으로 나타나 측정 시점에 따라 차이가 있음을 알 수 있다.

⑤ 개체-간 효과

개체-간 효과 검정

측도: MEASURE_1

변환된 변수: 평균

소스	제 III 유형 제곱합	자유도	평균제곱	F	유의확률
절편	123506.178	1	123506.178	5132.653	.000
오차	697.822	29	24.063		

개체 간 효과는 대상자에 따른 효과로서 오차에 반영되어 있다.

(4) 보고서 작성 및 해석

30명을 대상으로 사회성 향상을 위한 프로그램을 실시한 후 프로그램의 효과를 검증한 것으로 사전사회성 평균은 33.93이고 표준편차는 2.49, 사후사회성 평균은 38.90, 표준편차는 3.21 그리고 follow_up 평균은 38.30, 표준편차는 4.12로서 측정 시점에 따른 사회성점수 간의 차이가 있음을 나타낸다.

반복측정에 의한 분산분석을 실시한 결과는 〈표 10-10〉과 같다.

표 10-10 측정 시점에 따른 사회성의 분산분석 결과

분산원	제곱합(SS)	자유도(df)	평균제곱(MS)	F
측정 시점(A)	440.956	1.152	382.891	46.834***
대상자(B)	697.822	29	24.063	
오차(A×B)	273.044	58	4.708	
전 체	1411.822	88.152		

$^{***}p<.001$

측정 시점에 따라 사회성점수의 차이를 분석한 결과 F값이 46.834, 유의확률이 .000($p<.001$)으로 측정 시점에 따라 사회성점수가 통계적으로 유의한 차이가 있음을 확인할 수 있다.

TIP 반복측도 분산분석의 구형성

- 반복측도 분산분석(repeated measure ANOVA: RM)의 구형성은 다소 이론적인 개념을 가지고 있다. 개념적으로 설명을 하면 처리 쌍 간의 상관이 동일하다는 복합대칭성과 각 처리(실험조건)마다 처리 내 분산들이 동일하다는 등분산성을 만족할 때 종속변수의 공분산 행렬의 각 요소가 동일한 값으로 표현되게 되면 이때 구형성 가정을 만족한다고 한다.
  구형성 검정을 해서 구형성을 만족할 경우($p>.05$)이면 일변량 검정 결과를 보면 되며, 구형성을 만족하지 못할 경우에는 다변량 검정(Wilk's Lambda 등)의 결과를 봐야 한다. 다만 케이스의 수가 비교적 적은 경우에 구형성을 만족하지 못할 경우에는 보정식을 이용해서 일변량 검정을 할 수도 있다.

chapter 11

상관분석

chapter 11

상관분석

1. 단순상관분석

상관은 두 변수의 관계로서 한 변수가 변할 때 다른 변수가 어떻게 변하는가를 나타내는 것이며, 상관분석은 두 변수 간에 상관관계가 존재하는지를 파악하고 관계의 정도를 측정하기 위한 분석방법이다. 일반적으로 두 변수의 연관도(measure of association)란 두 변수 X와 Y의 선형관계에 대한 정도를 나타내는 것으로서 이를 측정하는 수치로는 공분산(covariance)과 상관계수(correlation coefficient)가 있다.

1) 상관분석의 기본 원리

두 변수 X, Y의 공분산은 $Cov(X, Y)$ 또는 σ^2_{XY}로 표기하며 공분산이 양의 값을 갖는다면 X가 증가함에 따라 Y도 증가하는 성향이 있으며, X가 감소함에 따라 Y도 감소하는 성향이 있다는 의미이다. 음의 값은 반대의 경우이다. 그러나 공분산은 측정단위에 따라 변한다는 문제점이 있으며 상관계수는 이를 보완한 것이다.

변수 X와 Y의 상관계수는 $Corr(X, Y)$ 또는 $\rho(X, Y)$로 표기하며, 모든 측정값들을 평균이 0이고 분산이 1인 자료로 표준화시킨 것이다. 상관계수는 다음과 같이 표현되며, 그 값을 구할 수 있다.

$$Corr(X, Y) = \rho(X, Y) = \frac{Cov(X, Y)}{\sigma_x \sigma_y}$$

X와 Y의 상관계수는 X와 Y의 공분산을 X와 Y 각각의 표준편차로 나누어 준 형태로서 항상 $-1 \leq \rho(X, Y) \leq +1$의 범위 내에 존재한다. 즉, 상관계수는 공분산과는 달리 X와 Y의 측정단위가 변해도 상관계수의 값은 변하지 않고 단위에 상관없이 -1에서 $+1$ 사이의 값을 갖는 특성이 있다. 따라서 상관계수는 부호에 따라서 관계의 방향을 알 수 있을 뿐만 아니라 그 값의 크기는 두 확률변수 간의 선형관계에 대한 강도를 측정하는 도구로 사용될 수 있다. 따라서 상관계수의 절대값이 클수록 확률변수 X와 Y는 보다 밀접한 선형관계를 보인다고 말하며, 0에 가까우면 상관관계가 없다고 할 수 있다.

$$r = \frac{s_{xy}^2}{s_x s_y}$$

$$= \frac{\sum_{i=1}^{n}(x_i - \overline{x})(y_i - \overline{y})}{\sqrt{\sum_{i=1}^{n}(x_i - \overline{x})^2 \sum_{i=1}^{n}(y_i - \overline{y})^2}}$$

s_{xy}^2: X와 Y변수의 공분산, s_x: X변수의 표준편차, s_y: Y변수의 표준편차

상관계수의 개념을 보다 쉽게 이해하기 위해 〈그림 11－1〉과 같은 다양한 형태의 산포도와 그에 대응하는 상관계수를 살펴보고자 한다. 두 변수 X와 Y의 상관계수가 구해지면 두 변수 간의 선형관계가 통계적으로 유의한지 여부를 검정해야 한다. 표본상관계수 r에 근거하여 모집단의 상관관계 ρ(rho)에 대한 가설을 검정한다. 이때 두 변수 간의 관련성에 관한 유의성을 검정하기 위해 '모집단의 상관계수가 0이다.'와 같이 영가설을 설정할 수 있다($H_0: \rho = 0$, $H_1: \rho \neq 0$). 이 가설을 검정하기 위한 검정통계량

(test statistic)은 다음과 같이 t통계량이며, 이 t통계량은 자유도가 $n-2$인 t분포를 따른다.

$$t = r\sqrt{\frac{n-2}{1-r^2}}$$

이러한 검정 결과 영가설이 기각되면 두 변수 간에 유의한 상관관계가 존재한다고 해석하게 된다. 그러나 유의한 상관관계라고 해서 반드시 중요한 상관관계라는 의미는 아니다. 유의한 상관관계란 단지 두 변수 간에 상관관계가 존재하며, 모집단에 대한 상관계수가 0이 아니라는 의미를 나타낸다.

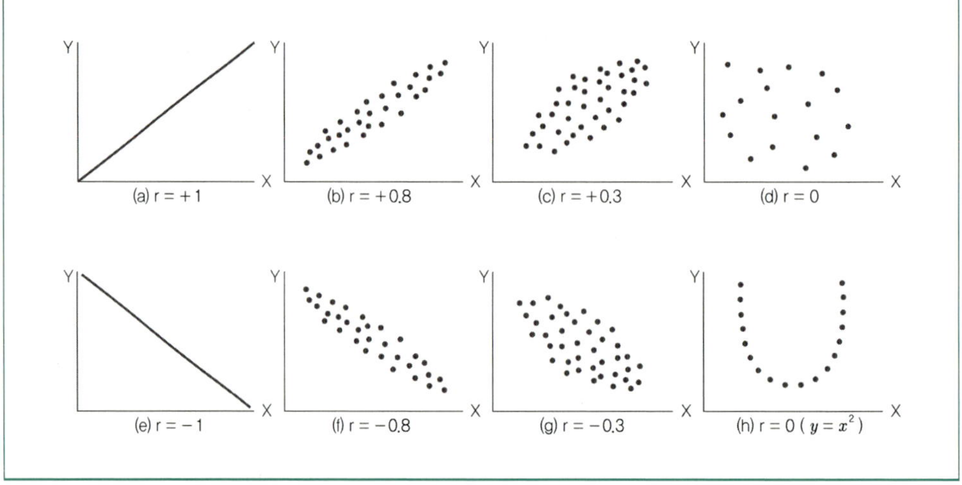

그림 11-1 **상관계수의 여러 가지 형태**

2) 상관분석의 기본 가정 및 특징

상관분석을 실행하기 위해서는 다음과 같은 가정을 충족해야 한다.

첫째, 두 변수 X와 Y는 양적변수, 즉 등간·비율변수이어야 하며, 선형적인 관계를 가져야 한다.

둘째, X 변수 각 점수에 대응하는 Y 점수의 분산과 Y 점수에 대응하는 X 점수의 분산이 동일하여야 한다.

앞서 기본 원리에서 살펴본 바와 같이 단순 상관계수의 일반적 특징은 다음과 같다.

- 상관계수의 범위는 -1에서 $+1$ 사이의 값을 갖는다.
- 상관계수의 크기는 관련성의 정도를 나타낸다. 절대값이 크면 두 변수가 밀접하게 관련되어 있음을 의미하며, 절대값이 작으면 두 변수 간의 관련성이 낮음을 의미한다. +는 정적인(positive) 상관, −는 부적인(negative) 상관을 나타내며 상관계수가 0인 것은 두 변수 간에 선형적인 관련성이 없음을 의미한다.
- 상관관계의 유무가 바로 인과관계를 의미하지는 않음을 유의해야 한다.
- 표본의 크기가 작으면 표본에 따라 상관계수가 변하게 되어 모집단의 상관계수와 멀어지게 된다. 따라서 사례수가 많을 때 더 안정적인 상관계수를 산출할 수 있다.

상관계수가 나타내는 두 변수 간의 상관의 정도는 다음의 기준에 따른다.

상관계수의 범위	상관관계의 해석
±.00 ~ .20	매우 낮은 상관관계
±.20 ~ .40	낮은 상관관계
±.40 ~ .60	보통 정도의 상관관계
±.60 ~ .80	높은 상관관계
±.80 ~1.00	매우 높은 상관관계

3) 상관분석의 실행

사회복지학과 학생들의 전문직정체성에 미치는 영향에 관한 자료를 통하여 관련 변수들 간의 상관관계를 분석해 보자. '전공만족도.sav' 파일을 불러온다.

(1) 산점도 분석 대화상자 열기

그래프(G) ▶ 레거시 대화상자(L) ▶ 산점도/점도표(S)...

① 상관분석을 실행하기에 앞서 두 변수 간의 상관관계를 파악하기 위한 산점도 분석을 실행한다.

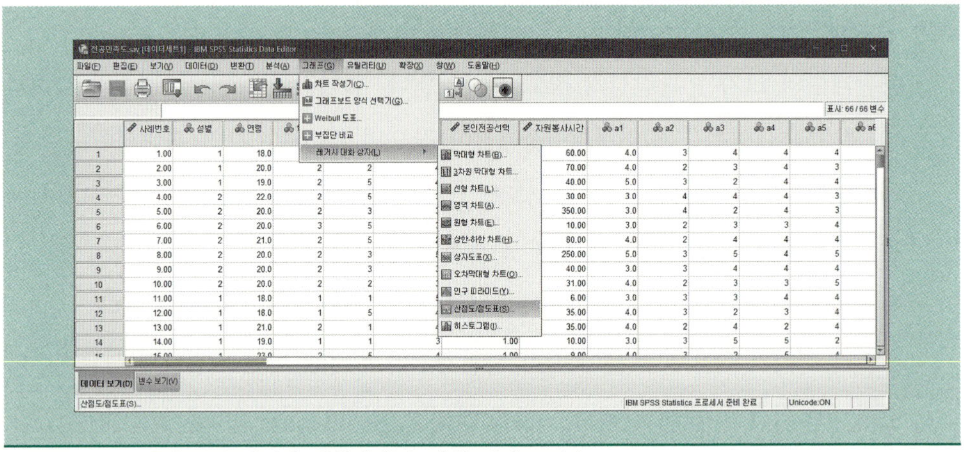

그림 11-2 그래프(G)-레거시 대화상자(L)-산점도/점도표(S)

② 산점도 대화상자에서 산점도의 종류를 선택할 수 있다. 여기서는 단순 산점도를 선택하고 [정의]를 클릭한다.

그림 11-3 산점도 대화상자

③ 단순 산점도 창이 나타나면 X축:에는 '전공만족도', Y축:에는 '전문직정체성'을 이동시킨 후 [확인]을 클릭한다.

그림 11-4 단순 산점도 대화상자

④ 전공만족도와 전문직정체성 간의 산점도를 산출해 준다. 두 변수가 양의 상관관계를 보이고 있으며, 전공만족도가 증가할수록 전문직정체성이 증가한다는 것을 의미한다.

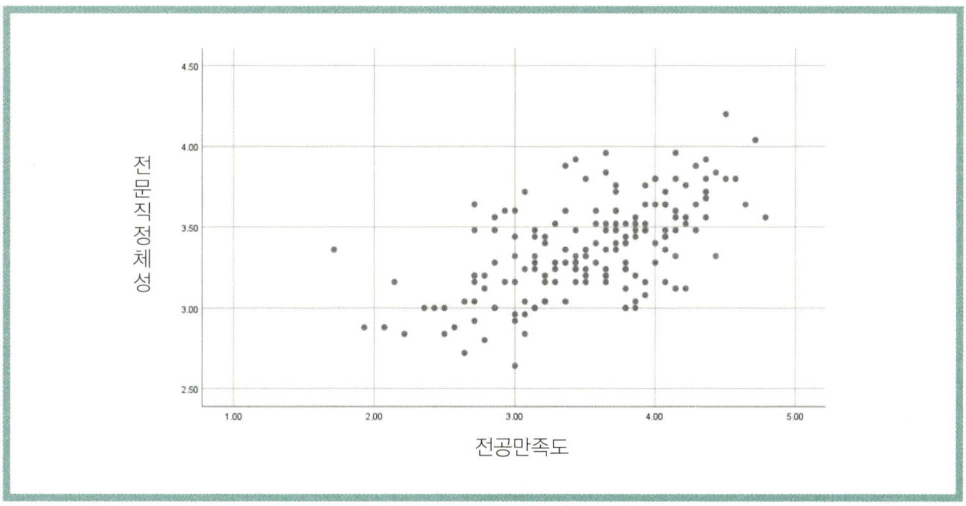

(2) 상관관계 대화상자 열기

분석(A) ▶ 상관분석(C) ▶ 이변량 상관(B)...

① 앞의 '전공만족도'와 '전문직정체성' 변수를 포함하여 상관관계분석을 연습해 본다. 상관분석은 Data Editor 창의 메뉴에서 분석(A)-상관분석(C)-이변량 상관(B)에서 실행한다.

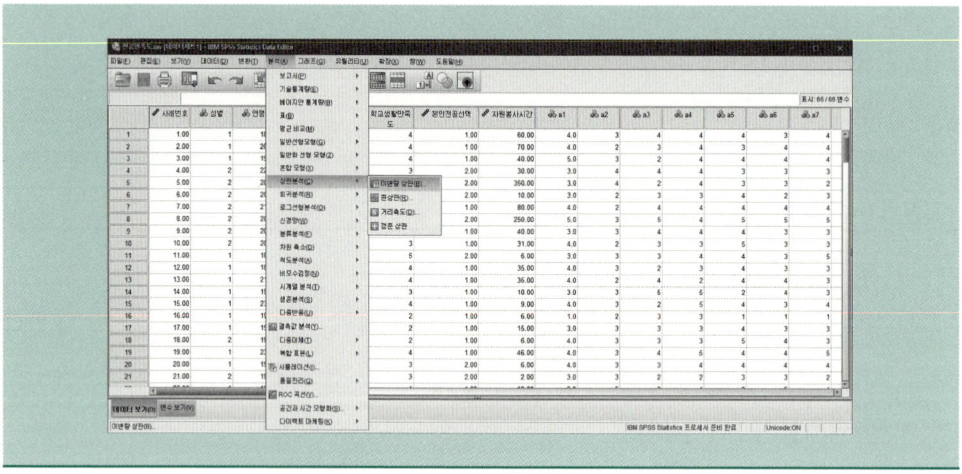

그림 11-5 분석(A)-상관분석(C)-이변량 상관(B)

② 이변량 상관계수 대화상자가 열리면 왼쪽의 변수목록창에서 분석 대상이 되는 변수를 오른쪽 변수(V): 창으로 이동시킨다. 여기서는 '전공만족도', '전문직정체성', '자아존중감', '학교생활만족도' 변수를 선택하여 보낸다.

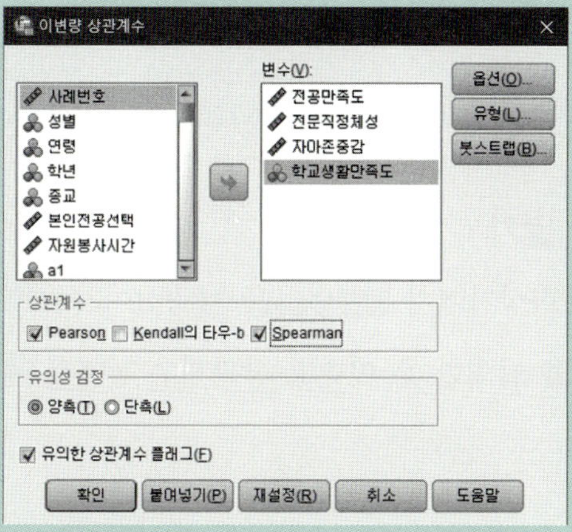

그림 11-6 이변량 상관계수 대화상자

③ 상관계수 부분에서 기본값으로 지정되어 있는 Pearson을 선택하고 유의성 검정은 양쪽(T)을 그대로 둔다. 여기서는 비교의 목적으로 Pearson과 Spearman을 모두 선택해 본다.

- Pearson : Pearson 적률상관계수라고 하며 두 변수가 연속변수이면서 등간 또는 비율척도로 측정된 변수의 상관관계를 분석할 때 사용된다.
- Kendall의 타우-b : 두 변수가 서열변수인 경우에 사용한다.
- Spearman : Spearman의 Rho('로'라고 읽음)로서 분석에 사용된 변수의 측정수준이 서열척도이거나 정규분포를 가정할 수 없는 경우에는 Spearman을 선택하여 Spearman의 Rho를 산출하는 것이 보다 정확한 해석이 가능하다. 특히 데이터의 등간성이 의문시되거나 변수들 점수가 극단치를 포함하고 있거나 척도나 점수의 의미가 서열적인 경우에 주로 사용된다.

스피어만 상관계수의 계산은 각 응답자별로 두 변수 간의 차이를 새로운 변수(d_i)로 만든 후 다음과 같은 식을 이용하여 계산하게 된다.

$$r_s = 1 - \frac{6\sum d_i^2}{n(n^2-1)}$$

(3) 옵션 대화상자 열기

이변량 상관계수 대화상자에서 [옵션(O)...]을 클릭하여 통계량에서 평균과 표준편차(M)를 선택한다. [계속(C)]을 클릭한 후 이변량 상관계수 창에서 [확인]을 클릭하면 분석이 실행된다.

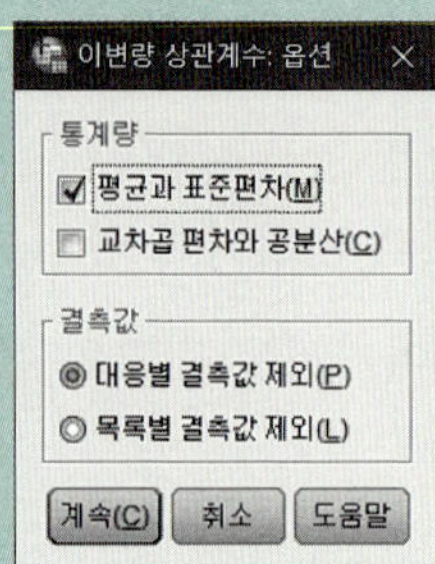

그림 11-7 이변량 상관계수: 옵션

4) 분석결과 설명

(1) 기술통계량

기술통계량

	평균	표준화 편차	N
전공만족도	3.5253	.59465	172
전문직정체성	3.3653	.29489	172
자아존중감	3.4023	.67318	171
학교생활만족도	3.20	.700	171

각 변수의 기술통계량을 산출해서 보여준다. 전공만족도의 평균은 3.53(SD=.59),

전문직정체성의 평균은 3.37(SD=.29), 자아존중감의 평균은 3.40(SD=.67), 학교생활만족도 평균은 3.20(SD=.70)으로 각각 나타났다.

(2) 상관계수

상관관계

		전공만족도	전문직정체성	자아존중감	학교생활만족도
전공만족도	Pearson 상관	1	.614**	.264**	.265**
	유의확률 (양측)		.000	.000	.000
	N	172	172	171	171
전문직정체성	Pearson 상관	.614**	1	.227**	.188*
	유의확률 (양측)	.000		.003	.014
	N	172	172	171	171
자아존중감	Pearson 상관	.264**	.227**	1	.091
	유의확률 (양측)	.000	.003		.240
	N	171	171	171	170
학교생활만족도	Pearson 상관	.265**	.188*	.091	1
	유의확률 (양측)	.000	.014	.240	
	N	171	171	170	171

**. 상관관계가 0.01 수준에서 유의합니다(양측).

*. 상관관계가 0.05 수준에서 유의합니다(양측).

상관관계

			전공만족도	전문직정체성	자아존중감	학교생활만족도
Spearman의 rho	전공만족도	상관계수	1.000	.606**	.250**	.275**
		유의확률 (양측)	.	.000	.001	.000
		N	172	172	171	171
	전문직정체성	상관계수	.606**	1.000	.193*	.204**
		유의확률 (양측)	.000	.	.012	.007
		N	172	172	171	171
	자아존중감	상관계수	.250**	.193*	1.000	.063
		유의확률 (양측)	.001	.012	.	.414
		N	171	171	171	170
	학교생활만족도	상관계수	.275**	.204**	.063	1.000
		유의확률 (양측)	.000	.007	.414	.
		N	171	171	170	171

**. 상관관계가 0.01 수준에서 유의합니다(양측).

*. 상관관계가 0.05 수준에서 유의합니다(양측).

이변량 상관계수를 실행하면 상관계수표가 산출된다. 위의 표는 Pearson 상관계수표이고 아래의 표는 Spearman의 rho 상관계수표이다. 행과 열의 전공만족도와 전공만족도가 교차하는 지점의 상관관계는 모두 1로서 자기 변수 간에는 상관관계가 1이기 때문이다. 이처럼 상관계수를 보는 방법은 두 변수가 교차되는 지점의 상관관계 계수를 읽으면 된다. 상관계수를 읽으면 아래쪽의 유의확률(양측)을 확인해야 하는데 이는 상관계수의 유의성을 검정한 결과이다.

전공만족도와 전문직정체성의 상관계수는 .614(p<.001)로 나타나 전공만족도가 높을수록 사회복지 전문직에 대한 정체감이 높아지는 양의 상관관계가 있음을 보여준다. 상관계수의 옆에 별표 두 개(**)가 붙어 있는데 SPSS 이변량 상관계수 대화상자에서 유의한 상관계수 별 표시(F)에 기본값으로 체크가 되어 있기 때문에 표시해 준 것이다. 유의확률(양쪽)이 .000으로 나타났기 때문에 .01보다 작다는 의미에서 별 표시 두 개(**)가 표시되어 있는데 p<.001로서 세 개(***)를 붙여도 무방하다.

5) 보고서 작성 및 해석

상관분석의 결과를 보고서로 제시할 때에는 원래의 출력결과와 동일하게 작성하되, 일반적으로 상관계수를 소수점 이하 두 자리까지만 표시하고 유의확률은 별표(*)로 제시해 주면 된다. 대각선의 자기 변수 간의 상관관계는 1이기 때문에 표에서 생략할 수 있다.

표 11-1 전공만족도, 전문직정체성, 자아존중감, 학교생활만족도 간의 상관관계

	전공만족도	전문직정체성	자아존중감
전문직정체성	.614***		
자아존중감	.264***	.227**	
학교생활만족도	.265***	.188*	.091

*p<.05, **p<.01, ***p<.001

사회복지학과 학생들의 전공만족도와 전문직정체성의 상관관계는 .614(p<.001)로 통계적으로 유의한 상관관계로 나타났으며, 전공만족도가 높을수록 전문직정체성 점수가 높음을 알 수 있다. 전공만족도와 자아존중감의 상관계수는 .264(p<.001)이고, 전공만족도와 학교생활만족도의 상관계수는 .275(p<.001)로 나타났다. 또한 자아존중감과 전문직정체성 간의 상관계수는 .227(p<.01)이고, 학교생활만족도와 전문직정체성 간의 상관계수는 .188(p<.05)로 나타났다.

2. 편상관분석

1) 목적 및 기본 원리

편상관분석이란 두 변수 간의 관련성을 분석할 때 이들 관련성의 정도에 영향을 미치는 제3의 변수가 존재할 수 있는데 이를 통제한 후 두 변수들 간의 관련성만을 파악하고자 할 때 수행된다.

교육수준과 소득과의 관계를 조사하고자 할 때 소득에 영향을 미칠 수 있는 연령을 통제할 필요가 있다. 이때 교육수준을 X_1, 소득을 X_2, 연령을 X_3라고 가정할 때 단순상관분석을 통하여 각 변수들 간의 상관계수를 계산할 수 있다. X_1과 X_2의 상관계수가 $r_{x_1x_2}=.60$이며, X_1과 X_3의 상관계수가 $r_{x_1x_3}=.40$ 그리고 X_2와 X_3의 상관계수가 $r_{x_2x_3}=.40$이면 이때 X_3를 통제한 상태에서 X_1과 X_2의 편상관계수 $r_{x_1x_2,\,x_3}$는 다음의 수식으로 계산될 수 있다.

$$
\begin{aligned}
r_{x_1x_2,\,x_3} &= \frac{r_{x_1x_2} - r_{x_1x_3} r_{x_2x_3}}{\sqrt{1-r^2_{x_1x_3}}\sqrt{1-r^2_{x_2x_3}}} \\
&= \frac{0.6-(0.4\times 0.4)}{\sqrt{1-0.16}\sqrt{1-0.16}} \\
&= \frac{0.44}{0.84} = 0.52
\end{aligned}
$$

연령을 통제한 상태에서 교육수준과 소득의 상관계수는 0.52라고 할 수 있다. 한편 편상관계수의 유의성을 검정하기 위해서 '모집단의 편상관계수가 0이다.'는 영가설을 설정하고 t검정을 실시한다. 이때 t통계량은 다음의 공식으로 산출되며 계산된 통계량을 바탕으로 유의성을 검정하면 된다.

$$t = r\sqrt{\frac{n-\theta-2}{1-r^2}}$$

θ(theta)는 계수의 차수(order), 즉 통제변수의 수에 따라 구분되며, 통제변수가 1개일 경우에는 일차편상관(first-order partial)이라고 한다. 일반적인 상관계수는 무차상관(zero-order correlation)을 말한다.

2) 편상관분석의 실행

자아존중감을 통제한 상태에서 전공만족도와 전문직정체성의 관계를 분석해 본다.

(1) 편상관분석 대화상자 열기

분석(A) ▶ 상관분석(C) ▶ 편상관(R)...

① 편상관관계는 제3의 변수의 영향을 제거한 상태에서 두 변수 간의 관계를 구하는 것이다. 분석(A) - 상관분석(C) - 편상관(R)에서 실행한다.

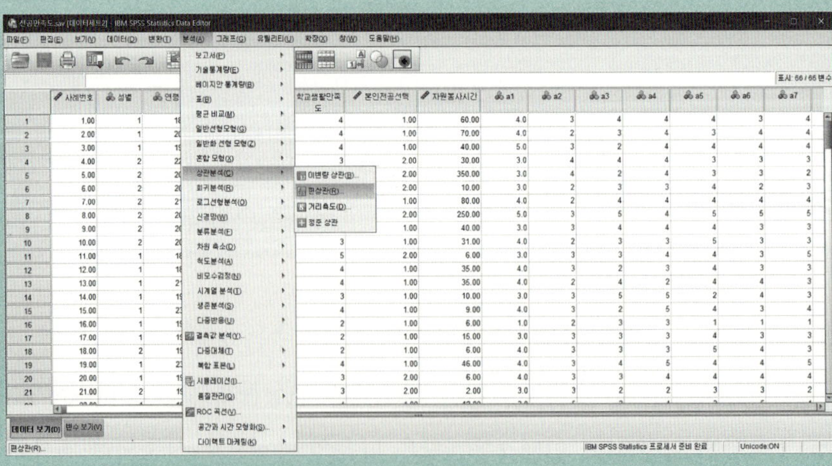

그림 11-8 분석(A)-상관분석(C)-편상관(R)

② 편상관계수 대화상자가 열리면 왼쪽의 변수목록창에서 '전공만족도'와 '전문직 정체성' 변수를 오른쪽 변수(V): 창으로 이동시키고, '자아존중감'은 제어변수(C): 창으로 이동시킨다. 유의성검정은 양쪽(T) 검정으로 그대로 둔다.

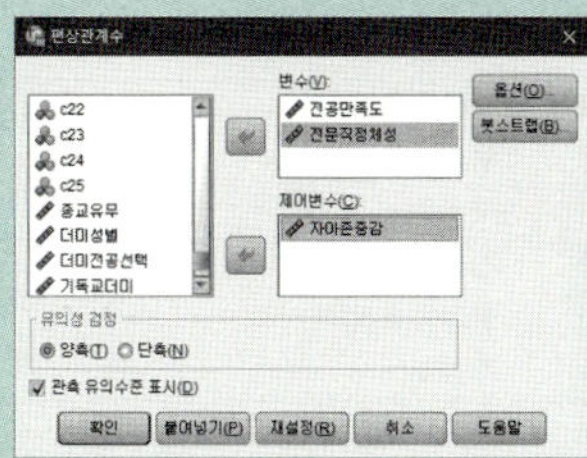

그림 11-9 **편상관계수 대화상자**

(2) 옵션 대화상자 열기

편상관계수 대화상자에서 을 클릭한다. 옵션 대화상자에서 평균과 표준편차(M), 0차 상관(Z)을 선택한다. 여기서 0차 상관(zero-order correlation)이란 통제변수가 없는 상태에서 원래 변수들 간의 상관계수를 나타낸다. 계속(C)을 클릭하고 편상관계수 대화상자에서 확인을 클릭하면 분석이 실행된다.

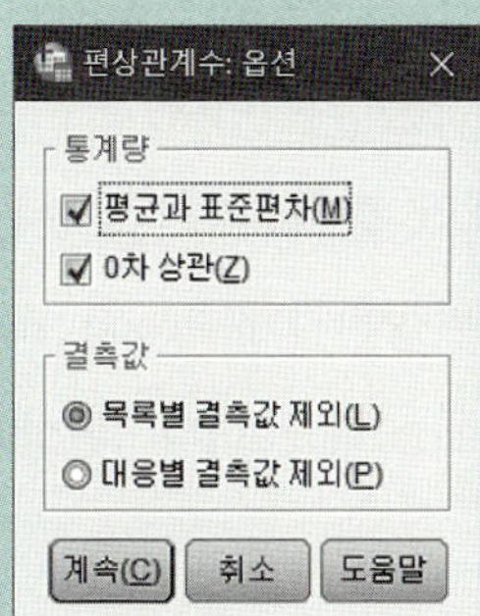

그림 11-10 **편상관계수: 옵션**

3) 편상관분석 결과의 설명

상관관계

대조변수			전공만족도	전문직정체성	자아존중감
-지정않음-[a]	전공만족도	상관관계	1.000	.614	.264
		유의확률(양측)	.	.000	.000
		자유도	0	169	169
	전문직정체성	상관관계	.614	1.000	.227
		유의확률(양측)	.000	.	.003
		자유도	169	0	169
	자아존중감	상관관계	.264	.227	1.000
		유의확률(양측)	.000	.003	.
		자유도	169	169	0
자아존중감	전공만족도	상관관계	1.000	.590	
		유의확률(양측)	.	.000	
		자유도	0	168	
	전문직정체성	상관관계	.590	1.000	
		유의확률(양측)	.000	.	
		자유도	168	0	

a. 셀에 0차 (Pearson) 상관이 있습니다.

편상관계수 표에서 윗부분은 통제변수로 설정하지 않은 상태에서 단순 상관관계를 보여준다. 전공만족도와 전문직정체성은 .614($p<.001$)의 유의적인 상관을 갖고 있음을 알 수 있다. 아래쪽은 자아존중감을 통제한 상태에서 두 변수 간의 상관관계를 보여준다. 전공만족도와 전문직정체성의 상관계수는 .590($p<.001$)으로 약간 낮아진 것을 볼 수 있다. 이는 전공만족도와 전문직정체성 간의 상관관계는 자아존중감 변수에 의해 어느 정도 영향을 받고 있다는 의미이다.

이처럼 통제변수의 수가 한 개인 경우 1차 편상관관계(first-order correlation)이며, 통제변수가 두 개인 경우에는 2차 편상관관계(second-order correlation), 세 개인 경우에는 3차 편상관관계(third-order correlation)라고 한다. 편상관분석에서 자유도는 '$n-2-$통제변수의 수'이다.

chapter 12

회귀분석

chapter 12

회귀분석

1. 회귀분석의 의미

회귀분석은 등간척도 이상으로 측정된 독립변수와 종속변수 간의 관계를 분석하기 위한 통계방법이다. 상관분석은 두 변수 간에 선형 연관의 정도가 얼마나 되는지를 알려주는 반면 회귀분석에서는 이 관계의 구체적인 방향과 크기를 회귀선(regression line)으로 제시해 준다. 사회복지분야에서도 회귀분석은 인과관계를 확인하는데 매우 중요하게 활용되고 있다. 소득수준에 영향을 미치는 요인이 무엇인지, 아동의 자아존중감에 미치는 특정 요인의 영향력의 정도는 어느 정도인지, 슈퍼비전이 사회복지사의 임파워먼트와 조직몰입에 미치는 영향은 어떠한지 또는 사회복지학과 학생들의 전공만족도가 전문직정체성에 미치는 정도는 어떠한지 등을 알아볼 때 회귀분석을 활용할 수 있다. 이렇게 독립변수와 종속변수 간의 인과관계를 분석하게 해주는 회귀분석은 다음과 같은 목적을 갖는다.

첫째, 회귀분석은 종속변수에 상대적으로 더 큰 영향을 미치는 독립변수들을 파악하게 해준다.

둘째, 독립변수와 종속변수 간의 구체적인 관계를 제시해 준다. 즉, 각 독립변수의 값이 한 단위 증가(또는 감소)할 때 종속변수의 변화를 알 수 있다.

셋째, 회귀분석은 종속변수의 변화를 예측하는데 이용될 수 있다.

회귀분석은 독립변수가 하나인 경우에 적용되는 단순회귀분석(simple regression)과 독립변수가 두 개 이상인 중다회귀분석(multiple regression)으로 나뉜다. 또한 회귀분석은 원칙적으로 독립변수와 종속변수가 모두 등간척도 이상인 양적변수의 경우에만 적용되지만 독립변수가 명목척도나 서열척도일 경우 이를 더미변수(dummy variable, 가변수)로 전환하여 모형에 포함시키는 방법도 있다.

2. 단순회귀분석

1) 단순회귀분석의 기본 원리

(1) 모형의 이해

단순회귀분석은 하나의 독립변수와 종속변수 간의 관계를 선형관계식으로 표시하고 독립변수와 종속변수에 관한 표본자료를 이용하여 모수(α와 β)를 추정하는 통계기법이며 회귀모형은 다음과 같은 식으로 표시된다.

$$Y_i = \alpha + \beta X_i + e_i$$

Y_i : i번째 관측값에 대한 종속변수의 값
X_i : i번째 관측값에 대한 독립변수의 값
α, β : 절편항과 회귀계수이며 추정되어야 할 모수들
e_i : Y_i의 오차항

여기서 α는 회귀식의 절편(intercept)으로 독립변수 X의 관찰값이 0일 때 종속변수 Y의 값을 나타내는 값이며, β는 기울기로서 독립변수 X의 한 단위 변화가 종속변수

Y의 값에 미치는 효과를 나타내는 계수이다. 회귀선으로 설명되지 못하는 부분은 오차항 e_i로 처리된다.

회귀식은 종속변수 Y에 대한 실제 값이 아니라 추정된 값이므로 $\hat{Y}$으로 표기하며 오차항(e_i) 없이 표현된다. 특히 α와 β에 대한 추정은 표본자료로 계산되며, 이에 대한 추정값을 각각 a와 b라 하면 다음과 같은 추정식이 성립된다. 이러한 방정식을 '추정된 회귀방정식(estimated regression equation)'이라고 한다.

$$\hat{Y} = a + bX$$

표본자료를 이용하여 α와 β를 추정하기 위하여 주로 사용되는 방법은 최소제곱법(least square method)이다. 최소제곱법은 잔차의 제곱을 최소화시키도록 관측값들의 중앙을 통과하도록 식을 찾아내는 방법이다. 〈그림 12-1〉은 10개의 표본값의 분포를 이용하여 구한 회귀식의 예이다.

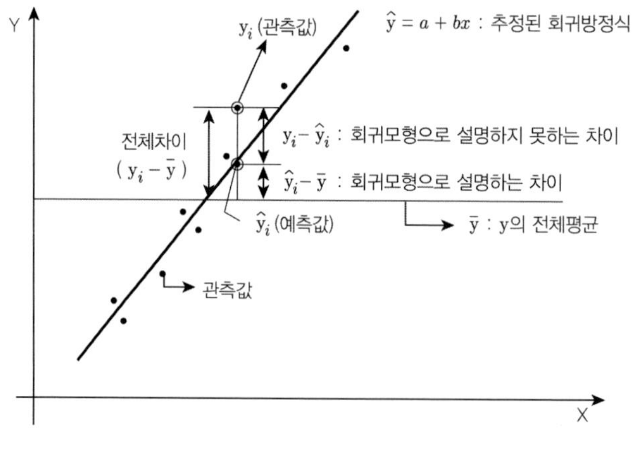

그림 12-1 회귀모형과 회귀식의 관계

이때 최소제곱법은 다음의 값을 최소화시키는 a, b를 찾는 방법이다.

$$\sum_{i=1}^{n}(y_i - \hat{y_i})^2 = \sum_{i=1}^{n}(y_i - (a+bx_i))^2$$

이 경우에 a, b는 α와 β의 추정값이 된다. 만일 독립변수 x를 사용하지 않고 종속변수 y를 추정한다면 종속변수의 평균값인 $\overline{y}$를 사용하는 것이 가장 이상적인 방법일 것이다. 이 경우 오차는 실제 값과 평균값의 차이인 $y-\overline{y}$가 된다. 만일 종속변수 y를 추정하기 위해서 독립변수 x를 이용한다면 회귀직선을 사용하여야 하고, 이 경우 실제 값 y에 대한 오차는 앞에서 얻은 $y-\overline{y}$보다 어느 정도 줄일 수 있을 것이다. 즉, 회귀직선을 사용하여 y를 추정한다면 그 차이는 $y-\hat{y}$가 되어 회귀직선의 도움 없이 추정하였을 경우의 차이 $y-\overline{y}$보다 $\hat{y}-\overline{y}$만큼 오차가 적어지게 된다.

이때 $\hat{y}-\overline{y}$는 회귀직선을 사용하였기 때문에 줄어든 오차로서 전체 오차 $y-\overline{y}$ 중에서 회귀직선에 의해 설명된 부분이라고 볼 수 있다. 또한 회귀직선은 종속변수 y와 독립변수 x의 관계를 나타내므로 이 만큼의 차이는 독립변수 x에 의해서 설명된 부분이기도 한다. 물론 회귀직선은 종속변수의 값 y를 완벽하게 설명하지는 못하고 있다. 따라서 $y-\overline{y}$를 전체 오차라고 한다면 $\hat{y}-\overline{y}$는 회귀방정식 또는 독립변수 x에 의해서 설명된 편차이고, $y-\hat{y}$은 회귀방정식으로 설명되지 못한 오차이다. 오차의 합은 0이 되기 때문에 오차를 제곱하여 표현하게 되는데 이를 계산식으로 나타내면 다음과 같다.

$$\sum_{i=1}^{n}(y_i - \overline{y})^2 = \sum_{i=1}^{n}(\hat{y_i} - \overline{y})^2 + \sum_{i=1}^{n}(y_i - \hat{y_i})^2$$

총변동 = 회귀모형에 의해 설명되는 변동 + 회귀모형으로 설명되지 못하는 변동

$$SST = SSR + SSE$$

총제곱합 = 회귀제곱합 + 오차제곱합

(2) 회귀식의 통계적 유의성

회귀식의 통계적 유의성이란 최소제곱법으로 구한 회귀식이 분포의 값들을 얼마나 통계적으로 유의하게 설명해 주는가를 말한다. 회귀식이 통계적으로 유의한지를 검정하기 위한 가설을 설정해 보면 다음과 같다.

$$H_0 : \beta = 0$$
$$H_1 : \beta \neq 0$$

이때 검정통계량 F값은 MSR/MSE으로 계산되며 이 값은 분자자유도 1, 분모자유도 $n-2$를 갖는 F분포를 따른다. F값이 1보다 충분히 큰 값을 가지게 되면 영가설을 기각하는 통계적 의사결정을 하게 된다. 영가설이 기각된다면 독립변수가 종속변수에 의미 있는 영향을 미친다는 것으로 해석할 수 있다. 이러한 과정을 요약한 표를 분산분석표라고 한다.

표 12-1 단순회귀분석의 분산분석표

요인	제곱합(SS)	자유도(df)	평균제곱(MS)	F
회귀	SSR	1	$MSR = SSR/1$	MSR/MSE
오차	SSE	$n-2$	$MSE = SSE/n-2$	
전체	SST	$n-1$		

회귀식의 적합성을 판단하기 위한 또 다른 기준은 결정계수(determination coefficient)로서 이는 종속변수에 대한 독립변수의 설명력 크기를 나타낸다. 즉, 종속변수의 총분산 중에서 회귀식으로 설명되는 분산비율을 의미하며, 0과 1 사이의 값을 가진다. 결정계수의 값이 1에 가까울수록 독립변수의 설명력이 크고 추정된 회귀식이 자료에 적합함을 의미한다.

$$R^2 = \frac{\text{회귀모형에 의해 설명되는 변동}}{\text{총변동}}$$

$$= \frac{SSR}{SST} = \frac{\sum_{i=1}^{n}(\hat{y_i} - \bar{y})^2}{\sum_{i=1}^{n}(y_i - \bar{y})^2}$$

$$= \frac{SST - SSE}{SST} = 1 - \frac{SSE}{SST}$$

(3) 회귀계수에 대한 t검정

단순회귀모형에서 α와 β에 대한 추정값으로서 사용된 a, b는 0과는 다른 값일 때 독립변수는 종속변수에 영향을 미치는 변수로 인정된다. 표본으로부터 계산된 b의 값이 0과 의미 있는 차이가 없다면, 즉 기울기가 0이라면 회귀분석에 사용된 두 변수 X(독립변수)와 Y(종속변수)는 의미 있는 관계가 존재하지 않는다는 결론을 내릴 수 있으므로 X를 가지고 Y를 예측하는 것은 무의미하다고 볼 수 있다.

일반적으로 a값이 0과 다른지의 여부는 관심의 대상이 아니기 때문에 여기서는 b에 대한 검정이 중요하다. 회귀계수가 통계적으로 유의한지에 대한 검정을 실시하고자 할 때 다음과 같은 가설을 설정할 수 있다.

$$H_0 : \beta = 0$$
$$H_1 : \beta \neq 0$$

가설검정을 위한 검정통계량은 t통계량이 사용되며, $n-2$의 자유도를 갖는 t분포를 따른다.

$$t = \frac{b-\beta}{S/\sqrt{\sum(x_i - \bar{x})^2}} = \frac{b}{S_b}$$

S: 오차항의 표준편차로서 $\sqrt{\frac{\sum(Y_i - \overline{Y_i})^2}{n-2}}$ 로 표시된다.

S_b: b의 표준편차

단순회귀모형에서는 t검정이 분산분석표에 나타나는 F검정과 동일한 검정이 되며, 검정통계량 t값을 제곱하면 항상 F값이 되는 성질이 있다. 즉, 자유도 k를 갖는 t분포를 따르는 확률변수를 제곱하면 분자자유도 1, 분모자유도 k를 갖는 F분포를 따르는 확률변수가 된다.

(4) 회귀분석의 가정

회귀분석은 기본적으로 다음과 같은 가정이 충족될 때 분석이 가능하다. 따라서 회귀분석을 실시하기 전에 혹은 분석하면서 다음의 가정을 확인해 보는 것이 꼭 필요하다.

① 독립변수와 종속변수 간의 선형적 관계

이는 등간척도 이상으로 측정된 독립변수 값의 변화에 따른 종속변수 값의 변화가 일정해야 함을 의미하며, 회귀분석에서는 독립변수와 종속변수 간의 선형관계를 가정할 수 있어야 한다.

② 오차항의 일정한 분산과 정규성

오차항(error term)이란 종속변수의 관찰값과 예측값의 차이를 가리킨다. 오차항의 기대값은 0이며, 일정한 분산(constant variance; homoscedasticity)을 갖는 정규분포를 이룬다고 가정할 수 있어야 한다.

③ 오차항의 독립성

예측의 오차값들은 서로 독립적이라는 가정이 필요하다. 즉, $\hat{y}$의 변화에 따라 오차항이 어떤 패턴을 가져서는 안 된다. 예를 들어 $\hat{y}$이 커짐에 따라 오차값이 커지면 이 가정에 위배된다는 뜻이다.

2) 단순회귀분석의 실행

앞에서 사회복지학과 학생들의 전공만족도와 전문직정체성 간의 관계를 알아보았다. 이번에는 전공만족도가 전문직정체성에 어떠한 영향을 미치는가를 분석해 본다.

(1) 회귀분석 대화상자 열기

분석(A) ▶ 회귀분석(R) ▶ 선형(L)...

① 회귀분석은 분석(A) – 회귀분석(R) – 선형(L) 창에서 실행한다.

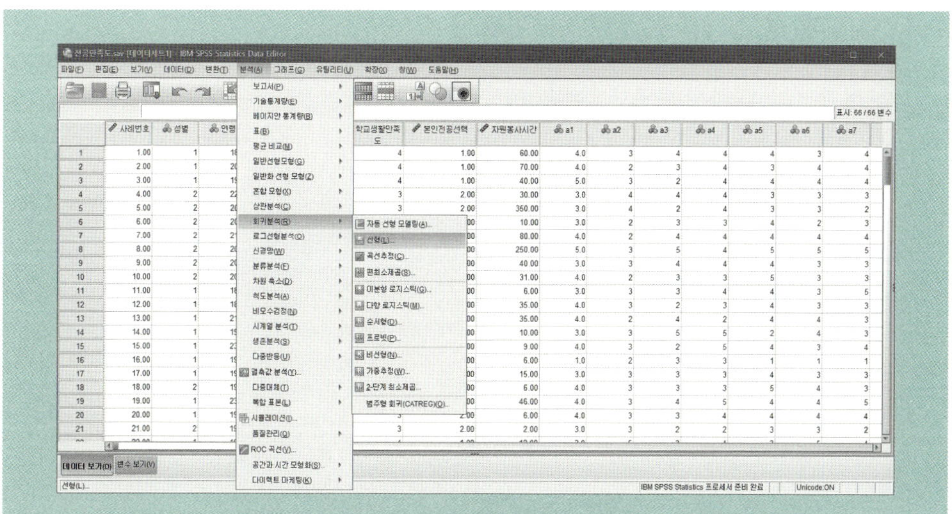

그림 12-2 분석(A)-회귀분석(R)-선형(L)

② 선형회귀분석 대화창이 열리면 왼쪽 변수목록창에서 종속변수인 '전문직정체성'을 종속변수(D): 칸으로 이동한다. 독립변수인 '전공만족도'를 독립변수(I): 칸으

로 이동한다. 그리고 아래쪽 방법(M): 에는 기본값이 입력이라고 되어 있는데, 변경할 필요 없이 그대로 둔다. 이 부분에 대해서는 중다회귀분석 부분에서 보다 자세히 다루기로 한다. 아래쪽 선택변수(E):, 케이스 레이블(C):, WLS 가중값(H): 등의 창은 그대로 둔다. 다음으로 통계량(S)... 을 클릭하여 통계량을 설정한다.

그림 12-3 **선형회귀분석 대화상자**

(2) 통계량 대화상자 열기

선형회귀분석 대화상자에서 통계량(S)... 을 클릭한다.

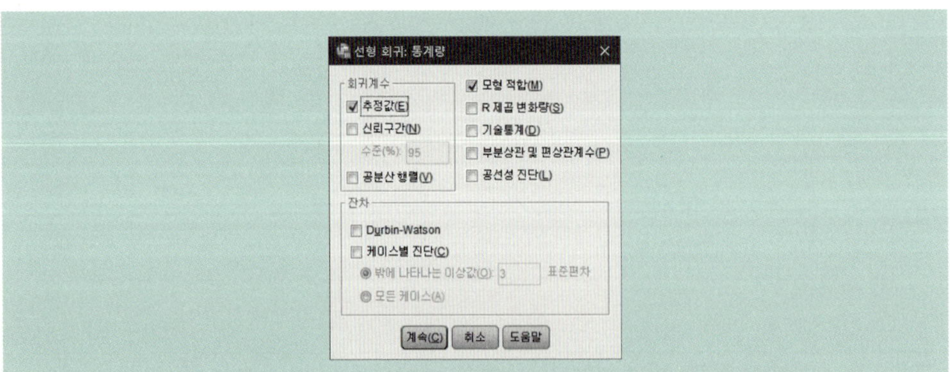

그림 12-4 **선형회귀: 통계량**

회귀계수에서의 추정값(E), 모형적합(M)이 기본값으로 선택되어 있으면 그대로 둔다. 잔차에 관한 부분은 중다회귀분석에서 다루기로 하고 일단 넘어간다. 계속(C)을 클릭하여 선형회귀분석 대화상자로 돌아간다.

- **모형 적합(M)** : 다중 R, R^2, 수정된 R^2, 표준오차 등을 산출한다. 또한 분산분석표에는 자유도, 제곱합, 평균제곱, F값, 관측된 확률 F 등이 표시된다.
- **R제곱 변화량(S)** : R^2통계량의 변화량으로서 독립변수를 추가하거나 삭제할 때의 변화량을 산출한다. 한 변수와 관련된 R^2 변화량이 크다는 것은 해당 변수가 종속변수의 좋은 예측자가 된다는 뜻이다.
- **공선성 진단(L)** : 개별 변수에 대한 공차 한계와 다중공선성 문제 진단을 위한 다양한 통계량을 산출해 준다.
- **Durbin-Watson** : 잔차의 독립성에 대한 Durbin-Watson 검정과 잔차 및 예측값에 대한 통계량이 표시된다.
- **케이스별 진단(C)** : 이상값(O)을 진단하기 위한 것으로 일반적으로 3 표준편차를 벗어나는 이상값에 대해서 알려주는 기능이다.

(3) 옵션 대화상자 열기

선형회귀분석 대화상자에서 옵션(O)...을 클릭하면 옵션 대화상자가 나타난다. 선택법 기준, 방정식에 상수항 포함(I), 결측값 처리방법 등을 기본 설정으로 유지한다. 계속(C)을 클릭하여 선형회귀분석 대화상자로 돌아와서 확인을 클릭하면 분석이 실행된다.

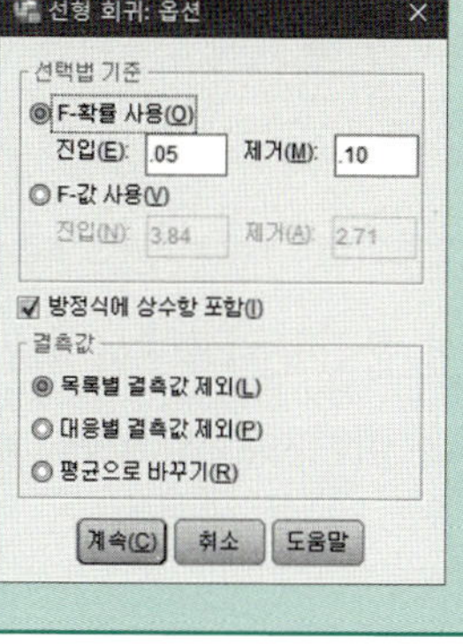

그림 12-5 회귀분석: 옵션

3) 분석결과 설명

(1) 진입－제거된 변수

입력/제거된 변수[a]

모형	입력된 변수	제거된 변수	방법
1	전공만족도[b]	.	입력

a. 종속변수: 전문직정체성

b. 요청된 모든 변수가 입력되었습니다.

종속변수가 '전문직정체성'이고 독립변수는 '전공만족도' 그리고 입력방법을 사용했음을 나타내 준다.

(2) 모형 요약

모형 요약

모형	R	R 제곱	수정된 R 제곱	추정값의 표준오차
1	.614[a]	.378	.374	.23334

a. 예측자: (상수), 전공만족도

R은 독립변수와 종속변수 간의 상관계수와 같은 값이고, R 제곱(R^2, R square로 읽음)은 상관계수를 제곱한 값이며, 결정계수(coefficient of determination)라고 부른다. 또한 R^2는 종속변수의 분산 중에서 독립변수가 몇 %를 설명해 주는가를 나타내며, 0에서 1 사이의 값을 갖는다. 전공만족도는 전문직정체성을 19.3%를 설명해 주고 있다. 한편 R^2는 다음의 회귀분석 분산분석표에서 회귀모형제곱합/회귀모형제곱합＋잔차제곱합으로 계산될 수도 있다. 여기서는 5.615/14.870＝0.378로 계산된다.

(3) ANOVA

ANOVA[a]

모형		제곱합	자유도	평균제곱	F	유의확률
1	회귀	5.615	1	5.615	103.123	.000[b]
	잔차	9.256	170	.054		
	전체	14.870	171			

a. 종속변수: 전문직정체성

b. 예측자: (상수), 전공만족도

본 회귀모형이 통계적으로 유의한가를 검정하기 위한 분산분석 결과표이다. 선형회귀분석의 제곱합(SSR)은 종속변수를 회귀식으로 추정하는 경우에 설명되는 분산을 나타낸다. 잔차의 제곱합은 종속변수를 회귀식으로 추정하는 경우 설명되지 않은 분산을 나타낸다. F값이 103.123이며, 유의확률이 .000($p<.001$)으로서 회귀모형이 통계적으로 유의하다고 할 수 있다.

(4) 회귀계수

계수[a]

모형		비표준화 계수 B	비표준화 계수 표준화 오류	표준화 계수 베타	t	유의확률
1	(상수)	2.291	.107		21.358	.000
	전공만족도	.305	.030	.614	10.155	.000

a. 종속변수: 전문직정체성

- **상수**: 추정회귀식의 a에 해당하는 값으로서 Y 절편값이다. 통계적으로 유의한 것으로 나타났다($t=21.358$, $p<.001$).
- **비표준화 회귀계수(B)**: 회귀선의 기울기로서 독립변수가 종속변수에 미치는 영향력의 크기이다. 여기서는 정(+)의 영향이 있다는 의미이다.
- **표준화회귀계수 베타**: 회귀모형에서 입력된 각 변수들의 평균이 0이고 표준오차 1을 갖도록 조정되었을 때의 회귀계수를 말한다. 특히 여러 개의 독립변수들이

서로 다른 단위로 측정되었을 때 상대적 기여도를 판단하는 값이 된다. 여기서는 상관관계 계수 R값과 같은 값이다.

- t : 회귀계수의 유의성을 검정하기 위한 통계량으로서 유의확률과 더불어 회귀계수가 0인가 아닌가를 검정한다. 여기서는 비표준화 회귀계수(B)를 표준오차로 나눈 값으로 계산된다.

선형회귀분석의 결과 '전공만족도'와 '전문직정체성'의 관계를 비표준화 회귀계수(B)에 의해 회귀식으로 추정해 본 결과는 다음과 같다.

$$전문직정체성 = 2.291 + 0.305(전공만족도)$$

t 값은 회귀계수의 유의성을 검정하는 것으로서 회귀계수=0 (b가 0이라는 것은 종속변수에 영향을 미치지 못하는 관계라는 의미)이라는 영가설에 대한 검정통계량으로서 비표준화 회귀계수(B)를 표준오차로 나눈 값이다. 여기서 t값은 10.155이고 유의확률이 .000(p<.001)으로서 영가설이 기각되어 회귀계수가 0이 아니라고 결론 내린다.

4) 보고서 작성 및 해석

전공만족도와 전문직정체성에 관한 단순회귀분석의 결과는 〈표 12-2〉와 같다.

표 12-2 전공만족도가 전문직정체성에 미치는 영향

독립변수	B	S.E.	β	t	Adj R^2	F
상 수	2.291	.107		21.358***	.374	103.123***
전공만족도	0.305	.030	.614	10.155***		

***p<.001

회귀분석의 결과 전공만족도는 전문직정체성에 긍정적으로 영향을 미치고 있으며, 약 40%의 설명력을 갖는다. 또한 전공만족도가 1점 향상되면 전문직정체성은 0.305점 증가한다는 것을 알 수 있다.

3. 중다회귀분석

1) 중다회귀분석의 의미

중다회귀분석(multiple regression analysis)은 한 개의 종속변수 Y와 p개의 독립변수 x_1, x_2, ……, x_p 사이의 관계를 분석하는 통계적 방법을 말한다. 사회복지분야를 포함한 사회과학에서 하나의 독립변수에 의한 하나의 종속변수를 예측하는 연구란 드물기 때문에 중다회귀분석에 의하여 종속변수를 예측하고자 한다. 중다회귀분석을 이용하여 종속변수를 예측하게 되면 하나의 독립변수에 의한 예측, 즉 단순회귀분석에 비하여 더 정확한 예측을 할 수 있다. 이를 위해서는 사례수가 최소한 독립변수의 개수보다 20배 이상 많아야 타당한 분석이 이루어질 수 있다.

중다회귀분석은 여러 개의 독립변수를 통하여 종속변수를 설명하려다 보니 단순회귀분석에서는 나타나지 않는 모형선택문제(model selection problem)와 다중공선성(multicollinearity) 문제가 발생할 수 있다. 모형 선택의 문제는 여러 개의 독립변수 중에서 어떠한 독립변수를 먼저 회귀모형에 포함시킬 것인가를 결정하는 문제이며 분석목적에 맞게 적절한 모형을 선택하는 것이 바람직하다. 다중공선성 문제는 독립변수들 사이에 높은 상관관계가 존재하여 예측의 정확성이 떨어지는 현상을 말한다. 따라서 다중공선성이 존재하는가를 파악하여 이를 해결한 후에 최종적인 분석을 실시해야 한다.

2) 중다회귀분석의 기본 원리

(1) 회귀모형

중다회귀모형은 단순회귀모형에 독립변수만을 추가하여 확장된 형태의 모형으로 모형의 가정, 가설검정 등에 있어서 기본적인 차이는 없다. 즉, e_i는 평균이 0, 분산이

1인 정규분포를 따르는 확률변수이고, Y_i도 확률변수이다. 중다회귀모형(multiple regression model)의 일반적인 형태는 다음과 같다.

$$Y_i = \alpha + \beta_1 X_{1i} + \beta_2 X_{2i} + \cdots\cdots + \beta_k X_{ki} + e_i$$

Y_i: i번째 관측값에 대한 종속변수의 값
X_{1i}: i번째 관측값에 대한 첫 번째 독립변수의 값
X_{ki}: i번째 관측값에 대한 k번째 독립변수의 값
α, β_1, ……, β_k: 절편항과 회귀계수이며 추정되어야 할 모수들
e_i: Y_i의 오차항(e_i는 평균 0, 분산 1의 정규분포를 가정함)

α와 $\beta_i(i=1, 2, \cdots\cdots, k)$는 모집단의 절편항과 회귀계수로서 모르는 값이므로 이에 대한 값을 표본으로부터 추정한다. 물론 추정값을 각각 a와 $b_i(i=1, 2, \cdots\cdots, k)$라 하면 중다회귀분석의 추정된 회귀식은 다음과 같이 표현된다.

$$\hat{y}_i = a + b_1 X_{1i} + b_2 X_{2i} + \cdots\cdots + b_k X_{ki}$$

절편항과 회귀계수의 추정값 a와 b_i를 계산하는 방법도 단순회귀분석에서와 마찬가지로 관찰된 종속변수의 값과 추정된 회귀식의 값에 대한 차이를 제곱하여 더한 값, 즉 $\sum_{i=1}^{n}(y_i-\hat{y}_i)^2$를 최소화시키는 최소제곱법(least squares method)에 기초를 두고 있다. b_k는 비표준화 회귀계수로서 회귀식의 부분 기울기(partial slope)가 되며, 다른 독립변수들의 값을 고정시킨 상태에서 특정 독립변수 X_k값의 1단위가 증가할 때 Y값의 변화량을 의미한다. 그러나 독립변수들의 측정단위가 다를 경우 각 독립변수들의 상대적인 중요도를 판단하기 위해서는 회귀식에 포함된 변수들을 모두 Z 점수로 표준화하여 산출한 표준화 회귀계수(β, Beta) 값을 활용한다.

(2) 회귀식의 통계적 유의성

회귀식의 통계적 유의성을 검정하기 위한 가설은 다음과 같다.

$$H_0:\ \beta_1 = \beta_2 = \ \cdots\cdots\ = \beta_k = 0 \ \text{혹은}\ R^2 = 0$$

가설검정을 위한 검정통계량 F값은 다음의 공식으로 계산된다.

$$F = \frac{R^2/k}{(1-R^2)/(n-k-1)} = \frac{MSR}{MSE}$$

한편 중다회귀분석에서는 독립변수의 수가 많아지면 결정계수의 값이 증가하므로 결정계수인 R^2를 자유도로 수정한 수정결정계수(R^2_{adj}, adjusted R^2라고 읽음)를 독립변수의 선택을 위한 기준 및 설명력으로 활용한다.

$$R^2_{adj} = R^2 - \frac{k(1-R^2)}{n-k-1} = 1 - \frac{MSE}{MST}$$

(3) 다중공선성

중다회귀분석에서 회귀식에 포함된 독립변수들은 서로 높은 상관관계를 보일 경우가 많다. 다중공선성(multicollinearity)이란 독립변수들 간의 상관관계가 존재하는 경우를 말한다. 독립변수들 간에 높은 상관관계에 의하여 다중공선성이 존재하면 회귀계수의 부호가 바뀌거나 중요한 독립변수에 대한 회귀계수가 0에 가까운 값을 추정하게 되어 의미 없는 변수로 보일 수 있게 된다. 비록 R^2값이 매우 높고 F검정을 통해 모형이 유의한 것으로 나타나더라도 추정된 회귀계수의 표준오차가 커져 t검정 결과에서 일부 회귀계수들이 통계적으로 유의하지 않게 나타나는 것이다. 이러한 결과는 독립변수들 간의 높은 상관관계로 인해 한 독립변수의 설명력이 다른 독립변수에 의해 흡수되기 때문인 것으로 해석된다. 또한 이러한 경우 회귀계수의 정확도는 떨어지며,

종속변수에 대한 독립변수의 영향력은 실제보다 과소평가되어 중요한 독립변수들이 의미가 없는 것처럼 나타나게 된다.

다중공선성 문제를 해결하기 위해서는 미리 독립변수들 간의 상관계수를 파악하여 높은 상관관계를 보이는 독립변수는 모형에 포함시키지 않거나 위계적 변수 투입방법을 이용하여 상관관계가 높은 독립변수들 중 가장 설명력이 있는 독립변수만을 회귀모형에 포함시키도록 하여야 한다.

다중공선성을 파악하기 위해서 유용하게 사용되는 수치로서 분산확대지수, 즉 VIF (variance inflation factor)가 있다. 분산확대지수는 대상이 되는 독립변수를 정하고, 나머지 독립변수들을 대상으로 중다회귀분석을 실시하여 나타난 결정계수 R^2와 밀접한 관련이 있다. 만일 결정계수 R^2가 1에 가까운 값을 가지게 되면 대상이 되는 독립변수는 다른 나머지 독립변수에 의하여 충분히 설명될 수 있다는 의미로 해석될 수 있으므로 높은 다중공선성을 갖는다고 판단할 수 있다. 분산확대지수 VIF와 R^2 사이에는 다음과 같은 관계식이 성립한다.

$$VIF = \frac{1}{1-R^2}$$

만일 R^2 값이 1에 가까운 값이 되면 VIF는 거의 무한대 값을 취하게 되며, 높은 다중공선성이 존재한다고 판단할 수 있다. 또한 R^2 값이 0에 가까운 값을 가지게 되면 VIF는 거의 1에 가까운 값을 갖게 된다. 일반적으로 VIF 값이 5 이상이면 문제가 있는 것으로 의심할 수 있으며, 10 이상이면 높은 다중공선성으로 인한 문제가 있다고 판단해야 한다.

다중공선성을 판단하는 또 다른 방법은 공차한계(Tolerance) 값을 이용한다. 변수 i의 공차한계(TOLi)는 $1-R_i^2$로 표시되며, 여기서 R_i^2는 독립변수 i가 다른 독립변수들에 의해 설명되는 정도를 의미한다. 즉, 독립변수 i를 종속변수로 설정하고 다른 독립변수들을 이용하여 회귀분석한 경우의 R^2에 해당한다. 결국 R^2 값이 매우 크다는 것은 독립변수 i가 투입되었을 때의 회귀식의 설명력이 매우 크다는 것을 의미한다. 따라서 공차한계 $1-R_i^2$는 독립변수 i가 회귀분석에 투입되었을 때 이미 투입된 독립변수가 설명하지 못하는 총변동 부분을 의미하는 것이다. 그러므로 다중공선성이 낮을수록 공차한계 값이 높게 나타난다. 공차한계는 분산확대지수의 역수의 값을 취하게 된다(TOL=1/VIF). 공차한계의 최대값은 1이고, 공선성 판단을 위한 일반적인 기준은 공차한계 .10 이하이며 .10 이상이면 공선성의 문제가 없다고 본다.

(4) 회귀모형의 가정 검토

중다회귀분석에서 앞의 적정 사례수와 다중공선성 이외에도 잔차를 포함한 몇 가지 사항을 고려하여야 한다.

① 정규성에 대한 가정

정규성 가정은 회귀분석에서 F검정을 실시할 때 요구되는 가정이다. 정규성 가정은 잔차의 분포를 조사함으로써 검토가 이루어진다. 그러나 일반적으로 표본의 수가 어느 정도 많은 경우 잔차에 대한 분포가 정확하게는 정규분포를 따르지 않더라도 종 모양의 비슷한 형태를 나타내기만 한다면 정규성에 특별한 문제가 없는 것으로 판단한다.

② 잔차의 등분산성과 독립성

잔차의 분산은 독립변수가 변화해도 동일한 σ^2를 유지해야 한다. 이 가정이 지켜지지 않을 때 발생하는 현상을 이분산(heteroscedasticity) 현상이라 한다. 이 경우 최소제곱법에 의한 추정치는 효율적인 추정치가 되지 못하는 것으로 알려져 있다.

잔차의 독립성이란 잔차들 간에 상관관계가 존재하지 않아야 한다는 것이다. 이 가정이 충족되지 않게 되면 잔차의 자기상관(autocorrelation) 혹은 계열상관(serial correlation)이 나타나게 된다. 자기상관계수가 0으로부터 유의한 차이를 보이는지에 관한 검정은 더빈-왓슨 통계량(Durbin-Watson test)을 사용한다. 자기상관계수의 값이 0이 되어 완벽하게 상관관계가 존재하지 않는 경우 더빈-왓슨 통계량의 값은 2가 되고, 2를 중심으로 값이 너무 크거나 너무 작아지면 독립성 가정이 충족되지 않는 것으로 판단한다.

3) 중다회귀분석의 실행

앞의 단순회귀분석에서는 사회복지학과 학생의 전문직정체성에 영향을 미치는 독립변수들 중에서 전공만족도만을 투입하여 분석해 보았다. 이번에는 자아존중감, 학교생활만족도 등의 다른 독립변수들을 동시에 투입하여 그 영향을 알아보고자 한다.

(1) 중다회귀분석 대화상자 열기

분석(A) ▶ 회귀분석(R) ▶ 선형(L)...

① 중다회귀분석은 단순회귀분석과 마찬가지로 분석(A) - 회귀분석(R) - 선형(L) 창에서 실행한다.

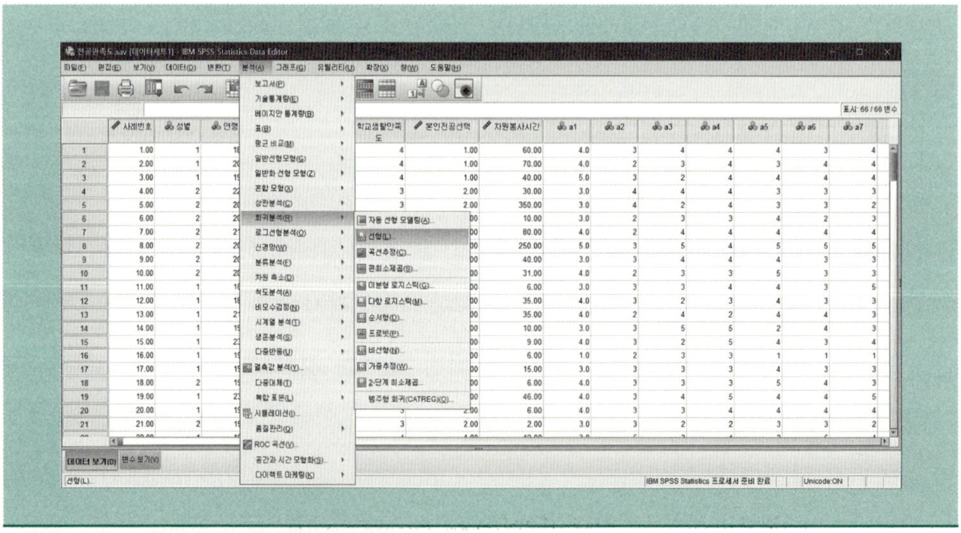

그림 12-5 분석(A)-회귀분석(R)-선형(L)

② 다음과 같이 선형회귀분석 대화상자가 열리면 변수를 입력한다.

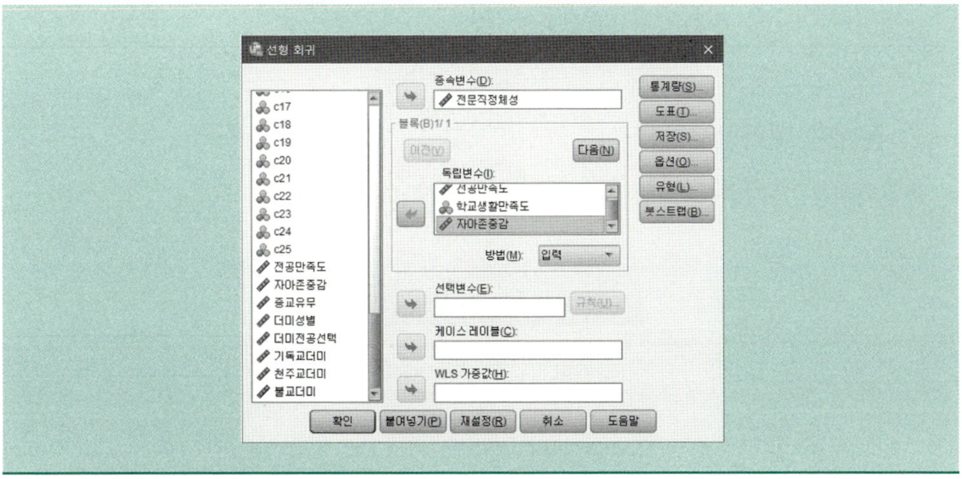

그림 12-6 중다회귀분석을 위한 선형회귀분석 대화상자

종속변수(D):에는 '전문직정체성'을 이동시키고, 독립변수(I):에는 '전공만족도', '학교생활만족도', '자아존중감'을 차례로 보낸다. 방법(M):은 기본값인 입력방법을 그대로 유지한다.

방법(M):

- 입력(Enter) : 지정한 모든 독립변수를 동시에 투입하는 방법이다.
- 단계 선택(Stepwise) : 여러 개의 독립변수 중에서 설명력이 어느 정도 높은 변수들만으로 회귀모형을 구성할 때 사용한다. 1단계에서는 종속변수와 상관관계가 가장 높은 변수가 회귀식에 투입된다. 다음 단계부터는 남은 변수들 중에서 종속변수와 편상관계수가 가장 높은 변수부터 차례로 투입된다. 각 단계에서는 유의성 검정이 이루어져서 유의적이지 못한 변수는 제거된다. 단계 선택방법에서는 투입조건으로 F값 혹은 p-value를 지정하는데 이 조건에 충족되는 변수가 더 이상 없는 단계에서 분석이 종료된다.
- 제거(Remove) : 지정된 변수들을 동시에 투입한 후 탈락시켜 나가는 방법이다.
- 후진(Backward) : 일단 모든 독립변수들을 포함시킨 뒤 일정기준에 따라 종속변수에 대한 설명력이 낮은 순서로 제거된다.
- 전진(Forward) : 상관관계가 높은 독립변수의 순서로 회귀식에 투입된다. 기존에

투입된 변수는 제거되지 않는다.

(2) 통계량 대화상자 열기

선형회귀분석 대화상자에서 [통계량(S)...]을 클릭한다.

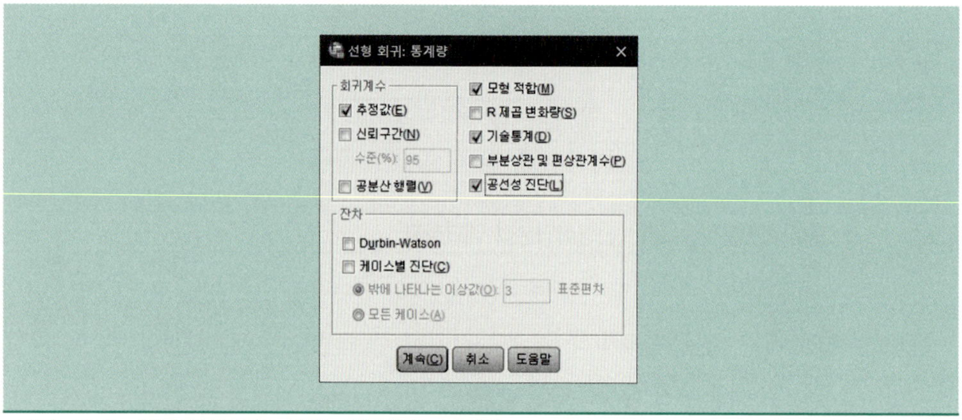

그림 12-7 중다회귀분석을 위한 선형회귀: 통계량

통계량 대화상자에서 회귀계수 칸에 있는 추정값(E)과 모형적합(M)은 그대로 유지하고 기술통계(D)와 공선성 진단(L)을 추가로 선택한다.

(3) 도표 대화상자 열기

선형회귀분석 대화상자에서 [도표(T)...]를 클릭한다.

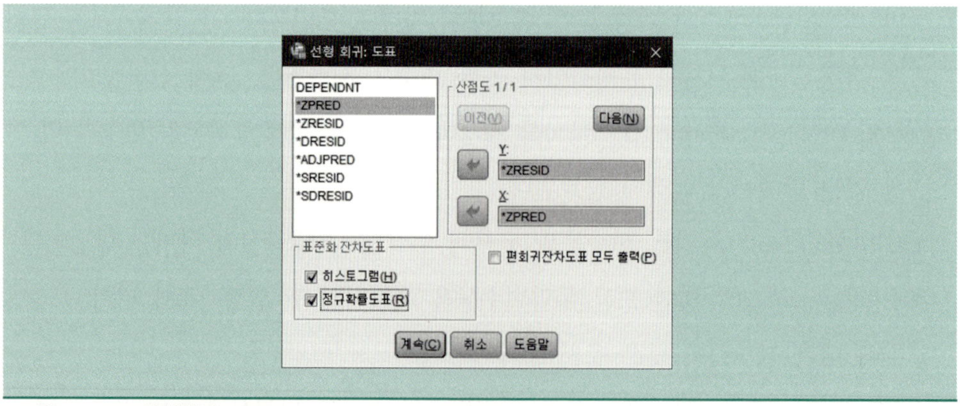

그림 12-8 선형회귀: 도표

선형회귀분석 도표 대화상자에서 왼쪽 목록의 DEPENDENT 아래 '*ZPRED(표준화 예측값)'를 산점도 X: 칸으로 이동시키고, '*ZRESID(표준화 잔차)'를 Y: 칸으로 보낸다. 이렇게 하여 그려진 산점도는 잔차 분석의 결과를 통해 등분산성의 가정을 검토할 수 있다. 표준화 잔차도표에서 히스토그램(H)과 정규확률도표(R)를 선택하여 정규성 가정을 확인할 수 있다.

표 12-3 도표창의 내용

키워드	기능 설명
DEPENDENT	종속변수(DEPENDENT)와 표준화 예측값(*ZPRED), 표준화 잔차(*ZRESID), 삭제된 잔차(*DRESID), 수정된 예측값(*ADJPRED), 스튜던트화 잔차(*SRESID), 삭제된 스튜던트화 잔차(*SDRESID) 등의 예측 변수 및 잔차 변수를 나열
*ZPRED	표준화된 예측값
*ZRESID	Standardized Residuals(표준화된 잔차)
*DRESID	Deleted Residauls(삭제된 잔차)
*ADJPRED	Adjusted Predicted Values(수정된 예측값)
*SRESID	Studentized Residuals(스튜던트화된 잔차)
*SDRESID	Studentized Deleted Residuals(삭제된 스튜던트화 잔차)
표준화 잔차도표	다음 중 하나를 선택하면 된다.
□ 히스토그램(H)	표준잔차의 임시변수에 대한 히스토그램을 출력한다.
□ 정규확률도표(R)	지정한 임시변수의 정규확률(P-P) 산포도를 출력한다.
□ 편회귀잔차도표 모두 출력(P)	명시 값보다 더 큰 표준잔차 절대치를 가진 경우에 한정(기본 설정은 3). 이 값을 무시하려면 표준편차 값을 등록한다. 어떠한 경우라도 명시 값보다 큰 표준잔차 절대치를 가지지 않는다면 점 그래프는 되지 않는다.

(4) 저장 대화상자 열기

선형회귀분석 대화상자에서 [저장(S)...]을 클릭한다. 예측값, 잔차 그리고 거리값 등을 구할 수 있다.

표 12-4 새로운 변수 저장 내용

옵션	기능 설명
예측값	
□ 비표준화(U)	비표준 예측치
□ 표준화(A)	표준 예측치
□ 수정된(J)	조정 예측치
□ 평균예측 표준오차(P)	예측치의 표준오차
거리	
□ Mahalanobis의 거리(H)	마할라노비스 거리: 독립변수의 평균값에서 개개의 관측치가 어느 정도 떨어져 있는가를 나타내는 척도. 마할라노비스 거리가 크면 하나 이상의 독립변수에 대한 극단값을 가지는 케이스를 나타낸다.
□ Cook의 거리(K)	특정 케이스를 제외하였을 경우 잔차에 미치는 영향력
□ 레버리지 값(G)	중심화된(centered) 레버리지 값
예측구간	다음 중 하나 이상 선택 가능
□ 평균(M)	평균 예측응답에 대한 예측구간 상/하한 한계
□ 개별값(I)	단일 관찰에 대한 예측구간의 상/하한 한계
신뢰구간(C): 95%	평균, 개별 신뢰구간에 대해서 기본값은 95%
잔차	
□ 비표준화(N)	관측값과 모형에 의한 예측값 간 차이
□ 표준화(A)	표준오차 추정값으로 나눈 잔차
□ 스튜던트화(S)	케이스에 따라 표준편차의 추정값으로 나눈 잔차
□ 제외 잔차(L)	삭제 잔차로서 종속변수값과 조정된 예측값 간 차이
□ 삭제된 스튜던트화 잔차(E)	표준오차로 나누어진 케이스에 대한 삭제된 잔차
영향력 통계량	
□ DFBETA(B)	베타 값의 차이는 특정 케이스의 제외로부터 작성된 회귀계수의 변화량. 값은 모형의 각 항에 대해 계산되며 상수를 포함한다.
□ 표준화 DFBETA(Z)	표준화된 DFBETA 값
□ DFFIT(F)	특정 사례가 제외될 때 예측치의 변화값
□ 표준화 DFFIT(T)	표준화된 DFFIT
□ 공분산비율(V)	모든 케이스가 제외된 공분산행렬의 행렬식에 대한 회귀계수의 계산에서 특정 케이스가 제외된 공분산행렬 행렬식의 비율. 비율이 1에 가까우면 케이스로 인해 공분산행렬이 크게 달라지지 않는다.
계수 통계량	
□ 계수 통계량 만들기(O)	지정한 파일에 상관계수 통계량 만들기를 나타내는 경우
XML 파일에 모형정보 내보내기	찾아보기(W) 단추를 누른 다음 XML(eXtensible Markup Language) 파일로 모형에 관련된 정보를 내보내는 경우

4) 분석결과 설명

(1) 기술통계량

기술통계량

	평균	표준화 편차	N
전문직정체성	3.3649	.29632	170
전공만족도	3.5256	.59688	170
학교생활만족도	3.20	.702	170
자아존중감	3.3988	.67359	170

각 변수별 평균과 표준편차값을 보여준다.

(2) 상관계수표

상관계수

		전문직정체성	전공만족도	학교생활만족도	자아존중감
Pearson 상관	전문직정체성	1.000	.614	.189	.229
	전공만족도	.614	1.000	.266	.268
	학교생활만족도	.189	.266	1.000	.091
	자아존중감	.229	.268	.091	1.000
유의확률 (단측)	전문직정체성	.	.000	.007	.001
	전공만족도	.000	.	.000	.000
	학교생활만족도	.007	.000	.	.120
	자아존중감	.001	.000	.120	.
N	전문직정체성	170	170	170	170
	전공만족도	170	170	170	170
	학교생활만족도	170	170	170	170
	자아존중감	170	170	170	170

회귀분석에 앞서 각 독립변수와 종속변수 간의 상관계수를 산출해 준다. 종속변수인 전문직정체성과 전공만족도($r=.614$, $p=.000$), 학교생활만족도($r=.189$, $p=.007$), 자아존중감($r=.229$, $p=.001$) 간에 유의한 상관관계가 나타나고 있다. 독립변수 간의 상관관계는 매우 낮은 수준이다.

(3) 입력변수와 입력방법

입력/제거된 변수[a]

모형	입력된 변수	제거된 변수	방법
1	자아존중감, 학교생활만족도, 전공만족도[b]	.	입력

a. 종속변수: 전문직정체성

b. 요청된 모든 변수가 입력되었습니다.

종속변수는 '전문직정체성'이며 각 독립변수는 '자아존중감', '학교생활만족도', '전공만족도'로 회귀식에 투입된 것을 알 수 있다. 회귀 모델의 확인을 위해 입력방법을 사용하였다.

(4) 모형 요약

모형 요약

모형	R	R 제곱	수정된 R 제곱	추정값의 표준오차
1	.614[a]	.378	.374	.23334

a. 예측자: (상수), 전공만족도

모형 요약을 보면 자아존중감, 학교생활만족도, 전공만족도 세 개의 독립변수들이 투입된 결과 R^2는 .382로 종속변수인 전문직정체성을 38.2% 설명하고 있음을 알 수 있다. 또한 자유도를 고려한 R^2_{adj}는 .37로 나타났다.

(5) 분산분석표

ANOVA[a]

모형		제곱합	자유도	평균제곱	F	유의확률
1	회귀	5.663	3	1.888	34.149	.000[b]
	잔차	9.176	166	.055		
	전체	14.839	169			

a. 종속변수: 전문직정체성

b. 예측자: (상수), 자아존중감, 학교생활만족도, 전공만족도

회귀모형의 유의성을 검정하기 위한 F검정 결과가 분산분석표에 제시되어 있다. 회귀식에 의해 설명되는 분산은 5.663이며, 설명되지 않는 분산은 9.176이다. 두 평균제곱값의 비율인 F값은 34.149로서 유의확률은 .000이다. 따라서 회귀식의 설명력(R^2)이 0이라는 귀무가설을 기각하게 되므로 회귀모형이 통계적으로 유의하다고 할 수 있다.

(6) 회귀계수

계수[a]

모형		비표준화 계수		표준화 계수			공선성 통계량	
		B	표준화 오류	베타	t	유의확률	공차	VIF
1	(상수)	2.197	.138		15.958	.000		
	전공만족도	.292	.033	.588	8.985	.000	.869	1.151
	학교생활만족도	.011	.027	.026	.409	.683	.929	1.077
	자아존중감	.030	.028	.069	1.089	.278	.928	1.078

a. 종속변수: 전문직정체성

다중회귀분석의 결과 다중회귀식은 비표준화 회귀계수(B)에 의해 다음과 같이 나타낼 수 있다.

$$\text{전문직정체성} = 2.197 + 0.292(\text{전공만족도})$$

'전공만족도'는 다른 두 변수(학교생활만족도와 자아존중감)와 동시에 분석될 경우 통계적으로 유의하게 나타났다(t=8.985, p=.000). 전공만족도가 높은 학생이 전문직 정체성이 높아진다는 것을 알 수 있다. 학교생활만족도(t=.409, p=.683)와 자아존중감(t=1.089, p=.278)은 다른 두 변수와 함께 분석될 경우 통계적으로 유의하지 않은 것으로 나타났다.

다중공선성 통계량을 보면 중다회귀분석의 중요한 가정으로서 독립변수 간에 상관관계가 존재하지 말아야 한다는 것을 검토해 주고 있다. 공선성 통계량에 산출된 '공차한계'와 'VIF'를 보고 판단을 내린다. 공차한계가 .1을 넘으면 다중공선성에 문제가 없다는 의미이다. 결과를 보면 세 개의 독립변수가 모두 .80을 넘고 있어서 공선성에는 문제가 나타나지 않았다. VIF는 10을 넘으면 다중공선성에 문제가 있다고 할 수 있는데 1.0 정도이므로 역시 문제가 나타나지 않았다.

(7) 표준화된 잔차의 히스토그램

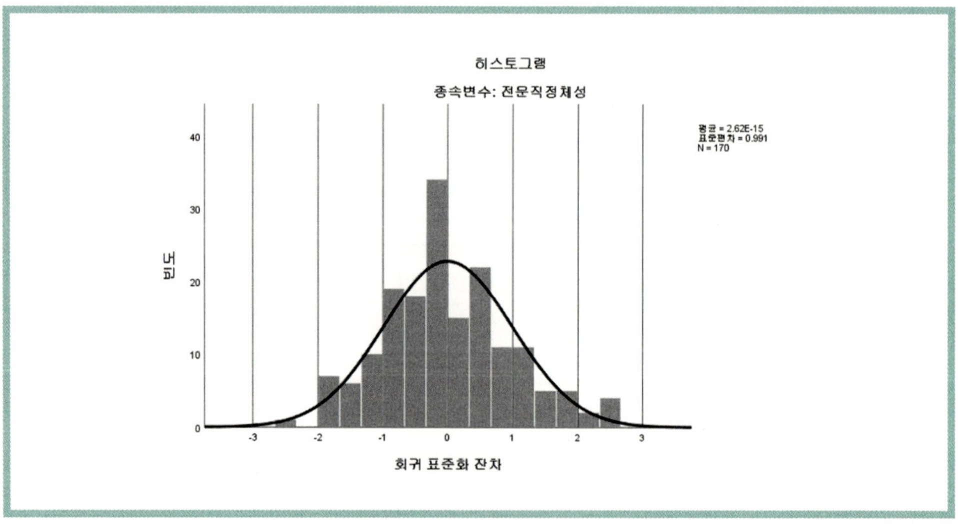

표준화된 잔차의 히스토그램을 볼 때 크게 벗어나지 않는 것으로 판단할 수 있다.

(8) 표준화된 잔차의 P－P 도표(정규성 검정)

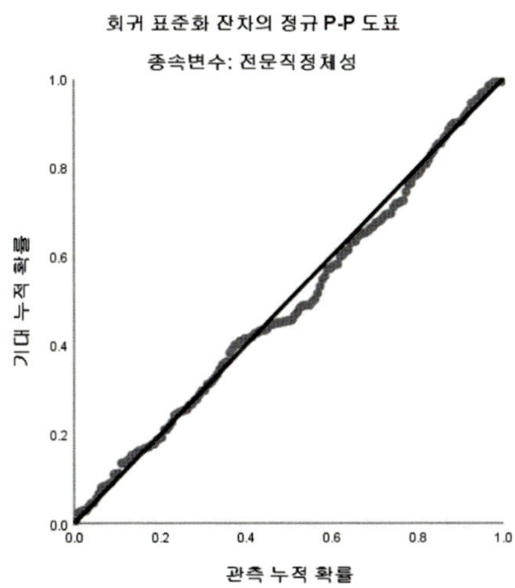

그림에서 대각선으로 표시된 점선에 일치할수록 표준화된 잔차가 정규분포를 보이고 있다고 할 수 있다.

(9) 산점도

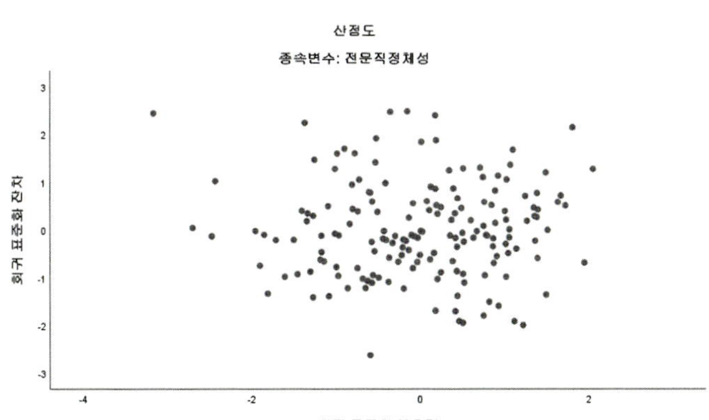

회귀 표준화 예측값과 회귀 표준화 잔차 간의 산점도에서 어떤 특정의 형태를 보이지 않아야 등분산성을 가정할 수 있다. 그림처럼 무작위로 분산되어 있을 경우에는 등분산성을 충족한다고 볼 수 있다.

5) 보고서 작성 및 해석

자아존중감, 학교생활만족도, 전공만족도와 전문직정체성에 관한 중다회귀분석의 결과는 다음의 〈표 12-5〉와 같다.

표 12-5 자아존중감, 학교생활만족도, 전공만족도가 전문직정체성에 미치는 영향

독립변수	B	β	t	유의확률
전공만족도	.292	.588	8.985	.000
학교생활만족도	.011	.026	.409	.683
자아존중감	.030	.069	1.089	.278
상수	2.197***			
R^2_{adj}	.370			
F	34.149***			

$^{***}p < .001$

중다회귀분석의 결과 전문직정체성에 영향을 미치는 독립변수는 전공만족도로 나타났고, 37%의 설명력을 갖는다. 또한 다른 두 변수가 일정하다면 전공만족도가 1점 향상될 때 전문직정체성은 0.292점 정도 증가한다는 것을 알 수 있다.

4. 더미변수를 이용한 회귀분석

회귀분석에서 투입되는 변수는 등간척도나 비율척도에 의해 측정된 자료여야 한다. 그렇다면 등간척도나 비율척도가 아닌 명목척도 또는 기타 범주형 척도의 자료인 경우에 어떻게 해야 하나? 다행스럽게도 명목척도로 측정된 변수는 더미변수로 만들어 회귀분석에서 이용할 수도 있다. 여기서 더미변수(dummy variable)란 어떤 명목변수의 측정치에 관한 존재 여부에 따라 '0'과 '1'의 값을 이용하여 이항변수로 변환시키는 것을 말하며 가변수라고 부르기도 한다.

일반적으로 독립변수로 사용하게 될 범주형 변수의 범주 수가 m개라면 m−1개의 더미변수가 필요하게 된다. 만일 성별변수를 더미변수로 만들고자 할 때 성별변수의 변수값이 2(남자와 여자)이므로 1개의 더미변수만 있으면 된다.

더미변수는 모두 0과 1의 값으로 구성된다. 여기서 '0은 없다, 1은 있다'로 해석한다. 성별이 '남자=1', '여자=2'로 측정되었다면 이를 더미변수로 전환할 때 '남자이다=1, 남자가 아니다=0'으로 변환시키는 것이다. 학력을 더미변수로 전환시켜 보자. 학력이 중졸 이하, 고졸, 대졸, 대학원졸 등 범주 수가 네 개라고 가정하고 더미변수로 만들어 보면 다음과 같다. 먼저 중졸 이하인 경우와 아닌 경우(1, 0), 고졸인 경우와 아닌 경우(1, 0), 대졸인 경우와 아닌 경우(1, 0)로 만들면 된다. 더미변수의 수는 명목변수의 범주 수 m−1개면 된다. 따라서 대학원졸은 모두가 0의 값을 가질 때, 즉 중졸 이하, 고졸, 대졸도 아닌 경우가 바로 대학원졸이 되므로 별도로 만들 필요는 없다.

1) 더미변수의 실행

일반적으로 더미변수를 만드는 방법은 SPSS 메뉴에서 변환(T)−변수 계산(C)과 변환(T)−다른 변수로 코딩변경(R)이라는 두 가지 방법을 통해서 가능하다. 여기서는 코딩변경 메뉴를 통하여 더미변수를 만들어 본다. 더미변수는 회귀분석을 위하여 일시적으로 변수값을 변환시키기 때문에 성별변수처럼 범주 수가 두 개인 경우를 제외하고는 대부분 다른 변수로 코딩변경하는 것이 일반적이다. 범주 수가 두 개인 경우에는 코딩변경에서 같은 변수로 0과 1의 값으로 변경하면 된다. 더미변수에서는 0의 값이 기준값의 역할을 한다. 여기서는 종교를 더미변수로 만들기로 한다.

표 12-6 종교에 대한 더미변수 방법

	기존값	D1(기독교더미)	D2(천주교더미)	D3(불교더미)
기독교	1	1	0	0
천주교	2	0	1	0
불교	3	0	0	1
없음	5	0	0	0

- 기타 종교(4)는 사례수가 적어서(1명) 제외한다.
- 종교 없음에 0, 0, 0의 값이 부여되므로 기준이 된다.

변환(T) ▶ 다른 변수로 코딩변경(R)...

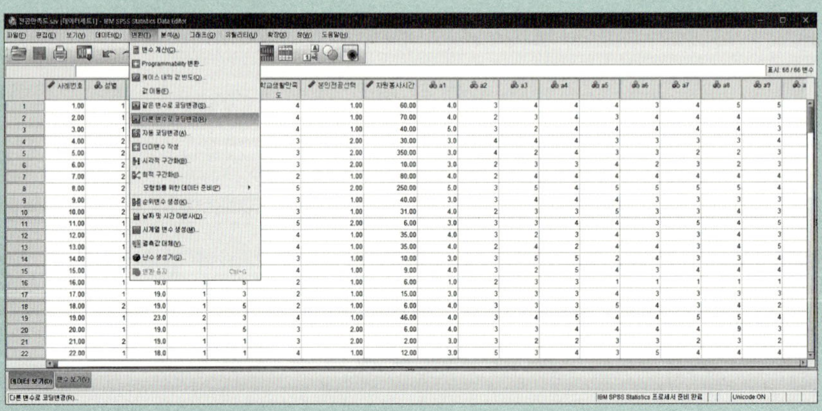

그림 12-9 변환(T)-다른 변수로 코딩변경(R)

① 다른 변수로 코딩하기 위하여 코딩변경 대화상자를 연다. 더미변수로 전환할 변수를 왼쪽 창에서 선택하여 더블클릭하거나 ➡로 오른쪽 입력변수 → 출력변수(V): 창으로 이동시킨다. 더미변수로 만들 새로운 변수이름을 출력변수 이름(N):

에 기입하고 바꾸기를 클릭한다. 여기서는 종교를 더미변수로 바꾸려고 하기 때문에 '기독교더미'를 입력한 후 변경(H)을 클릭한다. 설명을 부여할 필요 없이 변수 이름만으로 의미가 분명할 경우에는 굳이 레이블(L):에 입력하지 않아도 된다.

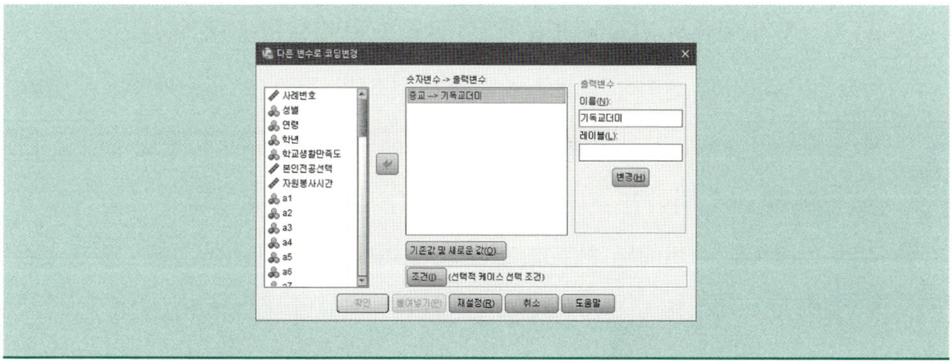

그림 12-10 다른 변수로 코딩변경

② 기존값 및 새로운 값(O)...을 클릭하여 나타난 창에서는 기존값에서 값(V):을 선택하여 '종교'변수에서 기독교를 의미하는 1을 입력하고 새로운 값의 값(L):을 선택하여 '기독교더미' 값인 1을 입력한다. 기존의 '기독교=1'의 값을 그대로 사용하겠다는 의미이다. 그리고 추가(A)를 클릭하면 기존값→새로운 값(D):에 1→1이라고 입력된다. 기존값에서 기타 모든 값(O)을 선택하고 새로운 값에는 0이라고 입력한 후 또 추가(A)를 클릭한다.

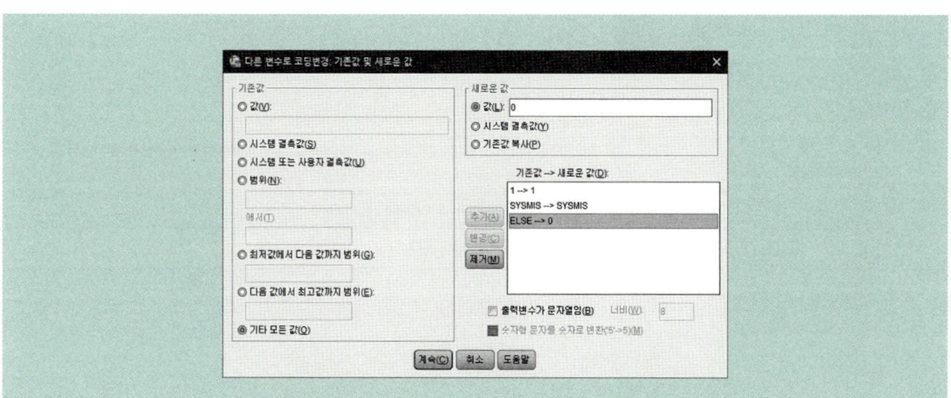

그림 12-11 다른 변수로 코딩변경: 기존값 및 새로운 값

그런데 종교에서 기독교=1을 제외하고 기타 모든 값(O)을 0으로 처리해 버리면 문제가 발생할 수도 있다. 어떤 변수에서는 결측값이 존재하여 그 값에 대해서 0의 값을 부여했을 수 있기 때문이다. 이와 같이 결측값을 0으로 처리하였을 경우에는 더미변수의 0의 값과 결측값을 의미하는 0의 값이 합산되어 처리되는 것을 방지하기 위해서 반드시 구분해 줄 필요가 있다. 기존값에서 시스템 또는 사용자 결측값(U)를 선택하고 새로운 값에는 시스템-결측값(Y)을 선택한 후 추가(A)를 클릭하면 된다. 이제 계속(C)을 클릭하고 새로운 변수로 코딩변경 대화상자에서 확인을 클릭하면 '기독교더미' 변수가 만들어진다.

③ 같은 방법으로 이번에는 천주교, 불교의 더미변수를 만들 수 있다. '종교 없음'은 굳이 더미변수를 만들지 않더라도 앞의 '기독교더미', '천주교더미', '불교더미' 각각의 변수에서 모두 0의 값을 가진 케이스는 자동으로 '종교 없음'을 의미하기 때문이다. 더미변수를 모두 만들고 나면 Data Editor 창의 오른쪽에 세 개의 더미변수가 생성된 것을 확인할 수 있다.

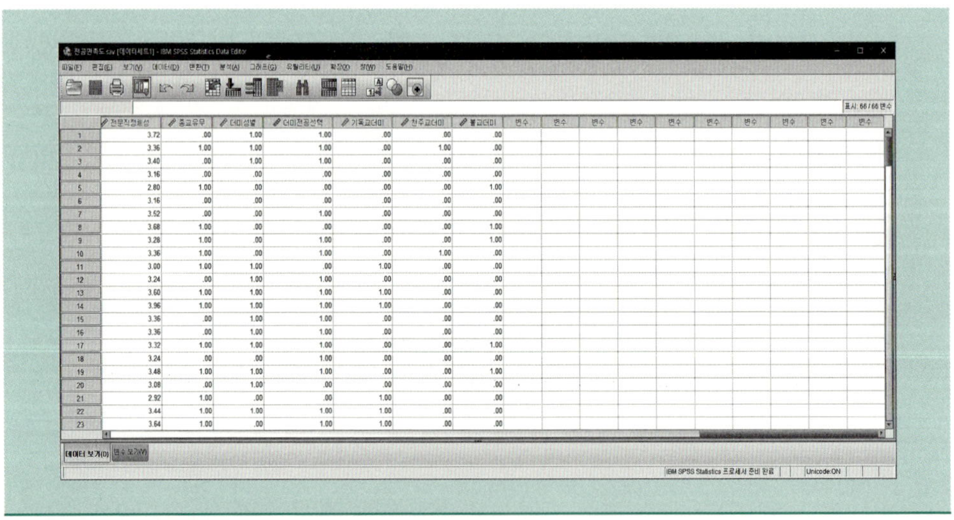

그림 12-12 더미변수 생성이 완료된 Data Editor 창

2) 더미변수를 활용한 중다회귀분석 실행

(1) 중다회귀분석 대화상자 열기

분석(A) ▶ 회귀분석(R) ▶ 선형(L)...

① 선형회귀분석을 실행하여 선형회귀분석 대화상자가 열리면 변수를 입력한다. 종속변수(D):에는 '전문직정체성' 변수를 입력하고, 독립변수(I):에는 '전공만족도', '자아존중감', '학교생활만족도', '기독교더미', '천주교더미', '불교더미' 그리고 '더미전공선택' 변수를 투입한다. 여기서 '더미전공선택' 변수는 사회복지 전공을 선택할 때 본인이 선택한 것인지, 부모나 교사 등 타인의 추천에 의한 선택인지를 측정한 변수이다.

그림 12-13 **더미변수를 활용한 선형회귀분석**

(2) 통계량 대화상자 열기

선형회귀분석 대화상자에서 계속(C)을 클릭한다.

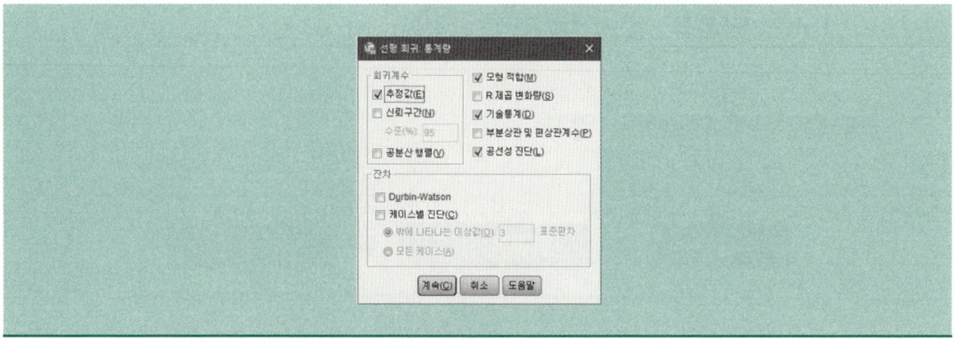

그림 12-14 더미변수를 활용한 선형회귀: 통계량

통계량 대화상자에서 회귀계수 칸에 있는 추정값(E)과 모형적합(M)은 그대로 유지하고 공선성 진단(L)을 추가로 선택한다. 기타 옵션은 생략한다. 선형회귀분석 대화상자에서 확인을 클릭하여 분석을 실행한다.

3) 분석결과 설명

(1) 입력변수와 입력방법

입력/제거된 변수[a]

모형	입력된 변수	제거된 변수	방법
1	학교생활만족도, 불교더미, 자아존중감, 천주교더미, 더미전공선택, 기독교더미, 전공만족도[b]	.	입력

a. 종속변수: 전문직정체성

b. 요청된 모든 변수가 입력되었습니다.

종속변수는 '전문직정체성'이며 각 독립변수는 '자아존중감', '학교생활만족도', '전공만족도', '더미전공선택', '기독교더미', '천주교더미', '불교더미'가 회귀식에 투입된 것으로 알 수 있다. 회귀 모델의 확인을 위해 입력방법을 사용하였다.

(2) 모형 요약

모형 요약

모형	R	R 제곱	수정된 R 제곱	추정값의 표준오차
1	.733[a]	.537	.517	.20661

a. 예측자: (상수), 학교생활만족도, 불교더미, 자아존중감, 천주교더미, 더미전공선택, 기독교더미, 전공만족도

모형 요약을 보면 독립변수들이 투입된 R^2는 .537로서 종속변수인 전문직정체성을 53.7%를 설명하고 있음을 알 수 있다. 또한 자유도를 고려한 R^2_{adj}는 .517로 나타났다.

(3) 분산분석표

ANOVA[a]

모형		제곱합	자유도	평균제곱	F	유의확률
1	회귀	7.965	7	1.138	26.658	.000[b]
	잔차	6.872	161	.043		
	전체	14.838	168			

a. 종속변수: 전문직정체성

b. 예측자: (상수), 학교생활만족도, 불교더미, 자아존중감, 천주교더미, 더미전공선택, 기독교더미, 전공만족도

회귀모형의 유의성을 검정하기 위한 F검정 결과가 분산분석표에 제시되어 있다. 회귀식에 의해 설명되는 분산은 7.965이며, 설명되지 않는 분산은 6.872이다. 두 평균제곱의 비율인 F값은 26.658로서 유의확률은 .000이다. 따라서 회귀식의 설명력(R^2)이 0이라는 귀무가설을 기각하게 되므로 회귀모형이 통계적으로 유의하다고 할 수 있다.

(4) 회귀계수

계수[a]

모형		비표준화 계수		표준화 계수	t	유의확률	공선성 통계량	
		B	표준화 오류	베타			공차	VIF
1	(상수)	2.346	.125		18.748	.000		
	기독교더미	.036	.040	.055	.899	.370	.782	1.278
	천주교더미	-.080	.055	-.085	-1.449	.149	.835	1.198
	불교더미	-.021	.042	-.030	-.495	.622	.807	1.240
	더미전공선택	.271	.037	.433	7.248	.000	.806	1.240
	전공만족도	.223	.031	.449	7.301	.000	.759	1.317
	자아존중감	.018	.025	.041	.728	.468	.915	1.092
	학교생활만족도	-.001	.024	-.003	-.060	.952	.907	1.103

a. 종속변수: 전문직정체성

더미변수가 포함된 다중회귀분석의 결과 다중회귀식은 비표준화 회귀계수(B)에 의해 다음과 같이 나타낼 수 있다.

전문직정체성 = 2.346 + 0.223(전공만족도) + 0.271(더미전공선택)

전공만족도가 높은 학생이 전문직정체성이 높아진다는 것을 알 수 있으며, 본인 스스로 전공을 선택한 학생들의 경우에도 전문직정체성의 점수가 증가한다는 것을 알 수 있다(t =7.248, p =.000). 기타 변수들은 다른 변수와 동시에 분석될 경우 유의한 독립변수가 아닌 것으로 나타났다. 다중공선성 통계량을 보면 독립변수가 모두 .76 이상이기 때문에 공선성에는 문제가 나타나지 않았다.

5. 위계적 회귀분석

1) 위계적 회귀분석의 개요

회귀분석에서 여러 개의 독립변수 중에서 어떠한 독립변수가 종속변수에 가장 큰 영향력을 미치며 그 다음은 어떤 변수인가를 분석하는 것은 매우 중요한 과제이다. 또한 독립변수 군별로 각각 영향력의 정도가 어느 정도인가를 분석해야 할 때도 있다. 뿐만 아니라 특정 독립변수군을 통제한 후에 다른 독립변수들의 영향을 파악해야 하는 연구 상황도 있을 수 있다.

이와 같이 위계적 회귀분석(hierarchical regression analysis)은 연구자가 독립변수의 입력순서를 정하여 각 단계별 종속변수에 미치는 영향력의 정도를 구분해 낼 수 있는 장점이 있다. 물론 연구자가 정한 독립변수의 입력 순서에 대해서는 기존 이론이나 경험적 타당성을 가져야 한다.

2) 위계적 회귀분석의 특징

위계적 회귀분석은 중다회귀분석의 변수 투입방법 중 하나인 단계적 투입방법(stepwise method)과 혼동될 수도 있다. 단계적 투입방법은 모든 독립변수 중에서 설명력이 가장 높은 변수 순으로 회귀방정식에 투입시켜 나아가는 분석방법으로 독립변수 중에서 어떠한 변수가 모형에 대한 설명력을 가장 잘 예측할 수 있는지를 결정해 나갈 수 있는 장점이 있다. 또한 독립변수들 간에 다중공선성이 어느 정도 존재할 경우에도 이를 해결하는 방법으로 사용될 수 있다. 그러나 위계적 회귀분석은 연구자의 경험적 근거에 의하여 투입순서를 연구자가 정할 수 있다는 점에서 단계적 회귀분석방법과 크게 다르다. 물론 투입단계별 R^2 변화량 및 그 변화량의 통계적 유의성을 동시에 검정할 수도 있다.

위계적 회귀분석을 사용할 때에는 단계별로 투입할 변수군을 잘 설정하는 것이 중요하다. 개별 변수들의 독립된 설명력도 중요하지만 투입되는 각 단계별 변수 군들의 영향력을 동시에 파악할 수 있도록 해주기 때문이다.

위계적 회귀분석은 연구자의 연구모형에서 통제변수가 설정되어 있을 경우에 통제변수를 먼저 투입하고 검증하고자 하는 독립변수를 다음 단계로 투입하여 순수하게 독립변수만의 영향력을 알아보고자 할 때에도 사용된다. 여기서도 통제변수가 투입된 상태의 R^2값과 독립변수가 나중에 투입되고 나서 R^2값의 변화량을 파악할 수도 있다.

3) 위계적 회귀분석의 실행

(1) 위계적 회귀분석 대화상자 열기

앞에서 연습했던 '전공만족도.sav' 파일을 이용하여 위계적 회귀분석을 실행해 보자.

분석(A) ▶ 회귀분석(R) ▶ 선형(L)...

① 선형회귀분석 대화상자가 열리면 종속변수(D):에는 '전문직정체성' 변수를 입력한다. 독립변수(I):에는 먼저 '학년', '더미성별', '종교(기독교더미, 천주교더미, 불교더미)' 등 인구사회학적 변수를 1단계로 입력한다.

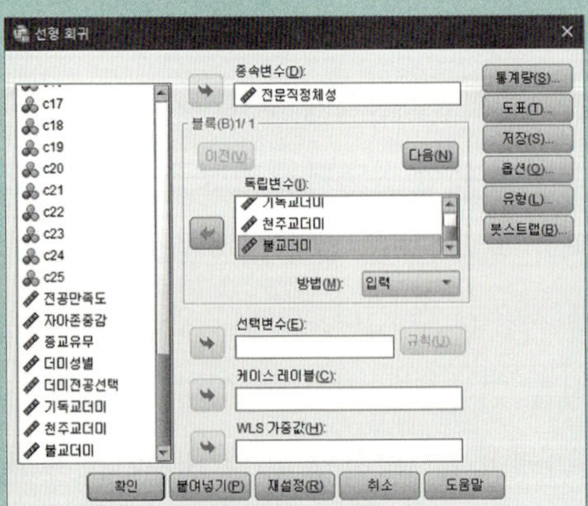

그림 12-15 위계적 회귀분석을 위한 선형회귀분석 대화상자

② 다음(N)을 클릭한 후에 이번에는 독립변수(I):에 '자아존중감' 변수를 투입한다.

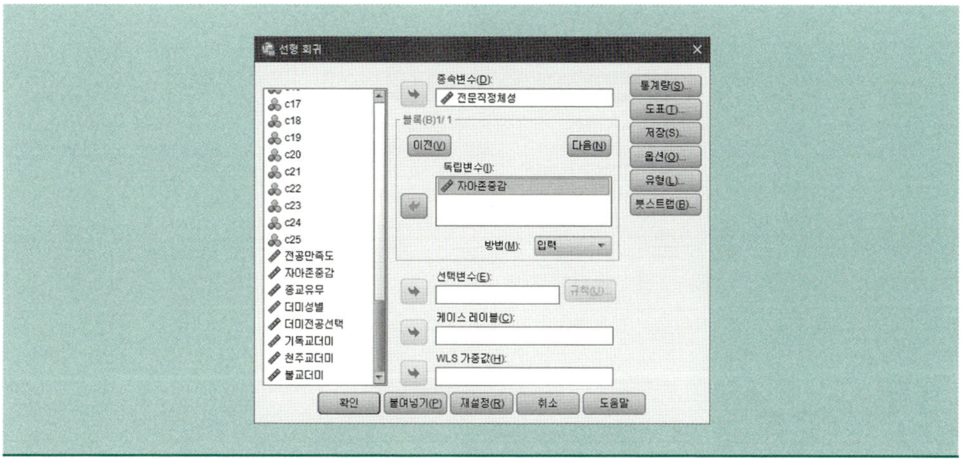

그림 12-16 위계적 회귀분석 2단계

③ 다음(N)을 클릭하여 이번에는 '자원봉사시간', '학교생활만족도', '전공만족도', '더미전공선택' 변수를 입력한다. 여기서 '더미전공선택' 변수는 사회복지 전공을 선택할 때 본인이 선택한 것인지, 부모나 교사 등 타인의 추천에 의한 선택인지를 측정한 변수이다.

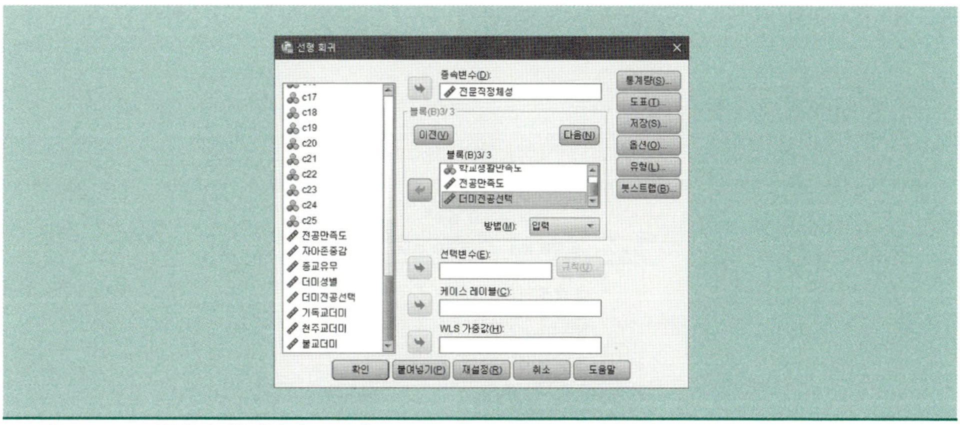

그림 12-17 위계적 회귀분석 3단계

(2) 통계량 대화상자 열기

선형회귀분석 대화상자에서 [통계량(S)...]을 클릭한다.

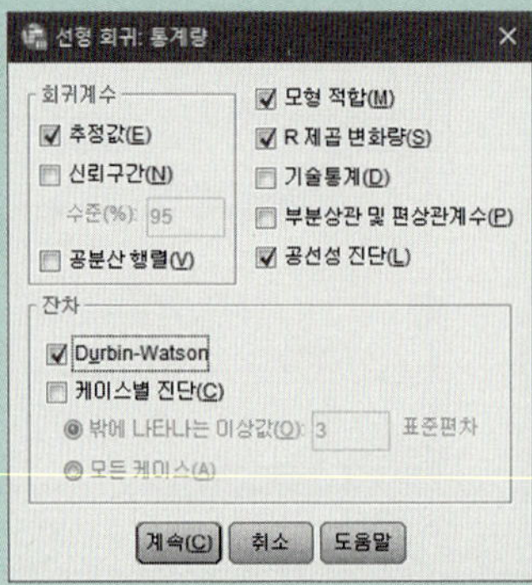

그림 12-18 **선형회귀: 통계량**

통계량 대화상자에서 회귀계수 칸에 있는 추정값(E)과 모형적합(M)은 그대로 유지하고 R제곱 변화량(S), 공선성 진단(L)을 추가로 선택한다. 잔차 항목의 Durbin-Watson을 선택한다. [계속(C)]을 클릭한 후 선형회귀분석 대화상자에서 [확인]을 클릭하여 분석을 실행한다.

4) 분석결과 설명

(1) 입력변수와 입력방법

입력/제거된 변수[a]

모형	입력된 변수	제거된 변수	방법
1	불교더미, 학년, 천주교더미, 더미성별, 기독교더미[b]	.	입력
2	자아존중감[b]	.	입력
3	학교생활만족도, 더미전공선택, 전공만족도, 자원봉사시간[b]	.	입력

a. 종속변수: 전문직정체성

b. 요청된 모든 변수가 입력되었습니다.

독립변수와 종속변수로 입력된 변수들에 대한 정보를 알려준다. 회귀모형은 총 세 개로 제시된다. 모형1에서 진입된 독립변수는 학년, 더미성별, 종교(기독교더미, 천주교더미, 불교더미)이다. 그리고 모형2에서 자아존중감 변수가 투입되었다. 모형3에서는 학교생활만족도, 더미전공선택, 전공만족도, 자원봉사시간 등 사회복지 전공 관련 변수들이 투입되었다.

(2) 모형 요약

모형 요약[d]

모형	R	R 제곱	수정된 R 제곱	추정값의 표준오차	통계량 변화량					Durbin-Watson
					R 제곱 변화량	F 변화량	자유도1	자유도2	유의확률 F 변화량	
1	.409[a]	.167	.141	.27442	.167	6.501	5	162	.000	
2	.452[b]	.204	.174	.26912	.037	7.446	1	161	.007	
3	.768[c]	.590	.564	.19551	.386	37.010	4	157	.000	2.128

a. 예측자: (상수), 불교더미, 학년, 천주교더미, 더미성별, 기독교더미
b. 예측자: (상수), 불교더미, 학년, 천주교더미, 더미성별, 기독교더미, 자아존중감
c. 예측자: (상수), 불교더미, 학년, 천주교더미, 더미성별, 기독교더미, 자아존중감, 학교생활만족도, 더미전공선택, 전공만족도, 자원봉사시간
d. 종속변수: 전문직정체성

1단계에 투입된 학년, 성별, 종교(기독교더미, 천주교더미, 불교더미) 변수가 종속변수인 전문직정체성을 16.7%로 설명하고 있다. 이것은 유의한 것으로 나타났다. 2단계에 자아존중감이 투입되어 종속변수를 20.44%로 설명하고 있다. R^2 변화량이 3.7% 향상되었는데 이러한 변화량은 유의확률이 .007로서 통계적으로 유의한 증가량을 의미한다. 3단계에 학교생활만족도, 더미전공선택, 전공만족도, 자원봉사시간이 입력되었다. R^2 변화량이 38.5%가 증가하여 전체 59.0%($p<.001$)를 설명하고 있다.

(3) 분산분석표

모형 1, 2, 3의 F값과 유의확률을 나타내 주고 있다. 모형1은 F값이 6.501, 유의확률 .000이고, 모형2는 F값이 6.874, 유의확률 .000, 모형3은 F값이 22.618, 유의확률이 .000으로 모두 통계적으로 유의하게 나타나 회귀선 모델이 적합하다는 것을 보여주고 있다.

ANOVA[a]

모형		제곱합	자유도	평균제곱	F	유의확률
1	회귀	2.448	5	.490	6.501	.000[b]
	잔차	12.199	162	.075		
	전체	14.647	167			
2	회귀	2.987	6	.498	6.874	.000[c]
	잔차	11.660	161	.072		
	전체	14.647	167			
3	회귀	8.646	10	.865	22.618	.000[d]
	잔차	6.001	157	.038		
	전체	14.647	167			

a. 종속변수: 전문직정체성

b. 예측자: (상수), 불교더미, 학년, 천주교더미, 더미성별, 기독교더미

c. 예측자: (상수), 불교더미, 학년, 천주교더미, 더미성별, 기독교더미, 자아존중감

d. 예측자: (상수), 불교더미, 학년, 천주교더미, 더미성별, 기독교더미, 자아존중감, 학교생활만족도, 더미전공선택, 전공만족도, 자원봉사시간

(4) 회귀계수

계수[a]

모형		비표준화 계수		표준화 계수	t	유의확률	공선성 통계량	
		B	표준화 오류	베타			공차	VIF
1	(상수)	3.063	.064		47.766	.000		
	학년	.122	.022	.423	5.659	.000	.918	1.089
	더미성별	.090	.045	.153	2.012	.046	.890	1.124
	기독교더미	-.003	.053	-.005	-.059	.953	.798	1.253
	천주교더미	.011	.073	.012	.151	.880	.876	1.142
	불교더미	.039	.057	.055	.678	.499	.785	1.275
2	(상수)	2.794	.117		23.912	.000		
	학년	.115	.021	.400	5.419	.000	.906	1.104
	더미성별	.073	.044	.123	1.639	.103	.872	1.147
	기독교더미	.005	.052	.007	.090	.928	.796	1.257
	천주교더미	.000	.072	.000	-.003	.998	.873	1.146
	불교더미	.029	.056	.041	.521	.603	.782	1.279
	자아존중감	.086	.031	.196	2.729	.007	.962	1.039
3	(상수)	2.300	.120		19.152	.000		
	학년	.064	.020	.222	3.239	.001	.555	1.801
	더미성별	.035	.034	.060	1.055	.293	.810	1.235
	기독교더미	.020	.038	.031	.526	.600	.767	1.303
	천주교더미	-.094	.053	-.099	-1.771	.078	.842	1.187
	불교더미	-.018	.043	-.026	-.422	.674	.709	1.411
	자아존중감	.017	.024	.039	.716	.475	.900	1.112
	자원봉사시간	8.637E-5	.000	.037	.533	.595	.551	1.814
	학교생활만족도	-.006	.023	-.014	-.253	.801	.865	1.157
	전공만족도	.202	.029	.408	6.876	.000	.741	1.350
	더미전공선택	.253	.036	.406	7.088	.000	.796	1.256

a. 종속변수: 전문직정체성

모형1에서 학년 변수의 t값이 5.659($p<.001$), 성별의 t값이 2.012($p<.05$)로 나타나 전문직정체성에 영향을 미치는 것으로 나타났다.

모형2는 자아존중감을 추가로 회귀식에 투입한 결과이다. 종속변수에 학년은 여전히 유의한 영향을 미치는 것으로 나타났고($t=5.419$, $p<.001$), 자아존중감이 영향을 미치는 변수로 확인되었다($t=2.729$, $p<.01$). 반면 성별의 영향력은 유의하지 않게 나타났다. 공차한계는 .10 이상이기 때문에 다중공선성에는 문제가 없다고 할 수 있다.

독립변수들 간의 상대적 영향력의 평가는 최종 모형인 모형3을 기준으로 하면 된다. 모형3에서 표준화된 회귀계수 베타(β) 값의 절대치를 보고 판단한다. 통계적으로 유의한 독립변수 중에서 영향을 미치는 변수들만 상대적 영향력을 평가하면 된다. 여기서는 전공만족도($\beta=.408$)와 더미전공선택($\beta=.406$)이 거의 비슷한 정도로 종속변수에 영향을 미치는 것을 볼 수 있다.

5) 보고서 작성 및 해석

전문직정체성에 대한 독립변수의 영향에 관한 위계적 회귀분석의 결과는 〈표 12-7〉과 같이 제시할 수 있다.

모델1에서 학년과 성별이 영향을 미치는 변수로 나타났다. 학년이 높을수록 그리고 남학생들의 전문직정체성이 높게 나타났다. 모델1에 투입된 독립변수들이 전문직정체성의 변량을 16.7%로 설명하고 있다. 모델2에서 자아존중감이 추가로 회귀식에 포함되었는데, 종속변수에 영향을 미치는 변수로 나타났고, 설명력은 20.4%로 약간 증가하여 통계적으로 유의한 변화를 보여주었다. 모델3에서 전공 관련 변수들이 추가로 투입되었는데, 전공만족도와 전공선택 변수가 유의한 것으로 나타났다. 종속변수에 대한 변량을 59%로 설명하고 있다.

종속변수에 대한 독립변수들의 영향력의 상대적인 크기를 평가해 보면 '전공만족도'가 전문직정체성에 가장 큰 영향을 보이는 변수로 나타났고($\beta=.408$), '전공선택' 변수가 그 다음으로 영향력을 가진 변수로 나타났다($\beta=.406$). 한편 '학년' 변수도 영향을 미치는 것으로 나타났는데(β=.222), 학년이 높아질수록 전문직정체성이 증가함을 보여준다. 결국 전공에 대한 만족도가 높을수록 본인이 전공을 선택하였을 경우이며 학년이 높아질수록 전문직정체성이 증가한다는 것을 보여준다.

표 12-7 전문직정체성에 영향을 미치는 변수의 위계적 회귀분석 결과

독립변수	모델1			모델2			모델3		
	B	β	t	B	β	t	B	β	t
학년	.122	.423	5.66***	.115	.400	5.42***	.064	.222	3.24**
성별	.090	.153	2.01*	.073	.123	1.64	.035	.060	1.055
기독교	-.003	-.005	-.059	.005	.007	.090	.020	.031	.526
천주교	.011	.012	.151	.000	.000	-.003	-.094	-.099	-1.771
불교	.039	.055	.678	.029	.041	.521	-.018	-.026	-.422
자아존중감				.086	.196	2.73**	.017	.039	.716
자원봉사시간							8.64E-005	.037	.533
학교생활만족도							-.006	-.014	-.253
전공만족도							.202	.408	6.88***
전공선택							.253	.406	7.09***
상수	3.063		47.77	2.794		23.91	2.300		19.15
R^2	.167			.204			.590		
R^2_{adj}	.141			.174			.564		
F	6.501***			6.874***			22.618***		

*$p<.05$, **$p<.01$, ***$p<.001$

chapter 13

신뢰도 분석

chapter 13

신뢰도 분석

1. 신뢰도 분석의 의미

1) 신뢰도 분석의 필요성

사회복지분야를 포함한 교육학, 심리학 등의 분야에서 측정을 위한 자료 수집 도구로서 자주 활용되는 설문지의 신뢰도는 매우 중요한 문제라고 할 수 있다. 신뢰도는 안정성(stability), 일관성(consistency), 예측가능성(predictability) 등과 관련 있는 개념으로 동일한 사람이 다른 환경에서 똑같은 설문지를 재반복하거나 동등한 항목으로 이루어진 서로 다른 설문지에 의해 대상을 측정하는 경우 결과가 비슷하게 나타나야 함을 의미한다.

조사에서 표준화된 척도를 사용할 경우에는 이미 신뢰도와 타당도가 검증된 척도이기 때문에 신뢰도 분석을 생략하는 경우도 있지만 대부분의 조사에서는 측정의 신뢰도를 제시해 주는 것이 바람직하다. 특히 연구자 본인이 직접 척도를 구성하여 개념을 측정하려고 하는 경우에는 반드시 신뢰도 분석을 하여 측정의 정밀성을 높여 주어야 한다. 뿐만 아니라 자신이 사용한 척도가 외국의 자료를 번역해서 사용하는 경우나 대상자를 달리하여 개발된 측정도구를 사용해야 하는 경우, 그리고 오래된 측정도구를 사용해야 하는 경우는 사전조사를 통하여 신뢰도 분석을 실시하여 어느 정도 신뢰도를 확보한 상태에서 분석을 실시해야 한다.

2) 신뢰도의 의미와 측정기법

(1) 신뢰도의 의미

척도의 신뢰도(reliability)는 한 개념이나 변수를 유사한 측정도구로 여러 번 측정하거나 한 가지 측정도구로 반복 측정했을 때 일관성 있는 결과(consistent results)를 산출하는 정도와 관련된다. 말하자면 일관성 있는 결과가 산출될수록 그 척도(혹은 측정값)의 신뢰도는 높다고 할 수 있다.

우리가 실시하는 거의 모든 측정은 항상 측정오류가 존재하며, 측정오류는 체계적 오류(systematic error)와 무작위오류(random error)로 구분된다. 체계적 오류는 연구자가 세심한 주의를 기울이면 어느 정도 통제가 가능하지만 무작위오류를 제거하는 것은 매우 어려운 문제이다. 따라서 측정의 값은 참요소(실제 값)와 오류요소 부분으로 구분해 볼 수 있다. 참요소(true component)는 고정되어 변화하지 않는 값 부분이고, 오류요소(error component)는 매번 측정할 때마다 각기 다르게 나타날 수 있는 무작위오류 때문에 나타나는 변화값 부분이다. 신뢰도는 측정결과에서 나타난 참요소에 대한 오류요소의 비율이 된다.

이를 수식으로 표현해 보면 $X = T + e$ (X: 측정값, T: 참요소, e: 오류요소, 무작위오류)으로 나타낼 수 있으며, 측정값의 차이는 분산의 개념으로 설명될 수 있기 때문에 측정값의 차이 정도를 나타내는 분산 역시 다음과 같이 구분될 수 있다.

$\sigma_X^2 = \sigma_T^2 + \sigma_e^2$ (σ_X^2: 총분산, σ_T^2: 참요소에 의한 분산, σ_e^2: 오류요소에 의한 분산), 즉 측정값의 분산은 참요소(실제 값)의 분산과 무작위오류의 분산의 합으로 표현될 수 있다. 두 분산의 합으로 측정값의 분산이 이루어진다는 사실은 측정값의 분산을 고정시켰을 경우 실제 값의 분산이 커지면 무작위오류의 분산이 작아야 하고, 반대로 실제 값의 분산이 작으면 무작위오류의 분산이 커져야 한다는 의미를 가진다. 이를 기초로 분산 크기에 대한 상대적인 비교가 가능하기 때문에 이러한 관계식은 신뢰도 개념에서 매우 중요한 의미를 갖는다. 따라서 신뢰도 ρ는 측정값의 분산(전체 분산) 중에서 참분

산(실제 값의 분산)이 차지하는 비율로 정의된다.

$$신뢰도 = \rho = \frac{\sigma_T^2}{\sigma_X^2} = \frac{\sigma_X^2 - \sigma_e^2}{\sigma_X^2}$$

위의 신뢰도 공식에서 보는 바와 같이 측정에서 오류요소가 전혀 없을 때는 분산 $\sigma_e^2 = 0$이 되므로 측정의 신뢰도는 1이 된다. 반대로 전체 분산이 모두 무작위오류에 따른 분산으로만 구성되면, 즉 $\sigma_X^2 = \sigma_e^2$일 경우에는 신뢰도가 0이 된다. 신뢰도는 0에서 1의 값을 가지는 것이다.

3) 신뢰도의 측정기법

척도의 신뢰도를 평가하는 방법에는 검사－재검사법, 유사양식법, 이분절기법, 내적 일관성기법 등이 있다.

(1) 검사－재검사법(test–retest reliability)

검사－재검사법은 동일한 검사를 동일한 대상자 집단에 일정한 시간 간격을 두고 다시 실시하여 두 검사 간의 상관관계에 의하여 신뢰도를 검정하는 방법이다. 이 방법은 신뢰도의 개념적 정의에 가장 부합되는 방법이고 비교적 간단하게 검정 가능하다는 장점이 있는 반면에 같은 검사를 두 번 반복해야 하는 번거로움과 학습효과로 인하여 신뢰도가 높게 추정될 가능성이 있다는 점이다. 또한 두 번의 검사 사이에 시간 간격을 통해 응답자의 성향이 변화될 수도 있기 때문에 실제보다 낮게 나타나게 될 경우도 있다. 검사－재검사 신뢰도는 두 검사의 상관계수를 통하여 검정할 수 있다.

(2) 유사양식법(parallel–forms reliability)

유사양식법은 두 가지 유사한 검사지를 사용하여 두 검사 점수의 상관계수에 의하여 신뢰도를 검정하는 방법이다. 이 방법은 동일 검사를 두 번 실시하는데 따르는 학습효과를 제거할 수 있는 반면에 유사 양식의 검사지를 제작하는 것이 쉽지 않다는 문제를 갖는다.

(3) 내적 일관성법(internal consistency reliability)

내적 일관성기법은 동일 개념을 지닌 두 개 이상의 문항들을 동시에 측정하여 이들이 동일한 개념을 지니는지를 파악하기 위해 비교하는 방법이다. 내적 일관성은 한 구성 개념을 다항목(multi-item)으로 측정했을 때 항목들이 일관성 혹은 동질성(homogeneity)을 갖는가에 관한 것이다. 내적 일관성은 항목들 간의 상관관계로 분석되는데, 항목들 간의 상관관계가 높을수록 내적 일관성이 높다.

내적 일관성을 검정하기 위한 방법으로는 이분절기법과 알파 계수 방법이 있다. 먼저 이분절기법(split-half reliability)은 하나의 측정도구에 포함된 전체 문항들을 몇 부분으로 쪼개어 나누고, 그것들을 각기 독립된 측정도구로 간주하여 그 상관관계를 계산하여 신뢰도를 산출하는 방법이다. 이때 상관관계의 크기가 측정도구의 신뢰도 크기를 추정하는 신뢰도 계수가 된다. 이분절기법은 보통 검사를 두 부분으로 나누고 두 부분 간 점수의 상관계수를 계산한 후 스피어만(Spearman)과 브라운(Brown)의 예측공식인 $r_{xx'} = 2r_{oe}/1+r_{oe}$($r_{xx'}$: 이분절기법을 적용한 측정도구의 신뢰도 계수, r_{oe}: 홀수 항목과 짝수 항목 점수들 간의 상관관계를 통해 나타나는 신뢰도 계수)에 따라서 신뢰도를 분석하는 방법이다.

일반적으로 가장 많이 쓰이는 내적 일관성에 의한 척도의 신뢰도 분석방법은 Cronbach's coefficient alpha(줄여서 Cronbach's α계수)를 이용하는 것이다. Cronbach's α값을 구하는 공식은 다음과 같다.

$$\alpha = \frac{N}{N-1}(1-\sum_{i=1}^{n}\frac{\sigma_i^2}{\sigma_t^2})$$

여기서 N: 항목 수, σ_i^2: 항목 i의 분산, σ_t^2: 전체 분산

Cronbach's α계수는 0에서 1 사이의 값을 가지며, 높을수록 신뢰도가 높다고 판단할 수 있지만 반드시 얼마 이상이어야 한다는 기준은 없다. 일반적으로 탐색적인 연구에서는 알파 계수가 .60 이상이면 충분하고, 기초연구분야에서는 .80, 나아가 중요한 결정이 요구되는 응용분야에서는 .90 이상이면 바람직하다고 주장한다(Nunnally, Bernstein, 1994). 또한 Cronbach's α계수의 크기를 저해하는 항목들을 제거함으로써 알파 계수 값을 다소 높일 수도 있다. 이러한 항목들은 그 항목과 전체 항목들 간의 상관관계(item-to-total correlation)가 낮은 항목들이다. 신뢰도를 높이기 위해서는 다음과 같은 점에 주의할 필요가 있다.

첫째, 측정항목의 모호성을 줄이고 내용을 분명하게 작성해야 한다. 응답자들은 측정도구의 각 항목이 어떤 의미인가를 정확하게 이해해야 하며, 측정항목의 내용이 난해할 경우 각 응답자별로 다른 해석이 가능하기 때문에 오류분산이 증가할 수도 있으므로 주의해야 한다.

둘째, 측정항목의 수와 선택범위를 증가시킴으로써 신뢰도를 높일 수 있다. 그러나 지나친 항목 수의 추가는 오히려 신뢰도를 떨어뜨리는 결과를 초래할 수도 있다.

셋째, 응답자가 측정항목을 평가할 때 명확하고 일관성 있도록 지시사항을 분명히 제시해 줌으로써 측정오류를 줄일 수 있다.

넷째, 측정항목을 측정할 때 응답자들에게 소정의 답례품을 제공하는 것도 신뢰도를 높일 수 있는 방법으로 널리 활용되고 있다.

2. 신뢰도 분석의 실행

1) 신뢰도 분석 대화상자 열기

분석(A) ▶ 척도분석(A) ▶ 신뢰도 분석(R)...

① '전공만족도.sav' 파일에 포함되어 있는 자아존중감 척도를 통하여 신뢰도 분석을 연습해 보자.

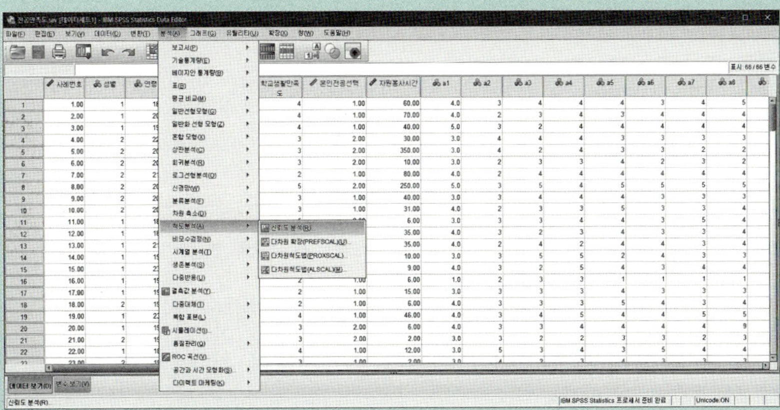

그림 13-1 **분석(A)-척도분석(A)-신뢰도 분석(R)**

② 신뢰도 분석은 특정 척도를 포함하고 있는 개별 항목들이 분석의 대상이 되며, 변수 계산을 통한 척도 값이 분석 대상이 아님을 명심해야 한다. 여기서는 자아존중감 척도의 합산점수 총점이 신뢰도 분석의 대상이 아니라 자아존중감 척도를 구성하는 열 개의 문항들이 분석 대상이 된다는 사실이다.

③ 다음과 같이 신뢰도 분석 대화상자가 열리면 분석하고자 하는 항목들(b1~b10)

을 선택한 후 ➡를 클릭하여 오른쪽의 항목(I): 박스로 이동시킨다. 신뢰도 분석을 위해서는 두 개 이상의 항목이 선택되어야 한다. 척도의 하위변수들의 신뢰도를 분석하고자 한다면 각 요인에 해당되는 하위항목만을 대상으로 신뢰도를 출력할 수 있다는 사실이다.

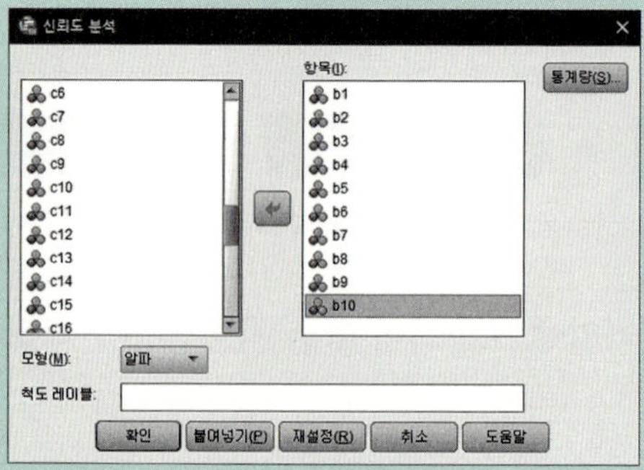

그림 13-2 **신뢰도 분석 대화상자**

④ 모형(M):은 기본적으로 알파가 설정되어 있다. 척도 레이블:은 입력하지 않아도 된다.

- 알파(기본 설정): Cronbach α값을 계산해 준다.
- 반분계수: 반분법에 의한 신뢰도 계수를 산출해 준다.
- Guttman: 신뢰도 계수에 대한 Guttman의 하한값을 계산해 준다.
- 동형: 각 문항이 같은 분산을 갖는다는 가정하에 최대우도 추정량을 계산한다.
- 절대동형: 각 문항이 같은 분산과 평균을 갖는다는 가정하에 최대우도 추정량을 계산한다.

2) 통계량 대화상자 열기

① 통계량(S)... 을 클릭하면 다음과 같이 통계량 대화상자가 나타난다.

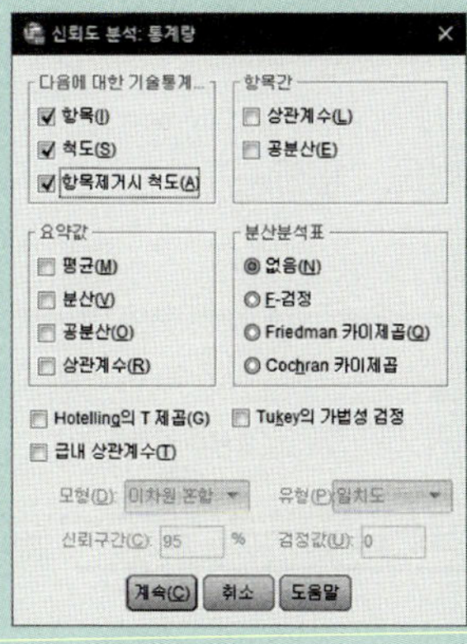

그림 13-3 **신뢰도 분석: 통계량**

② 다음에 대한 기술통계량에서 항목(I), 척도(S), 항목제거시 척도(A)를 각각 선택하고 계속(C)을 클릭하고 신뢰도 분석 대화상자에서 확인을 클릭한다.

3) 분석결과 설명

(1) 신뢰도 통계량 및 항목 통계량

신뢰도 통계량

Cronbach의 알파	항목 수
.867	10

항목 통계량

	평균	표준화 편차	N
b1	3.795	.9995	171
b2	3.661	.9341	171
b3	3.655	1.0422	171
b4	3.848	.7358	171
b5	3.205	1.0054	171
b6	3.632	.9935	171
b7	3.468	.9839	171
b8	2.170	.8263	171
b9	3.368	1.2024	171
b10	3.222	1.1721	171

열 개 항목이 투입된 신뢰도 분석의 통계량 중 Cronbach의 알파 값이 .867로 산출되었다. 또한 항목 통계량에서 각 항목별 평균과 표준편차가 계산되어 있다. b8 문항

을 제외하고는 대부분 3.0 이상의 항목 평균값을 가진다.

(2) 항목 총계 통계량 및 척도 통계량

항목 총계 통계량

	항목이 삭제된 경우 척도 평균	항목이 삭제된 경우 척도 분산	수정된 항목-전체 상관계수	항목이 삭제된 경우 Cronbach 알파
b1	30.228	35.907	.702	.844
b2	30.363	38.915	.474	.862
b3	30.368	35.528	.700	.844
b4	30.175	40.310	.478	.862
b5	30.819	36.502	.642	.849
b6	30.392	36.463	.656	.848
b7	30.556	35.990	.708	.844
b8	31.854	43.573	.097	.885
b9	30.655	33.757	.724	.841
b10	30.801	35.560	.600	.853

척도 통계량

평균	분산	표준화 편차	항목 수
34.023	45.317	6.7318	10

① 척도 통계량

열 개의 전체 항목들로 구성된 척도의 평균은 34.023이며, 분산은 45.317 그리고 표준편차는 6.7318로 계산되었다.

② 항목이 삭제된 경우 척도 평균

항목 총계 통계량에서 항목이 삭제된 경우 척도 평균을 살펴보면 각 항목이 삭제될 경우 척도 평균값의 변화를 보여준다. b1의 항목이 삭제되면 전체 평균값은 34.023에서 30.228로 낮아진다는 것을 의미한다.

③ 수정된 항목－전체 상관관계

수정된 항목－전체 상관계수를 보고 상관관계가 마이너스(－)인 경우에는 코딩변경을 통하여 역점수로 계산한 후 다시 신뢰도를 분석한다. 또한 상관관계가 지나치게 낮을 경우에는 그 문항을 제외시키는 문제를 고려해 볼 필요가 있다. 이것은 항목이 삭제된 경우 Cronbach 알파 값과 동시에 고려하여 결정한다.

④ 항목이 삭제된 경우 Cronbach 알파

해당 항목이 분석에서 제외될 경우 알파 값이 오히려 작아지기도 하며 어떤 항목은 알파 값이 커지기도 한다. 물론 신뢰도 알파 값은 클수록 좋은 것이므로 항목이 삭제된 경우 Cronbach 알파 값이 척도의 전체 알파 값인 .867보다 커지는 항목은 척도 구성에서 제외함으로써 알파 값을 향상시킬 수도 있다. 예를 들면 항목 b8은 수정된 항목-전체 상관관계가 매우 낮고, 항목이 삭제될 경우 알파 값이 .885로 높아지기 때문에 이 항목은 삭제를 고려해 볼 수 있다. 그러나 .90 이상으로 높아지는 것이 아니기 때문에 원척도 문항을 그대로 사용해도 무방하다. 기타 항목들은 삭제될 경우 알파 값이 낮아지기 때문에 굳이 삭제할 필요는 없는 것이다. 결국 알파 값을 산출하는데 투입된 열 개의 문항들이 모두 의미 있는 항목들이라는 것을 말해 주고 있어서 최종적인 신뢰도는 .867을 수용하고 모든 문항들을 척도 구성에 포함시키는 결정을 하게 되는 것이다.

4) 결과보고서 작성 및 해석

내적 일관성법에 의한 Cronbach's alpha 방법에 따라서 열 개의 문항으로 구성된 척도의 신뢰도를 분석하였다. 본 척도에 사용된 열 개의 항목 중 특정 항목을 제거할 필요없이 열 개 문항을 모두 포함하여 알파 값은 최종 .867로 나타났다. 척도의 신뢰도 결과를 보고할 때에는 척도를 소개하는 부분에서 간단하게 언급할 수도 있지만 〈표 13-1〉과 같이 별도의 표로 작성하여 제시하는 경우도 있다. 만일 어떤 척도의 신뢰도 분석에서 요인분석을 통한 하위문항들로 새로운 척도가 구성될 경우에는 반드시 하위척도의 신뢰도를 산출하여 항목 전체의 신뢰도와 하위척도의 신뢰도를 함께 제시해 주어야 한다.

표 13-1 자아존중감 척도의 신뢰도

척도	문항 수	신뢰도
자아존중감	10	.867

TIP 신뢰도 분석 시 유의사항

① 신뢰도는 설문지 자체의 신뢰도가 아니라 척도의 신뢰도이다.
② 신뢰도는 척도를 구성하는 문항들을 모두 투입하여 분석해야 한다.
③ 역점수 문항은 수정하여 분석해야 하며, 이를 수정하지 않으면 낮은 신뢰도 계수를 얻게 될 수도 있다.
④ 신뢰도를 낮게 하는 항목을 제외하고 신뢰도를 측정한다.
⑤ 기존에 신뢰도가 높다고 인정된 측정도구를 사용하는 것이 바람직하다.

chapter 14

요인분석

chapter 14

요인분석

1. 요인분석의 의미

요인분석(factor analysis)은 여러 변수들 간의 상관관계를 기초로 변수들의 바탕을 이루는 공통 차원들(common underlying dimensions)을 통해 변수의 개수보다 적은 수의 요인으로 자료의 변동을 설명하는 통계방법이다. 요인분석의 목적은 다수의 변수의 정보 손실을 최소화하면서 자료의 복잡성을 줄이고 소수의 요인들(factors)로 축소하는 것이다. 요인분석에서 요인이란 여러 변수들이 공통적으로 가지고 있는 개념적 특성을 뜻한다.

요인분석은 측정된 변수들이 동일한 구성개념(construct)을 측정하고 있는지를 파악하도록 함으로써 측정도구의 타당도를 검정하기 위해서도 사용된다. 사회복지의 연구상황에서 선행연구자들이 개발한 척도를 사용하는 경우가 많다. 그러나 본인의 연구에서 그 척도를 사용하기 위해서는 선행연구자가 개발한 구조대로 요인이 묶이는지를 반드시 검토해야 한다. 자신의 데이터에 문제가 있을 수도 있고, 외국의 척도를 번역해서 사용할 경우 번역상의 문제로 척도의 타당도가 낮아질 수도 있다. 따라서 요인분석을 통해 적절히 요인으로 묶이지 않는 문항이나 다른 요인으로 묶이는 문항들은 해당 요인을 타당하게 측정하지 못한 것으로 간주되어 척도의 문항에서 제외하거나 수정한다.

요인분석은 탐색적 요인분석과 확인적 요인분석으로 구분되는데, 확인적 요인분석은 기존 연구의 이론이나 경험적 연구 결과로부터 분석 대상이 되는 변수에 대한 사전 지식이나 이론적 결과를 가지고 있어 그 내용을 가설 형식으로 모형화하기 위해 분석하는 방법이다.

반면에 연구모형에 대한 아무런 기존의 이론적인 구성이나 사전 지식이 없는 상태에서 요인이나 개념을 추출해 내는 경우, 즉 이론적 배경이 취약한 경우에는 탐색적 요인분석을 실시한다. SPSS에서 실시하는 요인분석은 탐색적 요인분석의 성격이 강하다. 또한 요인분석을 통하여 얻어지는 요인점수를 이용하여 회귀분석 등에 적용할 수 있다.

2. 요인분석의 원리

1) 요인분석의 기본 가정

요인분석의 기본 개념을 모형으로 나타내면 다음과 같다.

$$\sigma_x^2 = h^2 + s^2 + \epsilon^2$$

σ_x^2: 변수 x의 분산　　s^2: 특정 요인의 분산

h^2: 공통 요인의 분산　　e^2: 오류분산

요인분석을 실시하는 경우에 표본의 수는 적어도 변수 개수의 4~5배가 적당하며, 대체로 50개 이상은 되어야 가능하다고 할 수 있다. 그리고 등간척도나 비율척도로 측정된 연속형 변수이어야 한다. 요인분석을 실시하기 전에 연구자가 가지고 있는 자료

가 요인분석에 적합한 것인가를 조사해 보아야 하는데, 이것을 검토하는 방법에는 다음과 같은 세 가지 방법이 있다.

첫째, 상관행렬의 상관계수를 살펴본다. 만일 모든 변수 간에 상관계수가 전체적으로 낮으면 요인분석에 부적합하다고 본다.

둘째, 모상관 행렬이 단위행렬인지를 검정해 보아야 한다.

셋째, 최초 요인 추출단계에서 얻은 고유값을 스크리 도표에 표시했을 때 지수함수분포와 같은 매끄러운 곡선이 나타나면 요인분석에 적합하지 않고, 반대로 한 군데 이상에서 크게 꺾이는 곳이 있어야 요인분석에 적합하다고 볼 수 있다.

2) 요인분석의 절차

요인분석을 실행하는 절차는 다음과 같다.

(1) 상관행렬 계산

입력된 변수들 간의 상관관계를 계산하여 몇 개의 차원으로 묶어내기 위한 것으로 R-유형과 Q-유형이 있다. R-유형은 변수들 간의 상관관계를 계산하여 몇 개의 차원으로 묶어내는 방법이며, Q-유형은 응답자들 간의 상관관계를 계산하여 요인을 찾아내는 방법으로 사회과학분야의 요인분석에서는 R-유형이 주로 사용된다.

(2) 요인분석모형 결정

요인분석모형에는 주성분분석(principle component analysis), 공통요인분석(common factor analysis)이 주로 이용된다. 두 가지 방식의 차이는 측정 결과로 얻어진 자료에 나타난 분산 구성요소 가운데 어떤 분산을 기초로 이용하는가에 있다.

앞에서 제시된 기본 모형에서 보는 바와 같이 요인분석에서 고려하는 분산은 다른 변수들과 공통으로 변하는 공분산(common variance)과 변수 자체에 의해서 일어나는 특정분산(specific variance), 그리고 기타의 외생변수나 측정오류에 의하여 발생하는 오류분산(error variance)으로 나뉜다. 주성분분석은 정보의 손실을 최소화하면서 보다 적은 수의 요인을 구하고자 할 때 주로 이용되며 자료의 총분산을 분석한다. 공통요인분석 방식은 변수들 간에 내재하는 차원을 찾아냄으로써 변수들 간의 구조를 파악하고자 할 때 이용된다. 이 방식에서는 자료의 공통분산만을 분석한다. 따라서 공통분산이 차지하는 비율이 크거나 자료의 특성에 대하여 아는 바가 없으면 공통요인분석 방식을 선택하는 것이 좋다.

(3) 요인 수의 결정

최초의 요인을 추출한 뒤에 회전시키지 않은 요인행렬로부터 몇 개의 요인을 추출해야 할 것인가를 결정한다. 요인 수를 결정하는 방법에는 기본적으로 연구자의 이론적 근거를 바탕으로 몇 개의 요인이 적절하다는 것을 사전에 알고 추출될 요인의 수를 미리 지정하는 방법이다. 요인의 수를 결정하는데 사용하는 기준과 요건은 학자들에 따라서 약간씩 달리하고 있다. 요인의 고유값(eigen value)을 기준으로 적어도 1.0은 되어야 한다는 기준(Kaiser, 1960)이 있는 반면에 누적분산 비율(cumulative %)을 이용하여 이것이 75% 이상인 곳에서 요인의 수를 결정해야 한다는 주장도 있다(Gorsuch, 1983). 일반적으로 요인 수를 결정하는 방법은 다음과 같은 자료를 활용한다.

① 고유값(Eigen value)

고유값은 한 요인이 설명할 수 있는 분산의 크기, 즉 '요인적재값의 제곱의 합'에 의해 계산된다. 고유값이 크다는 것은 그 요인이 변수들의 분산을 잘 설명해 준다는 것을 의미한다. 특히 고유값이 1보다 크다는 것은 하나의 요인이 변수 1개 이상의 분산을 설명해 준다는 것을 의미한다. 따라서 고유값 1 이상인 경우를 기준으로 요인 수를 결정하는 것이 일반적이다.

② 공통분산의 총분산에 대한 비율

이는 요인들의 설명력의 합이 어느 정도는 되어야 한다는 것을 사전에 정하고, 그 수준의 설명력을 가져오는 요인들을 추출하는 것이다. 여기서 공통분산(communality)은 총분산 중에서 요인이 설명하는 분산 비율을 의미한다. 사회과학분야에서는 공통분산의 값이 적어도 총분산의 60% 정도를 설명해 주는 요인까지를 선정한다. 이때 60%를 기준으로 요인의 수를 결정한다는 것은 40% 정도의 정보 손실을 감수해야 함을 의미한다.

③ 스크리 도표

스크리 도표(scree chart)는 각 요인의 고유값을 세로축, 요인의 수를 가로축에 나타내는 도표이다. 고유값을 산포도로 표시한 스크리 도표를 지수함수와 비교했을 때 적어도 한 지점에서 지수함수 분포의 형태에서 크게 벗어나는 지점을 추출하여야 할 요인의 개수로 결정한다.

스크리 도표는 각 요인의 설명력이 처음 몇 개의 요인까지는 큰 폭으로 감소하다가 어느 위치부터 감소폭이 현저히 줄어드는 경향을 보여준다. 이때 감소폭이 급격히 줄어들기 직전의 요인의 수를 기준으로 요인을 추출할 수 있다. 결국 고유값과 누적분산 비율, 나아가 적정변수 등을 함께 고려하여 요인의 수를 결정하는 것이 바람직하다. 경우에 따라서 전체 항목 수가 적을 경우에는 고유값과 누적분산 비율만을 고려하다 보면 나홀로 요인(1개 변수가 1요인)이 발생할 수도 있기 때문에 변수의 수도 고려해야 한다.

(4) 요인적재값과 요인의 회전

요인적재값(factor loading)은 요인부하량이라고도 하며, 각 변수와 해당 요인 간의 상관관계 정도를 나타내는 값으로 각 변수는 요인적재값이 가장 높은 요인에 속하게 된다. 또한 요인적재값의 제곱값은 결정계수를 의미하므로 요인적재값은 요인이 해당 변수를 설명해 주는 정도를 의미한다. 일반적으로 요인적재값이 절대값으로 0.4 이상이면 유의한 변수로 간주하고 0.5를 넘으면 아주 중요한 변수라고 할 수 있다. 표본의 수와 변수의 수가 증가할수록 요인적재값 고려수준은 낮추어야 할 것이다.

그런데 요인행렬은 기초자료를 축소시켜 보여주기는 하지만 이로부터 어떤 변수들이 어떤 요인에 높게 관계되는지 명확하게 알기 어렵다. 말하자면 변수들이 여러 요인에 대하여 비슷한 요인적재값을 나타낼 경우 변수들이 어느 요인에 속하는지 구분하기 어렵다는 것이다. 그렇기 때문에 변수들의 요인적재값이 어느 한 요인에 높게 나타나도록 하기 위해서 요인축을 회전시킨다. 즉, 요인을 회전함으로써 어떤 변수가 어떤 요인에 높게 관계되는지 알 수 있다.

요인회전 방법은 직각회전(orthogonal rotation)과 사각회전(oblique rotation)으로 나뉜다. 직각요인회전은 직각을 유지하면서 요인구조가 가장 뚜렷할 때까지 요인을 회전하는 방법이다. 직각회전을 하게 되면 요인들 간에 상관계수가 0이 되며, 따라서 요인들 간의 관계가 독립적이어야 하거나 요인분석 후 회귀분석을 추가적으로 실시할 때 다중공선성을 피하기 위한 경우에 사용된다. 직각회전 방식에는 Varimax, Quartimax, Equimax 등이 있는데 Varimax 방식이 주로 이용된다.

사각요인회전은 직각을 유지하지 않은 채 요인구조가 가장 뚜렷할 때까지 요인을 회전시키는 것이다. 대부분의 사회과학분야의 연구에서는 요인들 간에 완전히 독립적이지 못하고 어느 정도의 상관관계가 항상 존재하기 때문에 사각요인회전 방식이 이용되기도 한다. 사각회전 방식에는 Oblimin, Covarimin, Quartimin, Biquartimin 등이 있는데 Oblimin 방식이 많이 사용된다.

3. 요인분석의 실행

'전공만족도.sav' 파일을 활용하여 자아존중감 척도를 구성하는 문항들을 대상으로 요인분석을 실행할 것이다. 이 척도는 10개의 문항으로 구성되어 있고 각 문항별로 '전혀 그렇지 않다'에서 '매우 그렇다'의 5점 척도로 구성되어 있으며, 3, 5, 8, 9, 10번 문항은 역점수 문항으로서 코딩변경을 통하여 수정되었다.

1) 요인분석 대화상자 열기

분석(A) ▶ 차원축소(D) ▶ 요인분석(F)...

① 요인분석을 실행하기 위해서는 분석(A)－차원축소(D)－요인분석(F)의 경로를 이용한다. 요인분석을 실행하여 요인분석 대화상자가 열리면 왼쪽의 변수목록창에서 분석대상의 변수들을 찾아서 변수(V): 창으로 이동시킨다.

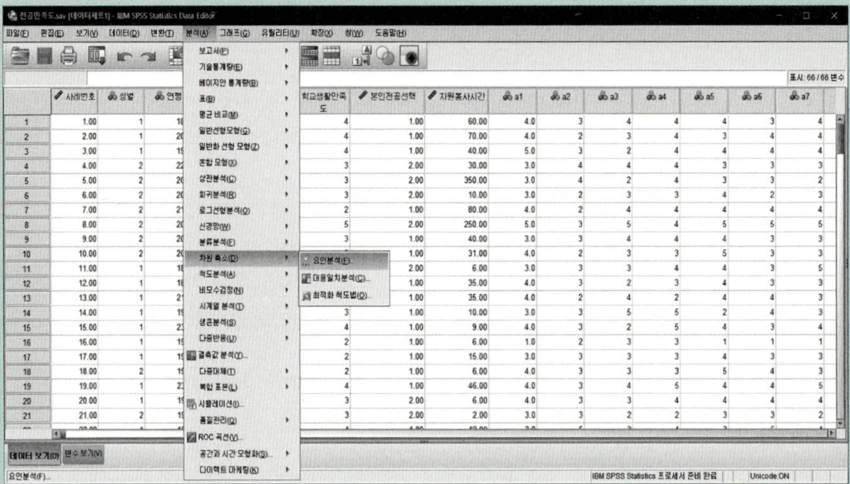

그림 14-1 **분석(A)-차원축소(D)-요인분석(F)**

② 요인분석 대화상자에서 자아존중감을 구성하는 항목인 b1에서 b10까지의 항목들을 모두 선택하여 변수(V): 창으로 보낸다.

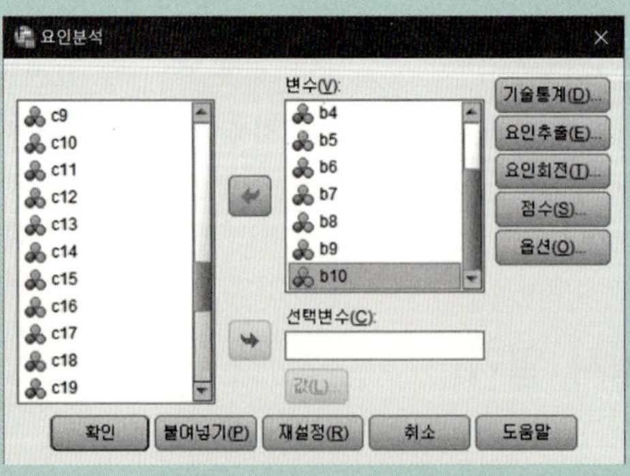

그림 14-2 **요인분석 대화상자**

2) 기술통계 대화상자 열기

요인분석 대화상자에서 위쪽의 [기술통계(D)...]를 클릭한다.

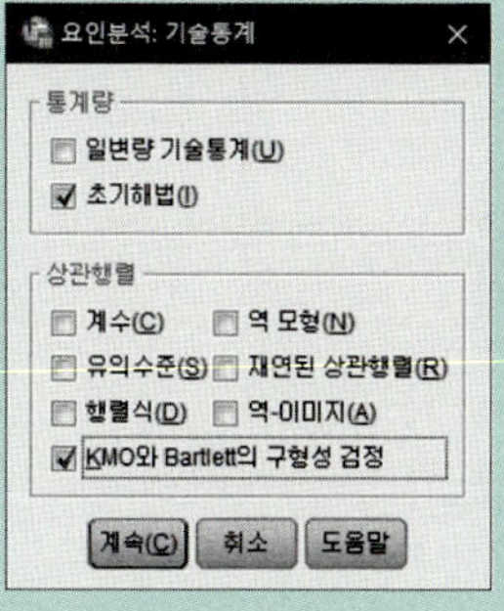

그림 14-3 **요인분석: 기술통계**

요인분석 기술통계 대화상자에서 통계량에서 초기해법(I)을 선택하고, 상관행렬에서 KMO와 Bartlett의 구형성 검정을 선택한 후 [계속(C)]을 클릭한다. 초기해법은 초기공통성, 고유값, 설명된 분산의 퍼센트 등을 산출해 주고, 구형성 검정은 자료가 요인분석에 적합한지 여부를 검정해 준다.

표 14-1 **요인분석 기술통계량**

선택 키워드	내용 설명
통계량	기술통계량에 대해 처리할 내용을 지정
□일변량 기술통계(U)	각 변수의 유효 관측값 수, 평균, 표준편차 등을 표시한다.
□초기해법(I)	초기공통성, 고유값, 설명된 분산의 퍼센트 등을 표시한다.
상관행렬	
□계수(C)	요인분석 시 지정된 변수에 대한 상관행렬
□역 모형(N)	상관계수의 역행렬
□유의수준(S)	상관행렬에서 계수의 한쪽 유의수준
□재연된 상관행렬(R)	요인해법으로부터 추정한 상관행렬. 잔차(추정된 상관계수와 기대된 상관계수 간 차이)도 함께 표시된다.
□행렬식(D)	상관계수행렬의 행렬식

□ 역-이미지(A)	역-이미지 상관행렬에는 편상관계수 중 음수가 있고 역-이미지 공분산 행렬에는 편 공분산값 중 음수가 있다. 적합한 요인모형에서는 대부분 비-대각 요소가 작다. 변수에 대한 표본추출 적합도 측도는 역-이미지 상관행렬의 대각에 표시된다.
□ KMO와 Bartlett의 구형성 검정(K)	표본적합도에 대한 Kaiser-Meyer-Olkin 측도는 변수 간 편상관계수가 작은지 여부를 검정한다. Bartlett의 구형성 검정은 해당 상관행렬이 요인모형의 부적절함을 나타내는 단위행렬에 해당하는지 여부를 검정한다.

3) 요인추출 대화상자 열기

요인분석 대화상자에서 요인추출(E)... 을 클릭한다.

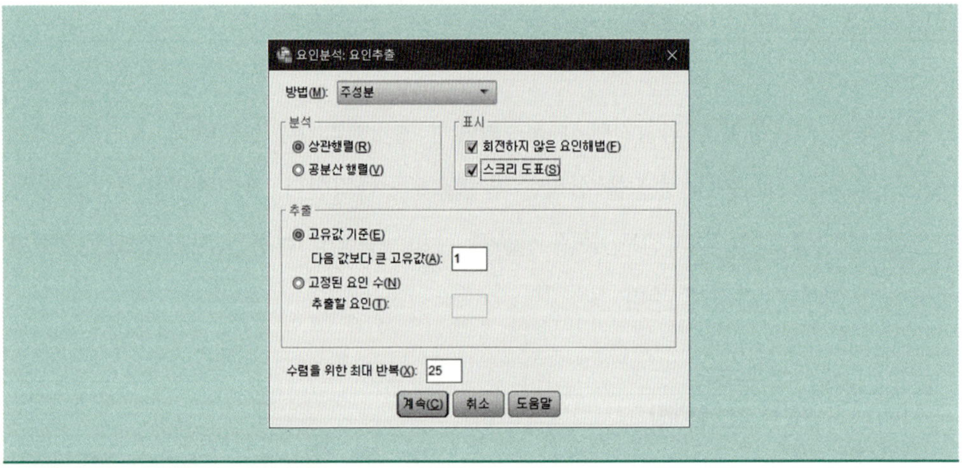

그림 14-4 요인분석: 요인추출

요인추출 방법(M):에서 주성분(기본값)을 그대로 두고 분석에는 상관행렬(R)(기본값), 출력에서는 회전하지 않은 요인해법(F)(기본값), 스크리 도표(S)를 선택한다. 추출에서는 고유값 기준(E)을 선택한다. 고유값 1 이상의 요인을 추출하게 된다(기본값). 확인적 요인분석에서 이론적 배경이 충분하여 요인 수를 지정하고자 한다면 고정된 요인 수(N)를 선택하여 추출할 요인의 수를 입력하면 된다. 특히 고유값을 기준으로 요인분석을 실행했을 때 연구자의 이론적 배경과는 다른 개수의 요인이 추출될 경우에 이론적 배경에 맞는 요인의 수를 강제로 지정하고자 할 때 유용하게 사용할 수 있다. 선택과 입력이 완료되면 계속(C)을 클릭한다.

- 요인추출 방법(M)
  - 주성분 : 관측된 변수의 상관되지 않은 선형 조합을 형성하는 데 사용되는 요인 추출 방법이다. 처음 성분이 최대 분산을 가지게 된다. 성분이 연속될수록 점진적으로 더 작아지는 분산을 나타내며 각 성분은 서로 상관되지 않는다. 주성분 분석으로 초기 요인해법을 구할 수 있으며 상관행렬이 단순할 때 사용된다.
  - 최대우도 : 표본이 다변량 정규분포에서 비롯된 경우 관측된 상관행렬을 작성하는 모수 추정값을 생성하는 요인추출 방법이다. 상관계수는 변수 고유값의 역으로 가중되고 반복 계산 알고리즘이 적용된다.
  - 주축 요인추출 : 공통성의 초기 추정값으로 대각으로 배치된 제곱 다중 상관계수를 사용하여 원래의 상관행렬로부터 요인을 추출하는 방법이다. 이러한 요인적재값은 대각으로 위치하는 기존의 공통성 추정값을 대신하는 새 공통성을 추정하는 데 사용된다. 한 반복계산에서 다음 반복계산까지 공통성에 대한 변화량이 추출에 대한 수렴 기준을 만족할 때까지 반복계산은 반복된다.

4) 요인회전 대화상자 열기

요인분석 대화상자에서 요인회전(T)...을 클릭한다.

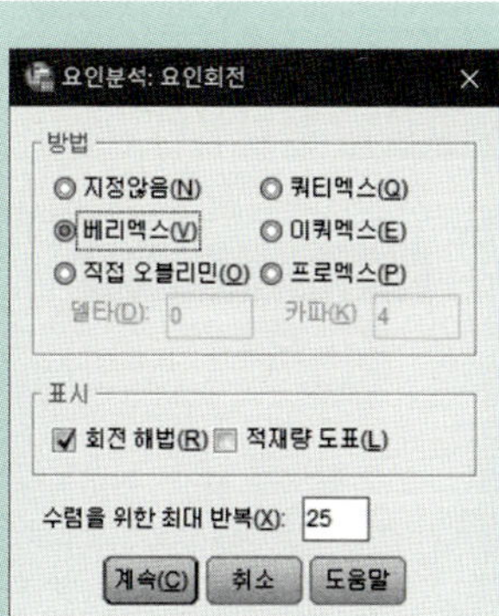

그림 14-5 **요인분석: 요인회전**

요인회전 대화상자의 방법에서 지정않음(N)이 기본값이지만 베리멕스(V)를 선택한다. 출력에서는 회전 해법(R)을 유지하고 계속(C)을 클릭한다.

(1) 요인회전 방법

- 베리멕스(V): 요인의 적재값이 높은 변수의 수를 최소화하는 직교회전 방법. 이 방법은 요인해석을 단순화한다.
- 직접 오블리민(O): 사각(oblique, 직교가 아닌)회전 방법이다. 델타가 0일 때(기본값) 해법은 가장 기울어지는 형태를 나타낸다. 델타의 음수성이 강해질수록 요인은 덜 기울어진다. 디폴트 델타 값 0을 바꾸려면 0.8 이하의 수를 입력한다.

(2) 요인회전 표시

- 회전 해법(R): 회전 방법을 선택하여 회전 해법을 구할 수 있다. 직교회전에 대해 회전 패턴 행렬과 요인 변환 행렬이 표시된다. 오블리크 회전에 대해서는 패턴, 구조, 요인 상관행렬이 표시된다.
- 적재량 도표(L): 처음 세 요인의 도표를 3차원 요인 적재값 도표, 두 요인 해법의 경우 2차원 도표가 표시된다. 요인이 하나만 추출되면 도표가 표시되지 않는다. 회전을 요청하면 도표에서 회전된 해법을 볼 수 있다.

5) 요인점수 대화상자 열기

요인분석 대화상자에서 점수(S)... 를 클릭한다.

그림 14-6 요인분석: 요인점수

요인점수 대화상자에서 변수로 저장(S)을 선택하면 요인점수를 회귀분석이나 기타 후속 분석에 사용할 수 있도록 케이스별 요인점수가 새로운 변수로 저장된다. 여기서는 선택하지 않는다.

6) 옵션 대화상자 열기

요인분석 대화상자에서 옵션(O)...을 클릭한다.

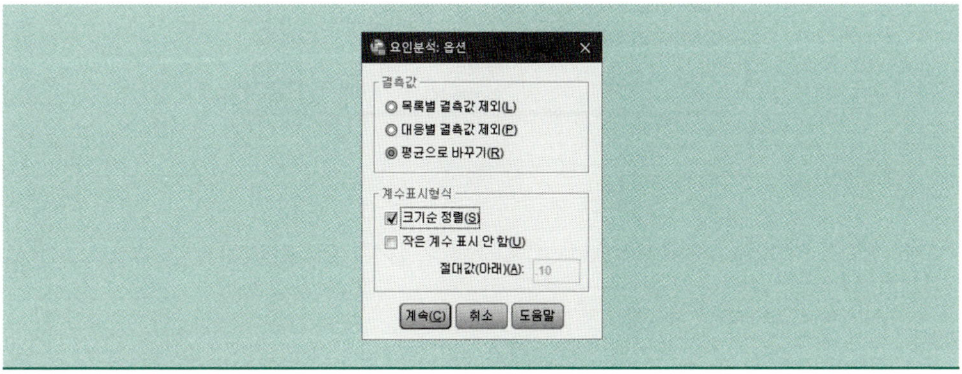

그림 14-7 요인분석: 옵션

옵션 대화상자에서 결측값에서 평균으로 바꾸기(R)를 선택한다. 무응답이 있을 경우 분석에서 제외되기 때문에 평균으로 대체하여 입력되도록 지정하는 것이 바람직하기 때문이다. 계수표시형식에서 크기순 정렬(S)을 선택한다. 각 항목을 요인적재값의 크기 순서대로 출력해 준다. 선택을 마치면 계속(C)을 클릭한다. 요인분석 대화상자에서 확인을 클릭하면 요인분석이 실행된다.

4. 분석결과 설명

1) KMO와 Bartlett의 검정

KMO 와 Bartlett 의 검정

표본 적절성의 Kaiser-Meyer-Olkin 측도.		.838
Bartlett의 구형성 검정	근사 카이제곱	792.293
	자유도	45
	유의확률	.000

KMO 측도의 값이 .838이고 Bartlett의 구형성 검정 결과 유의확률이 .000으로서 요인분석에 접합하다는 것을 보여준다.

TIP KMO & Bartlett's Test of Sphericity

• KMO(Kaiser－Meyer－Olkin)의 표본적합도(Measure of Sampling Adequacy)
.90 이상 '믿기 어려울 정도로 높은 값(marvelous)', .80 이상 '꽤 높은 편인 값(meritorious)', .70 이상 '괜찮다고 할 수 있는 값(middling)', .60 이상 '보통 수준의 값(mediocre)', .50 이상 '빈약하지만 어쩔 수 없이 사용하는 값(miserable)', .40 이상 '받아들이기 어려운 수준의 값(unacceptable)'으로 해석될 수 있다(이영준, 2002).

• Bartlett의 구형성 검정(Bartlett's Test of Sphericity)
유의확률을 기준으로 '변수들 간의 상관행렬이 단위행렬이다.' 즉, '변수들이 서로 독립적이다.'는 영가설의 기각여부를 판단하여 요인분석의 유의성을 결정해 주는 기준이 된다. Bartlett의 단위행렬 점검에서 유의한 결과가 나와야 요인분석을 통해 주성분 추출이 가능한 것으로 판단할 수 있다. 여기서 단위행렬(identity matrix)이란 대각선이 1이고 나머지는 모두 0인 행렬을 말한다. Bartlett 검정의 p값이 0.05보다 작으면 대각행렬이 아니라는 것을 의미한다.
결국 요인분석에서 KMO 값이 0.8 이상이고, Bartlett의 p값이 0.05 이하이면 사용된 변수와 케이스의 수가 요인분석을 하기에 적절하며, 변수들이 요인분석을 할 수 있다는 것을 의미한다.

2) 공통성

공통성

	초기	추출
b1	1.000	.668
b2	1.000	.540
b3	1.000	.702
b4	1.000	.477
b5	1.000	.557
b6	1.000	.595
b7	1.000	.646
b8	1.000	.592
b9	1.000	.754
b10	1.000	.520

추출 방법: 주성분 분석.

공통성(communality)은 추출된 요인들에 의해 각 변수들이 얼마나 설명되는지를 나타내 준다. 한 변수의 공통성은 그 변수의 분산이 추출된 요인들에 의해 설명되는 정도를 가리키며 0과 1 사이의 값을 갖는다. 추출된 요인에 의해서 b1 변수는 66.8%가 설명됨을 알 수 있다.

3) 설명된 총분산

설명된 총분산

	초기 고유값			추출 제곱합 적재량			회전 제곱합 적재량		
성분	전체	% 분산	누적 %	전체	% 분산	누적 %	전체	% 분산	누적 %
1	4.755	47.549	47.549	4.755	47.549	47.549	3.449	34.487	34.487
2	1.296	12.958	60.507	1.296	12.958	60.507	2.602	26.020	60.507
3	.869	8.694	69.201						
4	.767	7.674	76.875						
5	.628	6.282	83.158						
6	.537	5.371	88.528						
7	.364	3.640	92.168						
8	.333	3.330	95.498						
9	.250	2.498	97.996						
10	.200	2.004	100.000						

추출 방법: 주성분 분석.

(1) 초기 고유값

열 개의 문항으로부터 열 개의 요인이 추출된 경우 각 요인의 고유값과 각 요인의 설명력을 말한다. 고유값 1을 기준으로 요인을 추출하였는데, 성분3의 고유값이 .869 이므로 1보다 작아서 성분3을 제외한 두 개의 요인이 추출되었다.

(2) 회전 제곱합 적재값

추출된 요인의 회전 이후 고유값과 설명을 나타낸다. 고유값은 그 요인이 설명하는 분산의 양을 나타내는 것으로 이 값이 높을수록 중요한 요인이라고 할 수 있다. 즉, 고유값은 그 요인에 속한 요인적재값의 제곱의 합계이며, 설명력(%분산)은 그 요인이 전체 분산 중 몇 %를 설명하는가를 말한다. 회전된 성분행렬표의 공통성을 이용하여 요인1의 고유값과 %분산을 계산하면 다음과 같다.

- 요인1의 고유값: $(.748)^2+(.734)^2+(.697)^2+(.693)^2+(.686)^2+(.566)^2+(.376)^2+(.399)^2+(-.375)^2+(.391)^2=3.449\%$
- %분산: $3.449/10=34.487\%$

요인1은 전체 분산의 34.487%, 요인2는 전체 분산의 26.020%를 설명하고 있으며, 두 개의 요인은 전체 분산의 60.507%를 설명해 준다. 누적분산이 50%가 넘어야 요인분석을 실행할 의미가 있으며 그렇지 못할 경우에는 굳이 요인분석을 통하여 요인으로 구분할 의미가 없다.

4) 스크리 도표

스크리 도표를 보면 고유값이 1 이상인 요인이 두 개 정도이고, 감소폭이 급격히 줄어드는 3 이전의 요인, 즉 두 개의 요인을 추출하는 것이 적당하다는 것을 보여준다. 요인 수를 결정하는 것은 고유값이나 스크리 도표뿐만 아니라 연구자의 이론적 배경에 의한 주관적 판단에 따른다.

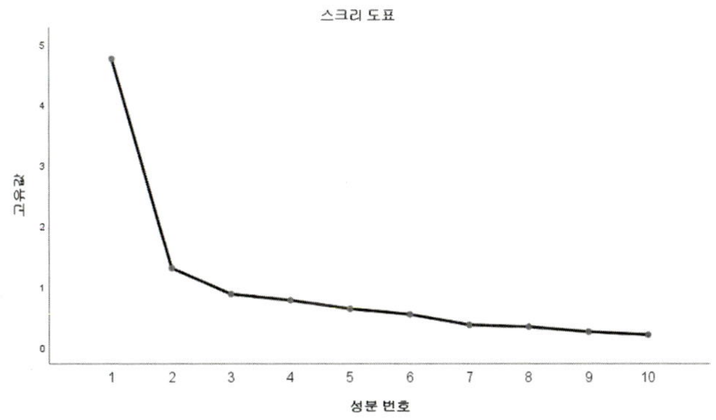

5) 회전된 성분행렬

회전된 성분행렬[a]

	성분	
	1	2
b1	.748	.330
b2	.734	.017
b7	.697	.401
b6	.693	.340
b4	.686	.079
b5	.566	.486
b9	.376	.783
b3	.399	.737
b8	-.375	.672
b10	.391	.606

추출 방법: 주성분 분석.
회전 방법: 카이저 정규화가 있는 베리멕스.

a. 3 반복계산에서 요인회전이 수렴되었습니다.

회전된 성분행렬표를 나타내는 것으로서 베리멕스 방식으로 3회 반복 회전하여 얻은 결과로서 각 문항이 요인1과 요인2에 보다 분명히 적재되어 요인구조가 분명히 나타나고 있다. 각 문항의 공통성은 요인1, 2에 대한 적재값의 제곱합에 의해 구할 수 있다. 즉, b1의 공통성은 요인1, 2의 적재값(.748, .330)의 제곱합인 .668이다.

각 문항이 어느 요인에 해당되는가 하는 것은 요인적재값을 비교하여 높은 값에 해당되는 요인으로 묶으면 된다. 먼저 b1 문항의 요인적재값을 비교해 보면 .748(요인1)과 .330(요인2)으로 나타나 있으며, 요인1에 묶이게 된다. b2 문항은 요인1의 적재값이 .734이고 요인2는 .017이니까 역시 요인1에 묶이게 되는 것이다. 이와 같은 방법으로 계속 아래쪽으로 내려가다 보면 b5까지 요인1에 묶이는 것을 알 수 있다. 그리고 b9 문항부터는 요인2로 묶이게 되는 것이다.

어느 요인에서도 성분행렬이 0.3 미만이거나 한 문항이 하나의 요인으로 묶이거나 특히 연구자의 이론적 배경과는 달리 다른 요인으로 묶이게 될 경우에는 해당 항목은 제거하는 것이 좋다. 제거하기로 결정되면 해당 항목을 제거한 후 요인분석을 새로 실시하여 결과를 반영해야 한다. 여기서는 b5 문항이 부정형 문항인데도 요인1에 적재되어 있다. 따라서 b5 문항을 제거하고 요인분석을 다시 해보기로 한다.

5. 항목 조정 후 요인분석 재실행

1) 요인분석 대화상자 열기

분석(A) ▶ 차원축소(D) ▶ 요인분석(F)...

① 요인분석을 실행하여 요인분석 대화상자가 열리면 왼쪽의 변수목록창에서 분석대상의 변수들을 찾아서 변수(V): 창으로 이동시킨다. 여기서는 직전에 요인분석한 결과를 그대로 유지하고 있기 때문에 변수(V): 창에 입력되어 있는 b1에서 b10까지의 항목들 중에서 b5를 선택하여 왼쪽의 변수목록창으로 이동시켜 분석

대상에서 제외시킨다.

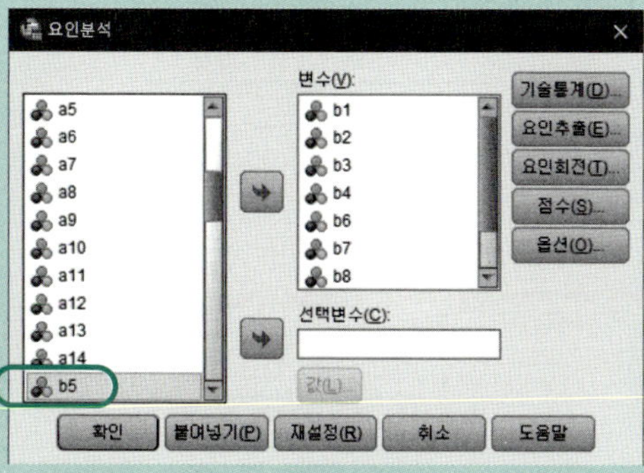

그림 14-8 **요인분석 재실행을 위한 요인분석 대화상자**

2) 기타 대화상자 설정하기

SPSS를 종료하지 않았다면 이전의 분석 옵션들도 그대로 유지하고 있기 때문에 각종 옵션 대화상자의 내용들을 수정할 필요 없이 확인 만 클릭하면 바로 실행된다. 만일 SPSS를 종료한 후에 새롭게 실행한 상태라면 앞의 옵션 설정하기를 참조하면 된다.

3) 재분석 결과의 설명

(1) KMO와 Bartlett의 검정

KMO와 Bartlett의 검정

표본 적절성의 Kaiser-Meyer-Olkin 측도.		.809
Bartlett의 구형성 검정	근사 카이제곱	672.728
	자유도	36
	유의확률	.000

KMO 측도의 값이 .809이고 Bartlett의 구형성 검정 결과 유의확률이 .000으로서 요인분석에 적합하다는 것을 보여준다.

(2) 공통성

공통성

	초기	추출
b1	1.000	.666
b2	1.000	.567
b3	1.000	.677
b4	1.000	.480
b6	1.000	.602
b7	1.000	.659
b8	1.000	.609
b9	1.000	.756
b10	1.000	.538

추출 방법: 주성분 분석.

공통성은 추출된 요인들에 의해 각 변수들이 얼마나 설명되는지를 나타내 준다.

(3) 설명된 총분산

설명된 총분산

	초기 고유값			추출 제곱합 적재량			회전 제곱합 적재량		
성분	전체	% 분산	누적 %	전체	% 분산	누적 %	전체	% 분산	누적 %
1	4.259	47.327	47.327	4.259	47.327	47.327	3.276	36.405	36.405
2	1.295	14.389	61.716	1.295	14.389	61.716	2.278	25.311	61.716
3	.854	9.491	71.207						
4	.666	7.397	78.604						
5	.620	6.886	85.490						
6	.492	5.466	90.956						
7	.363	4.032	94.988						
8	.250	2.775	97.763						
9	.201	2.237	100.000						

추출 방법: 주성분 분석.

고유값 1의 기준으로 추출된 요인 수는 두 개이며, 요인1에 의한 %분산은 36.405%, 요인2에 의한 분산설명력은 25.311%이고 전체 분산은 61.716%로서 약간 증가되었다.

(4) 회전된 성분행렬

회전된 성분행렬[a]

	성분	
	1	2
b1	.760	.298
b2	.753	.010
b7	.718	.378
b6	.710	.314
b4	.691	.052
b9	.410	.767
b3	.420	.707
b8	-.332	.706
b10	.425	.598

추출 방법: 주성분 분석.
회전 방법: 카이저 정규화가 있는 베리멕스.

a. 3 반복계산에서 요인회전이 수렴되었습니다.

회전된 성분행렬을 보면 요인1에는 b1, b2, b7, b6, b4 다섯 문항이 적재되었으며, 요인2에는 b9, b3, b8, b10 네 문항이 적재되어 있다. 요인분석이 종료되면 연구자는 각 요인에 명칭을 부여해야 하는데 요인1은 '긍정적 자아존중감', 요인2는 '부정적 자아존중감' 등으로 이름을 붙일 수 있지만 이는 이론적 배경에 따라 부여하는 것이 바람직하다.

6. 보고서 작성 및 해석

자아존중감 척도의 각 문항이 이론에서 가정하는 요인구조를 타당하게 반영하고 있는지를 알아보기 위해서 확인적 요인분석을 실시한 결과는 다음 〈표 14-2〉와 같다.

표 14-2 자아존중감 요인분석 결과

	요인1 긍정적 자아존중감	요인2 부정적 자아존중감	공통성
b1	.760	.298	.666
b2	.753	.010	.567
b7	.718	.378	.677
b6	.710	.314	.480
b4	.691	.052	.602
b9	.410	.767	.659
b3	.420	.707	.609
b8	−.332	.706	.756
b10	.425	.598	.538
고유값	3.276	2.278	
설명분산	36.405	25.311	
누적분산	36.405	61.716	
문항 수	5	4	9

자아존중감 척도를 구성하는 10개의 문항을 통하여 요인분석을 실시하였다. 요인추출 방식은 주성분분석 방법을 사용하였으며, 요인구조를 분명히 하기 위하여 직교회전 방식(varimax)을 선택하였다. 문항의 선택은 고유값 1 이상을 기준으로 하였으며, 초기요인 분석 결과 10개의 문항 중 b5 문항이 이론구조와 다르게 적재되어 b5 문항을 제외하고 아홉 개 문항으로 두 개의 요인을 추출한 결과 전체 분산의 61.716%를 설명하고 있다.

chapter 15

매개효과 및 조절효과 검증

chapter 15

매개효과 및 조절효과 검증

1. 매개효과의 검증

1) 의 미

매개변수는 독립변수와 종속변수 간의 인과관계를 설명하는데 중간에 개입되어 있는 변수를 말한다. 예를 들면 '다문화가족 아동의 집단 프로그램 참여가 학교적응에 긍정적인 영향을 미칠 것이다.'는 가설에서 프로그램이 아동의 자아존중감을 높여 주고, 자아존중감이 적응을 향상시키는 결과를 가져온다면 자아존중감은 매개변수라고 할 수 있다. 매개효과의 검증이란 자아존중감이 매개변수로서의 기능을 수행하는지를 검증하는 것이다.

2) 매개효과 검증의 특징

매개효과를 검증하기 전에 검토해 봐야 할 것은 기본적으로 매개효과 검증의 필요성에 관한 충분한 이론적 뒷받침이 있어야 한다는 점이다. 매개효과를 검증하겠다는 것은 독립변수와 종속변수 간의 단순한 인과관계가 아니라 독립변수가 종속변수에 미치는 영향력이 어떠한 과정과 경로를 통해서 발생되는가를 경험적으로 검증함으로써 관련 개념과의 관련성 및 그 현상에 관한 풍부한 설명을 얻는 것이다. 따라서 독립변수와 종속변수 간의 명확한 이론적 근거를 가져야 하며, 아울러 매개역할에 관한 선행 연구가 충분히 뒷받침되어야 한다. 단순한 호기심에 의해 결과가 도출되었다고 하더라도 관련 현상을 설명하는데 도움이 되지 못한다면 아무런 의미가 없는 분석이 되고 만다.

예를 들어 사회복지기관의 슈퍼비전(X)이 조직몰입(Y)에 영향을 미치는 것으로 나타났다면 독립변수와 종속변수의 인과관계가 증명된 것이다. 그러나 왜 슈퍼비전이 조직몰입에 영향을 미치는 것인가를 이론적으로 검토하는 과정에서 직무만족이라는 변수가 매개역할을 수행한다는 선행 연구들을 발견하게 되었다면 직무만족이 과연 매개변수로서 역할을 수행하는지를 검토해 볼 수 있을 것이다.

매개효과를 검증하는 데는 몇 가지 방법이 사용된다. 첫째, 회귀분석을 통한 경로분석을 활용하는 방법이다. 둘째, 구조방정식 모형의 분석도구인 AMOS를 통하여 매개효과를 검증하는 방법이다. 셋째, PROCESS macro와 같이 매개효과, 조절효과를 포함한 다양한 조건부효과를 검증하는 프로그램을 사용하는 것이다. 여기서는 회귀분석을 통한 매개효과를 검증하는 방법을 연습하기로 한다. 먼저 〈그림 15-1〉의 연구모형을 살펴보자.

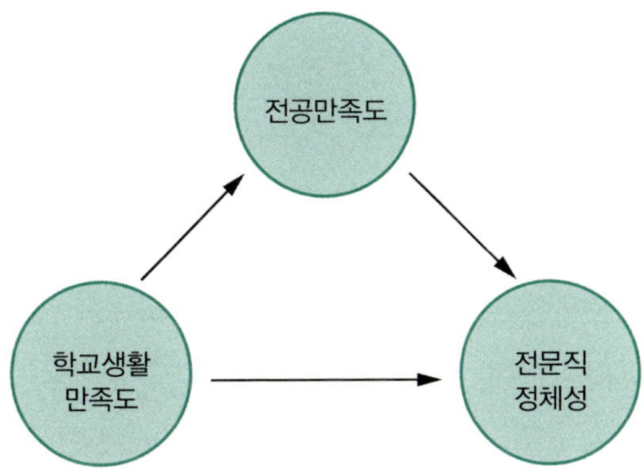

그림 15-1 매개효과 검증을 위한 모형

바론과 케니(Baron & Kenny, 1986)의 절차에 의하면 매개효과가 있다는 것을 증명하기 위해서는 다음과 같이 세 단계의 회귀분석을 실시해야 한다. 첫 번째 단계는 매개변수와 독립변수를 회귀분석하여 그 결과 독립변수가 매개변수와 유의한 관계를 가져야 한다. 두 번째 단계에서는 종속변수를 독립변수에 회귀분석을 실시하여 그 결과 독립변수가 종속변수에 유의한 관계를 가져야 한다. 세 번째 단계에서 종속변수를 독립변수와 매개변수에 동시에 회귀분석을 실시하여 그 결과 매개변수가 종속변수와 유의한 관계를 가지는 동시에 독립변수의 종속변수에 대한 효과가 두 번째 단계의 효과보다 적을 때 독립변수-매개변수-종속변수의 관계가 성립된다. 이때 매개변수의 효과를 통제하고 남은 독립변수의 효과가 '0'에 가까울수록 매개효과는 큰 것이며, '0'이 되면 완전한 매개효과를 지닌다고 결론지을 수 있다

매개변수의 검증에서 독립변수가 종속변수에 직접 영향을 미치는 효과를 '직접효과'라고 하고, 독립변수가 매개변수를 거쳐서 종속변수에 미치는 효과는 '간접효과'라고 한다. 전체 인과적 효과(총효과)는 '직접효과+간접효과'이다.

2. 매개효과 검증의 실행

1) 회귀분석 대화상자 열기

분석을 위해서 '전공만족도.sav' 파일을 연다. 분석(A)-회귀분석(R)-선형(L)에서 선형회귀분석 대화상자로 들어간다.

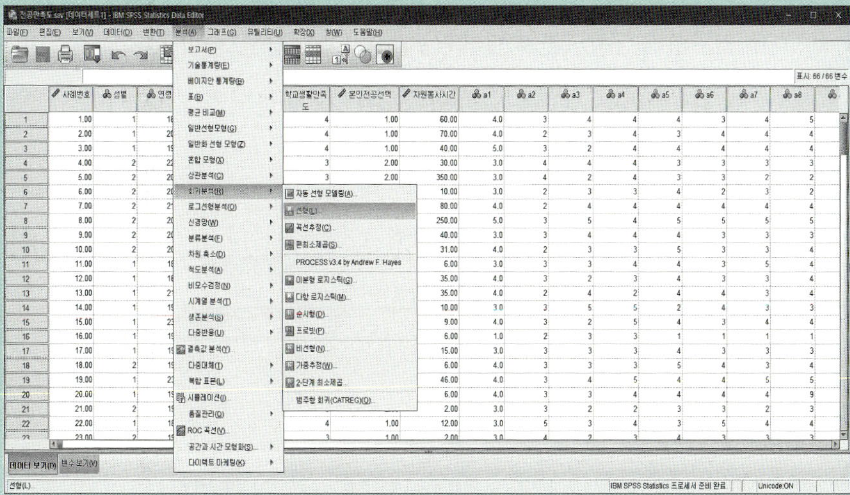

그림 15-2 **분석(A)-회귀분석(R)-선형(L)**

2) 단계별 분석 실행

(1) 1단계 분석

선형회귀분석 대화상자에서 종속변수(D):에 '전공만족도', 독립변수(I):에 '학교생활 만족도' 변수를 각각 이동시킨다.

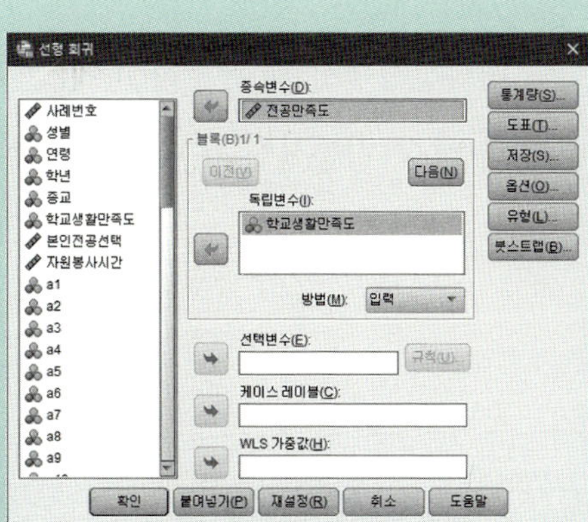

그림 15-3 **선형회귀분석 대화상자**

1단계 분석의 결과 아래와 같이 회귀분석의 결과가 산출되었다. 회귀모형이 적합하게 나타났으며, R^2값이 .070, 종속변수를 7.0%로 설명하고 있다. 표준화된 회귀계수 β값이 .265로 유의수준 $p<.001$에서 유의한 결과가 산출되었다.

모형 요약

모형	R	R 제곱	수정된 R 제곱	추정값의 표준오차
1	.265[a]	.070	.065	.57607

a. 예측자: (상수), 학교생활만족도

ANOVA[a]

모형		제곱합	자유도	평균제곱	F	유의확률
1	회귀	4.236	1	4.236	12.764	.000[b]
	잔차	56.083	169	.332		
	전체	60.319	170			

a. 종속변수: 전공만족도

b. 예측자: (상수), 학교생활만족도

계수[a]

모형		비표준화 계수		표준화 계수	t	유의확률
		B	표준화 오류	베타		
1	(상수)	2.806	.207		13.574	.000
	학교생활만족도	.226	.063	.265	3.573	.000

a. 종속변수: 전공만족도

(2) 2단계 분석

2단계로서 선형회귀분석 대화상자에서 종속변수(D):에 '전문직정체성'을 독립변수(I):에 '학교생활만족도' 변수를 각각 이동시킨 후 회귀분석을 실행한다.

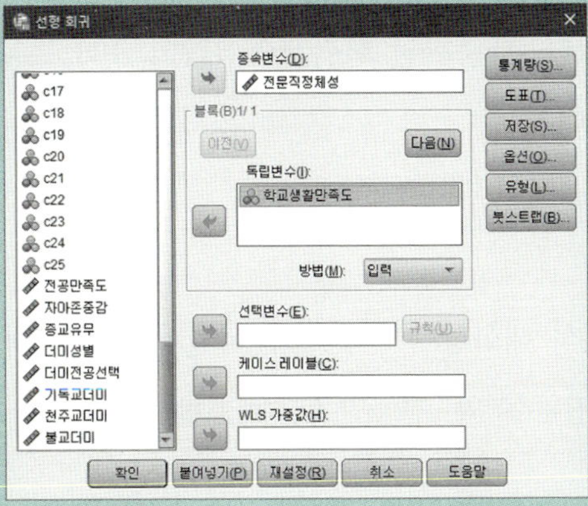

그림 15-4 2단계 선형회귀분석 상자

회귀분석을 실행하면 다음과 같은 결과가 산출된다.

모형 요약

모형	R	R 제곱	수정된 R 제곱	추정값의 표준 오차
1	.188[a]	.035	.030	.29129

a. 예측자: (상수), 학교생활만족도

ANOVA[a]

모형		제곱합	자유도	평균제곱	F	유의확률
1	회귀	.523	1	.523	6.170	.014[b]
	잔차	14.339	169	.085		
	전체	14.863	170			

a. 종속변수: 전문직정체성

b. 예측자: (상수), 학교생활만족도

계수[a]

모형		비표준화 계수		표준화 계수	t	유의확률
		B	표준화 오류	베타		
1	(상수)	3.112	.105		29.773	.000
	학교생활만족도	.079	.032	.188	2.484	.014

a. 종속변수: 전문직정체성

2단계의 회귀분석 결과 회귀모형이 적합하게 나타났으며, R^2값이 .035로서 종속변수를 3.5% 설명하고 있다. 표준화된 회귀계수 β값이 .188로 유의수준 $p<.05$에서 유의한 결과가 산출되었다.

(3) 3단계 분석

3단계는 선형회귀분석 대화상자에서 종속변수(D):에 '전문직정체성'을, 독립변수(I):에 '학교생활만족도(독립변수)'와 '전공만족도(매개변수)' 변수를 동시에 이동시킨 후 회귀분석을 실행한다.

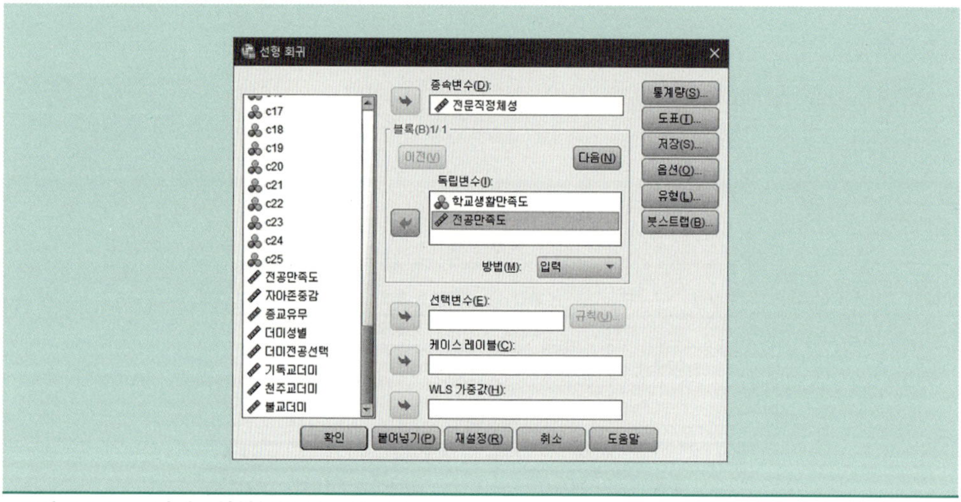

그림 15-5 3단계 선형회귀분석 대화상자

3단계의 회귀분석 결과 회귀모형이 적합하게 나타났으며, R^2값이 .378로서 종속변수를 37.8%로 설명하고 있다. 학교생활만족도의 표준화된 회귀계수 β값이 .027(p=.672), 전공만족도의 표준화된 회귀계수 β값이 .607($p<.001$)로 나타났다.

모형 요약

모형	R	R 제곱	수정된 R 제곱	추정값의 표준오차
1	.615[a]	.378	.371	.23458

a. 예측자: (상수), 전공만족도, 학교생활만족도

ANOVA[a]

모형		제곱합	자유도	평균제곱	F	유의확률
1	회귀	5.618	2	2.809	51.047	.000[b]
	잔차	9.245	168	.055		
	전체	14.863	170			

a. 종속변수: 전문직정체성
b. 예측자: (상수), 전공만족도, 학교생활만족도

계수[a]

모형		비표준화 계수		표준화 계수		
		B	표준화 오류	베타	t	유의확률
1	(상수)	2.266	.122		18.623	.000
	학교생활만족도	.011	.027	.027	.424	.672
	전공만족도	.301	.031	.607	9.622	.000

a. 종속변수: 전문직정체성

(4) 매개효과의 유의성을 검증하기 위한 Sobel Test

다음으로는 매개효과의 유의성을 검증하기 위한 단계가 필요하다. 앞서 제시한 Baron과 Kenny의 방식에는 실제로 그 간접효과에 대한 통계적 검증은 없다. 매개효과의 유의성을 검증하는 방법으로 여기에서는 Sobel Test를 사용한다. Sobel Test는 별도의 분석을 필요로 하지는 않는다. 먼저, 3단계 회귀분석 중 1단계에서 독립변수의 비표준화 베타값(B)과 표준오차(SEb)를 기록한다. 다음으로 3단계 회귀분석 중 3단계에서 매개변수의 비표준화 베타값(B)과 표준오차(SEb)를 기록한다.

모형 요약

모형	R	R 제곱	수정된 R 제곱	추정값의 표준 오차
1	.265[a]	.070	.065	.57607

a. 예측자: (상수), 학교생활만족도

ANOVA[a]

모형		제곱합	자유도	평균제곱	F	유의확률
1	회귀	4.236	1	4.236	12.764	.000[b]
	잔차	56.083	169	.332		
	전체	60.319	170			

a. 종속변수: 전공만족도

b. 예측자: (상수), 학교생활만족도

계수[a]

모형		비표준화 계수		표준화 계수		
		B	표준화 오류	베타	t	유의확률
1	(상수)	2.806	.207		13.574	.000
	학교생활만족도	.226	.063	.265	3.573	.000

a. 종속변수: 전공만족도

1단계 분석 결과 비표준화베타값은 .226이고 표준화 오류는 .063이므로 이를 기록한다.

모형 요약

모형	R	R 제곱	수정된 R 제곱	추정값의 표준 오차
1	.615[a]	.378	.371	.23458

a. 예측자: (상수), 전공만족도, 학교생활만족도

ANOVA[a]

모형		제곱합	자유도	평균제곱	F	유의확률
1	회귀	5.618	2	2.809	51.047	.000[b]
	잔차	9.245	168	.055		
	전체	14.863	170			

a. 종속변수: 전문직정체성

b. 예측자: (상수), 전공만족도, 학교생활만족도

계수[a]

모형		비표준화 계수 B	비표준화 계수 표준화 오류	표준화 계수 베타	t	유의확률
1	(상수)	2.266	.122		18.623	.000
	학교생활만족도	.011	.027	.027	.424	.672
	전공만족도	.301	.031	.607	9.622	.000

a. 종속변수: 전문직정체성

3단계 분석 결과 매개변수의 비표준화베타값은 .301이고 표준화 오류는 .031이므로 이를 기록한다. Sobel Test의 공식은 복잡하므로 이를 쉽게 실시하는 웹사이트[1]에 접속하여 계산하는 방법을 이용한다.

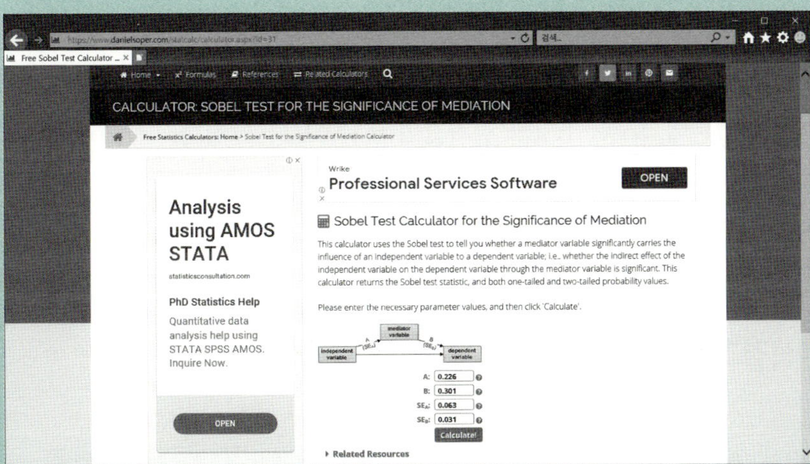

그림 15-6 Sobel Test 입력창

이제 A:에 1단계 비표준화 베타값인 0.226을 입력하고, B:에 3단계 비표준화 베타값인 0.301을 입력한다. 그 다음 SEa:에 0.063을 입력하고, SEb:에 0.031을 입력한다. 입력이 완료되었다면 Calculate! 를 클릭한다.

1) https://www.danielsoper.com/statcalc/calculator.aspx?id=31

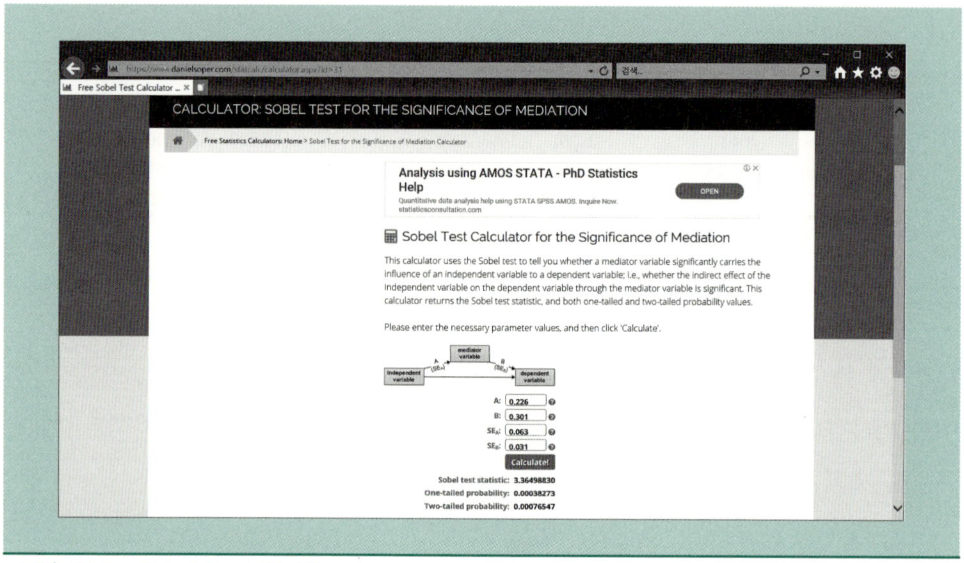

그림 15-7 Sobel Test 결과창

Sobel test statistics:에 결과값이 제시되어 있다. Sobel Test의 결과값이 3.36498830으로 제시되었는데, Sobel Test의 결과값이 +1.96보다 크거나, −1.96보다 작으면 매개효과가 통계적으로 유의하다고 판정한다. 즉, 여기에서 매개효과는 존재하며, 그 효과는 통계적으로 유의하다.

3) 분석결과 설명

3단계의 회귀분석의 결과를 표로 정리하면 다음 〈표 15−1〉과 같다.

표 15-1 학교생활만족도, 전공만족도 및 전문직정체성 간의 매개효과

종속변수	독립변수	β	t	통계량
1. 전공만족도	학교생활만족도	.265	3.573***	R^2=.070, F=12.76***
2. 전문직정체성	학교생활만족도	.188	2.484*	R^2=.035, F=6.17*
3. 전문직정체성	학교생활만족도 전공만족도	.027 .607	.424 9.622***	R^2=.378, F=51.047***

* $p < .05$, *** $p < .001$

〈표 15－1〉에서 보는 바와 같이 우선 독립변수인 '학교생활만족도'가 종속변수 '전문직정체성'에 미치는 영향은 유의한 것으로 나타났다(β=.188, p<.05). 독립변수가 매개변수 '전공만족도'에 미치는 영향도 유의한 것으로 나타났다(β=.265, p<.001). 독립변수와 종속변수를 동시에 투입하여 중다회귀분석을 실시한 3단계의 결과를 살펴보면 매개변수 '전공만족도'가 종속변수에 미치는 영향은 유의하게 나왔지만(β=.607, p<.001), 독립변수가 종속변수에 미치는 영향은 유의하지 않게 나타났다. 더구나 β값이 .188에서 .027로 감소했을 뿐만 아니라 통계적으로 유의하지 않은 것으로 밝혀짐으로써 영향력의 정도가 '0'이 되어 '완전매개' 모형임이 증명되었다. 이러한 관계를 그림으로 나타내면 다음과 같다.

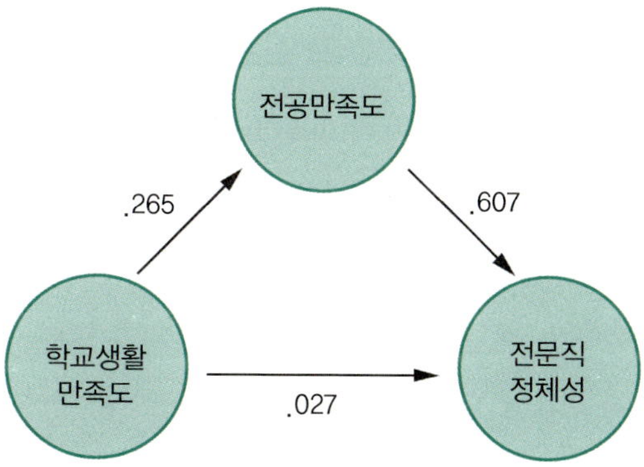

그림 15-7 매개효과 검증의 결과

학교생활만족도가 전공만족도에 미치는 영향은 .265이며 전공만족도가 전문직정체성에 미치는 정도는 .607이다. 학교생활만족도가 전문직정체성에 미치는 영향은 .027로 감소하였다. 학교생활만족도가 전문직정체성에 미치는 직접효과는 .027이며, 전공만족도를 경유하여 미치는 간접효과는 '.265×.607=.16'이다. 총 인과적 효과는 직접효과 .027 + 간접효과 .16으로서 .187이다. 결국 직접효과는 매우 작을 뿐만 아니라 통계적으로 유의하지 않기 때문에 전공만족도는 학교생활만족도가 전문직정체성에 미치는 영향에 완전 매개역할을 수행한다고 할 수 있다.

3. 조절효과의 검증

대부분의 실제 연구에서 하나의 독립변수와 하나의 종속변수의 관계만을 다루지 않고 다른 독립변수들을 고려하게 되는 경우가 많다. 행동과학분야에서는 매개효과와 더불어 조절효과(moderating effect)의 검증도 다양하게 적용되고 있다. 조절효과는 X의 Y에 대한 효과가 제3의 변수 Z에 따라 달라지는 효과를 말하며, 이때 Z를 조절변수(moderator 또는 상호작용변수)라고 말한다. 그런데 조절변수는 독립변수와 종속변수 간의 관계에 대하여 상황적으로 강한 영향을 미치고, 또한 체계적으로 변화시키는 원인변수로 작용하며 제2의 독립변수라고 할 수 있다. 물론 특정 변수가 독립변수가 될 것인가 또는 조절변수가 될 것인가는 이론적 배경 및 연구자의 가설 설정에 달려 있다.

조절변수가 어떻게 변화하는가에 따라서 독립변수가 종속변수에 미치는 영향이 증가할 수도 있고 감소할 수도 있다. 예를 들어 다문화가정 아동의 문화적 스트레스가 학교생활 적응에 부정적인 영향을 미친다고 할 때 사회적 지지의 정도에 따라서 그 영향이 커질 수도 있고 줄어들 수도 있다. 즉, 사회적 지지가 많아지면 영향을 적게 받게 되며, 사회적 지지가 부족하면 부정적인 영향을 더 미치게 된다. 여기서 사회적 지지는 조절변수라고 할 수 있으며 이른바 완충효과를 가져다주는 변수이다.

조절변수의 검증은 독립변수와 조절변수의 상호작용항을 만들어 독립변수, 조절변수, 상호작용항을 동시 투입하는 중다회귀분석을 실시함으로써 이루어진다.

4. 조절효과 검증의 실행

1) 분석 데이터 소개

다음의 예는 사회복지학과 학생들의 전공만족도와 학년이 전문직정체성에 미치는 영향을 그림으로 나타낸 것으로 학년의 조절효과를 나타내는 것이다.

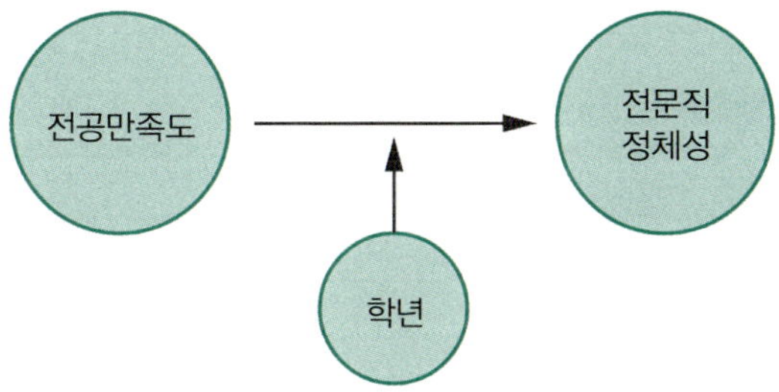

그림 15-8 조절효과 모형

조절효과의 검증은 다음과 같은 세 단계로 이루어지며 분석방법은 위계적 회귀분석과 동일하다.

- 제1단계: 독립변수와 종속변수 간의 회귀분석
- 제2단계: 독립변수, 조절변수와 종속변수 간의 회귀분석
- 제3단계: 독립변수, 조절변수, 상호작용항(독립변수×조절변수)과 종속변수 간의 회귀분석

특히 세 단계에서 상호작용항을 회귀식에 추가로 투입했을 때 설명력(R^2)이 유의하게 증가한다면 조절효과가 있다고 판단하게 된다.

2) 상호작용항 만들기

독립변수와 조절변수 간의 상호작용항을 만드는 방법은 변수 계산 절차를 활용한다. 변환(T) – 변수 계산(C)에서 다음과 같이 입력한다.

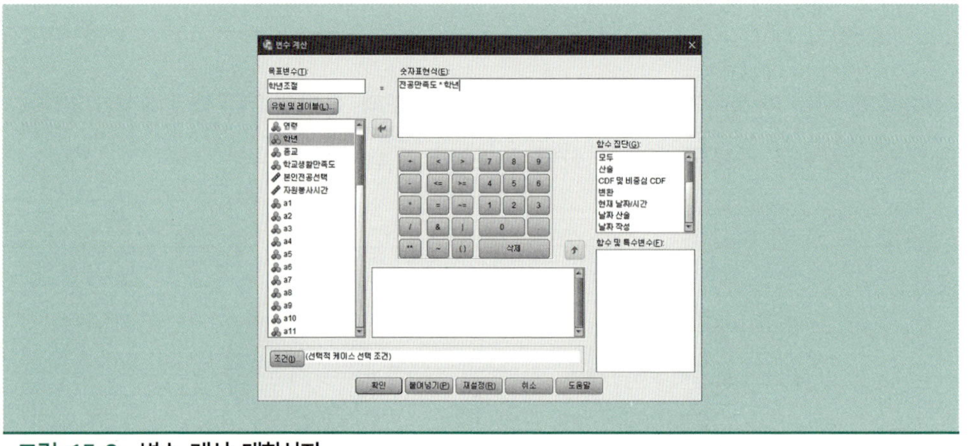

그림 15-9 변수 계산 대화상자

먼저 목표변수(T):에 전공만족도 조절변수를 의미하는 '학년조절'을 입력하고 오른쪽 숫자표현식(E):에는 왼쪽의 변수목록에서 독립변수인 '전공만족도'를 찾아서 마우스 더블클릭하거나 를 클릭하여 이동시킨다. 물론 키보드를 통해 직접 입력해도 가능하다. '곱셈(×)'을 의미하는 *를 입력하거나 아래쪽에서 찾아서 클릭한 뒤 조절변수인 '학년'을 이동시킨다. 확인 을 클릭하면 Data Editor 창의 오른쪽 마지막 부분에 '학년조절'이라는 조절변수가 생성되었음을 알 수 있다.

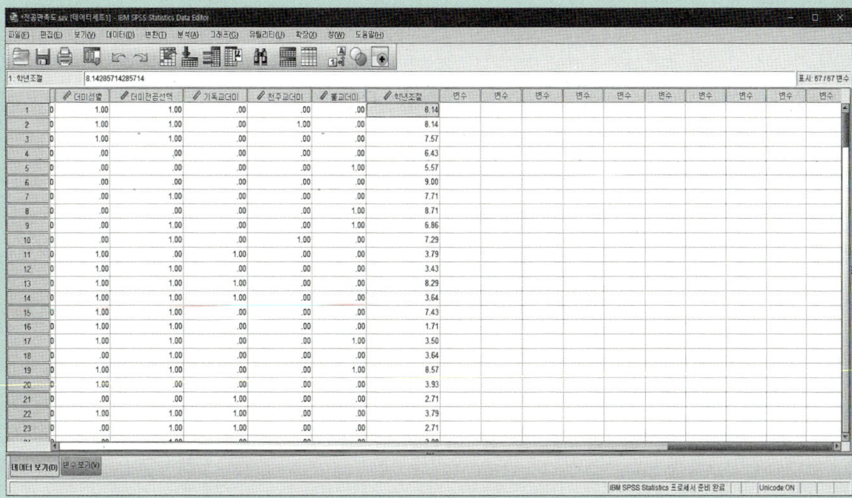

그림 15-10 조절변수가 생성된 Data Editor 창

3) 조절효과의 분석

(1) 선형회귀분석 대화상자 열기

선형회귀분석을 실행하여 선형회귀분석 대화상자에서 종속변수(D):에 '전문직정체성'을 이동시키고, 독립변수(I):에 '전공만족도', 조절변수인 '학년' 그리고 상호작용항인 '학년조절(전공만족도×학년)' 변수를 각각 투입시킨다.

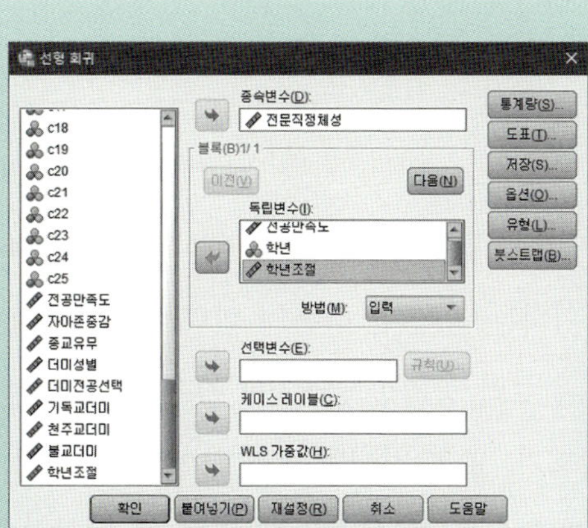

그림 15-11 학년조절 변수를 투입한 선형회귀분석 대화상자

(2) 통계량 대화상자 열기

선형회귀분석 대화상자에서 통계량(S)... 을 클릭한다. 선형회귀분석 통계량 대화상자에서 공선성 진단(L)을 추가로 선택하고 계속(C)을 클릭한다. 이어서 확인 을 클릭하면 분석결과가 산출된다.

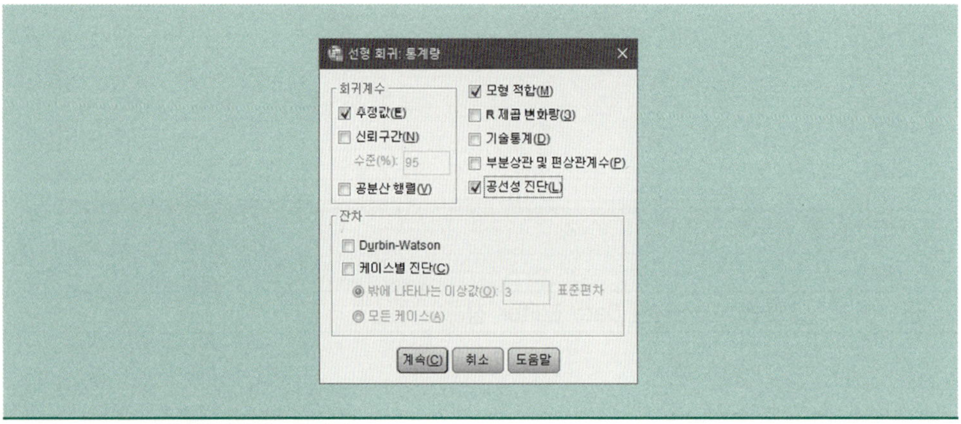

그림 15-12 선형회귀분석: 통계량

5. 조절효과 검증결과의 설명

1) 분석결과 설명

조절변수의 효과를 검증할 때 주의해야 할 부분은 조절변수와 상호작용항 간의 다중공선성이 발생할 수 있다는 점이다. 다음의 회귀계수 결과표를 볼 때 '학년' 변수와 상호작용항 '학년조절' 변수의 공차한계와 VIF 값을 보면 공선성이 존재한다는 것을 알 수 있다. 즉, 공차한계가 .10 이하이며, VIF 값이 10 이상이기 때문에 공선성 문제가 발생하고 있다. 따라서 이 문제를 해결한 후에 다시 분석을 실행해야 한다.

모형 요약

모형	R	R 제곱	수정된 R 제곱	추정값의 표준오차
1	.686[a]	.471	.462	.21638

a. 예측자: (상수), 학년조절, 전공만족도, 학년

ANOVA[a]

모형		제곱합	자유도	평균제곱	F	유의확률
1	회귀	7.004	3	2.335	49.867	.000[b]
	잔차	7.866	168	.047		
	전체	14.870	171			

a. 종속변수: 전문직정체성

b. 예측자: (상수), 학년조절, 전공만족도, 학년

계수[a]

모형		비표준화 계수		표준화 계수	t	유의확률	공선성 통계량	
		B	표준화 오류	베타			공차	VIF
1	(상수)	2.776	.222		12.528	.000		
	전공만족도	.121	.064	.243	1.900	.059	.192	5.216
	학년	-.212	.105	-.730	-2.012	.046	.024	41.854
	학년조절	.082	.029	1.116	2.784	.006	.020	51.035

a. 종속변수: 전문직정체성

2) 다중공선성 해결 후 조절효과 분석

다중공선성을 해결하는 방법으로 '센터링(centering)' 방법이 있다(이윤로, 2009). 이 방법은 조절변수를 만들 때 (독립변수－평균)×(조절변수－평균)을 하는 것이다. 따라서 독립변수와 조절변수의 평균을 구한 다음에 다시 변수 계산(C)을 통한 상호작용항을 만들어야 한다. 변수 계산 대화상자에서 다음과 같은 방법으로 상호작용항을 만들 수 있다.

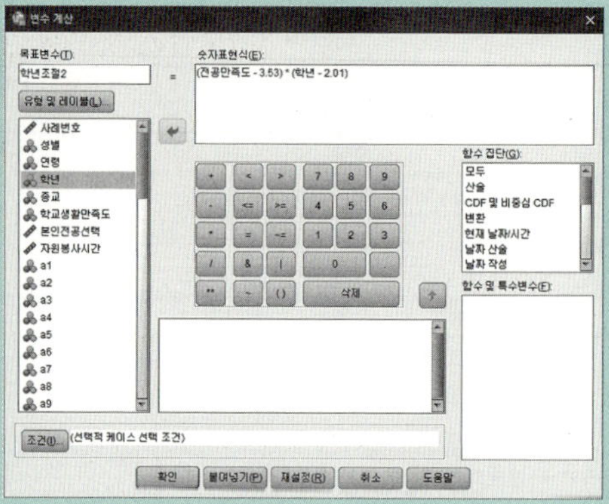

그림 15-13 센터링을 위한 변수 계산 대화상자

상호작용항을 다시 만든 후 Data Editor 창을 보면 다음과 같이 새로운 상호작용항이 생성되어 있다.

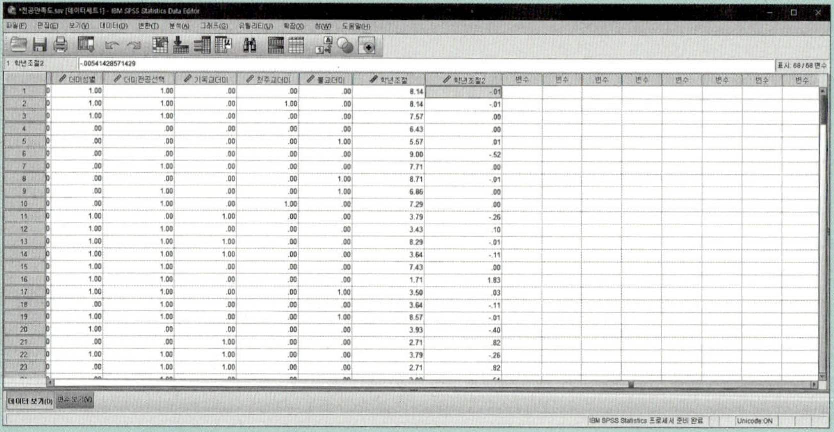

그림 15-14 상호작용항 생성 후 Data Editor 창

이제 회귀분석을 다시 실행해 보자. 종속변수는 '전문직정체성', 독립변수는 '전공만족도', '학년', '학년조절2'가 된다.

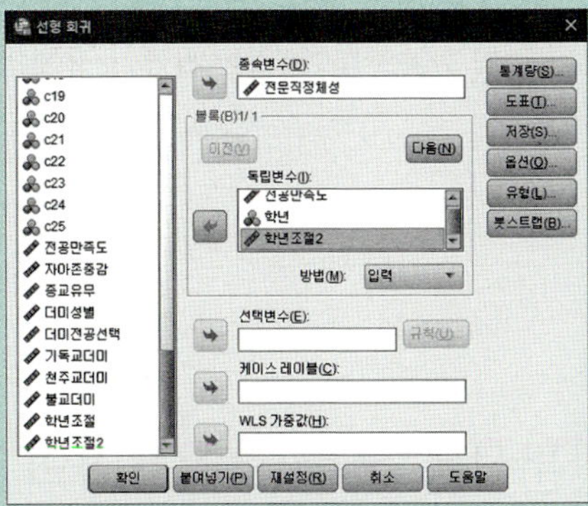

그림 15-15 상호작용항의 수정 후 선형회귀분석 대화상자

상호작용항을 수정한 후 회귀분석을 실행한 결과 다음과 같이 산출되었다.

모형 요약

모형	R	R 제곱	수정된 R 제곱	추정값의 표준 오차
1	.686[a]	.471	.462	.21638

a. 예측자: (상수), 학년조절2, 학년, 전공만족도

ANOVA[a]

모형		제곱합	자유도	평균제곱	F	유의확률
1	회귀	7.004	3	2.335	49.867	.000[b]
	잔차	7.866	168	.047		
	전체	14.870	171			

a. 종속변수: 전문직정체성

b. 예측자: (상수), 학년조절2, 학년, 전공만족도

계수[a]

모형		비표준화 계수		표준화 계수	t	유의확률	공선성 통계량	
		B	표준화 오류	베타			공차	VIF
1	(상수)	2.194	.101		21.710	.000		
	전공만족도	.285	.028	.575	10.030	.000	.957	1.045
	학년	.077	.017	.267	4.674	.000	.963	1.039
	학년조절2	.082	.029	.157	2.784	.006	.994	1.007

a. 종속변수: 전문직정체성

이제 공선성 통계량을 살펴보면 공선성 문제가 해결되었음을 알 수 있다. 조절변수 '학년조절2'의 영향이 통계적으로 유의하게 나왔기 때문에($\beta = .157$, $p < .01$) '학년' 변

수는 전공만족도가 전문직정체성 간의 영향관계에서 조절작용을 한다는 것을 알 수 있다. 즉, 학년이 높아갈수록 전공만족도가 전문직정체성에 미치는 영향이 크다는 것을 알 수 있다.

6. 이원분산분석을 통한 조절효과의 검증

1) 범주형 자료 만들기

같은 자료를 활용하여 이원분산분석에 의한 조절효과 검증방법을 알아보고자 한다. 이원분산분석을 실행하기 위해서는 독립변수와 조절변수가 범주형 변수이어야 한다. 따라서 '전공만족도' 변수는 범주형 변수로 변환시켜 주어야 한다. 코딩변경을 통하여 전공만족도가 평균 미만과 평균 이상의 두 집단으로 구분하고 전공만족도가 '낮다'와 '높다'로 범주화할 수 있다. 우선 변환(T)－다른 변수로 코딩변경(R)을 실행한다.

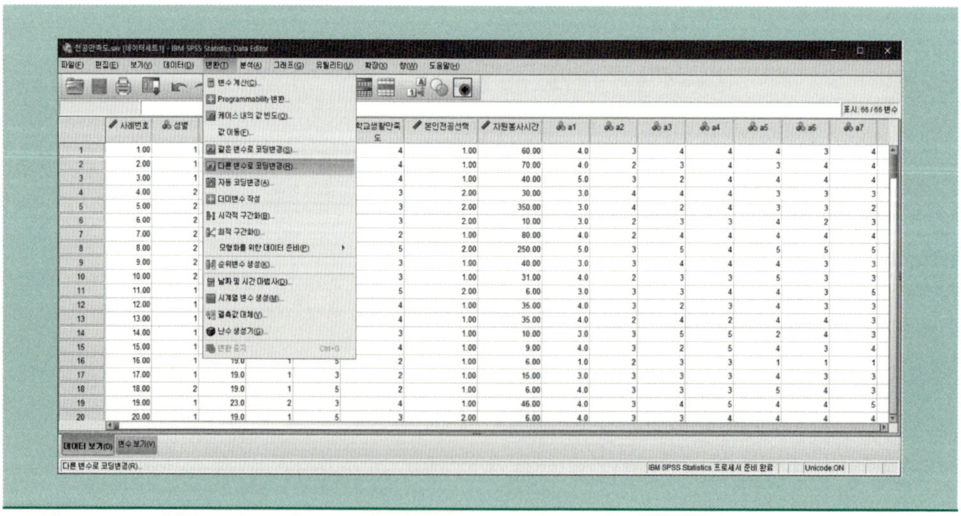

그림 15-16 변환(T)-다른 변수로 코딩변경(R)

코딩변경 대화상자 왼쪽 변수목록창에서 전공만족도를 선택하여 입력변수 → 출력변수(V): 칸으로 이동시킨 후 출력변수의 이름(N):에 '전공만족도2'라고 입력한다. 변경(H)을 클릭하여 변경시킨 후 기존값 및 새로운 값(O)...을 클릭하여 다음과 같이 입력한다.

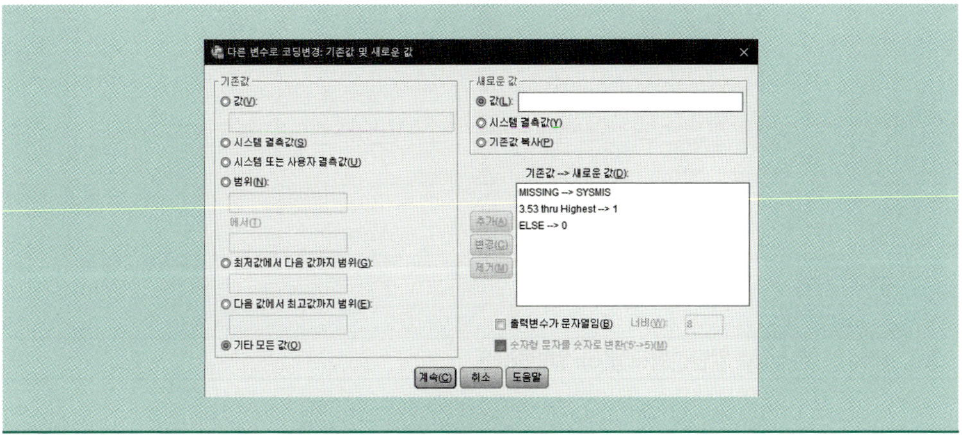

그림 15-17 다른 변수로 코딩변경: 기존값 및 새로운 값

먼저 기존값의 다음 값에서 최고값까지 범위(E):를 선택하고 '3.53'을 입력한 뒤 새로운 값의 값(L):에 '1'을 입력하고 추가(A)를 클릭한다. 기타 모든 값(O)을 선택하고 값(L):에는 '0'이라고 입력한 뒤 추가(A)를 클릭한다. 무응답과의 구분을 위하여 기존값의 시스템 또는 사용자 결측값(U)을 선택하고 새로운 값에는 시스템 결측값(Y)을 선택한 뒤 추가(A)를 클릭한다. 확인 을 클릭하면 '전공만족도2' 변수가 생성된다. 학년 변수는 그대로 사용해도 되기 때문에 변환하지 않는다.

2) 이원분산분석의 실행

① 분석(A) – 일반선형모형(G) – 일변량(U)을 클릭하여 일변량 분산분석 대화상자로 들어간다.

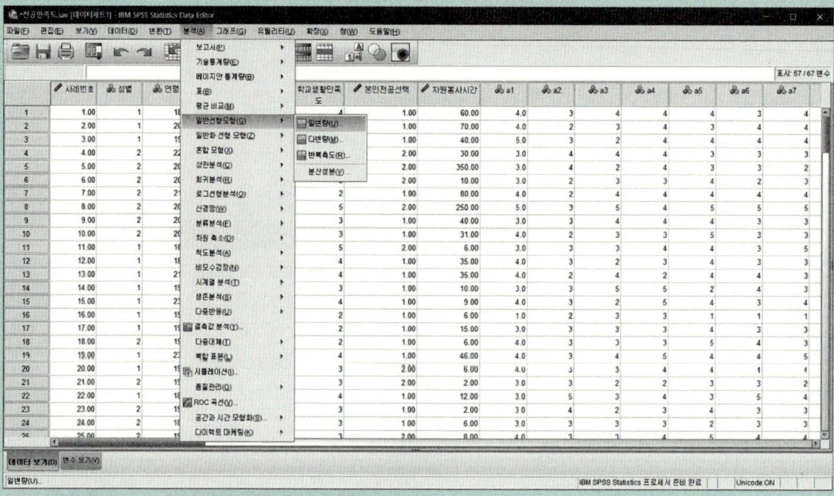

그림 15-18 분석(A)-일반선형모형(G)-일변량(U)

② 일변량 분산분석 대화상자에서 종속변수(D):에 '전문직정체성', 고정요인(F):에는 '전공만족도2'와 '학년'을 입력한다.

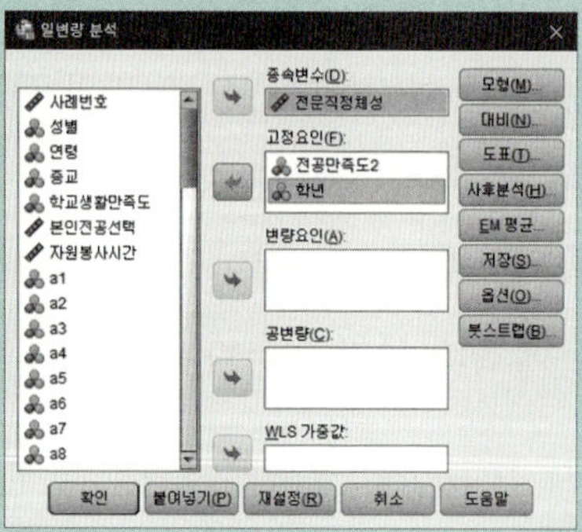

그림 15-19 일변량 분산분석 대화상자

③ 옵션(O)... 을 클릭하여 기술통계량을 선택한다.

④ 도표(T)... 를 클릭하면 그래프를 그릴 수 있다. 이원분산분석에서의 상호작용 효과를 보여주는 그래프를 출력할 수 있다. 수평축변수(H):에 독립변수 '전공만족도2'를, 선구분변수(S):에 조절변수 '학년'을 입력한 뒤 아래쪽의 추가(A) 를 클릭하

면 도표(T):에 '전공만족도2*학년'이라고 입력된다. 계속(C)을 클릭하고 일변량 대화상자에서 확인을 클릭하면 분석이 실행된다.

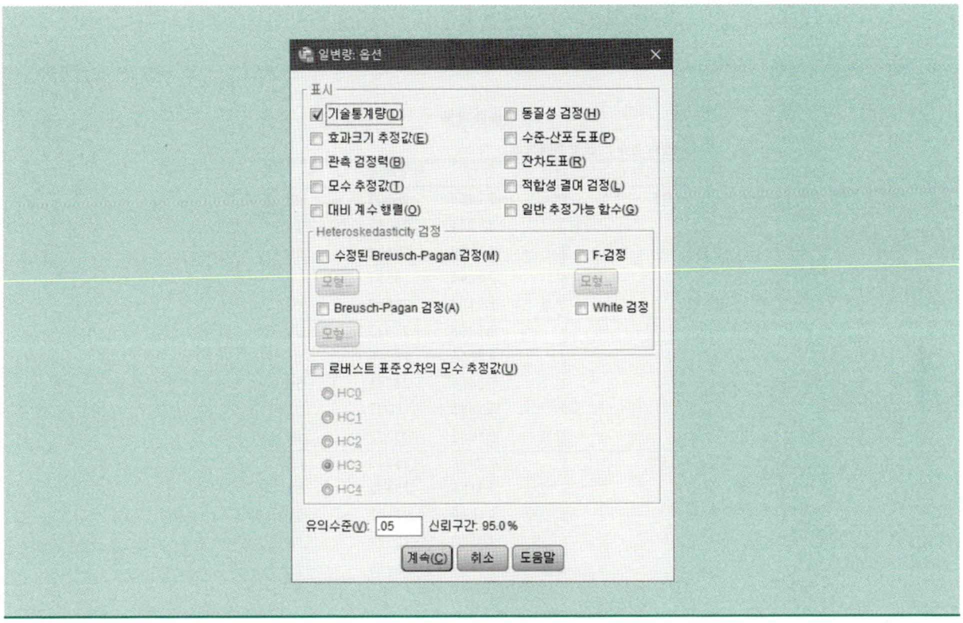

그림 15-20 일변량: 옵션

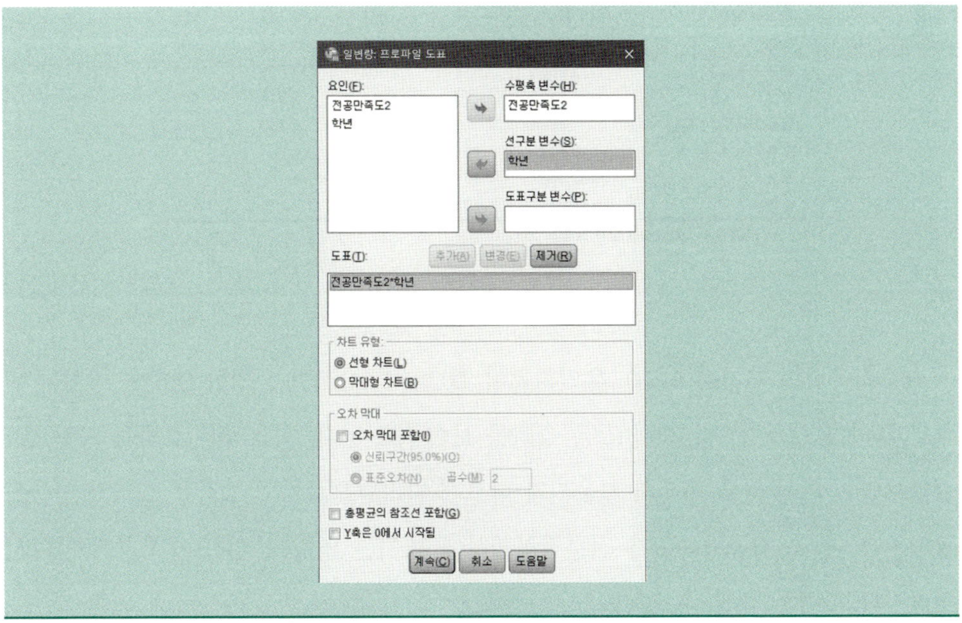

그림 15-21 일변량: 프로파일 도표

3) 분석결과 설명

이원분산분석을 통한 조절효과를 분석하면 다음과 같은 결과가 산출된다.

기술통계량

종속변수: 전문직정체성

전공만족도2	학년	평균	표준편차	N
.00	1	3.1887	.26596	39
	2	3.1833	.24542	24
	3	3.1160	.18614	10
	4	3.4844	.18595	9
	전체	3.2107	.25969	82
1.00	1	3.3297	.23413	29
	2	3.5316	.18596	31
	3	3.6484	.26686	19
	4	3.6545	.16027	11
	전체	3.5062	.25221	90
전체	1	3.2488	.26069	68
	2	3.3796	.27432	55
	3	3.4648	.35107	29
	4	3.5780	.18872	20
	전체	3.3653	.29489	172

개체-간 효과 검정

종속변수: 전문직정체성

소스	제 III 유형 제곱합	자유도	평균제곱	F	유의확률
수정된 모형	6.098[a]	7	.871	16.284	.000
절편	1506.858	1	1506.858	28169.838	.000
전공만족도2	2.906	1	2.906	54.329	.000
학년	1.532	3	.511	9.544	.000
전공만족도2 * 학년	.860	3	.287	5.360	.002
오차	8.773	164	.053		
전체	1962.869	172			
수정된 합계	14.870	171			

a. R 제곱 = .410 (수정된 R 제곱 = .385)

상호작용항의 F 값이 5.360, 유의확률이 .002($p<.01$)로서 유의한 영향을 미치는 변수로 나타나 앞의 회귀분석과 같은 결과를 보여주고 있다. 상호작용 효과를 그림으로 살펴보면 학년에 따른 직선의 기울기가 다르게 나타남으로써 상호작용 효과가 있음을 말해준다. 결국 전공만족도가 전문직정체성에 미치는 영향에 대하여 학년에 따라서 달라진다고 결론 내릴 수 있다.

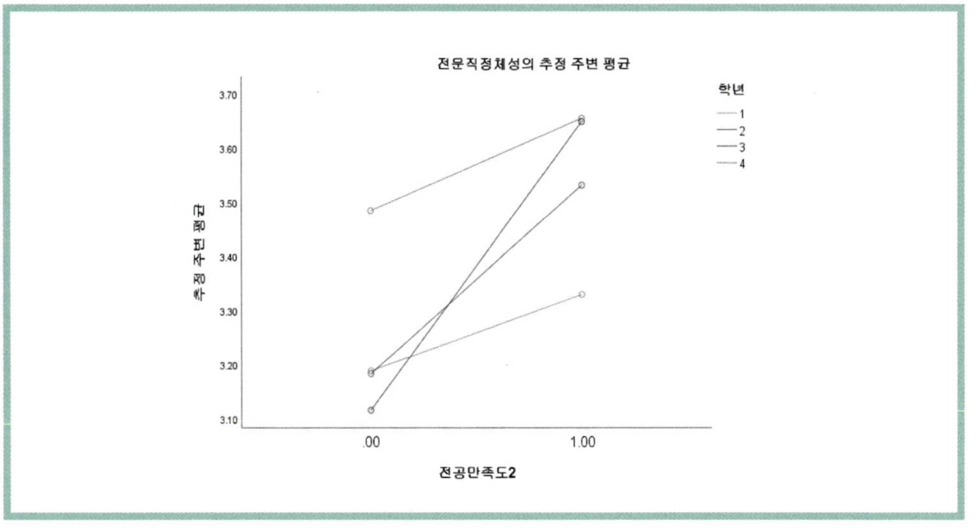

7. Hayes PROCESS macro를 통한 매개, 조절효과 검증

1) Hayes의 PROCESS macro 설치하기

Andrew Hayes가 개발한 PROCESS macro를 이용하면 여러 단계의 분석절차를 거치지 않고서도 매개효과와 조절효과를 더욱 간편하게 도출할 수 있다. 먼저, PROCESS macro를 Hayes 교수의 웹사이트에서 내려받아 SPSS 내에서 작동되게끔 설치해야 한다. https://www.processmacro.org/download.html로 들어가면 최신 버전을 바로 내려받을 수 있다. PROCESS macro는 사용자 정의 대화상자의 형식으로 설치되며 SPSS 소프트웨어가 호환 모드로 설정되어 있지 않으면 오류가 발생한다. 먼저, 다운로드한 파일의 압축을 해제한 후, 폴더 안에 있는 확장자명이 .spd인 파일을 더블클릭한다. 오류 메시지가 뜬다면 SPSS 메뉴의 확장(X)–유틸리티(T)–사용자 정의 대화상자 호환모드(D)를 통해 'process.spd' 파일을 불러오면 된다.

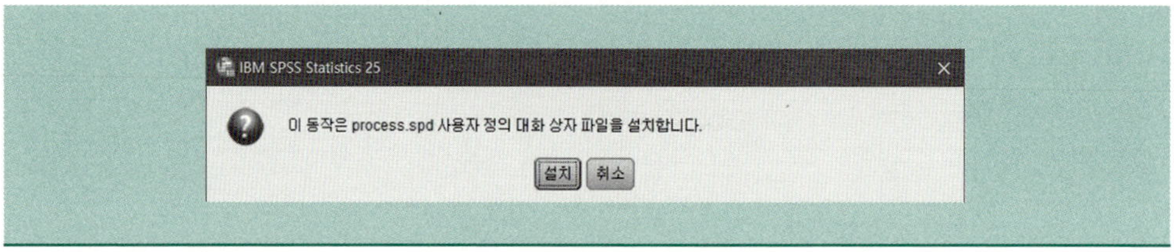

그림 15-22 PROCESS macro 사용자 정의 대화상자 파일 설치

설치 후에는 분석(A)－회귀분석(R)을 선택하면 PROCESS macro를 SPSS 메뉴 안에서 확인할 수 있다.

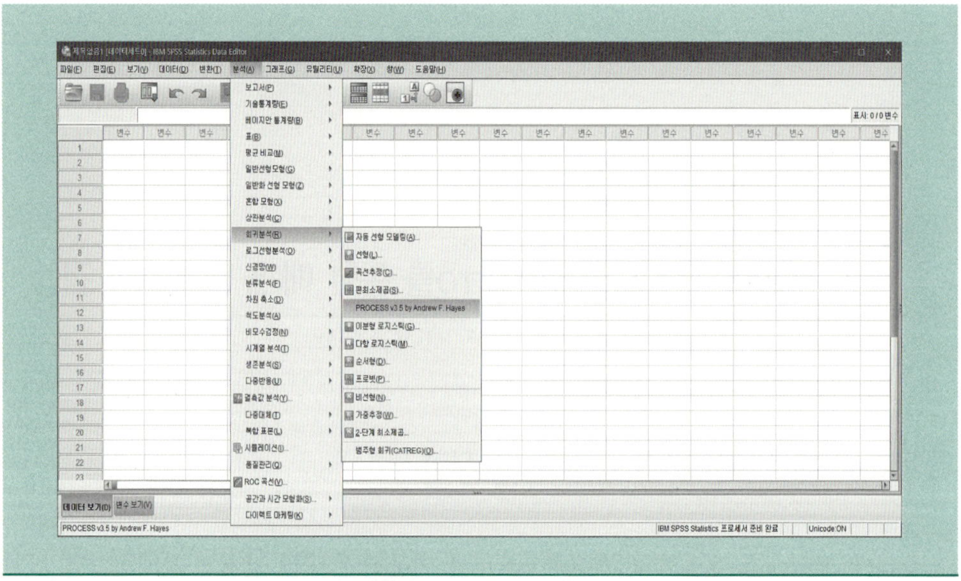

그림 15-23 PROCESS macro가 설치된 Data Editor 창

2) PROCESS macro를 통한 매개분석 실행

분석(A) ▶ 회귀분석(R) ▶ PROCESS v3.5 by Andrew F.Hayes

(1) 변수 이름 변경

기존에 우리가 SPSS 내에서 사용하였던 변수명은 PROCESS macro 내에서 사용하는 것을 권장하지 않는다. 이는 PROCESS macro에서 한글 변수명이 종종 오류를 일으키기 때문이다. 또한, 변수명이 영어로 8글자가 넘어가면 역시 분석이 되지 않기 때문에 변수명을 변경하도록 한다. 앞서 매개효과 검증을 위해 분석했던 '전공만족도.sav' 파일을 연다. 변수 탭에서 종속변수 전문직정체성, 매개변수 전공만족도, 독립변수 학교생활만족도의 이름을 각각 Y_macro, M_macro, X_macro로 변경한다.

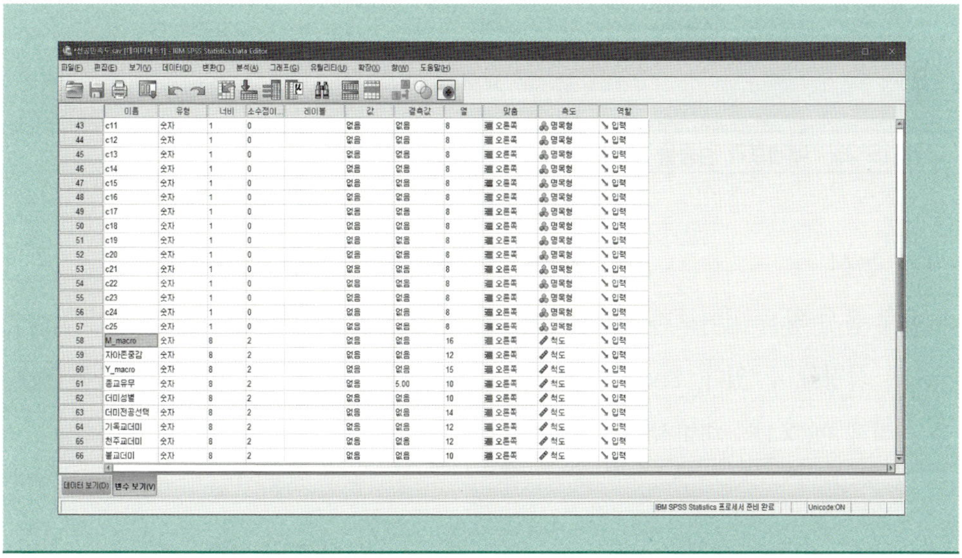

그림 15-24 변수명 변경이 완료된 변수 창

변경이 완료된 후에는 분석이 가능하다. 분석(A) – 회귀분석(R) – PROCESS v3.5 by F. Andrew Hayes를 통해 PROCESS macro 대화상자를 실행한다. PROCESS macro의 경우에는 앞서 설명하였듯이, 분석 단계를 거치지 않고 내가 검증하고자 하는 모형에 맞게 분석방법을 지정 후 변수를 투입하는 방식이다. Model number:에 매개효과를 검증하는 4번을 지정한다. 다음, Variables:에서 Y_macro, X_Macro, M_macro를 찾아 각각 Y variable:, X variable:, Mediator(s) M: 박스에 투입한다. 차례대로 종속변수, 독립변수, 매개변수를 뜻한다. Confidence intervals는 95로 설정된 기본값은 그대로 둔다. 부트스트랩 표본 추출수를 뜻하는 Number of bootstrap samples 역시 기본값이 설정된 그대로 둔다.

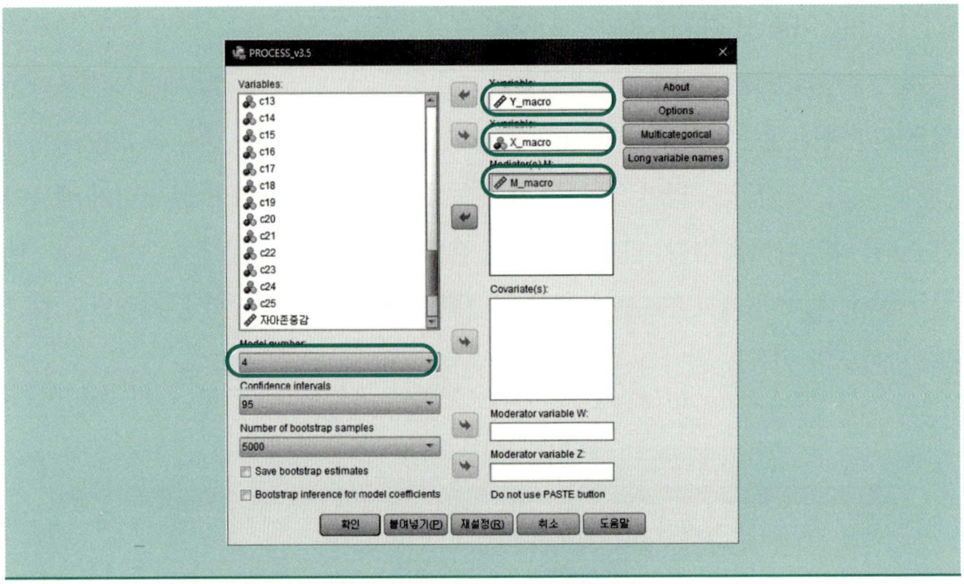

그림 15-25 매개효과 검증을 위한 PROCESS macro 대화상자

(2) 옵션

이제 옵션 창을 열어보자. 옵션 창에서는 직접 효과 크기와 간접 효과 크기를 검증하도록 설정할 수 있다. Show total effect model과 Effect size에 체크한 다음 계속(C)을 클릭해 PROCESS 대화상자로 돌아온다. 확인을 클릭해 분석을 실행한다.

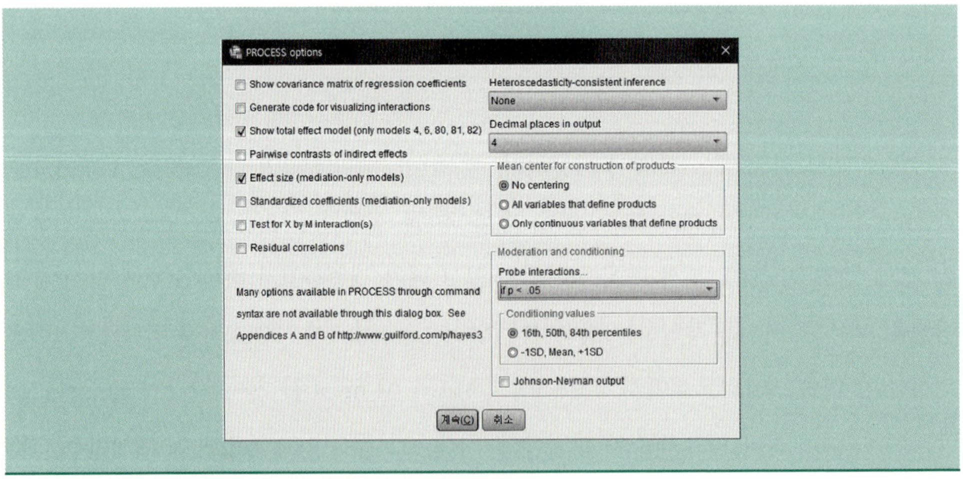

그림 15-26 매개효과 검증을 위한 PROCESS options

3) 분석결과 설명

PROCESS macro 4번 모델을 이용하여 매개효과를 검증하면 다음과 같은 결과가 산출된다.

```
**************************************************************************
Model  : 4
    Y  : Y_macro
    X  : X_macro
    M  : M_macro

Sample
Size:  171

 **********************************************************************
 OUTCOME VARIABLE:
  M_macro

 Model Summary
           R       R-sq        MSE          F        df1        df2          p
       .2650      .0702      .3319    12.7635     1.0000   169.0000      .0005

 Model
              coeff         se          t          p       LLCI       ULCI
 constant    2.8060      .2067    13.5736      .0000     2.3979     3.2141
 X_macro      .2256      .0631     3.5726      .0005      .1009      .3502


 OUTCOME VARIABLE:
  Y_macro

 Model Summary
           R       R-sq        MSE          F        df1        df2          p
       .6148      .3780      .0550    51.0471     2.0000   168.0000      .0000

 Model
              coeff         se          t          p       LLCI       ULCI
 constant    2.2665      .1217    18.6227      .0000     2.0262     2.5067
 X_macro      .0113      .0267      .4243      .6719     -.0413      .0640
 M_macro      .3014      .0313     9.6219      .0000      .2396      .3632
```

```
************** TOTAL, DIRECT, AND INDIRECT EFFECTS OF X ON Y **************

Total effect of X on Y
     Effect         se          t          p       LLCI       ULCI       c_ps       c_cs
      .0793      .0319     2.4839      .0140      .0163      .1423      .2682      .1877

Direct effect of X on Y
     Effect         se          t          p       LLCI       ULCI      c'_ps      c'_cs
      .0113      .0267      .4243      .6719     -.0413      .0640      .0383      .0268

Indirect effect(s) of X on Y:
           Effect     BootSE   BootLLCI   BootULCI
M_macro     .0680      .0192      .0303      .1063
```

표 15-2 학교생활만족도와 전문직정체성 간의 관계에서 전공만족도의 매개효과

변수	β	se	t	p	LLCI*	ULCI**
상수	2.8060	.2067	13.5736	.0000	2.3979	3.2142
학교생활만족도	.2256	.0631	3.5726	.0005	.1009	.3502
상수	2.2665	.1217	18.6227	.0000	2.0262	2.5067
학교생활만족도	.0113	.0267	.4243	.6719	−.0413	.0640
전공만족도	.3014	.0313	9.6219	.0000	.2396	.3632

학교생활만족도와 전문직정체성과의 관계에서 전공만족도의 매개효과를 검증하기 위하여 Hayes(2013)가 제안한 PROCESS macro의 model 4를 이용하였고, 부트스트랩 샘플은 5,000개로 지정하였으며, 신뢰구간은 95%로 설정하여 분석하였다. 분석결과는 〈표 15−2〉와 같이 학교생활만족도는 전공만족도에 통계적으로 유의한 영향을 미치고(β =.2256, $p<.001$), 전공만족도는 전문직정체성에 유의한 영향을 주어(β =.3014, $p<.001$), 전공만족도가 학교생활만족도와 전문직정체성 간의 관계에서 매개하였다. 또한, 학교생활만족도와 전문직정체성 간의 총효과는 β =.0793($p<.001$)이었으나 매개변수인 전공만족도가 투입되면서 학교생활만족도와 전문직정체성 간 경로의 직접효과는 유의하지 않게 되어 전공만족도가 완전매개하였음을 알 수 있다.

표 15-3 학교생활만족도와 전문직정체성 간의 관계에서 전공만족도의 매개효과 검증

효과	β	se	LLCI*	ULCI**
총효과	.0793	.0319	.0163	.1423
직접효과	.0113	.0267	−.0413	.0640
간접효과	.0680	.0631	.0303	.1063

*LLCI=boot 간접효과의 95% 신뢰구간 내에서의 하한값

**ULCI=boot 간접효과의 95% 신뢰구간 내에서의 상한값

학교생활만족도와 전공만족도의 간접효과를 부트스트래핑을 활용하여 검증한 결과 〈표 15−3〉과 같이 부트스트래핑 신뢰구간의 하한값(LLCI)과 상한값(ULCI) 사이에 0이 존재하지 않아 간접효과가 검증되었다.

4) PROCESS macro를 통한 조절분석 실행

분석(A) ▶ 회귀분석(R) ▶ PROCESS v3.5 by Andrew F.Hayes

(1) PROCESS 대화상자 실행

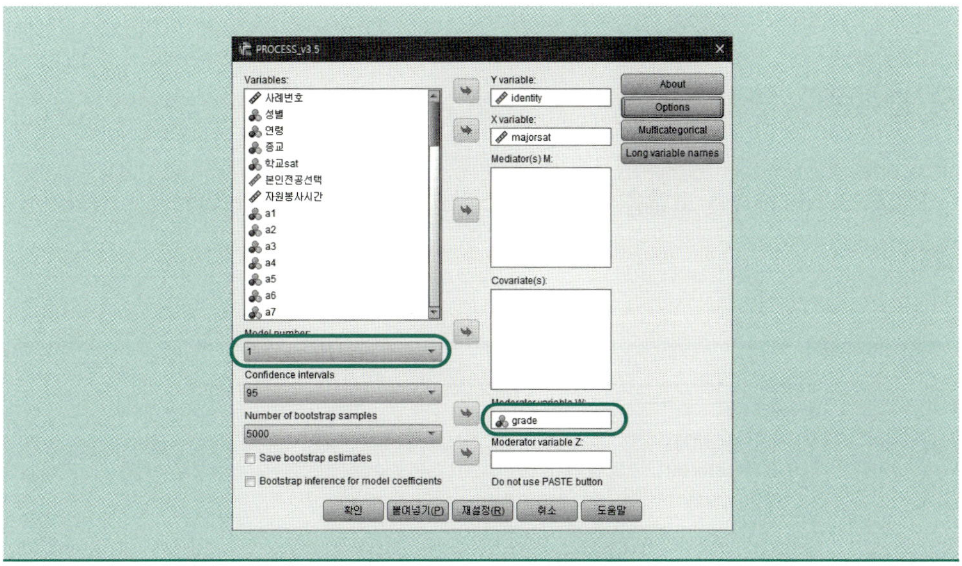

그림 15-27 조절효과 검증을 위한 PROCESS macro 대화상자

매개변수를 검증할 때와 마찬가지로 변수 탭에서 종속변수 전문직정체성, 조절변수 학년, 독립변수 전공만족도의 이름을 각각 identity, grade, majorsat로 변경한 후, 대화상자에 투입한다. 이때, 조절변수 검증을 위해서 Moderator variable W:에 grade를 투입한다. 옵션을 클릭하여 옵션 대화상자를 열고 앞서 조절효과 검증에서 필요한 절차였던 평균 중심화를 시행하기 위해 Mean center for construction of products에서 All variables that define products를 선택한다. 선택이 완료되었으면 계속(C), 확인 을 통해 분석을 실행한다.

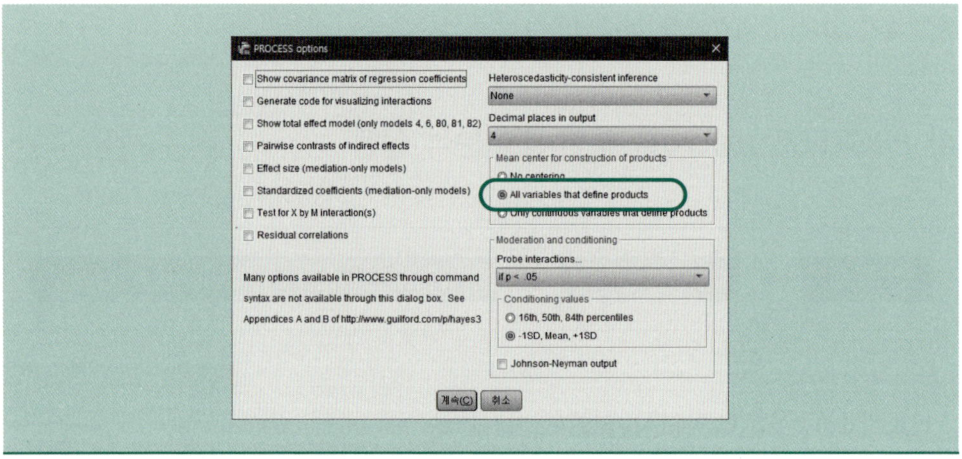

그림 15-28 조절효과 검증을 위한 PROCESS options

5) 분석결과 설명

PROCESS macro 1번 모델을 이용하여 조절효과를 검증하면 다음과 같은 결과가 산출된다.

```
*****************************************************************************
Model  : 1
    Y  : identity
    X  : majorsat
    W  : grade

Sample
Size:  172
```

```
**************************************************************************
OUTCOME VARIABLE:
 identity

Model Summary
          R       R-sq        MSE          F        df1        df2          p
      .6863      .4710      .0468    49.8674     3.0000   168.0000      .0000

Model
              coeff         se          t          p       LLCI       ULCI
constant     3.3558      .0168   199.1726      .0000     3.3226     3.3891
majorsat      .2850      .0284    10.0218      .0000      .2289      .3412
grade         .0771      .0166     4.6504      .0000      .0444      .1098
Int_1         .0819      .0294     2.7844      .0060      .0238      .1400

Product terms key:
 Int_1    :        majorsat  x        grade

Test(s) of highest order unconditional interaction(s):
       R2-chng          F        df1        df2          p
X*W      .0244     7.7528     1.0000   168.0000      .0060
----------
    Focal predict: majorsat (X)
          Mod var: grade    (W)

  Conditional effects of the focal predictor at values of the moderator(s):

      grade     Effect         se          t          p       LLCI       ULCI
    -1.0058      .2026      .0395     5.1337      .0000      .1247      .2806
      .0000      .2850      .0284    10.0218      .0000      .2289      .3412
     1.0174      .3684      .0428     8.6047      .0000      .2839      .4529
```

전공만족도와 전문직정체성과의 관계에서 학년의 조절효과를 검증하기 위하여 Hayes(2018)가 제안한 PROCESS macro의 Model 1번을 이용하였고, 부트스트래핑 5,000회 지정 및 신뢰구간 95%를 설정하였다. 독립변수인 전공만족도와 조절변수인 학년은 평균 중심화(mean centering)하였고, 분석한 결과는 〈표 15-4〉와 같다.

독립변수인 전공만족도는 종속변수인 전문직정체성에 정적으로 유의한 영향을 미쳤고(β=0.2850, $p<.001$), 조절변수인 학년은 전문직정체성에 유의한 영향을 미쳤다(β=0.0771, $p<.001$). 전공만족도와 학년의 상호작용항은 전문직정체성에 정적으로 유의한 영향을 미쳐 조절효과가 있었다(β=0.0819, $p<.01$). 즉, 전공만족도가 전문직정체성에 미치는 영향은 학년에 따라 달라짐을 의미한다.

또한, 상호작용이 추가됨에 따른 변화량은 .0244($p<.01$)이었고, 이는 통계적으로 유의하여 전공만족도와 전문직정체성과의 관계에서 학년의 조절효과가 검증되었다.

조절변수의 특정 값에서 독립변수가 종속변수가 미치는 영향의 조건부효과를 분석한 결과, 학년 값이 −1.0058(M−1SD), .0000(M), 그리고 1.0174(M+1SD)에서 유의하여, 전 학년에서 전공만족도가 전문직정체성에 미치는 영향은 효과가 나타났다.

표 15-4 학년의 조절효과

변수	β	se	t	p	LLCI*	ULCI**
상수	3.3558	.0168	199.1726	.0000	3.3226	3.3891
전공만족도	.2850	.0284	10.0218	.0000	.2289	.3412
학년	.0771	.0166	4.6504	.0000	.0444	.1098
전공만족도X학년	.0819	.0294	2.7844	.0060	.0238	.1400
상호작용의 R2 증가	R2		F		p	
	.0244		7.7528		.0060	
조건부 간접효과	Effect	se	t	p	LLCI*	ULCI**
M-1SD (−1.0058)	.2026	.0395	5.1337	.0000	.1247	.2806
M (.0000)	.2850	.0284	10.0218	.0000	.2289	.3412
M+1SD (1.0174)	.3684	.0428	8.6047	.0000	.2839	.4529

*LLCI=boot 간접효과의 95% 신뢰구간 내에서의 하한값

**ULCI=boot 간접효과의 95% 신뢰구간 내에서의 상한값

6) 상호작용 효과 그래프 그리기

학년의 조절효과가 통계적으로 유의하게 나타났으므로 그 형태를 확인하기 위하여 파일(F)−새 파일(N)−명령문(S)를 통해 SPSS syntax editor를 실행한다.

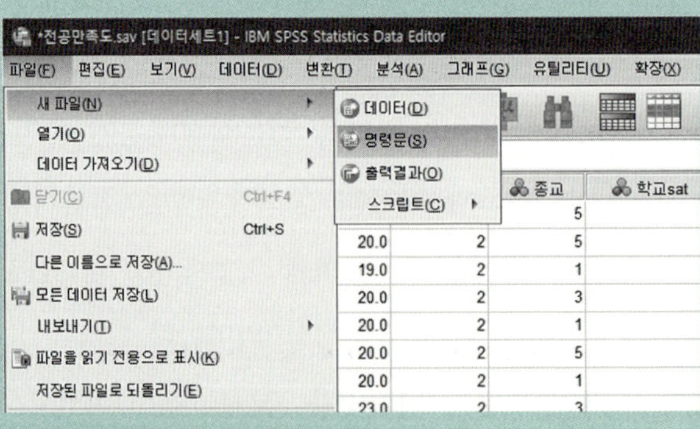

그림 15-29 파일(F)-새 파일(N)-명령문(S)

명령문 편집기가 열리면 PROCESS macro에서 조절효과 분석 결과에서 아래와 같은 데이터를 찾아 syntax editor에 붙여 넣은 후, 블럭 지정한 상태로 ▶버튼을 클릭하여 명령문을 실행한다.

```
DATA LIST FREE/
   majorsat   grade      identity   .
BEGIN DATA.
     -.5946    -1.0097     3.1578
      .0000    -1.0097     3.2783
      .5946    -1.0097     3.3988
     -.5946     -.0039     3.1863
      .0000     -.0039     3.3558
      .5946     -.0039     3.5253
     -.5946     1.0135     3.2152
      .0000     1.0135     3.4343
      .5946     1.0135     3.6533
END DATA.
GRAPH/SCATTERPLOT=
 majorsat WITH     identity BY       grade     .
```

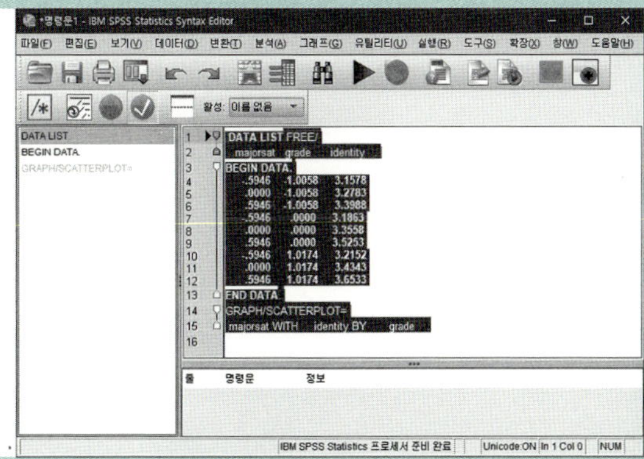

그림 15-30 그래프 표시를 위한 코드 생성 및 명령문 실행

조절효과를 시각화한 결과는 다음과 같다. 유의한 상호작용의 패턴을 확인하기 위하여 학년을 저집단과 중집단, 고집단으로 각각 나누어 평균의 변화량을 살펴보았다. 저학년일 경우에는 전공만족도가 전문직정체성에 미치는 영향력이 낮았으나, 고학년이 될수록 전공만족도가 전문직정체성에 미치는 영향이 높아진다는 것을 알 수 있다.

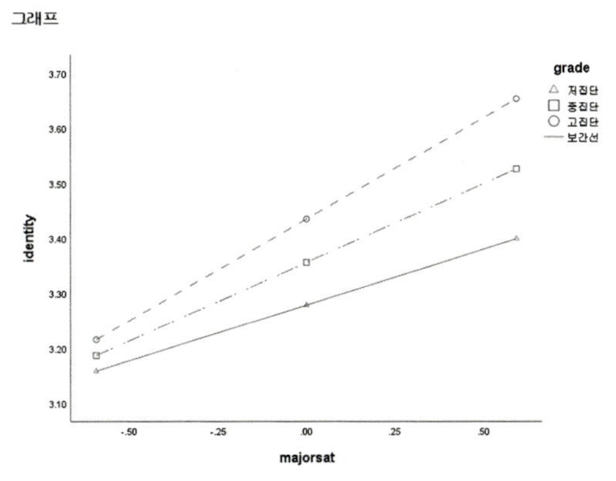

그림 15-31 조절효과의 시각화 그래프

부록

통계표

1. 표준정규분포표
2. t분포표
3. χ^2분포표
4. F 분포표

1. 표준정규분포표

다음 표의 값들은 표준정규분포의 확률을 의미하며 다음 그림에서 0에서 z값 사이의 면적으로 표시된다.

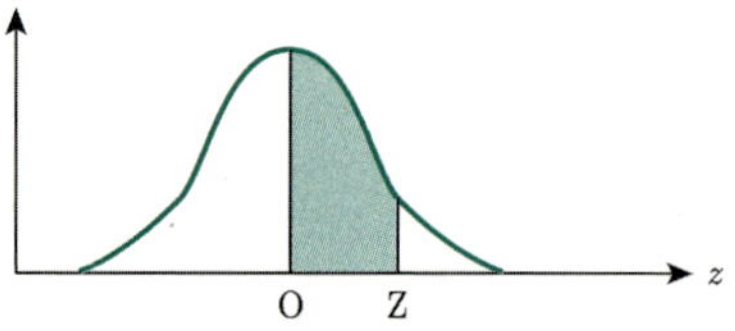

z	0.00	0.01	0.02	0.03	0.04	0.05	0.06	0.07	0.08	0.09
0.0	.0000	.0040	.0080	.0120	.0160	.0199	.0239	.0279	.0319	.0359
0.1	.0398	.0438	.0478	.0517	.0557	.0596	.0636	.0675	.0714	.0753
0.2	.0793	.0832	.0871	.0910	.0948	.0987	.1026	.1064	.1103	.1141
0.3	.1179	.1217	.1255	.1293	.1331	.1368	.1406	.1443	.1480	.1517
0.4	.1554	.1591	.1628	.1664	.1700	.1736	.1772	.1808	.1844	.1879
0.5	.1915	.1950	.1985	.2019	.2054	.2088	.2123	.2157	.2190	.2224
0.6	.2257	.2291	.2324	.2357	.2389	.2422	.2454	.2486	.2518	.2549
0.7	.2580	.2611	.2642	.2673	.2704	.2734	.2764	.2794	.2823	.2852
0.8	.2881	.2910	.2939	.2967	.2995	.3023	.3051	.3078	.3106	.3133
0.9	.3159	.3186	.3212	.3238	.3264	.3289	.3315	.3340	.3365	.3389
1.0	.3413	.3438	.3461	.3485	.3508	.3531	.3554	.3577	.3599	.3621
1.1	.3643	.3665	.3686	.3708	.3729	.3749	.3770	.3790	.3810	.3830
1.2	.3849	.3869	.3888	.3907	.3925	.3944	.3962	.3980	.3997	.4015
1.3	.4032	.4049	.4066	.4082	.4099	.4115	.4131	.4147	.4162	.4177
1.4	.4192	.4207	.4222	.4236	.4251	.4265	.4279	.4292	.4306	.4319
1.5	.4332	.4345	.4357	.4370	.4382	.4394	.4406	.4418	.4429	.4441
1.6	.4452	.4463	.4474	.4484	.4495	.4505	.4515	.4525	.4535	.4545
1.7	.4554	.4564	.4573	.4582	.4591	.4599	.4608	.4616	.4625	.4633
1.8	.4641	.4649	.4656	.4664	.4671	.4678	.4686	.4693	.4699	.4706
1.9	.4713	.4719	.4726	.4732	.4738	.4744	.4750	.4756	.4761	.4767
2.0	.4772	.4778	.4783	.4788	.4793	.4798	.4803	.4808	.4812	.4817
2.1	.4821	.4826	.4830	.4834	.4838	.4842	.4846	.4850	.4854	.4857
2.2	.4861	.4864	.4868	.4871	.4875	.4878	.4881	.4884	.4887	.4890
2.3	.4893	.4896	.4898	.4901	.4904	.4906	.4909	.4911	.4913	.4916
2.4	.4918	.4920	.4922	.4925	.4927	.4929	.4931	.4932	.4934	.4936
2.5	.4938	.4940	.4941	.4943	.4945	.4946	.4948	.4949	.4951	.4952
2.6	.4953	.4955	.4956	.4957	.4959	.4960	.4961	.4962	.4963	.4964
2.7	.4965	.4966	.4967	.4968	.4969	.4970	.4971	.4972	.4973	.4974
2.8	.4974	.4975	.4976	.4977	.4977	.4978	.4979	.4980	.4980	.4981
2.9	.4981	.4982	.4983	.4983	.4984	.4984	.4985	.4985	.4986	.4986
3.0	.4987	.4987	.4987	.4988	.4988	.4989	.4989	.4989	.4990	.4990

2. t 분포표

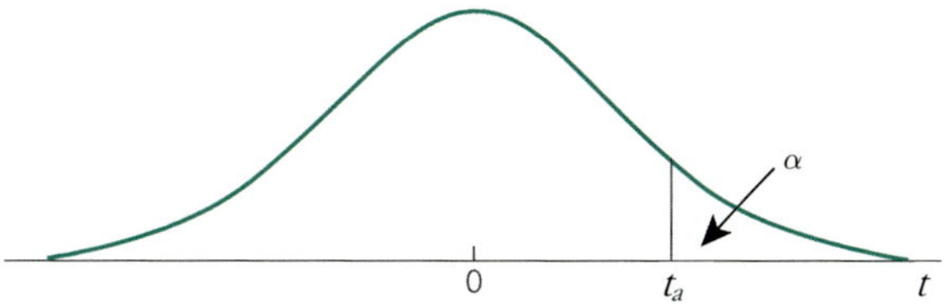

df	오른쪽 넓이 α						
	.25	.10	.05	.025	.01	.005	.0005
1	1.000	3.078	6.314	12.71	31.82	63.66	636.62
2	0.816	1.886	2.920	4.303	6.965	9.925	31.598
3	0.765	1.638	2.353	3.182	4.541	5.841	12.941
4	0.741	1.533	2.132	2.776	3.747	4.604	8.610
5	0.727	1.476	2.015	2.571	3.365	4.032	6.859
6	0.718	1.440	1.943	2.447	3.143	3.707	5.959
7	0.711	1.415	1.895	2.365	2.998	3.499	5.405
8	0.706	1.397	1.860	2.306	2.896	3.355	5.041
9	0.703	1.383	1.833	2.262	2.821	3.250	4.781
10	0.700	1.372	1.812	2.228	2.764	3.169	4.587
11	0.697	1.363	1.796	2.201	2.718	3.106	4.437
12	0.695	1.356	1.782	2.179	2.681	3.055	4.318
13	0.694	1.350	1.771	2.160	2.650	3.012	4.221
14	0.692	1.345	1.761	2.145	2.624	2.977	4.140
15	0.691	1.341	1.753	2.131	2.602	2.947	4.073
16	0.690	1.337	1.746	2.120	2.583	2.921	4.015
17	0.689	1.333	1.740	2.110	2.567	2.898	3.965
18	0.688	1.330	1.734	2.101	2.552	2.878	3.922
19	0.688	1.328	1.729	2.093	2.539	2.861	3.883
20	0.687	1.325	1.725	2.086	2.528	2.845	3.850
21	0.686	1.323	1.721	2.080	2.518	2.831	3.819
22	0.686	1.321	1.717	2.074	2.508	2.819	3.792
23	0.685	1.319	1.714	2.069	2.500	2.807	3.767
24	0.685	1.318	1.711	2.064	2.492	2.797	3.745
25	0.684	1.316	1.708	2.060	2.485	2.787	3.725
26	0.684	1.315	1.706	2.056	2.479	2.779	3.707
27	0.684	1.314	1.703	2.052	2.473	2.771	3.690
28	0.683	1.313	1.701	2.048	2.467	2.763	3.674
29	0.683	1.311	1.699	2.045	2.462	2.756	3.659
30	0.683	1.310	1.697	2.042	2.457	2.750	3.646
40	0.681	1.303	1.684	2.021	2.423	2.704	3.551
60	0.679	1.296	1.671	2.000	2.390	2.660	3.460
120	0.677	1.289	1.658	1.980	2.358	2.617	3.373
∞	0.674	1.282	1.645	1.960	2.326	2.576	3.291

예 α = .05, 자유도 20일 때 $t_\alpha = 1.725$

3. χ^2분포표

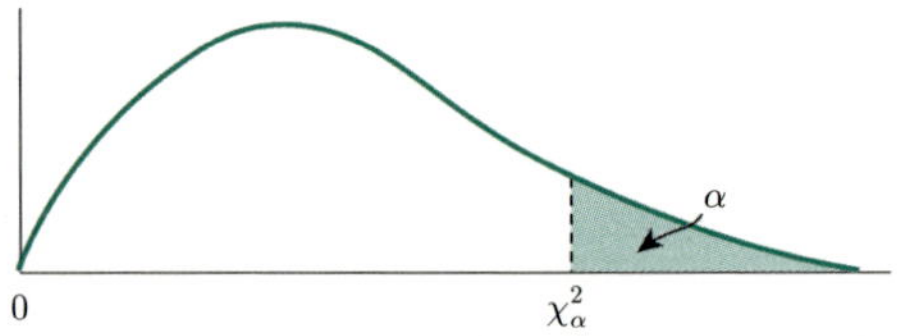

df	$\chi^2_{0.990}$	$\chi^2_{0.975}$	$\chi^2_{0.950}$	$\chi^2_{0.900}$	$\chi^2_{0.500}$	$\chi^2_{0.100}$	$\chi^2_{0.050}$	$\chi^2_{0.025}$	$\chi^2_{0.010}$	$\chi^2_{0.005}$
1	0.0002	0.0001	0.0003	0.0158	0.455	2.71	3.84	5.02	6.63	7.88
2	0.0201	0.0506	0.103	0.211	1.386	4.61	5.99	7.38	9.21	10.60
3	0.115	0.216	0.352	0.584	2.37	6.25	7.81	9.53	11.34	12.84
4	0.297	0.484	0.711	1.064	3.36	7.78	9.49	11.14	13.28	14.86
5	0.554	0.831	1.145	1.610	4.35	9.24	11.07	12.82	15.09	16.75
6	0.872	1.237	1.635	2.20	5.35	10.64	12.59	14.45	16.81	18.55
7	1.239	1.690	2.17	2.83	6.35	12.02	14.07	16.01	18.48	20.3
8	1.646	2.18	2.73	3.49	7.34	13.36	15.51	17.53	20.1	22.0
9	2.09	2.70	3.33	4.17	8.34	14.68	16.92	19.02	21.7	23.6
10	2.56	3.25	3.94	4.87	9.34	15.99	18.31	20.5	23.2	25.2
11	3.05	3.82	4.57	5.58	10.34	17.28	19.68	21.9	24.7	26.8
12	3.57	4.40	5.23	6.30	11.34	18.55	21.0	23.3	26.2	28.3
13	4.11	5.01	5.89	7.04	12.34	19.81	22.4	24.7	27.7	29.8
14	4.66	5.63	6.57	7.79	13.34	21.1	23.7	26.1	29.1	31.3
15	5.23	6.26	7.26	8.55	14.34	22.3	25.0	27.5	30.6	32.8
16	5.81	6.91	7.96	9.31	15.34	23.5	26.3	28.8	32.0	34.3
17	6.41	7.56	8.67	10.09	16.34	24.8	27.6	30.2	33.4	35.7
18	7.01	8.23	9.39	10.86	17.34	26.0	28.9	31.5	34.8	37.2
19	7.63	8.91	10.12	11.65	18.34	27.2	30.1	32.9	36.2	38.6
20	8.26	9.59	10.85	12.44	19.34	28.4	31.4	34.2	37.6	40.0
21	8.90	10.28	11.59	13.24	20.3	29.6	32.7	35.5	38.9	41.4
22	9.54	10.98	12.34	14.04	21.3	30.8	33.9	36.8	40.3	42.8
23	10.20	11.69	13.09	14.85	22.3	32.0	35.2	38.1	41.6	44.2
24	10.86	12.40	13.85	15.66	23.3	33.2	36.4	39.4	43.0	45.6
25	11.52	13.12	14.61	16.47	24.3	34.4	37.7	40.6	44.3	46.9
26	12.20	13.84	15.38	17.29	25.3	35.6	38.9	41.9	45.6	48.3
27	12.88	14.57	16.15	18.11	26.3	36.7	40.1	43.2	47.0	49.6
28	13.56	15.31	16.93	18.94	27.3	37.9	41.3	44.5	48.3	51.0
29	14.26	16.05	17.71	19.77	28.3	39.1	42.6	45.7	49.6	52.3
30	14.95	16.79	18.49	20.6	29.3	40.3	43.8	47.0	50.9	53.7
40	22.2	24.4	26.5	29.1	39.3	51.8	55.8	59.3	63.7	66.8
50	29.7	32.4	34.8	37.7	49.3	63.2	67.5	71.4	76.2	79.5
60	37.5	40.5	43.2	46.5	59.3	74.4	79.1	83.3	88.4	92.0
70	45.4	48.8	51.7	55.3	69.3	58.5	90.5	95.0	100.4	104.2
80	53.5	57.2	60.4	64.3	79.3	96.6	101.9	106.6	112.3	116.3
90	61.8	65.6	69.1	73.3	89.3	107.6	113.1	118.1	124.1	128.3
100	70.1	74.2	77.9	82.4	99.3	118.5	124.3	129.6	135.8	140.2

예 α =.05, 자유도 20일 때 $\chi^2_\alpha = 31.4104$

4. F분포표

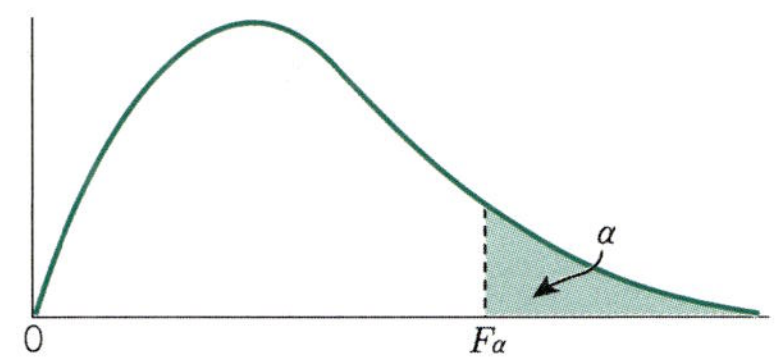

$\alpha = .01$

df_2	df_1: 1	2	3	4	5	6	7	8	9	10	15	20	24	30	40	60	120	∞
1	4,052	5,000	5,403	5,625	5,764	5,859	5,928	5,981	6,022	6,056	6,157	6,209	6,235	6,261	6,287	6,313	6,339	6,366
2	98.5	99.0	99.2	99.2	99.3	99.3	99.4	99.4	99.4	99.4	99.4	99.4	99.5	99.5	99.5	99.5	99.5	99.5
3	34.1	30.8	29.5	28.7	28.2	27.9	27.7	27.5	27.3	27.2	26.9	26.7	26.6	26.5	26.4	26.3	26.2	26.1
4	21.2	18.0	16.7	16.0	15.5	15.2	15.0	14.8	14.7	14.5	14.2	14.0	13.9	13.8	13.8	13.7	13.6	13.5
5	16.3	13.3	12.1	11.4	11.0	10.7	10.5	10.3	10.2	10.1	9.72	9.55	9.47	9.38	9.29	9.20	9.11	9.02
6	13.7	10.9	9.78	9.15	8.75	8.47	8.26	8.10	7.98	7.87	7.56	7.40	7.31	7.23	7.14	7.06	6.97	6.88
7	12.2	9.55	8.45	7.85	7.46	7.19	6.99	6.84	6.72	6.62	6.31	6.16	6.07	5.99	5.91	5.82	5.74	5.65
8	11.3	8.65	7.59	7.01	6.63	6.37	6.18	6.03	5.91	5.81	5.52	5.36	5.28	5.20	5.12	5.03	4.95	4.86
9	10.6	8.02	6.99	6.42	6.06	5.80	5.61	5.47	5.35	5.26	4.96	4.81	4.73	4.65	4.57	4.48	4.40	4.31
10	10.0	7.66	6.55	5.99	5.64	5.39	5.20	5.06	4.94	4.85	4.56	4.41	4.33	4.25	4.17	4.08	4.00	3.91
11	9.65	7.21	6.22	5.67	5.32	5.07	4.89	4.74	4.63	4.54	4.25	4.10	4.02	3.94	3.86	3.78	3.66	3.60
12	9.33	6.93	5.95	5.41	5.06	4.82	4.64	4.50	4.39	4.30	4.01	3.86	3.78	3.70	3.62	3.54	3.45	3.36
13	9.07	6.70	5.74	5.21	4.86	4.62	4.44	4.30	4.19	4.10	3.96	3.66	3.59	3.51	3.43	3.34	3.22	3.17
14	8.86	6.51	5.56	5.04	4.69	4.46	4.28	4.14	4.03	3.94	3.66	3.51	3.43	3.35	3.27	3.18	3.09	3.00
15	8.68	6.36	5.42	4.89	4.56	4.32	4.14	4.00	3.89	3.80	3.52	3.37	3.29	3.21	3.13	3.05	2.96	2.87
20	8.10	5.85	4.94	4.43	4.10	3.87	3.70	3.56	3.46	3.37	3.09	2.94	2.86	2.78	2.69	2.61	2.52	2.42
24	7.82	5.61	4.72	4.22	3.90	3.67	3.50	3.36	3.26	3.17	2.89	2.74	2.66	2.58	2.49	2.40	2.31	2.21
30	7.56	5.39	4.51	4.02	3.70	3.47	3.30	3.17	3.07	2.98	2.70	2.55	2.47	2.39	2.30	2.21	2.11	2.01
40	7.31	5.18	4.31	3.83	3.51	3.29	3.12	2.99	2.89	2.80	2.52	2.37	2.29	2.20	2.11	2.02	1.92	1.80
60	7.08	4.98	4.13	3.65	3.34	3.12	2.95	2.82	2.72	2.63	2.35	2.20	2.12	2.03	1.94	1.84	1.73	1.60
120	7.08	4.98	4.13	3.65	3.34	3.12	2.95	2.82	2.72	2.47	2.19	2.03	1.95	1.86	1.76	1.66	1.53	1.38
∞	6.63	4.61	3.78	3.32	3.02	2.80	2.64	2.51	2.41	2.32	2.04	1.88	1.79	1.70	1.59	1.47	1.32	1.00

df_1 = 분자의 자유도, df_2 = 분모의 자유도

$\alpha = .05$

df_2	df_1 1	2	3	4	5	6	7	8	9	10	15	20	24	30	40	60	120	∞
1	161	200	216	225	230	234	237	239	241	242	246	248	249	250	25.1	252	253	254
2	18.5	19.0	19.2	19.2	19.3	19.3	19.4	19.4	19.4	19.4	19.4	19.4	19.5	19.5	19.5	19.5	19.5	19.5
3	10.1	9.55	9.28	9.12	9.01	8.94	8.89	8.85	8.81	8.79	8.70	8.66	8.64	8.62	8.59	8.57	8.55	8.53
4	7.71	6.94	6.59	6.39	6.26	6.16	6.09	6.04	6.00	5.96	5.85	5.80	5.77	5.75	5.72	5.69	5.66	5.63
5	5.61	5.79	5.41	5.19	5.05	4.95	4.88	4.82	4.77	4.74	4.62	4.56	4.53	4.50	4.46	4.43	4.40	4.37
6	6.99	5.14	4.76	4.53	4.39	4.28	4.21	4.15	4.10	4.06	3.04	3.87	3.84	3.81	3.77	3.74	3.70	3.67
7	5.59	4.74	4.35	4.12	3.97	3.87	3.79	3.73	3.68	3.64	3.51	3.44	3.41	3.38	3.34	3.30	3.27	3.23
8	5.32	4.46	4.07	3.84	3.69	3.58	3.50	3.44	3.39	3.35	3.22	3.15	3.12	3.08	3.04	3.01	2.97	2.93
9	5.12	4.26	3.86	3.63	3.48	3.37	3.29	3.23	3.18	3.14	3.01	2.94	2.90	2.86	2.83	2.79	2.75	2.71
10	4.96	4.10	3.71	3.48	3.33	3.22	3.14	3.07	3.02	2.98	2.84	2.77	2.74	2.70	2.66	2.62	2.58	2.54
11	4.84	3.98	3.59	3.36	3.20	3.09	3.01	2.95	2.90	2.85	2.72	2.65	2.61	2.57	2.53	2.49	2.43	2.40
12	4.75	3.89	3.49	3.26	3.11	3.00	2.91	2.85	2.80	2.75	2.62	2.54	2.51	2.47	2.43	2.38	2.34	2.30
13	4.67	3.81	3.41	3.18	3.03	2.92	2.83	2.77	2.71	2.67	2.60	2.46	2.42	2.38	2.34	2.30	2.23	2.21
14	4.60	3.74	3.34	3.11	2.96	2.85	2.76	2.70	2.65	2.60	2.46	2.39	2.35	2.31	2.27	2.22	2.18	2.13
15	4.54	3.68	3.29	3.06	2.90	2.79	2.71	2.64	2.59	2.54	2.40	2.33	2.29	2.25	2.20	2.16	2.11	2.07
20	4.35	3.49	3.10	2.87	2.71	2.60	2.51	2.45	2.39	2.35	2.20	2.12	2.08	2.04	1.99	1.95	1.90	1.84
24	4.26	3.40	3.01	2.78	2.62	2.51	2.42	2.36	2.30	2.25	2.11	2.03	1.98	1.94	1.89	1.84	1.79	1.73
30	4.17	3.32	2.92	2.69	2.53	2.42	2.33	2.27	2.21	2.16	2.01	1.93	1.89	1.84	1.79	1.74	1.68	1.62
40	4.08	3.23	2.84	2.61	2.45	2.34	2.25	2.18	2.12	2.08	1.92	1.84	1.79	1.74	1.69	1.64	1.58	1.51
60	4.00	3.15	2.76	2.53	2.37	2.25	2.17	2.10	2.04	1.99	1.84	1.75	1.70	1.65	1.59	1.53	1.47	1.39
120	3.92	3.07	2.68	2.45	2.29	2.18	2.09	2.02	1.96	1.91	1.75	1.66	1.61	1.55	1.50	1.43	1.35	1.25
∞	3.84	3.00	2.60	2.37	2.21	2.10	2.01	1.94	1.88	1.83	1.67	1.57	1.52	1.46	1.39	1.32	1.22	1.00

예 $\alpha = .05$, 분자자유도 $\nu_1 = 5$, 분자자유도 $\nu_2 = 10$일 때 $F_{.05} = 3.33$

참고문헌

강병서 · 김계수(2009). SPSS17.0 사회과학통계분석. 서울: 한나래아카데미.

강병서 · 조철호(2013). 연구조사방법론: SPSS와 AMOS 활용. 서울: 무역경영사.

김계수(2006). 인과분석연구방법론: 성공적인 논문작성을 위한 AMOS/LISREL 이용. 서울: 청람.

김영종(2008). 사회복지조사방법론. 서울: 학지사.

김재철(2019). 사회과학연구를 위한 최신 실용통계학. 서울: 학지사.

김환준(2004). 사회복지연구조사방법론. 경기: 나남출판.

노형진(2014). SPSS를 활용한 조사방법 및 통계분석. 경기: 학현사.

문수백 · 변창진(2008). 사회과학연구를 위한 실험설계 · 분석의 이해와 활용. 서울: 학지사.

성태제(2019). 알기 쉬운 통계분석(기술통계에서 구조방정식 모형까지). 서울: 학지사.

송지준(2015). 논문작성에 필요한 SPSS/AMOS 통계분석방법. 서울: 21세기사.

안광호 · 임병훈(2006). SPSS를 활용한 사회과학조사방법론. 경기: 학현사.

오혜경 · 김용석(2002). 사회복지자료분석론. 서울: 학지사.

우수명(2018). 마우스로 잡는 SPSS 24.0. 서울: 인간과 복지.

유태균(2013). 사회복지자료분석의 기초원리. 경기: 공동체.

이군희(2008). 사회과학연구방법론. 경기: 법문사.

이윤로 · 유시순(2009). 사회복지사를 위한 SPSS. 서울: 학지사.

이종환(2008). SPSS를 활용한 조사방법 및 통계분석의 이해와 적용. 경기: 공동체.

이창식 · 황연경 · 장하영 · 유은경(2019). 매개효과, 조절효과 및 조절된 매개효과분석. 서울: 청람.

이학식 · 임지훈(2017). SPSS 24.0 매뉴얼. 서울: 집현재.

정충영 · 최이규(2009). SPSSWIN을 이용한 통계분석. 서울: 무역경영사.

채구묵(2014). 사회과학 통계분석. 경기: 양서원.

최윤영 · 조경철(2019). 행동과학연구를 위한 기초통계학(SPSS24.0과 R을 활용하여). 서울: 신정.

최성재(2005). 사회복지자료분석론(SPSS 이용 분석방법 포함). 경기: 나남출판.

황해익 외(2008). 영유아아동연구에서의 SPSS 자료분석. 서울: 창지사.

https://www.danielsoper.com/statcalc/calculator.aspx?id=31

http://www.processmacro.org/index.html

찾아보기

저자소개

박용권

경북대학교와 서울대학교 대학원을 나와 현재는 동양대학교 사회복지학과 교수로 재직 중이다. 한국사회복지학회, 한국아동복지학회 회원이며, 사회복지사1급 국가시험 출제위원으로 참여했다. 대구신당종합사회복지관, 서구제일종합사회복지관에서 수년간 관장을 역임했고, 대구 및 영주지역의 사회복지 실천현장과 소통하며 사회복지사의 전문성 향상을 위해 노력하고 있다. 사회복지조사 및 자료분석, 사회복지행정, 프로그램 개발과 평가 등의 과목을 주로 강의하고 있으며, 주요 저서로는『사회복지실천기술론』(양서원, 공저),『사회복지현장실습』(신정) 등이 있다.

SPSS를 활용한

사회복지자료분석(3판)

초판발행 2010년 3월 5일 **1판 1쇄 인쇄** | 2010년 3월 10일 **1판 1쇄 발행**
2판발행 2012년 3월 10일 **2판 1쇄 발행** | 2013년 9월 10일 **2판 2쇄 발행**
3판발행 2020년 9월 10일 **3판 1쇄 발행** | 2021년 9월 10일 **3판 2쇄 발행**
2023년 3월 10일 **3판 3쇄 발행** |

지은이 박용권
펴낸이 최용구 | 펴낸곳 도서출판 **신정**
주소 (04316) 서울시 용산구 원효로 89길 19 (원효로1가)
전화 02)3211-4782, 0266(영업부), 3211-4783(편집부), 3211-4784(팩스)
이메일 shinjeong72@naver.com | **홈페이지** www.sjbook.co.kr
등록 2001년 5월 11일 제13-702호
기획마케팅 최용구 장만동 최충구 송대용 | **책임편집** 석기은 황가연

ISBN 978-89-5912-530-2 93330
정가 20,000원